高等院校
会计学专业
应用型人才培养
系列教材

财务管理

（第二版）

吴立扬　主编

何华　谭洪益　副主编

U0360073

清华大学出版社
北京

内 容 简 介

　　财务管理是财务管理、会计学及其他经管类本科专业开设的专业核心课程之一。本书主要内容包括财务管理总论、财务分析、时间价值与证券评估、风险与收益、长期筹资决策、资金成本与资本结构、投资决策、流动资产管理、短期筹资管理、股利分配、企业并购、破产与重整。本书的编写不仅注重财务管理知识体系的完整,而且尤为注重其实际应用;各章后均有内容丰富的思考题、练习题及案例分析等各类习题,再加上配备的拓展学生国内外视野与相关知识的阅读材料,有利于培养学生分析问题与解决问题的能力。

　　本书适合应用型本科财务管理、会计学和经管类其他专业作为教材使用,也可供一般社会读者阅读参考。

图书在版编目(CIP)数据

财务管理 / 吴立扬主编. —2 版. —北京:清华大学出版社,2022.7(2023.7 重印)
高等院校会计学专业应用型人才培养系列教材
ISBN 978-7-302-61108-0

Ⅰ.①财…　Ⅱ.①吴…　Ⅲ.①财务管理－高等学校－教材　Ⅳ.①F275

中国版本图书馆 CIP 数据核字(2022)第 111949 号

责任编辑:吴梦佳
封面设计:傅瑞学
责任校对:刘　静
责任印制:朱雨萌

出版发行:清华大学出版社
　　　网　　　址:http://www.tup.com.cn,http://www.wqbook.com
　　　地　　　址:北京清华大学学研大厦 A 座　　　　　　　邮　　编:100084
　　　社 总 机:010-83470000　　　　　　　　　　　　　　邮　　购:010-62786544
　　　投稿与读者服务:010-62776969,c-service@tup.tsinghua.edu.cn
　　　质量反馈:010-62772015,zhiliang@tup.tsinghua.edu.cn
　　　课件下载:http://www.tup.com.cn,010-83470410
印 装 者:三河市天利华印刷装订有限公司
经　　销:全国新华书店
开　　本:210mm×285mm　　　　印　张:17.5　　　　　　字　　数:522 千字
版　　次:2015 年 3 月第 1 版　　2022 年 7 月第 2 版　　印　　次:2023 年 7 月第 2 次印刷
定　　价:49.90 元

产品编号:095767-01

第二版前言

近年来,我国深化改革扩大开放,持续改善营商环境,优化和落实助企纾困政策,减税降费,进一步加大对中小微企业普惠金融的支持力度,依法支持金融机构创新服务实体经济,特别是中小微企业的普惠金融产品,助力缓解中小微企业融资难、融资贵问题,巩固经济恢复基础,保持宏观政策连续性、针对性,推动经济运行保持在合理区间。2019 年,国家出台粤港澳大湾区发展规划,依托中国香港、中国澳门作为自由开放经济体和广东作为改革开放排头兵的优势,继续深化改革、扩大开放,在构建经济高质量发展的体制机制方面走在全国前列、发挥示范引领作用,加快制度创新和先行先试,建设现代化经济体系,更好地融入全球市场体系,建成世界新兴产业、先进制造业和现代服务业基地,建设世界级城市群。无论是国家的经济发展,还是粤港澳大湾区经济建设,都给财务管理提供了广阔的应用平台,但同时又对财务管理提出了一个又一个亟待解决的新课题。

《财务管理》自出版以来,受到读者的普遍欢迎。随着我国市场经济蓬勃发展,财务管理理论与方法应用越来越广泛。为适应新的经济环境对财务管理的需求,不断丰富和更新相关内容,更有利于广大读者的学习和使用,编者深入学习贯彻党的二十大精神,按照教育部《高等学校课程思政建设指导纲要》相关要求,以"立德树人"为根本目标,现对《财务管理》进行修订。本次修订的框架结构与基本内容如下:首先是财务管理基础部分,包括总论、财务分析、货币的时间价值及风险与收益等内容;其次是财务管理的基本理论和财务管理的基本方法,分别为筹资决策、资本成本与资本结构、资金运用与管理、投资决策及股利分配等内容;最后是特别财务管理,包括企业并购及企业的破产与重整等,这一部分内容突破了财务管理假设。

本次修订主要有以下几个特色。

(1)突出财务管理价值主线。各章的相关内容通过价值主线连接在一起,按照财务管理过程,对资金的筹集、资金的投放、资金的耗用、资金的收益及资金的分配等内容依次递进,全书价值主线突出,逻辑结构清晰,便于读者学习掌握。

(2)对接公司财务管理实际问题,更加紧密地联系我国市场经济发展实际。按照财务管理涵盖的主要内容,对接公司财务管理的实际问题,涉及面广,覆盖各章主要的知识内容,更换或动态更新绝大部分案例,注重选择本土案例,尽可能选配新的相关资料和数据,不仅可拓展读者的国内外视野,也便于培养其分析与解决财务管理实际问题的能力。

(3)强调依法合规开展财务管理。考虑依法合规开展财务管理,既是初学者必须掌握的基础,也是实际工作者必须执行的准则。本次修订充实了有关财务管理新的政策法规内容,包括全国人大、国务院及财政部等发布实施的对企业财务管理实践具有重要影响的新政策,调整了相关论述,强调依法合规开展筹资、投资、营运、分配及并购与破产重整等财务管理活动。对于这部分内容,有许多知识点可选择财务管理课程思政教改方式开展教学,往往事半功倍。

(4)讲透财务管理理论与方法。针对财务管理理论与方法,围绕企业的现实问题,融入更多新鲜题材,由浅入深,逐层论述。以微小案例来阐释财务管理的理论,真正做到把实际问题讲明白,把财务管理理论与方法讲透彻。如货币的时间价值、杠杆利益与风险等内容,以教材为基础,结合翻转课堂、微课等形式开展教学,使初学者更容易学习与掌握。

另外,本次修订还统一规范一些专业术语,如资金成本和资金成本率,财务管理学术界并未严格界定,现统一规范为资金成本率；完善部分练习题，动态更新相关数据；将部分阅读材料转换成二维码，方便读者扫码阅读。此外，本书还附有4张附表：复利终值系数表、复利现值系数表、年金终值系数表、年金现值系数表，读者可扫描本页下方二维码查阅。

本次修订的各章分工如下：第1、第3、第4、第7、第8、第11、第12章由吴立扬负责；第2、第6章由谭洪益负责；第5、第9、第10章由何华负责。全书由吴立扬负责统稿。

本书的修订出版是广东培正学院财务管理专业综合改革和财务管理一流课程建设的成果，也是财务管理专业教学团队的全体老师进行财务管理课程教学改革和财务管理课程思政改革的结晶。这项工作得到了广东培正学院会计学院刘晓瑜院长的大力支持，特表示衷心感谢！

由于编者水平有限，本书难免存在一些疏漏和不足之处，恳请读者批评、指正。

编　者
2023年7月

复利终值系数表

复利现值系数表

年金终值系数表

年金现值系数表

第一版 前言

　　财务管理活动是公司生产经营管理活动的核心,它主要针对公司生产经营活动所需货币资金的筹措、投放、营运和分配等活动进行综合性管理。对处于市场经济进程中的中国企业来说,更好地适应环境、面对竞争、合理融资、优化资本结构、规避财务风险、科学投资决策、协调公司相关者利益、促进企业价值最大化、合理分配股利等,都需要恰当地运用财务管理知识。只有充分发挥财务管理的作用,企业才能实现自己的目标。

　　财务管理是财务管理专业和会计学专业的核心课程,也是经济管理类专业及其他有关专业的主干课程。财务管理课程一方面要求学生掌握财务管理的基本理论和基本方法,另一方面希望培养学生运用财务管理的基本理论和基本方法分析解决实际问题的能力。基于这样的目标,编者参阅了国内外大量的相关书籍,结合国内外财务管理理论的发展与应用编写了本书。

　　本书具有以下特色。

　　(1) 符合应用型本科课程设置要求。本书定位于应用型本科经管类专业的财务管理课程,以培养目标为依据,充分考虑市场需求,注重财务管理内容的科学性、实用性和通用性。

　　(2) 结构合理,通俗易懂。教材内容安排由浅入深,循序渐进,突出基本内容。财务管理理论与方法的阐述,结合我国企业财务管理实践,穿插国内外经典案例,兼具实用性与可操作性,便于读者理解与接受。

　　(3) 形式新颖,易练易学。明确各章内容的编排目标:以微型案例为引导,点明主题;章节内容中穿插相关链接,有利于对知识点的理解;章后小结,突出基本内容;丰富多样的习题与微型案例,难易适当,有助于初学者在学习过程中边学边练,理解和掌握相应的财务管理基本理论与方法,并培养分析与解决实际问题的能力。

　　(4) 博采众长,视野开阔。本书在财务管理内容体系的设计时,不仅借鉴国内外财务管理教材的优秀成果及财务管理理论的新发展,以保证财务管理体系的完整性;而且将《企业财务通则》(2007 年 7 月 1 日起实施)等法规对企业财务管理实践的影响,与时俱进地充分反映出来。精心选配的案例,大都是国内外知名公司近期发生的财务问题或与生活密切相关的问题,有利于拓展初学者视野。

　　本书共 12 章,涵盖了财务管理的基本内容,主要包括财务管理总论、财务分析、货币时间价值、风险与收益;长期筹资决策、资本成本与资本结构;资金运用与管理、投资决策;流动资产管理、短期筹资管理、股利分配、企业并购以及破产与重整等。

　　本书由吴立扬主编并负责全书大纲的拟订、体例的设计以及编写工作的组织。初稿完成后,主编提出了修改完善的具体建议,最后由主编根据修改稿总纂定稿。各章编写人员分别为:第 1、第 3、第 4、第 11、第 12 章由吴立扬编写;第 2、第 6 章由谭洪益编写;第 5、第 9、第 10 章由何华编写;第 7 章由邱志德、吴立扬、谭洪益编写;第 8 章由邱志德、谭洪益、吴立扬编写。

　　本书从规划到出版,得到了广东培正学院相关领导及会计学系的大力支持,在此表示感谢。

　　本书对财务管理进行了较为系统的阐述,内容全面,通俗易懂,不仅可以作为高等院校教材,而且可供自学者和实际工作者使用参考。

　　由于编者水平有限,书中不妥与疏漏之处在所难免,恳请广大读者批评、指正。

编　者

2015 年 1 月

目 录

第 1 章

财务管理总论

- 理解财务活动与财务关系。
- 明确财务管理的目标和内容。
- 掌握财务管理的原则。
- 了解财务管理的产生与发展以及环境。

引导案例

中国国际航空公司股份有限公司(以下简称"国航")是股东、企业、员工、顾客和社会的利益共同体。国航的股东主要是国家,还有其他投资者。国航将让股东得到丰厚的回报;让企业获得持续健康发展的动力;让员工得到优裕的薪酬和良好的福利;让顾客得到超值的享受;让社会感受到国航的发展为社会带来的积极因素。

资料来源:中国国际航空公司股份有限公司企业文化理念,https://www.zhuangpeitu.com/article/41922120.html,2021-11-23.

1.1 财务管理的概念

1.1.1 财务管理概述

1. 什么是财务管理

企业要进行生产经营活动,必须通过人力、物资、资金以及信息等各项要素来开展。企业生产经营过程中的资金不停地流转变化,即资金运动,就是企业财务活动。通俗地说,对企业财务活动进行的计划、组织、控制、协调与考核,就是财务管理。

财务(finance)是理财的事务。企业财务就是企业理财的事务。财务管理是指在一定的整体目标下,企业为开展货币资金的筹措、投放、营运和分配等活动进行的综合性管理工作。

企业财务管理是基于企业生产经营过程中客观存在的财务活动和财务关系而产生的,它是企业组织财务活动、处理企业与各方面财务关系的一项管理工作,是企业管理的重要组成部分。

资金是资产的货币表现和货币本身。企业资金则是企业在生产经营过程中归属于所有者的有价资产的货币表现。

从资金运用角度看,虽然资金是企业资产的货币计量,但它的形式却是多样的,包括各种财产、债权和其他的权利,如企业的流动资产、长期投资、固定资产、无形资产、递延资产和其他资产等。

2. 财务管理的过程

企业的资金运动一般依次经过资金的筹集、资金的投放、资金的耗用、资金的收益、资金的分配五个环节。资金的运动过程如图 1-1 所示。

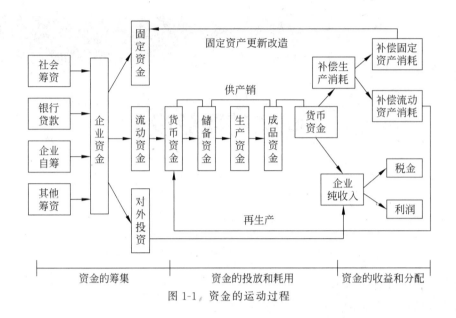

图 1-1 资金的运动过程

(1)资金的筹集。企业进行生产经营活动,首先必须筹集一定数量的资金,它包括资金需求量的预测、资金筹集渠道和方式、筹资决策有关理论和方法等。筹资是资金运动的起点,也是资金运用的前提。

(2)资金的投放。资金的投放即企业投资活动,由长期资产投资和流动资产投资组成。它包括投资项目与投资方式的选择、投资额的确定、投资的成果与投资风险的分析等。资金的运用是资金运动的中心环节,是资金利用效果的关键所在,它不仅对筹资提出要求,而且决定了企业未来长时期的财务经济效益。

(3)资金的耗用。资金的耗用即成本和费用的消耗与补偿,它包括产品成本和各种费用的预测与决策,对供应、生产和销售等再生产环节各种消耗的分析与控制。资金耗费要从未来的收入中收回,资金耗用额的多少是价值补偿的尺度。资金的耗费是资金运动的基础环节,耗费水平是利润水平高低的决定性因素。

(4)资金的收益。资金的收益即销售收入的管理,企业资金投入生产经营与对外投资带来货币收入的过程,它包括价格的形成、收入额的确定、结算方式的选择与销售收入实现的过程。企业收入是资金运动的关键环节,它不仅关系着资金消耗的补偿,更关系着投资效益的实现。企业收入的取得是进行财务分配的前提。

(5)资金的分配。资金的分配即对已实现的销售收入和其他货币收入的分配过程。其内容包括成本费用的补偿、企业纯收入分配和税后利润分配等各个层次。分配是资金一次运动的终点,同时又是下一次运动的前提。由于资金分配是企业经济效益的体现,关系到各方面的经济利益,因而具有很强的现实性和政策性。

3. 财务管理的特点

财务管理作为企业管理的一个重要组成部分,侧重于企业价值管理,根据资金在企业中的运动规律,通过对企业筹资、投资、日常经营及收入分配等各种财务活动的管理,使企业的价值达到最大。

财务管理的特点如下。

(1)综合性强。财务管理工作的综合性,要求在从事财务管理工作时必须全面考虑,借助于价值形式,把企业的一切物质条件、人力资源和经营过程都合理地加以规划和控制,达到企业效益不断提高、企业价值不断增大的目的。

(2)涉及面广。财务管理具体体现在对企业的各种资金收支活动的组织上。在企业生产经营的各个方面,从供、产、销到人事、行政、技术等各部门的业务活动,都与资金的收支活动密切相关,因此,财务管理工作必然要延伸到企业生产经营的各个方面。反过来,企业与资金运动相关的每项活动,都要主动接受财务管理部门的指导,按规定办事。

（3）企业财务管理的效果，可以通过一系列财务指标来反映。根据这一特点，财务管理部门可及时地向相关管理部门或人员提供财务信息，以帮助其了解各项管理效果，以便改进管理，提高效率和效益。

1.1.2　财务管理的产生与发展

现代意义上的财务管理，是从西方国家发展起来的。其产生和发展，大致经历了以下五个阶段。

1. 产生阶段

早在 15、16 世纪，地中海沿岸商业城市出现了邀请公众入股的城市商业组织，入股的股东包括商人、王公、大臣、市民等。商业股份经济的发展，要求做好筹资、股息分配和股本归还工作，但这些工作还未形成独立的财务管理部门进行管理，而是包含在企业管理之中。

19 世纪末 20 世纪初，西方股份公司有了迅速发展，资本主义经济也得到快速发展。这时，股份公司不断扩大生产经营规模，要求尽快开辟新的筹资渠道，以满足生产不断发展的资金需求。同时，还要处理好公司与投资者、债权人的责、权、利关系。于是，各股份公司纷纷成立专门的管理部门，以适应加强财务管理的需要。因此，财务管理开始从企业管理中分离出来，专业化的财务管理由此产生。

2. 筹资财务管理阶段

19 世纪末至 20 世纪 30 年代——筹资财务管理阶段。

这一阶段，资金市场还不成熟，缺乏可靠的财务信息，而且股票的买卖被少数了解内情的人所控制，使投资人畏首畏尾，不敢大胆地投资于股票与债券，财务管理部门就是以筹集资金为主开展工作。为搞好资金的筹集，侧重围绕诸如股票与债券发行、回购，股利的发放等方面加强财务核算，从而维护投资者的利益，进一步扩大筹资范围。

3. 内部控制财务管理阶段

20 世纪 30 年代至 50 年代——内部控制财务管理阶段。

20 世纪 30 年代，资本主义经济大危机中，企业销售下降、资金短缺，大批企业相继破产。这使人们认识到，过分注意资金的筹措、相对忽略资金的使用效果，将难以维持企业的生存和发展。

实践证明，在财务管理上只把主要精力集中到筹资上是不够的，当时的主要矛盾已转化为如何以低价优质的产品去占领市场，求得企业生存。产品价格降低，必须以产品成本降低为基础。于是，财务管理开始侧重于有计划地使用资金，控制生产经营成本与风险，提高资金使用效率，增强企业生存与获利能力。这样，企业纷纷把财务管理的重点从筹资转向了内部财务控制。

4. 投资财务管理阶段

20 世纪 50 年代后期至 80 年代——投资财务管理阶段。

第二次世界大战后，世界经济进入一个新的发展时期，资本市场迅速发展，通货膨胀加剧，跨国公司越来越普遍，企业之间的竞争由国内逐渐发展到国外，企业生产经营活动的盈利机会与风险并存。企业的生存与发展不仅取决于内部财务控制，更取决于对投资机会的把握与对投资项目的选择，因为投资失误的损失往往比企业内部财务控制不善带来的损失更具有毁灭性。于是，企业财务管理的重点由财务控制转向投资管理，而做好投资管理的主要方式是进行正确的投资决策。

这一阶段确定了比较合理的投资决策程序，建立了科学的投资决策指标体系和风险投资决策方法。

5. 电子信息财务管理阶段

20 世纪 80 年代以后——电子信息财务管理阶段。

自 20 世纪 80 年代以来，信息网络技术的飞速发展、新商务模式的出现，拓展了电子信息对财务管理的技术支持范围。大量涌现的，如电子货币系统、数字签章、数字凭证、电子账单支付等新技术的运用形式，对财务管理的方式产生了重大的影响。

随着企业经营环境的不断开放，特别是金融市场的逐渐成熟，它不仅可以为企业财务管理提供相关信息，而且能为筹资和投资提供场所。对财务管理复杂而浩繁的业务量的处理，仅靠人们的手工操作远远不能胜任,基于电子信息处理基础的财务管理已是大势所趋。

1.1.3　财务活动

所谓财务活动,是指因企业的生产经营活动而产生的资金筹集、投放、收益与分配的过程。

1. 筹资活动

筹资活动是指企业为了满足资金的投放和使用需要,按时足额筹措所需资金的过程。企业组织生产、从事经营活动,首先必须从各种渠道筹集到一定数量的资金,这是资金运动的起点,也是投资的必要前提。在筹资过程中,企业一方面要确定合理的筹资总规模;另一方面要通过对筹资渠道、筹资方式或筹资工具的选择,合理确定资金结构,以降低筹资成本和风险。

这种因资金筹集而产生的资金流入与流出,以及相应的管理活动,便是企业由筹资活动而引起的财务活动。

2. 投资活动

企业取得资金后,必须将筹集的资金投入使用,才能取得一定的收益。企业投资可以分为广义的投资和狭义的投资。广义的投资包括企业内部使用资金的过程(如购置固定资产、无形资产等)和对外投放资金的过程(如购买其他企业的股票、债券或与其他企业联营等);狭义的投资仅指对外投资。无论是对内投资,还是对外投资,都会有资金的流出;当企业收回投资时,则会产生资金的流入。

这种因投资活动而产生的资金的流入与流出,以及相应的管理活动,便是企业由投资活动而引起的财务活动。

3. 资金营运活动

资金营运活动也称资金使用活动,是指企业在日常生产经营过程中所发生的资金管理与收付活动。企业在生产经营过程中,会发生一系列的资金流进、流出业务。从原材料及生产设备的采购到生产组织、职工工资和福利费的支付等,都会发生资金的流出;当产品销售或提供劳务后,又可以获得收入,形成资金的流入。

这种因生产经营活动而产生的资金的流入与流出,以及相应的管理活动,便是由资金营运活动而引起的财务活动。

4. 收益分配活动

企业通过对内、对外投资取得收益,获得一定的盈余。企业取得盈余以后,必须按照相关法规的规定进行有序的分配。广义的分配是指企业对各种收入进行分配的过程;狭义的分配仅指对净利润的分配。

企业所取得的产品销售收入,要用于弥补生产耗费,按规定纳税,其余部分为企业的营业利润。营业利润和营业外收支净额构成企业的利润总额,引起资金流入。利润总额首先要缴纳所得税,税后利润要提取公积金和公益金,分别用于扩大积累、弥补亏损和改善职工集体福利设施,所剩利润作为投资收益分配给投资者。这些分配活动会产生资金的流出。

这种因分配活动而产生的资金流入与流出,以及相应的管理活动,便是由分配活动而引起的财务活动。

1.1.4　财务关系

企业作为法人,在组织财务活动过程中,必然与企业内外部有关各方发生广泛的经济利益关系,这就是企业的财务关系。企业的财务关系因经济利益和责任的多样性而较为复杂。

1. 企业与国家之间的财务关系

企业与国家之间的财务关系是强制性的经济利益关系,相关法规已十分明确,即企业必须向国家依法纳税的关系。

2. 企业与投资者之间的财务关系

企业的投资者要按照投资合同、协议、章程的约定履行出资义务,形成企业的投资资本金。企业利用这些资金进行投资,实现利润后,应按出资比例或合同、章程的规定分配利润。企业与投资者之间的财务关系反映经营权和所有权的关系。

投资者的所有权,主要体现在对企业进行一定程度的控制或施加影响,参与企业的利润分配,享有剩余财产索取权,同时还要承担一定的经济法律责任等。

3. 企业与债权人之间的财务关系

企业除利用资本金进行经营活动外,还要借入一定数量的资金,以便降低企业资本成本,扩大企业经营规模。企业利用债权人的资金,要按约定的利息率及时向债权人支付利息,债务到期时要按时向债权人归还本金。企业与债权人之间的财务关系体现的是债务与债权关系。

4. 企业与债务人之间的财务关系

企业将资金借出后,有权要求其债务人按约定的条件支付利息和归还本金。企业与债务人之间的财务关系体现的是债权与债务关系。

企业借出的资金能否安全及时地收回,能否定期收取利息,关系到企业的经济效益的实现和企业生产经营是否能顺利进行。

5. 企业与企业内部各经济责任主体的财务关系

企业与企业内部各经济责任主体的财务关系是指企业内部各单位之间在生产经营各环节中相互提供产品或劳务所形成的经济关系。企业在实行内部经济核算制的条件下,企业供、产、销各职能部门以及各生产单位之间,相互提供产品和劳务要进行计价结算。这种在企业内部形成的资金结算关系,体现了企业内部各单位之间的经济利益关系。

企业经济责任制的建立,需要明确各部门的经济利益,否则就不能充分调动各部门的积极性。所以企业应处理好与内部各单位之间的财务关系。

6. 企业与其职工之间的财务关系

企业与其职工之间的财务关系是指企业向职工支付劳动报酬过程中所形成的经济关系。企业要用自身的产品销售收入或其他可以支配的资金向职工支付工资、津贴、奖金等,按照职工提供的劳动数量和质量支付劳动报酬。企业与其职工之间的财务关系体现了职工和企业在劳动成果上的分配关系。

企业的财务活动与财务关系是相互联系的。合理组织企业的财务活动,是对企业财务管理的基本要求;而正确处理各种财务关系,则是合理组织企业财务活动的必要条件。如果各种财务关系处理不当,就难以保证企业财务活动顺利而有效地进行。

1.2 财务管理的目标

1.2.1 企业经营目标

1. 生存

企业只有能够生存,才有可能获利。在当前市场竞争激烈、优胜劣汰的条件下,企业成立后就面临着是否能生存下去,不被市场淘汰,继续经营的考验。达到生存目标的基本条件:一是要加速资金周转,及时回笼货币,以收抵支,维持继续经营;二是按期还债,避免企业举债过多,无力偿还,导致资不抵债而无法生存。

2. 发展

企业是在发展中求得生存的。企业的生产经营如"逆水行舟",不进则退。在科技不断进步的现代经济中,产品不断更新换代,企业必须不断推出更好、更新、更受顾客欢迎的产品,才能在市场立足。在竞争激烈的市场上,各个企业此消彼长、优胜劣汰。一个企业如果不能发展,不能提高产品和服务的质量,不能扩大自己的市场份额,就会被其他企业排挤出去,被市场所淘汰。

3. 盈利

企业必须能够获利,才有存在的价值。建立企业的目的是盈利。盈利不但体现了企业的出发点和归宿，而且可以概括其他目标的实现程度，并有助于其他目标的实现。

综上所述，企业的目标是生存、发展和盈利。企业的财务管理目标必须服从企业经营目标，不但要受其制约，而且要有效地为其服务。简单地讲，它们之间的关系是相辅相成的，完成财务管理目标是实现公司目标的基础；而企业目标的正确制定，是实现企业财务管理目标的保证。因此，制定企业财务管理目标不可以脱离企业总目标。

1.2.2 企业财务管理的目标

企业财务管理的目标又称理财目标，是指企业进行财务活动所要达到的根本目标。企业财务管理的目标应该和企业的生产经营目标一致，并为实现企业的生产经营目标服务。

1. 利润最大化

利润最大化目标是指财务管理工作的最终目的是不断增加企业利润，使企业利润在一定时期内达到最大。这一观点认为，利润代表企业新创造的财富，利润越多则说明企业的财富增加得越多，越接近企业的目标。

利润最大化目标具有以下缺陷：第一，没有考虑风险因素。报酬和风险是紧密相关的，高报酬必然面对高风险。将利润最大化作为财务管理目标，可能会促使财务管理人员忽视风险去追逐高额利润。第二，忽略长远利益。在所有权和经营权两权分离的情况下，经理们为了突出任职期内的成绩，往往只顾眼前利润，忽略长远利益。例如，对那些投资在短期内收益少甚至亏损，但从长远来看具有光明前景的项目，可能会得不到应有的重视。第三，缺乏可比性。利润是一个绝对指标，既没有反映出它与投入资本之间的关系，也没有考虑资金的时间价值，因而不能科学地说明企业经济效益水平的高低，不便于在不同时期、不同企业之间进行比较。

2. 股东财富最大化

股东财富最大化（maximum of shareholders wealth）是指通过有效的财务管理，为股东创造最大的财富。这一观点认为，给股东创造的财富越多，就越能提高资本报酬，实现权益资本的保值增值。对于股份制企业，股东财富由其所拥有的股票数量和股票市场价格两个方面所决定，在股票数量一定时，股东财富最大化等同于股价最大化。而要使股票市场价格最大化，企业必须提高经营管理水平。

股东财富最大化目标的可取之处在于：第一，考虑了货币的时间价值因素，因为股票价格必然会受到公司预期收益的大小和取得时间的影响；第二，考虑了报酬与投入资金风险之间的关系；第三，考虑了短期利益与长期发展的关系。其不足在于：第一，它只强调股东的利益，可能忽视了公司其他利益相关者的利益；第二，对非上市公司不适用；第三，股票价格并非公司所能完全控制的。

3. 企业价值最大化

企业价值最大化是指通过合理的财务管理，充分考虑资金的时间价值和风险与报酬的关系，使企业总价值达到最大。其基本思想是既考虑企业长期稳定发展，又强调在企业价值增长中兼顾各关系人的利益。

企业价值是指企业的市场价值，它是社会公众对企业总价值的市场评估。追求企业价值最大化目标，其最大困难就是企业价值量化的问题。一般来说，企业价值可以通过其未来现金流量的现值来反映。

企业价值最大化的优点：第一，考虑了货币的时间价值；第二，考虑了报酬与风险之间的关系；第三，考虑了短期利益与长期发展的关系。

以企业价值最大化作为财务管理目标过于理论化，实际操作困难。

4. 相关者利益最大化

相关者利益最大化是指公司相关者利益最大化。严格一点说，公司的利益相关者不仅包括股东，还包括债权人、公司经营者、客户、供应商、员工、政府等。

相关者利益最大化目标有以下内容：强调风险与报酬均衡；股东居首要地位；对代理人实行约束与激励相结合的监控机制；关心本公司普通员工的利益；融洽与债权人的关系；关心客户长期利益、加强与供应商的协作及保持与政府的良好关系等。

相关者利益最大化目标的优点在于：第一，有利于公司长期稳定地发展；第二，体现了合作共赢的价值理念，有利于实现公司经济效益和社会效益的统一；第三，较好地兼顾了各利益主体的利益。

5. 各种财务管理目标之间的关系

前面讨论的财务管理的目标，有利润最大化、股东财富最大化、企业价值最大化以及相关者利益最大化，这四种目标都以股东财富最大化为基础。

尽管以股东财富最大化为财务管理的基础，但还要考虑相关者的利益。各国公司法都规定，股东权益是剩余权益，只有满足了公司其他利益相关者的利益之后才有股东的利益。例如，公司生产和销售产品，还需纳税、给员工发工资等，之后才能获得税后收益。事实上，其他利益相关者的要求先于股东被满足，并且也是有限的。

一般来说，只有实现股东财富最大化，才有可能实现利润最大化、企业价值最大化以及相关者利益最大化。因此，在强调公司应承担应尽的社会责任的前提下，以股东财富最大化为财务管理的目标，是可以接受的。

1.2.3　财务管理的目标与社会责任

企业在生产经营过程中，不仅要考虑自身的利益，还应履行其社会责任，协调与本企业职工、社会公众的利益。也就是说，企业在致力于财务管理目标时，应以满足社会责任目标为前提。企业的社会责任可以从两方面来理解。

1. 法定责任

企业的法定责任是指国家法规所确定的企业必须履行的社会责任。世界各国对于企业必须履行的社会责任，大都通过法律来规范，如税法、环境保护法、反暴利法、消费者权益保护法等。企业的法定责任具有明确性、强制性和严肃性的特征。

2. 道德责任

企业不仅必须履行法定责任，还要积极、主动地承担社会责任和道德责任。世界知名企业，一般都愿意承担一些道德责任。在我国，越来越多的企业积极控制废水、废气、废渣的排放，保护生态环境；主动接收下岗职工再就业，为受灾地区捐款，帮助欠发达地区发展经济和教育事业等。这无疑是值得大力倡导的。

1.3　财务管理的内容

企业财务管理的内容主要是按照其目标的要求，精心组织企业财务活动和正确处理企业与各方面的财务关系。企业财务管理的内容具体包括资金筹集管理、资金投放管理、收益分配管理等。

1.3.1　资金筹集管理

筹资是指筹集资金。筹资管理要解决的问题是如何取得企业所需要的资金，包括向谁、在什么时候、筹集多少资金。筹资管理和投资、股利分配有密切关系，筹资的数量多少要考虑投资需要，在利润分配时加大保留盈余可减少从外部筹资。筹资管理的关键是决定各种资金来源在总资金中所占的比重，即确定资本结构，以使筹资风险和筹资成本相配合。企业发行股票、发行债券、取得借款、赊购、租赁等都属于筹资。

企业股东提供的资本是权益资本。它不需要归还，筹资的风险小，但其期望的报酬率较高。债权人提供的资本是借入资本。它需要按期付息还本，有一定的风险，但其要求的报酬率比权益资本低。

筹资时，要掌握好权益资本和借入资本的比例关系。一般来说，完全通过权益资本筹资是不明智的，不能得到负债经营的好处；但负债的比例过大，也会增大企业的财务风险，企业有可能陷入财务危机。因此，筹资管理的一个重要内容就是确定合理的资本结构。

1.3.2 资金投放管理

企业筹集的资金用于购买设备、原材料等,就是对内投资;企业筹集的资金用于购买其他公司的股票、债券,联营等,就是对外投资。投资时,不仅要考虑尽可能将资金投放到收益最大的项目,还希望投资回报获得的时间越早越好;当投资面临风险时,还要考虑组合投资以分散风险。这些都是资金投放管理应该研究的问题。

1.3.3 收益分配管理

收益分配是指企业税后利润的分配。企业的各项收入扣除应补偿的各种耗费后就得到企业的纯收入(企业盈利)。纯收入的分配,首先,按规定向国家缴纳有关税金;其次,弥补亏损,提取公积金、公益金;最后,分配给企业的投资者。

1.4 财务管理的原则

财务管理的原则也称理财原则,是人们对财务活动的共同认识,是经过长期实践检验的理财行为规范,是在企业财务管理工作中必须遵循的准则。

1.4.1 风险收益均衡原则

在市场经济条件下,风险是客观存在的,企业要想获得收益,就必须承担风险。风险收益均衡原则是指在财务管理中,对每项财务活动都必须进行收益和风险的权衡,尽可能分散风险、提高收益。

遵循这项原则,就必须以科学的态度,对每一项决策的风险和收益做出全面的分析和权衡,选择风险低、收益高的最有利方案。特别是要注意尽可能规避风险,化风险为机遇,在危机中找出路,以提高企业的经济效益。

1.4.2 货币时间价值原则

货币时间价值是指资金具有时间价值,资金的周转使用是要讲效益的。相同数量的资金,其收入或支出的时间不同,则具有不同的价值;相同数量的资金的周转速度不同,所带来的增值也不一样,周转速度越快,增值越多。

因此,在财务管理工作中,必须坚持货币时间价值原则,树立时间和效益观念。

1.4.3 资金合理配置原则

资金合理配置就是通过对资金运动的组织与调节,来保证财务活动具有最优的比例结构。

企业资产的构成是资金运用的结果,同时它又以资金结构的形式表现出来。企业有各种各样的资金结构。在资金来源方面,有负债资本同权益资本的构成比例,有流动负债同长期负债的构成比例;有权益资本各项目之间的构成比例等。在资金占用方面,有对外投资和对内投资的构成比例;有固定资产和流动资产的构成比例;有有形资产和无形资产的构成比例;有货币性资产和非货币性资产的构成比例;有材料、在产品、产成品的构成比例等。

从系统论的观点看,财务管理也是一个系统,系统各要素之间的内在关系的表现形式就是各要素之间的数量比例关系。只有其数量结构比例恰当,资金配置合理,才能保证生产经营活动的顺利进行,并能实现最佳的经济效益,否则就会危及购、产、销活动的协调,甚至影响企业的兴衰。因此,资金合理配置是企业持续、高效经营的必不可少的条件,是财务管理的一项基本规范。

1.4.4 收支积极平衡原则

在财务管理中,不仅要保持各种资金存量的协调平衡,而且要经常关注资金流量的动态协调平衡。所谓收支平衡,就是要求资金收支不仅在一定期间总量上求得平衡,而且在每一个时点上协调平衡。资金收支在每一时点上的平衡性,是资金循环过程得以周而复始进行的条件。

资金收支的平衡,归根结底取决于购产销活动的平衡。企业既要搞好生产过程的组织管理工作,又要抓好生产资料的采购和产品的销售,使购产销三个环节互相衔接,资金收支才会得以平衡,其周转才会畅通,经济效益才会良好。但必须指出的是,资金的收支积极平衡原则并不是要求保持资金收支的绝对平衡,收支平衡总是相对的、暂时的。经营环境和条件的变化必然会打破原来的平衡而形成新的不平衡,财务管理的任务之一就是通过对资金的有效协调和调度,在新的条件下建立新的资金收支平衡关系。收支积极平衡原则就是要求在财务活动中,以实现企业价值最大化为目标,保持财务收支的积极平衡。

1.4.5 利益关系协调原则

企业在组织财务活动的过程中,必然要与各方面发生广泛的经济利益关系。实行利益关系协调原则,就是在财务管理中利用经济手段协调国家、投资者、债权人、购销客户、经营者、劳动者以及企业内部各部门、各单位的经济利益关系,维护有关各方的合法权益。

具体地说,企业在财务管理中应当遵守国家法律,依法纳税,注重保护生态环境,并正确运用价格、股利、利息、奖金、罚款等经济手段,建立激励机制和约束机制,对投资者做到资本保全,予以丰厚的回报;对债权人按期还本付息;对企业恪守诚信,等价交换;对企业内部及职工奖优罚劣,按劳分配,从而处理好各方面的经济利益关系,以实现国家、集体、个人的和谐一致。

1.4.6 成本效益原则

成本效益原则就是在财务活动中通过计算和比较以及得失的衡量,使成本与收益得到最优的结合,获取更多的盈利。显而易见,成本效益原则贯穿于财务管理的全过程,自始至终地力求企业在生产经营活动中以尽可能少的成本费用投入,获取尽可能多的效益产出,以实现企业价值最大化的理财目标,增加社会财富,满足人们的需要。例如,在企业筹资活动中,应对资金成本率与息税前资金利润率进行测算和对比分析;在投资决策中,应对投资额与投资收益额进行测算和比较分析等。

1.4.7 弹性原则

弹性是指伸缩性或留有余地。在追求准确和节约的同时,留有合理的伸缩余地,就是财务管理的弹性原则。财务管理应努力实现收支平衡,略有结余。

企业财务管理中之所以要保持合理的弹性,主要是因为以下三点。

(1) 财务管理环境复杂多变,企业一般缺乏完全的控制能力。

(2) 财务管理人员的素质和能力不可能达到理想的境界,难免会出现管理的失误。

(3) 财务预测、财务决策、财务计划都是对未来的一种大致规划,都要求在管理的各方面、各环节保持可调节的余地。

财务管理实践中,对现金、存货留有一定的保险储备,编制计划时留有余地都是这一原则的具体体现。

1.5 财务管理的环境

1.5.1 财务管理的外部环境

企业的财务管理环境又称理财环境,是指对企业财务活动产生作用的企业外部环境。进行财务决策时企业外部环境是难以改变的,一般应该适应其要求和变化。财务管理的外部环境涉及的范围很广,其中最重要的是经济环境、法律环境和金融市场环境。

1. 经济环境

（1）经济周期。经济发展的周期性，即有时繁荣有时衰退，对企业财务管理有极大的影响。国民经济处于高速增长时期，企业就要跟上其发展并维持自己在市场中的地位。要保持与国民经济同样的增长速度，企业一般要进行扩大规模的投资，相应增加配套的厂房、设备及专业人员等，这需要有足够规模的资金作保证。

国民经济处于减缓或衰退期时，企业的销售额就会急剧下降，产成品出现积压，资金周转不畅，必须筹集足够的资金以维持其正常运营。

（2）经济政策。国家各项的经济政策，对企业财务管理活动有直接或间接的重大影响，如经济规划、产业政策、财税政策、金融政策、货币政策、外汇政策、外贸政策、物价政策等。

国家经济政策具有宏观调控和导向作用，如扩张性经济政策和紧缩性经济政策。扩张性经济政策是指为了刺激投资和消费，国家通过减少收入、扩大支出来增加社会总需求，以便对整个经济起到推动作用，防止或延缓经济萎缩。采取的财政经济措施是减少税收，减少上缴利润，扩大投资规模，增加财政补贴，实行赤字预算，发行公债，增加财政支出，从而刺激社会有效需求，促进经济的增长。

紧缩性经济政策是指为了抑制投资和消费，国家通过增加财政收入、减少财政支出来降低社会总需求，以便对整个经济起到紧缩的作用，避免或缓解经济过热的出现。采取的财政经济措施是开发新的税种和调高税率，提高国有企业上缴利润的比例，降低固定资产折旧率，缩小投资规模，削减财政补贴，压缩政府开支，减少财政支出，以实行盈余预算，从而压缩社会有效需求，控制经济的增长。

企业财务管理人员要认真研究国家经济政策，顺应国家经济政策的导向，实现企业财务管理目标。

（3）通货膨胀。通货膨胀对企业财务管理的影响是多方面的，如利率上升、资金供应紧张、有价证券价格下跌以及利润虚增等。这些影响会对企业财务管理造成很大困难，不仅使成本费用增加，也会为产品的定价与销售带来一定的困难。在管理过程中，应尽可能利用各种财务管理的方法规避通货膨胀的风险，减少企业损失。

（4）竞争。竞争广泛存在于市场经济之中，任何企业都不能回避。企业之间、各产品之间、现有产品和新产品之间的竞争，涉及技术、管理、产品等各个方面。对企业来说，竞争既是威胁，也是机遇。竞争能促使企业用低成本、新技术来生产更好的产品，在竞争中处于优势地位，对经济发展起推动作用。竞争就是商业战争，企业财务管理的综合能力，会在竞争中得到全方位的体现。

2. 法律环境

财务管理的法律环境是指企业和外部发生经济关系时所应遵守的各种法律、法规和规章。市场经济是法制经济，越来越多的经济关系和经济活动的准则已用法律的形式固定下来。同时，国家管理经济的手段也在逐步做到有法可依，国家管理的法治化日趋明显。

企业的财务管理活动，无论是筹资、投资，还是利润分配，都要和企业外部发生经济关系，在处理这些经济关系时，应当遵守有关的法律规范。

（1）企业组织法规。企业组织必须依法成立。组建不同的企业要依照不同的法律规范，如《公司法》《全民所有制工业企业法》《外资企业法》《合伙企业法》等。它们既是企业的组织法，又是企业的行为法。

例如，《公司法》对公司企业的设立条件与程序、组织机构与变更、终止的条件与程序等都做了规定，包括股东人数、法定资本的最低限额、资本的筹集方式等。只有按相应规定的条件和程序建立的企业，才能称为"公司"。《公司法》还对公司生产经营的主要方面做出了规定，包括股票的发行和交易、债券的发行和转让、利润的分配等。公司的财务管理活动，都要按《公司法》的规定来进行。

（2）财务法规。财务法规主要是《企业财务通则》和行业财务制度。《企业财务通则》是各类企业进行财务活动、实施财务管理的基本规范。2005 年修订，于 2007 年 1 月 1 日开始实施的《企业财务通则》，针对企业财务管理，明确了资金筹集、资产营运、成本控制、收益分配、信息管理及财务监督等主要财务管理要素，规范了财务管理方法和政策。

除上述法规外,还有证券法规、结算法规、《民法典》等,都与企业财务管理活动紧密相关。财务管理人员必须熟悉这些法规,在守法的前提下完成财务管理的职能,实现企业的财务目标。

（3）税法。税法是保障国家和纳税人合法权益的法律规范,任何企业都有纳税的法定义务。税收的立法有三类:所得税税法、流转税税法及其他地方税税法。

税负是企业的一种费用,会增加企业的现金流出,对企业财务管理有重要影响。通常,企业希望既不违反税法,又减少税务负担,这是十分困难的。事实上,税负的减少,只能靠对投资、筹资和利润分配等财务决策活动的精心筹划来实现。而偷税漏税,无论对国家,还是对企业,都是十分有害的。

因此,精通税法,已成为财务管理人员的必备条件。

3. 金融市场环境

筹资和投资是企业最基本的财务活动,这两项活动的进行都离不开对金融环境的研究。金融市场是企业财务管理的重要的外部环境,对企业的财务决策有着重大的影响。

（1）金融市场。金融市场是融通资金的场所。金融市场具有调节资金余缺的功能,它是商品经济发展到一定阶段的产物。广义的金融市场是指一切资本流动的场所,包括实物资本和货币资本的流动,其交易的对象包括货币借贷、票据承兑和贴现、有价证券的买卖、黄金的买卖等;狭义的金融市场一般指有价证券市场,即股票和债券的发行与买卖市场。

金融市场为资金供求双方实现资金的转移、促进经济发展提供了重要的筹资和投资渠道。金融市场由交易的主体、交易的对象、交易的工具与交易的价格四个基本要素构成。

交易的主体是指资金供求双方,包括任何参与市场交易的银行和非银行金融机构。金融机构主要包括商业银行、投资银行、证券公司、保险公司和基金管理公司。交易的对象也称交易客体,是货币资金。在金融市场上货币资金的借贷、票据的贴现、有价证券的买卖、黄金的买卖,最终都要实现货币资金的转移。交易的工具是指能够证明金融交易的金额、期限、价格的书面证明。交易的主要工具包括借款合同、票据、股票、债券等。交易的价格就是利率,如贴现利率、国库券利率、借款利率、同业拆借利率等。

（2）金融市场的分类。一般来说,金融市场可以分为外汇市场、资金市场和黄金市场。资金市场又可分为短期资本市场和长期资本市场。

短期资本市场是指期限不超过一年的短期资金交易市场,也称货币市场。短期资本市场交易的工具主要有短期国库券、商业票据、银行承兑票据和可转让大额定期存单。按交易内容和方式的不同,短期资本市场包括银行短期信贷市场、短期证券市场等。

长期资本市场是指期限在一年以上的金融工具交易市场,也称资本市场。它包括长期借贷市场、长期有价证券市场。长期有价证券市场由一级市场和二级市场构成。一级市场是发行人以筹集资金为目的,按照法律规定和发行程序,向投资者发行新的证券所形成的市场。二级市场是已发行的证券通过买卖交易实现流通转让的场所。例如,证券流通市场一般由两个子市场构成:一是证券交易所,其交易有固定的场所和固定的交易时间,是最重要的、集中的证券流通市场;二是场外交易场所,是证券经营机构开设的证券交易柜台,不在证券交易所上市的证券可申请在场外进行交易。

（3）利率。在金融市场上,利率是资金使用权的价格。一般来说,金融市场上资金的购买价格可以用下式表示:

$$利率＝纯利率＋通货膨胀附加率＋风险报酬率$$

式中,风险报酬率又包含违约风险报酬率、变现力风险报酬率和到期风险报酬率。

① 纯利率（pure rate of interest）是指没有风险和没有通货膨胀情况下的平均利率。影响纯利率的基本因素是资金的供求关系。因此,纯利率并非一成不变的,而是会随资金供求关系的变化而不断变化的。在实际工作中,无通货膨胀情况时,一般可用短期国库券的利率来代替纯利率。

② 通货膨胀附加率。持续的通货膨胀,会不断降低货币的实际购买力,同时,对投资项目的投资报酬率也会产生影响。资金的提供者在通货膨胀情况下,必然要求提高利率水平以补偿其购买力损失。

③ 违约风险报酬率。违约风险是指借款人无法按时支付利息或偿还本金时给投资人带来的风险。为

了弥补违约风险，就必须提高利率，违约风险越大，投资人要求的利率报酬越高。企业债券的违约风险，取决于由债券发行主体和发行条件决定的债券信用等级。信用等级越高，表明违约风险越低，从而利率也越低。

④ 变现力风险报酬率。变现力是指某项资产迅速转化为现金的可能性。如果一项资产能迅速转化为现金，说明其变现能力强；反之，则说明其变现能力弱。对于较大变现力风险，投资人要以变现力风险报酬率作为补偿。

⑤ 到期风险报酬率。一项负债，到期日越长，债权人承受的不确定因素就越多，承担的风险也就越大。为弥补这种风险而增加的利率水平，就叫到期风险报酬率。

无论筹资还是投资，财务管理人员都要合理地测定利率水平。

相关链接 1-1

社科院报告：2021年中国金融风险趋于收敛

中国社科院国家金融与发展实验室、中国社会科学院金融研究所25日在线上共同发布的《金融风险报告2021》指出，2021年，伴随着新冠肺炎疫情的有效控制和经济持续复苏，中国宏观经济金融形势有所好转，金融风险趋于收敛，整体可控。

报告称，从总量看，经过三年金融风险攻坚战，中国系统性金融风险应对取得了阶段性成果，2021年中国金融体系整体保持稳定。2021年重大金融风险应对延续前期政策框架，系统性金融风险没有出现重大的冲击。相对于2020年3—4月全球濒临新冠肺炎疫情冲击和系统性风险威胁的悲观预期，2021年中国金融市场预期相对平稳，金融风险总体状况有所好转。

从结构看，2021年国内重大风险环节的应对和处置较为得当，房地产市场、大型互联网平台以及地方政府债务等重大风险的应对政策总体合理。但由于新冠肺炎疫情冲击的持续性影响，外加结构调整深化以及企业投资意愿下降，中国金融体系的结构性风险及其进一步传染扩大的威胁仍然值得警惕。2021年中国金融风险演进主要呈现以下五个方面的特征。

一是宏观杠杆率稳中有降，但资产负债表衰退风险值得重点关注。2021年前三季度宏观杠杆率稳中有降，政府部门和企业部门都有去杠杆的趋势，特别是企业投资意愿下降，存在主动去杠杆的行为。从前三季度企业经营情况来看，2021年企业收入和利润表现尚可，但是，企业投资意愿反而下降，优先偿还债务，呈现出主动"缩表"的行为。因此，从经济总体的角度来看，需要关注"资产负债表衰退"的隐忧。

二是金融部门脆弱性进一步加大。2021年中国金融市场的脆弱性呈现出新的结构特点。首先，在地方政府风险管控下，政府国有企业违约率有所下降，但民企债违约率呈反弹趋势。其次，新增违约主体违约的原因较多是受到新冠肺炎疫情影响经营遇困、资不抵债的偿付问题，而不仅仅是期限错配导致的流动性问题。最后，部分领域的风险溢出效应比市场预期的要更为严重，其中包括房地产市场震荡、中小银行风险暴露以及中概股退市威胁等。

三是房地产市场风险溢出效应凸显。2021年房地产市场特别是房地产企业的流动性风险加速暴露，波及其他金融领域。在2020年出台的房企"三道红线"融资规则以及银行业房地产贷款集中度管理等房地产金融审慎管理制度的实施和深化，使得房地产外源性融资和所需资金供需两端均受到严格控制。受此影响，部分高杠杆房地产企业的债务风险迅速暴露，并逐步扩大至其他房地产企业以及整个产业链，房地产市场整体风险以及地方政府基金性收入风险加快累积，甚至出现转化为系统性风险的迹象。

四是国内金融市场波动烈度有所缓解。2021年国内金融各市场风险传染波动性较大，但市场波动烈度有所降低，整体状况较2020年有所改善。就波动幅度而言，股票市场面临的风险最高，商品期货市场次之，债券市场风险最小。就时间维度来看，债券市场波动主要集中在第三季度，期货市场集中在第二季度，股票市场在第一季度和第三季度波动较为突出。2021年前三季度国内各金融市场风险传染波动性均较大。就风险传染的正负相关性来看，股票市场与债券市场以及债券市场和期货市场均存在负向相关关系，而债券市场和期货市场存在正向相关关系。

五是外部金融市场波动对中国的外溢冲击仍然明显。受今年美国宏观经济、债务风险、原材料价格等多方不确定性因素的影响,期货市场和股票市场在 2021 年前三季度均有较大起伏,在 3 月初和 7 月底与国内市场波动存在一定共振关系;债券市场全年在高位震荡,两次大幅波动分别出现在 3 月初和 7 月底;汇率市场则全年均在低位震荡,整体较为稳定。需要注意的是,2021 年国内市场受到的国际外部冲击相对于 2020 年有所弱化,但是,国际原材料价格持续上涨对我国工业品价格带来较为严重的"输入性"成本压力,也对产业链产生冲击。

报告强调,当前经济金融形势仍存在较大不确定性,尤其是伴随着原材料价格上涨,企业投资意愿下降,美联储量化宽松政策调整,未来金融风险防范任务仍然十分艰巨,特别是宏观杠杆率较高、房地产部门风险凸显、地方融资平台债务、金融科技风险以及内外金融风险共振等问题仍需要得到及时有效的应对与处置。

报告提醒,新冠肺炎疫情不确定性是系统性金融风险的最大隐忧,并且伴随着中国经济增速放缓,房地产部门风险暴露,地方政府偿债压力增大,未来债务脆弱性可能进一步提高。此外,国际金融市场波动性也可能加大。2022 年,由于严重的通胀问题,若美联储大幅收紧货币政策,或使国际资本流动形势发生逆转,会对中国的国际收支状况造成冲击。

1.5.2　财务管理的内部环境

1. 企业组织形式

企业根据组织形式通常分为个人独资企业、合伙企业和公司制企业三种类型。企业的组织形式不同,财务管理的特点和要求也不同。

(1) 个人独资企业。个人独资企业是指由一个自然人投资,其财产为投资人个人所有,投资人以其个人财产对企业债务承担无限责任的经营实体。其优点是结构简单、容易开办、利润独享、限制较少;其缺点是出资者负有无限偿债责任,风险较大,筹资困难。

(2) 合伙企业。合伙企业是指由各合伙人订立合伙协议,共同出资、合伙经营、共享收益、共担风险,并对本企业债务承担无限连带责任的营利组织。合伙企业开办容易,但不易筹集大额资本,所有权转移比较困难,权力不易集中。

(3) 公司制企业。公司是指依照《公司法》登记设立,以其全部法人财产,依法自主经营、自负盈亏的企业法人。《公司法》所称公司,是指有限责任公司和股份有限公司。公司制企业显著的优点是:所有者只承担有限责任,所有者对公司债务的责任以其投资额为限;比较容易筹集到资金,企业通过发行股票、债券等可以迅速筹集到大量资金,这使公司比个人独资企业和合伙企业有更大发展的可能性。

企业组织形式决定着企业的资金来源、筹资方式、投资方向、税收负担、利润分配、债务责任等。企业应结合各自的组织形式组织财务活动、处理财务关系。

2. 企业内部财务管理制度

企业财务管理制度是对企业财务管理工作的原则和要求所做出的统一规定,是财务管理的工作准则。在社会主义市场经济条件下,逐步建立一整套与市场经济相适应的企业财务管理制度体系,是财务管理工作的客观要求。

企业内部财务管理制度必须按照《企业财务通则》和行业财务制度的规定,结合本企业的特点和内部管理的需要建立健全,以便建立合理、科学、有序的财务管理制度体系,提高财务管理水平。

1.6　财务管理的内容、环境与目标之间的关系

财务管理的内容、环境、目标之间联系密切,其关系如图 1-2 所示。

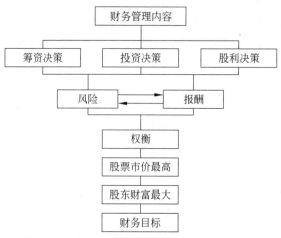

图 1-2　财务管理的内容、环境、目标之间的关系

阅读材料　元年科技：2021中国企业财务共享研究报告正式发布

本 章 小 结

　　财务是财务活动和财务关系的统一，前者表达了财务的形式特征，后者揭示了财务的本质。

　　企业财务活动是指资金的筹集、投放、使用、收回及分配的一系列行为，包括筹资活动、投资活动、资金营运活动、收益分配活动等一系列行为。

　　企业财务关系是指企业在组织财务活动中与有关方面所发生的经济利益关系。其内容包括企业与国家之间的财务关系；企业与投资者之间的财务关系；企业与债权人之间的财务关系；企业与债务人之间的财务关系；企业与企业内部各经济责任主体的财务关系；企业与其职工之间的财务关系。

　　企业财务管理目标是指企业进行财务活动所要达到的根本目标。目前，财务管理目标主要有四种观点：利润最大化、股东财富最大化、企业价值最大化和相关者利益最大化。

　　财务管理原则是企业组织财务活动、处理财务关系工作必须遵循的准则，一般包括风险收益均衡原则、货币时间价值原则、资金合理配置原则、收支积极平衡原则、利益关系协调原则、成本效益原则、弹性原则。

　　财务管理环境是指对企业财务活动、财务关系产生影响作用的一切因素的总和，包括内部财务管理环境与外部财务管理环境两大部分。影响企业外部财务管理环境的因素主要包括经济环境、法律环境和金融市场环境等。金融市场环境是最重要的外部环境因素。

关 键 术 语

　　财务管理（financial management）

　　利润最大化（profit maximization）

　　股东财富最大化（stockholder wealth maximization）

　　公司价值最大化（corporate value maximization）

　　财务活动（financial activity）

财务关系(financial relation)

财务管理目标(objective of financial management)

财务管理内容 (content of financial management)

投资决策(investment decision)

筹资决策(financing decision)

分配决策(dividend policy decision)

财务管理原则(principles of financial management)

财务管理环境 (environment of financial management)

参 考 文 献

[1] 尤金·F. 布瑞翰,乔尔·F. 休斯敦. 财务管理基础[M].胡玉明,译. 精要7版. 大连：东北财经大学出版社,2016.

[2] 斯蒂芬·A. 罗斯,伦道夫·W. 威斯特菲尔德,杰费利·F. 杰富. 公司理财[M]. 吴世农,沈艺峰,王志强,译. 11版. 北京：机械工业出版社,2017.

[3] BERK J, MARZO D P, HARFORD J. Fundamentals of Corporate Finance[M]. 4E. London：Pearson Education Cimited，2019.

[4] 王化成,刘俊彦,荆新. 财务管理学[M]. 9版. 北京：中国人民大学出版社,2021.

[5] 王化成. 公司财务管理[M]. 北京：高等教育出版社,2007.

[6] 中国注册会计师协会. 财务成本管理[M]. 北京：中国财政经济出版社,2021.

[7] 财政部会计资格评价中心. 财务管理[M]. 北京：经济科学出版社,2021.

[8] 吴立扬,刘明进. 财务管理[M]. 武汉：武汉理工大学出版社,2009.

思 考 题

1-1 什么是财务管理？财务管理有何特点？

1-2 什么是财务活动？企业财务活动包括哪些内容？

1-3 什么是财务关系？试举例说明。

1-4 怎样理解企业财务管理目标？试举例说明。

1-5 简述企业财务管理的内容。

1-6 什么是财务管理环境？金融市场环境对财务管理有何影响？

1-7 举例说明成本效益原则。

1-8 举例说明风险与报酬的关系。

练 习 题

◯ 判断题

1-1 公司理财是以公司为主体,以金融市场为背景,研究公司资本的取得与使用的管理学科,其核心问题是资产定价与资源配置效率。 （　　）

1-2 以股东财富最大化为目标,在实际工作中可能导致公司所有者与其他利益主体之间的矛盾和冲突。 （　　）

1-3 由于控股公司组织(H型组织)的母、子公司均为独立的法人,是典型的分权组织,因而不能进行集权管理。 （　　）

1-4 企业在一定期间发生亏损,会导致所有者权益减少。 （　　）

1-5 就上市公司而言,将股东财富最大化作为财务管理目标的缺点之一是不容易被量化。 （　　）

1-6 以融资对象为划分标准,可将金融市场分为资本市场、外汇市场和黄金市场。 （　　）

1-7 在经济衰退初期,公司一般应当出售多余设备,停止长期采购。 （　　）

1-8 为了防范通货膨胀风险,公司应当签订固定价格的长期销售合同。 （　　）

1-9 普通合伙企业的合伙人必须对合伙企业的债务承担无限连带责任。 （　　）

1-10 相关者利益最大化目标是指保证股东、经营者、债权人三方面关系人的利益最大。 （　　）

○ 单项选择题

1-1 与普通合伙企业相比,下列各项中属于股份有限公司缺点的是（　　）。

　　A. 筹资渠道少　　　　B. 承担无限责任　　　　C. 企业组建成本高　　　　D. 所有权转移较困难

1-2 根据相关者利益最大化财务管理目标理论,承担最大风险并可能获得最大报酬的是（　　）。

　　A. 股东　　　　　　　B. 债权人　　　　　　　C. 经营者　　　　　　　D. 供应商

1-3 某集团公司有 A、B 两个控股子公司,采用集权与分权相结合的财务管理体制,下列各项中集团总部应当分权给子公司的是（　　）。

　　　　A. 担保权　　　　　B. 收益分配权　　　　　C. 投资权　　　　　　D. 日常费用开支审批权

1-4 下列各项中符合企业相关者利益最大化财务管理目标要求的是（　　）。

　　A. 强调债权人的首要地位　　　　　　　　B. 强调股东的首要地位

　　C. 强调员工的首要地位　　　　　　　　　D. 强调经营者的首要地位

1-5 某企业集团经过多年的发展,已初步形成从原料供应、生产制造到物流服务上下游密切关联的产业集群,当前集团总部管理层的素质较高,集团内部信息化管理的基础较好,据此判断,该集团最适宜的财务管理体制类型是（　　）。

　　A. 自主型　　　　　　B. 分权型　　　　　　C. 集权型　　　　　　D. 集权与分权相结合型

1-6 在下列各项中,属于货币市场工具的是（　　）。

　　A. 可转换债券　　　　B. 优先股　　　　　　C. 银行承兑汇票　　　　D. 银行长期贷款

1-7 某公司董事会召开公司战略发展讨论会,拟将企业价值最大化作为财务管理目标,下列理由中难以成立的是（　　）。

　　A. 有利于规避企业短期行为　　　　　　　B. 有利于量化考核和评价

　　C. 有利于持续提升企业获利能力　　　　　D. 有利于均衡风险与报酬的关系

1-8 某上市公司针对经常出现中小股东质询管理层的情况,拟采取措施协调所有者与持续经营者的矛盾。下列各项中不能实现上述目的的是（　　）。

　　A. 强化内部人控制　　　　　　　　　　　B. 加强对经营者的监督

　　C. 解聘总经理　　　　　　　　　　　　　D. 将经营者的报酬与其绩效挂钩

1-9 下列应对通货膨胀风险的各项策略中不正确的是（　　）。

　　A. 进行长期投资　　　B. 签订长期购货合同　　C. 进行长期借款　　　　D. 签订长期销货合同

1-10 下列各项企业财务管理的目标中,能够同时考虑资金的时间价值和投资风险因素的是（　　）。

　　A. 产值最大化　　　　B. 利润最大化　　　　C. 企业价值最大化　　　D. 每股收益最大化

○ 多项选择题

1-1 与资本性金融工具相比,下列各项中属于货币性金融工具特点的有（　　）。

　　A. 期限较长　　　　　B. 流动性强　　　　　C. 风险较小　　　　　D. 价格平稳

1-2 在进行财务管理体制设计时应当遵循的原则有（　　）。

　　A. 明确分层管理思想　　　　　　　　　　B. 决策权、执行权与监督权分立

　　C. 与现代企业制度相适应　　　　　　　　D. 与控制股东所有制形式相对应

1-3 在某公司财务目标研讨会上,张经理主张"贯彻合作共赢的价值理念,做大企业的财富蛋糕";李经理认为"既然企业的绩效按年度考核,财务目标就应集中体现当年利润指标";王经理提出"应将企业长期稳定的发展放在首位,以便创造更多的价值"。上述观点涉及的财务管理目标有（　　）。

A. 利润最大化　　　　　B. 企业规模最大化　　　C. 企业价值最大化　　　D. 相关者利益最大化

1-4　某企业集团选择集权与分权相结合的财务管理体制,下列各项中通常应当集权的有(　　　)。

A. 收益分配权　　　　　B. 财务机构设置权　　　C. 对外担保权　　　　　D. 子公司业务定价权

1-5　某公司有 A、B 两个子公司,采用集权与分权相结合的财务管理体制,根据我国企业的实践,公司总部一般应该集权的有(　　　)。

A. 经营权　　　　　　　B. 担保权　　　　　　　C. 收益分配权　　　　　D. 融资权

1-6　下列各项中属于衍生金融工具的有(　　　)。

A. 期货　　　　　　　　B. 股票　　　　　　　　C. 期权　　　　　　　　D. 债券

1-7　财务经理的基本职能是为了实现公司理财目标而进行(　　　)。

A. 财务分析　　　　　　B. 投资决策　　　　　　C. 会计核算　　　　　　D. 融资决策

1-8　企业的财务关系包括(　　　)。

A. 企业与所有者之间的财务关系　　　　　　　　B. 企业与债权人之间的财务关系

C. 企业与被投资单位的财务关系　　　　　　　　D. 企业与债务人之间的财务关系

1-9　通货膨胀对企业财务活动的影响主要体现为(　　　)。

A. 引起利率的上升　　　　　　　　　　　　　　B. 增加企业的资金需求

C. 降低企业的资金成本　　　　　　　　　　　　D. 减少资金占用量

1-10　财务管理应遵循的原则包括(　　　)。

A. 权责发生制原则　　　　　　　　　　　　　　B. 成本效益原则

C. 风险收益均衡原则　　　　　　　　　　　　　D. 利益关系协调原则

◎案例分析题

VEBA 公司谈股东价值

国际投资者在数量和力量上都正在增加。各地的公司若想吸引国外资金(国内资金也一样),就必须确保其对股东利益负责。VEBA 公司是德国最大的上市公司之一,它"始终把股东的利益放在公司利益的首位,同时又不忽视公司的顾客、职员、债权人和社会等方面的利益"。VEBA 公司认为:股东价值是一个为公司未来成长而设计的概念。

在英、美两国的引导下,股东价值的概念在德国公司也取得了重要的地位。这种方法描述了一种公司的政策,这种政策重点强调股东的利益,把公司价值最大化作为公司目标。VEBA 已经把股东价值概念和公司的政策融为一体了。在股份投资过程中,投资者完全意识到将自己的角色限制在资本供给者上。为此,投资者期望他们的投资受到专业的管理,要求知道有关公司策略的全面信息,还要求公司充分揭示其经营成果,至少,他们期望自己所投资的资金能获得适当的回报。

根据股东价值目标制定政策不仅是为了维护股东的利益,也是公司存在的可靠基础。毕竟,价值目标的采用能保证所有的公司决策都能产生足以补偿预期商业风险的回报。一般来说,只有能获得要求的回报率的经营单位才能取得财务资源。有些商业活动未能满足那些重要的目标,从而使公司价值降低,就这些商业活动而言,改进是必需的。我们的首要目标是维持公司价值的长期持续增长。因此,我们的股东导向政策并不是简单地为了制造一匹"快马"。

资料来源:陈玉菁,宋良荣.财务管理[M].4 版.北京:清华大学出版社,2016.

分析与讨论:

(1)怎样理解 VEBA 公司提出的注重股东价值的财务管理目标的理论?试举例说明。

(2)怎样理解"股东导向政策并不是简单地为了制造一匹'快马'"?

财务分析

学习目标

- 了解财务分析的概念、作用、内容、方法和基础。
- 掌握企业的偿债能力、营运能力、盈利能力和发展能力的相关财务比率及分析。
- 掌握杜邦分析法。

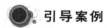 引导案例

美的集团股价7年涨幅超24倍

近期,美的集团在二级市场股价连创历史新高,甩掉老对手格力电器2 000多亿元市值,成为人们讨论的话题。

美的集团的前身是美的电器。2013年,美的集团吸收合并美的电器,美的电器法人资格被注销并终止上市。自此,美的集团登上历史舞台。

截至2020年11月19日,美的集团创下的历史最高价格(前复权)为94.46元,较其2013年9月18日上市开盘价3.7元(前复权)上涨2453%,7年涨幅超24倍,投资年化收益率近59%。

过去7年间,美的集团的净利润从2013年的53.2亿元提升至2019年的242亿元,6年间提升355%,实现年复合增长率28.72%。2020年前三季度,美的集团实现净利润220亿元,预计2020年年报净利润将创下历史新高。

2013年至今,美的集团的净利润多被格力电器压制,但在疫情中,美的集团凭借在家电领域的多样化发展,构筑了足够深的护城河,并未遭受严重的冲击。2020年前三季度,美的集团在净利润方面已经将格力电器远远甩在身后。

作为中国家电领域最优秀的上市公司之一,美的集团的营业收入始终碾压同行,从2013年的1 213亿元,到2019年的2 794亿元,6年间增长130%,年复合增长率达到了14.92%。2020年第三季度,美的集团的营业收入达到了格力电器的1.7倍。

营业收入的稳定增长是美的集团股价持续上涨的关键。

资料来源:https://finance.qq.com/a/20201120/002771.htm.

2.1 财务分析基础

2.1.1 财务分析概述

财务分析(financial analysis)又称财务报表分析,财务报表是反映企业财务状况、经营成果和现金流量的报表,但财务报表所列示的各类项目的金额,如果孤立地看,并无多大意义,必须与其他数据相比较,才能成为有用的信息。这种参照一定标准将财务报表的各项数据与有关数据进行比较、分析和评价就是企业财务分析。具体地说,财务分析就是以财务报表和其他资料为依据与起点,采用专门方法,系统分析和评价企

业的财务状况、经营成果和现金流量状况的过程。其目的是评价企业过去的经营业绩,衡量现在的财务状况,预测未来的发展趋势。

财务分析既是财务预测的前提,也是过去经营活动的总结,具有承上启下的作用。

(1) 财务分析是评价财务状况及经营业绩的重要依据。通过财务分析,可以了解企业偿债能力、营运能力、盈利能力和发展能力状况,合理评价经营者的经营业绩,以奖优罚劣,促进管理水平的提高。

(2) 财务分析是实现理财目标的重要手段。财务管理的根本目标是实现企业价值最大化。通过财务分析,不断挖掘企业潜力,从各方面分析企业存在的问题,找出差距,充分认识未被利用的人力、物力资源,寻找利用不当的原因,促进企业经营活动按照企业价值最大化目标运行。

(3) 财务分析是实施正确投资决策的重要步骤。投资者通过财务分析,可以了解企业盈利能力、偿债能力,从而进一步预测投资后的收益水平和风险程度,以做出正确的投资决策。

(4) 利益相关者了解企业的重要途径。股东、债权人、政府机构等企业的利益相关者了解企业的重要途径是获得企业的财务报表,并进行财务分析,从而深入了解该企业的财务状况、经营成果和现金流量状况等。

2.1.2　财务分析的内容

财务分析的内容主要包括以下四个方面。

1. 偿债能力分析

偿债能力是指企业如期偿付债务的能力,它包括短期偿债能力和长期偿债能力。由于短期债务是企业日常经营活动中弥补营运资金不足的一个重要来源,通过分析短期偿债能力,有助于判断企业短期资金的营运能力以及营运资金的周转状况。通过对长期偿债能力的分析,不仅可以判断企业的经营状况,还可以促使企业提高融通资金的能力,因为长期负债是企业资本化资金的重要组成部分,也是企业的重要融资途径。而从债权人的角度看,偿债能力分析有助于了解其贷款的安全性,以保证其债务本息能够及时、足额地得到偿还。

2. 营运能力分析

营运能力是指企业管理各项资产的能力,反映企业各项资产的使用效果、资金周转的快慢以及挖掘资金的潜力,提高资金的使用效果。通过营运能力的分析,可以了解企业的资产利用效率、管理水平和资金周转状况,从而为企业的经营决策提供依据。

3. 盈利能力分析

盈利能力是指企业获取利润的能力,主要通过将资产、负债、所有者权益与经营成果相结合来分析企业的各项报酬率指标,从而从不同角度判断企业的获利能力。无论是投资者还是债权人,都十分关心企业的盈利能力,因为盈利能力强的企业可以提高投资者的回报,也可以提高企业的偿债能力。

4. 发展能力分析

发展能力是指企业扩大规模和长远发展的能力,反映了企业的发展前景。通过对企业发展能力的分析,可以了解一个企业的发展潜力和经营前景,从而为投资者和企业管理者的决策提供依据。

以上四个方面的财务分析指标中,偿债能力是实现企业财务目标的保障,营运能力是实现企业财务目标的物质基础,盈利能力是企业发展的动力,发展能力反映了企业的可持续发展。这四个方面的指标既相互独立,又相辅相成,共同构成企业财务分析的基本内容。

2.1.3　财务分析的方法

财务分析方法多种多样,但常用的有以下三种方法。

1. 比率分析法

比率分析法是把两个相互联系的项目加以对比,计算出比率,以确定经济活动变动情况的分析方法。

比率指标主要有以下三类。

（1）效率比率。效率比率是反映经济活动中投入与产出、所费与所得的比率，以考察经营成果、评价经济效益的指标。如成本利润率、销售利润率及资本利润率等指标。

（2）结构比率。结构比率又称构成比率，是某项经济指标的某个组成部分与总体的比率，反映部分与总体的关系。如流动资产与资产总额的比率、流动负债与负债总额的比率等。

（3）相关比率。相关比率是将两个不同但又有一定关联的项目加以对比得出的比率，以反映经济活动的各种相互关系。实际上财务分析的许多指标都是这种相关比率，如流动比率、存货周转率等。

2. 比较分析法

比较分析法是将同一企业不同时期的财务状况或者不同企业的同期财务状况进行对比，从而分析企业财务状况差异的一种方法，主要包括横向比较法和纵向比较法。横向比较法主要是将本企业的财务状况与其他企业的同期财务状况进行比较，而纵向比较法是将同一企业不同时期的财务状况进行比较。

3. 综合分析法

综合分析法是对企业的财务状况进行全面的分析和评价，主要包括杜邦分析法和财务比率综合评分法。

2.1.4　财务分析的报表

财务分析主要是以企业的财务报告为基础，对财务报告进行加工整理，从而分析和评价企业各方面的财务状况。财务报告是反映企业在一定时期内的财务状况、经营成果和现金流量的书面文件，主要包括资产负债表、利润表、现金流量表、所有者权益变动表以及财务报表附注。下面主要介绍两张主要的企业财务报表：资产负债表和利润表。

1. 资产负债表

资产负债表（balance sheet）是以"资产＝负债＋所有者权益"这一会计恒等式为依据进行编制，反映企业在某一特定日期的财务状况的报表。通过对资产负债表的分析，可以了解一个企业的偿债能力、营运能力情况，从而为债权人、投资者以及企业的管理者提供决策依据。表 2-1 为 ABC 公司 2019 年度的资产负债表。

表 2-1　资产负债表

编制单位：ABC 公司　　　　　　　　　　2019 年 12 月 31 日　　　　　　　　　　单位：万元

资　　　产	年初数	年末数	负债及所有者权益	年初数	年末数
流动资产：			流动负债：		
货币资金	125	250	短期借款	225	300
交易性金融资产	60	30	应付票据	20	25
应收票据	55	40	应付账款	545	500
应收账款	995	1 990	预收账款	20	50
预付账款	20	60	其他应付款	60	35
其他应收款	110	210	应付职工薪酬	125	170
存货	1 630	595	应交税费	20	25
一年内到期的非流动资产	55	325	应付股利	10	14
流动资产合计	3 050	3 500	其他应付款	5	35
非流动资产：			其他流动负债	70	70
长期股权投资	225	150	一年内到期的非流动负债	0	250
固定资产原值	8 085	10 000	流动负债合计	1 100	1 500
减：累计折旧	3 310	3 810	非流动负债：		
固定资产净值	4 775	6 190	长期借款	1 225	2 250

续表

资　　产	年初数	年末数	负债及所有者权益	年初数	年末数
在建工程	175	90	应付债券	1 300	1 200
固定资产清理	60	0	其他非流动负债	375	350
无形资产	40	30	非流动负债合计	2 900	3 800
其他非流动资产	75	40	所有者权益：		
非流动资产合计	5 350	6 500	股本	3 000	3 000
			资本公积	50	80
			盈余公积	200	370
			未分配利润	1 150	1 250
			所有者权益合计	4 400	4 700
资产合计	8 400	10 000	负债及所有者权益合计	8 400	10 000

资产负债表根据资产、负债、所有者权益(或股东权益)之间的勾稽关系,按照一定的分类标准和顺序,把企业一定日期的资产、负债和所有者权益各项目予以适当排列。它反映的是企业资产、负债、所有者权益的总体规模和结构,即资产有多少;资产中,流动资产、固定资产各有多少;流动资产中,货币资金有多少,应收账款有多少,存货有多少等。所有者权益有多少;所有者权益中,实收资本(或股本)有多少,资本公积有多少,盈余公积有多少,未分配利润有多少等。

在资产负债表中,企业通常按资产、负债、所有者权益分类分项反映。也就是说,资产按流动性大小进行列示,具体分为流动资产、长期投资、固定资产、无形资产及其他资产;负债也按流动性大小进行列示,具体分为流动负债、长期负债等;所有者权益则按股本、资本公积、盈余公积、未分配利润等项目分项列示。

资产负债表是企业会计报表体系中的一张主要的会计报表,它所提供的信息资料,对于企业管理部门、上级主管部门、投资者、银行及其他金融机构、税务部门,都有重要的作用。根据企业的资产负债表,可以解释、评价和预测企业的短期偿债能力;可以解释、评价和预测企业的长期偿债能力及资本结构;还可以解释、评价和预测企业的财务弹性。

2. 利润表

利润表(income statement)是以"利润＝收入－费用"这一会计恒等式为依据进行编制,反映企业在一定期间经营成果的报表。通过对利润表的分析,可以了解一个企业的盈利能力、营运能力情况,从而为投资者以及企业的管理者提供决策依据。表 2-2 为 ABC 公司 2019 年度的利润表。

表 2-2　利润表

编制单位：ABC 公司　　　　　　　　　　　2019 年度　　　　　　　　　　　单位：万元

项　　目	上　年　数	本　年　数
一、营业收入	16 845	17 640
减：营业成本	13 515	14 220
税金及附加	140	140
销售费用	230	150
管理费用	150	160
财务费用	100	130
资产减值损失		
加：公允价值变动收益		
投资收益	995	850
二、营业利润	1 475	1 400
加：营业外收入	120	200
减：营业外支出	85	50

续表

项　目	上　年　数	本　年　数
三、利润总额	1 175	1 000
减：所得税费用	375	320
四、净利润	800	680

通过利润表，可以反映企业一定会计期间的收入实现情况，即实现的主营业务收入有多少、实现的其他业务收入有多少、实现的投资收益有多少、实现的营业外收入有多少等；可以反映一定会计期间的费用耗费情况，即耗费的主营业务成本有多少，税金及附加有多少，销售费用、管理费用、财务费用各有多少，营业外支出有多少等；可以反映企业生产经营活动的成果，即净利润的实现情况，据以判断资本保值、增值情况。

编制利润表的主要目的是将企业经营成果的信息提供给各种报表使用者作为决策的依据或参考。根据利润表，可以解释、评价和预测企业的经营成果与获利能力；可以解释、评价和预测企业的偿债能力；企业管理人员可据以作出经营决策；还可以评价和考核管理人员的绩效。

2.2　单项财务比率分析

2.2.1　偿债能力分析

企业偿债能力是反映企业财务状况和经营能力的重要标志。企业偿债能力低不仅说明企业资金紧张，难以支付日常经营支出，而且说明企业资金周转不灵，难以偿还到期债务，甚至面临破产危险。企业偿债能力分析包括短期偿债能力分析和长期偿债能力分析。

1. 短期偿债能力分析

企业短期债务一般要用流动资产来偿付，短期偿债能力是指企业流动资产对流动负债及时足额偿还的保证程度，是衡量流动资产变现能力的重要标志。企业短期偿债能力的衡量指标主要有流动比率、速动比率和现金比率。

(1) 流动比率。流动比率(liquidity ratio or current ratio)是企业流动资产与流动负债之比。其计算公式为

$$流动比率＝\frac{流动资产}{流动负债} \tag{2-1}$$

一般认为流动比率为2时比较合理，这是因为流动资产中变现能力最差的存货金额约占流动资产总额的一半，剩下的流动性较大的流动资产至少要等于流动负债，企业短期偿债能力才会有保证。

运用流动比率进行分析时，只有和同行业平均流动比率、本企业历史流动比率进行比较才有意义，而且需进一步分析流动资产的构成项目。另外，有些企业还可以人为粉饰流动比率，如某企业的流动资产60万元，流动负债40万元，则流动比率为1.5，如果该公司还清20万元的借款，待下年年初再借入，这时流动资产变为40万元，流动负债变为20万元，流动比率提高到2。

【例2-1】 为便于说明，本章各项财务比率的计算将主要以ABC公司为例，该公司的资产负债表、利润表如表2-1和表2-2所示，计算ABC公司2019年年初和年末的流动比率。

解： 根据表2-1的资产负债表，ABC公司2019年年初与年末的流动资产分别为3 050万元、3 500万元，流动负债分别为1 100万元、1 500万元，则该公司流动比率为

$$年初流动比率＝\frac{3\,050}{1\,100}＝2.773$$

$$年末流动比率＝\frac{3\,500}{1\,500}＝2.333$$

ABC公司年初和年末的流动比率均大于2，说明该企业具有较强的短期偿债能力。流动比率虽然可以

用来评价流动资产总体的变现能力,但流动资产中的存货资产一般变现能力比较差,如能将其剔除,其所反映的短期偿债能力则更加令人可信,这个指标就是速动比率。

(2) 速动比率。速动比率(quick ratio)是企业速动资产与流动负债之比。速动资产是指流动资产减去变现能力较差且不稳定的存货、待摊费用等后的余额。由于剔除了存货等变现能力较差的资产,速动比率比流动比率能更准确、可靠地评价企业资产的流动性及偿还短期债务的能力。其计算公式为

$$速动比率 = \frac{速动资产}{流动负债} \qquad (2\text{-}2)$$

一般认为当速动比率等于1时比较合适,速动比率过低,企业面临偿债风险;但速动比率过高,会因占用企业更多现金及应收账款过多而丧失一些投资机会。

【例 2-2】 根据 ABC 公司的资产负债表,计算 2019 年年初和年末的速动比率。

解: 根据表 2-1 的 ABC 公司资产负债表,该公司速动比率为

$$年初速动比率 = \frac{3\ 050 - 1\ 630}{1\ 100} = 1.291$$

$$年末速动比率 = \frac{3\ 500 - 595}{1\ 500} = 1.937$$

ABC 公司 2019 年年初与年末的速动比率都大于 1,一般认为其短期偿债能力较强,但进一步分析可以发现,在 ABC 公司的速动资产中应收账款的比重较高(分别占 70% 和 68%),而应收账款不一定能按时收回,所以我们还必须计算分析第三个重要比率——现金比率。

(3) 现金比率。现金比率(cash ratio)是企业现金类资产与流动负债的比率。现金类资产包括企业所拥有的货币资金和持有的有价证券(即现金流量表中现金及现金等价物)。现金比率最能反映企业直接偿付流动负债的能力,因为偿还债务一般都是现金支付。但这一比率如果过高,就意味着企业流动负债未能得到合理运用,而现金类资产获利能力低,这类资产金额太高会导致企业机会成本增加。现金比率计算公式为

$$现金比率 = \frac{现金 + 现金等价物}{流动负债} \qquad (2\text{-}3)$$

【例 2-3】 根据 ABC 公司的资产负债表,计算 2019 年年初和年末的现金比率。

解: 根据表 2-1 的 ABC 公司资产负债表,该公司现金比率为

$$年初现金比率 = \frac{125 + 60}{1\ 100} = 0.168$$

$$年末现金比率 = \frac{250 + 30}{1\ 500} = 0.187$$

ABC 公司虽然流动比率和速动比率都较高,而现金比率偏低,说明该公司的短期偿债能力还有一定的风险,应缩短收账期,加大应收账款催账力度,以加速应收账款资金的周转。

2. 长期偿债能力分析

长期偿债能力是指企业偿还长期负债的能力。其分析指标主要有资产负债率、股东权益比率、权益乘数、产权比率和利息保障倍数等。

(1) 资产负债率。资产负债率(total debt ratio)是企业负债总额与资产总额之比。其计算公式为

$$资产负债率 = \frac{负债总额}{资产总额} \times 100\% \qquad (2\text{-}4)$$

资产负债率反映债权人所提供的资金占全部资金的比重,以及企业资产对债权人权益的保障程度。这一比率越高表明企业的偿债能力越弱,反之则表明企业的偿债能力越强。至于资产负债率为多少才是合理的,并没有一个确定的标准,要在具体的行业当中进行比较分析。

对资产负债率的分析,不同利益相关者的看法是不同的。从债权人的立场看,这个比率越低越好,企业偿债有保证,贷款不会有太大风险;从投资者的立场看,在全部资本利润率高于借款利息率时,负债比率越

大越好,因为股东所得到的利润就会加大。从企业管理者的角度看,在进行借入资本决策时,企业应当审时度势,全面考虑,充分估计预期的利润和增加的风险,权衡利害得失,从而作出正确的分析和决策。

【例 2-4】 根据 ABC 公司的资产负债表,计算 2019 年年初和年末的资产负债率。

解：根据表 2-1 的 ABC 公司资产负债表,该公司资产负债率为

$$年初资产负债率 = \frac{1\,100 + 2\,900}{8\,400} \times 100\% = 47.62\%$$

$$年末资产负债率 = \frac{1\,500 + 3\,800}{10\,000} \times 100\% = 53\%$$

ABC 公司年初资产负债率为 47.62%,低于 50%;而年末资产负债率为 50%,虽然偏高,但在合理的范围内,说明 ABC 公司有一定的偿债能力和负债经营能力。

(2) 股东权益比率。股东权益比率(equity ratio)是股东权益总额与资产总额的比重,反映了资产总额中有多大比例是所有者投入的。其计算公式为

$$股东权益比率 = \frac{股东权益总额}{资产总额} \times 100\% \tag{2-5}$$

股东权益比例和资产负债率之和等于 1。因此,这两个比率是从不同的侧面来反映企业长期偿债能力的,股东权益比率越大,资产负债率就越小,企业的财务风险就越小,长期偿债能力就越强。

【例 2-5】 根据 ABC 公司的资产负债表,计算 2019 年年初和年末的股东权益比率。

解：根据表 2-1 的 ABC 公司资产负债表,该公司股东权益比率为

$$年初股东权益比率 = \frac{4\,400}{8\,400} \times 100\% = 52.38\%$$

$$年末股东权益比率 = \frac{4\,700}{10\,000} \times 100\% = 47\%$$

股东权益比率的倒数称为权益乘数(equity multiplier),即资产总额是股东权益总额的倍数。权益乘数反映了企业财务杠杆的大小。权益乘数越大,说明股东投入的资本在资产总额中所占的比重越小,财务杠杆越大。其计算公式为

$$权益乘数 = \frac{资产总额}{股东权益总额} \tag{2-6}$$

【例 2-6】 根据 ABC 公司的资产负债表,计算 2019 年年初和年末的权益乘数。

解：根据表 2-1 的 ABC 公司资产负债表,该公司权益乘数为

$$年初权益乘数 = \frac{8\,400}{4\,400} = 1.91$$

$$年末权益乘数 = \frac{10\,000}{4\,700} = 2.13$$

(3) 产权比率。产权比率(debt-equity ratio)又称负债股权比率,是负债总额与所有者权益之比,它是反映企业财务结构稳健与否的重要指标。其计算公式为

$$产权比率 = \frac{负债总额}{所有者权益} \times 100\% \tag{2-7}$$

产权比率不仅反映了由债务人提供的资本与所有者提供的资本的相对关系,而且反映了企业自有资金偿还全部债务的能力,因此它又是衡量企业负债经营是否安全有利的重要指标。一般来说,这一比率越低,表明企业长期偿债能力越强,债权人权益保障程度越高,承担的风险越小,但还应该结合企业的具体情况加以分析。当企业的资产收益率大于负债成本率时,负债经营有利于提高资金收益率,获得额外的利润,这时的产权比率可适当高些。产权比率高,是高风险、高报酬的财务结构;产权比率低,是低风险、低报酬的财务结构。

【例 2-7】 根据 ABC 公司的资产负债表,计算 2019 年年初和年末的产权比率。

解：根据表 2-1 的 ABC 公司资产负债表,该公司产权比率为

$$年初产权比率=\frac{1\ 100+2\ 900}{4\ 400}\times100\%=90.91\%$$

$$年末产权比率=\frac{1\ 500+3\ 800}{4\ 700}\times100\%=112.77\%$$

由计算可知,ABC公司年初的产权比率不是很高,而年末的产权比率偏高,表明年末该公司举债经营程度偏高,财务结构不是很稳定。产权比率与资产负债率对评价偿债能力的作用基本一致,只是资产负债率侧重于分析债务偿付安全性的物质保障程度,产权比率则侧重于揭示财务结构的稳健程度以及自有资金对偿债风险的承受能力。

(4)利息保障倍数。利息保障倍数(interest coverage ratio)是指企业息税前利润与利息费用之比,又称已获利息倍数,用以衡量偿付借款利息的能力。其计算公式为

$$利息保障倍数=\frac{税前利润+利息费用}{利息费用} \tag{2-8}$$

税前利润是指利润表中未扣除所得税前的利润总额。"利息费用"是指本期发生的全部应付利息,不仅包括财务费用中的利息费用,还应包括计入固定资产成本的资本化利息。资本化利息虽然不在利润表中扣除,但仍然是要偿还的。利息保障倍数的重点是衡量企业支付利息的能力,没有足够多的息税前利润,利息的支付就会发生困难。利息保障倍数不仅反映了企业获利能力的大小,而且反映了获利能力对偿还到期债务的保证程度,它既是企业举债经营的前提依据,也是衡量企业长期偿债能力大小的重要标志。要维持正常偿债能力,利息保障倍数至少应大于1,且比值越高,企业长期偿债能力越强。如果利息保障倍数过低,企业将面临亏损、偿债的安全性与稳定性下降的风险。

【例2-8】 根据ABC公司的利润表,假定表中财务费用全部为利息费用,计算2019年年初和年末的利息保障倍数。

解: 根据表2-2的ABC公司利润表,该公司利息保障倍数为

$$上年利息保障倍数=\frac{1\ 175+100}{100}=12.75$$

$$本年利息保障倍数=\frac{1\ 000+130}{130}=8.69$$

从以上计算结果看,ABC公司这两年的利息保障倍数较高,说明有一定的偿债能力,但还需要与其他企业特别是本行业平均水平进行比较来分析评价。从稳健的角度看,还要比较本企业连续几年的该项指标进行分析评价。

3. 影响企业偿债能力的其他因素

除了上述通过资产负债表、利润表计算出来的各种比率,用于评价和分析企业的偿债能力以外,还有以下一些因素会影响企业的偿债能力。

(1)长期租赁。当企业急需某种设备或其他资产而又缺乏足够的购买资金时,可以通过租赁的方式解决。财产租赁有两种形式:融资租赁和经营租赁。

融资租赁(financing leasing)又称资本租赁,是由出租人按照承租人的要求融资购买资产,并在合同或协议规定的较长期限内提供给承租人使用的租赁业务。因此,在融资租赁形式下租入的固定资产作为企业的固定资产入账进行管理。相应的租赁费用作为长期负债处理。这种资本化的租赁已经包括在债务比率指标计算中,在分析长期偿债能力时,已包括了这个因素。

企业的经营租赁量比较大,每次期限不长,但具有经常性,可能实际上则构成了一种长期性筹资,虽然不包括在长期负债之内,但到时则必须支付租金,会对企业的偿债能力产生影响。因此,如果企业经常发生经营租赁业务,应考虑租赁费用对偿债能力的影响。

(2)担保责任。担保项目时间长短不一,有的涉及企业的长期负债,有的涉及企业的短期负债。在分析企业长期偿债能力时,应根据有关资料判断担保责任带来的潜在的长期负债问题。

(3)或有项目。或有项目是指在未来某个或某几个事件发生或不发生的情况下,最终会带来收益或损

失,但现在还无法肯定的项目。或有项目的特点是现存条件的最终结果不确定,对它的处理方法要取决于未来的发展。或有项目一旦发生便会影响企业的财务状况,因此企业不得不对它们予以足够的重视,在评价企业长期偿债能力时也要考虑它们的潜在影响。

(4)可用的银行授信额度。可用的银行授信额度是指银行授予企业的贷款指标,该项信用额度已经得到银行的批准,但企业尚未办理贷款手续,因此,企业可以随时使用,从而可以提高企业的偿付能力,缓解财务困难。

2.2.2 营运能力分析

企业的经营活动离不开各项资产的运用,对企业营运能力的分析,实质上就是对各项资产的周转使用情况进行分析。一般而言,资金周转速度越快,说明企业的资金管理水平越高,资金利用效率越高。反映企业营运能力的财务比率主要包括应收账款周转率、存货周转率、流动资产周转率、固定资产周转率和总资产周转率。

1. 应收账款周转率

应收账款在流动资产中有着举足轻重的地位,及时收回应收账款,不仅增强了企业的短期偿债能力,也反映出企业管理应收账款的效率。

应收账款周转率(receivable turnover ratio)是指一定时期内应收账款平均收回的次数,是一定时期内商品或产品赊销收入净额与应收账款平均余额的比值。其计算公式为

$$应收账款周转率 = \frac{赊销收入净额}{应收账款平均余额} \tag{2-9}$$

式中,　　　　　　赊销收入净额 = 赊销收入 - 销售退回、销售折扣与折让

$$应收账款平均余额 = \frac{期初应收账款 + 期末应收账款}{2}$$

企业也可以使用应收账款周转天数来衡量应收账款的周转情况,其计算公式为

$$\begin{aligned} 应收账款周转天数 &= \frac{360}{应收账款周转率} \\ &= 360 \times \frac{应收账款平均余额}{赊销收入净额} \end{aligned} \tag{2-10}$$

应收账款周转率反映了企业应收账款周转速度的快慢及企业对应收账款管理效率的高低。一般来讲,企业的应收账款周转率越高,企业回收应收账款的速度越快,可以减少收账费用和坏账损失,相对增加企业流动资产的投资收益。但是,如果企业的应收账款周转率过高,则可能是企业制定了过于严格的信用标准和信用条件,从而会影响企业的销售情况。

【例 2-9】 根据 ABC 公司的资产负债表和利润表,假设该公司的销售收入全部为赊销收入,计算 2019 年应收账款周转率和应收账款周转天数。

解: 根据表 2-1 和表 2-2 的 ABC 公司资产负债表和利润表,ABC 公司 2019 年年度赊销收入净额 15 000 万元,年末应收账款为 1 990 万元,年初数为 995 万元,该公司应收账款周转率和应收账款周转天数计算如下:

$$应收账款周转率 = \frac{15\,000}{(1\,990 + 995) \div 2} = 10.05(次)$$

$$应收账款周转天数 = \frac{360}{10.05} = 35.82(天)$$

在评价应收账款周转率指标时,应将计算出的指标与该企业前期、与行业平均水平或其他类似企业相比较来判断该指标的高低。

2. 存货周转率

在流动资产中,存货所占比重较大,存货的流动性将直接影响企业的流动比率。因此,必须特别重视对

存货流动性的分析。存货流动性的分析一般通过存货周转率和存货周转天数来进行。

存货周转率(inventory turnover ratio)是指一定时期内企业销售成本与存货平均余额的比率,是衡量和评价企业购入存货、投入生产、销售收回等各环节管理效率的综合性指标。其计算公式为

$$存货周转率 = \frac{销货成本}{存货平均余额} \tag{2-11}$$

式中,

$$存货平均余额 = \frac{期初存货 + 期末存货}{2}$$

企业也可以使用存货周转天数来衡量存货的周转情况,其计算公式为

$$存货周转天数 = \frac{360}{存货周转次数} = 360 \times \frac{存货平均余额}{销货成本} \tag{2-12}$$

【例 2-10】 根据 ABC 公司的资产负债表和利润表,计算 2019 年存货周转率和存货周转天数。

解:根据表 2-1 和表 2-2 的 ABC 公司资产负债表和利润表,ABC 公司 2019 年度销货成本为 13 220 万元,期初存货 1 630 万元,期末存货 595 万元,该公司存货周转率和存货周转天数计算如下:

$$存货周转率 = \frac{13\,220}{(1\,630 + 595) \div 2} = 11.88(次)$$

$$存货周转天数 = \frac{360}{11.88} = 30(天)$$

一般来讲,存货周转速度越快,存货占用水平越低,流动性越强,存货转化为现金或应收账款的速度就越快,这样会增强企业的短期偿债能力及获利能力。通过存货周转速度分析,有利于找出存货管理中存在的问题,尽可能降低资金占用水平。

3. 流动资产周转率

流动资产周转率(liquid assets turnover ratio)是反映企业流动资产周转速度的指标。流动资产周转率是一定时期销售收入净额与企业流动资产平均占用额之间的比率。其计算公式为

$$流动资产周转率 = \frac{销售收入净额}{流动资产平均余额} \tag{2-13}$$

式中,

$$流动资产平均余额 = \frac{期初流动资产 + 期末流动资产}{2}$$

在一定时期内,流动资产周转次数越多,表明以相同的流动资产完成的周转额越多,流动资产利用效果越好。流动资产周转天数越少,表明流动资产在经历生产销售各阶段所占用的时间越短,可相对节约流动资产,增强企业盈利能力。

【例 2-11】 根据 ABC 公司的资产负债表和利润表,计算 2019 年流动资产周转率。

解:根据表 2-1 和表 2-2 的 ABC 公司资产负债表和利润表,ABC 公司 2019 年度销售收入净额 15 000 万元,流动资产期初数为 3 050 万元,期末数为 3 500 万元,该公司流动资产周转率计算如下:

$$流动资产周转率 = \frac{15\,000}{(3\,050 + 3\,500) \div 2} = 4.58(次)$$

4. 固定资产周转率

固定资产周转率(fixed assets turnover ratio)是指企业年销售收入净额与固定资产平均净值的比率。它是反映企业固定资产周转情况,从而衡量固定资产利用效率的一项指标。其计算公式为

$$固定资产周转率 = \frac{销售收入净额}{固定资产平均净值} \tag{2-14}$$

式中,

$$固定资产平均净值 = \frac{期初固定资产净值 + 期末固定资产净值}{2}$$

固定资产周转率高,说明企业固定资产投资得当,结构合理,利用效率高;反之,如果固定资产周转率不高,则表明固定资产利用效率不高,提供的生产成果不多,企业的营运能力不强。

【例 2-12】 根据 ABC 公司的资产负债表和利润表,计算 2019 年固定资产周转率。

解： 根据表 2-1 和表 2-2 的 ABC 公司资产负债表和利润表,ABC 公司 2019 年度销售收入净额 15 000 万元,固定资产净值期初数为 4 775 万元,期末数为 6 190 万元,该公司固定资产周转率计算如下：

$$固定资产周转率 = \frac{15\ 000}{(4\ 775 + 6\ 190) \div 2} = 2.74(次)$$

5. 总资产周转率

总资产周转率(total assets turnover ration)是企业销售收入净额与企业资产平均总额的比率。计算公式为

$$总资产周转率 = \frac{销售收入净额}{资产平均总额} \qquad (2\text{-}15)$$

式中,

$$资产平均总额 = \frac{期初资产总额 + 期末资产总额}{2}$$

这一比率用来衡量企业全部资产的使用效率,如果该比率较低,说明企业全部资产营运效率较低,可采用薄利多销或处理多余资产等方法,加速资产周转,提高运营效率;如果该比率较高,说明资产周转快,销售能力强,资产运营效率高。

【例 2-13】 根据 ABC 公司的资产负债表和利润表,计算 2019 年总资产周转率。

解： 根据表 2-1 和表 2-2 的 ABC 公司资产负债表和利润表,ABC 公司 2019 年度销售收入净额 15 000 万元,资产总额期初数为 8 400 万元,期末数为 10 000 万元,该公司总资产周转率计算如下：

$$总资产周转率 = \frac{15\ 000}{(8\ 400 + 10\ 000) \div 2} = 1.63(次)$$

2.2.3 盈利能力分析

无论是公司外部投资人、债权人等,还是内部的管理人员,都会非常重视和关心企业的盈利能力。盈利能力就是企业获取利润、资金不断增值的能力。反映企业盈利能力的指标主要有销售毛利率、销售净利率、成本费用利润率、总资产报酬率、净资产收益率等。对于股份有限公司,还应分析每股收益、市盈率、股利支付率、每股净资产和市净率等指标。

1. 销售毛利率

销售毛利率(sales gross margin)是销售毛利与销售收入之比,其计算公式如下：

$$销售毛利率 = \frac{销售毛利}{销售收入} \times 100\% \qquad (2\text{-}16)$$

式中,

$$销售毛利 = 销售收入(营业收入) - 销售成本(营业成本)$$

【例 2-14】 根据 ABC 公司的利润表,计算 2019 年的销售毛利率。

解： 根据表 2-2 的 ABC 公司利润表,ABC 公司 2019 年的销售毛利率计算如下：

$$销售毛利率 = \frac{17\ 640 - 14\ 220}{17\ 640} \times 100\% = 19.39\%$$

2. 销售净利率

销售净利率(net profit margin on sales)是净利润与营业收入净额之比,其计算公式为

$$销售净利率 = \frac{净利润}{营业收入净额} \times 100\% \qquad (2\text{-}17)$$

【例 2-15】 根据 ABC 公司的利润表,计算 2019 年的销售净利率。

解：根据表 2-2 的 ABC 公司利润表，ABC 公司 2019 年的销售净利率计算如下：

$$销售净利率 = \frac{680}{17\ 640} \times 100\% = 3.85\%$$

3. 成本费用利润率

成本费用利润率(rate of return on cost)是反映盈利能力的另一个重要指标，是净利润与全部成本费用之比。这里的成本费用主要包括营业成本、税金及附加、销售费用、管理费用、财务费用和所得税费用等。成本费用利润率越高，说明企业为获取利润所付出的代价越小，企业的盈利能力就越强。其计算公式如下：

$$成本费用利润率 = \frac{净利润}{成本费用总额} \times 100\% \tag{2-18}$$

【例 2-16】 根据 ABC 公司的利润表，计算 2019 年的成本费用利润率。

解：根据表 2-2 的 ABC 公司利润表，成本费用总额为 15 120 万元(由以下各项合计：14 220＋140＋150＋160＋130＋320)，ABC 公司 2019 年的成本费用利润率计算如下：

$$成本费用利润率 = \frac{680}{15\ 120} \times 100\% = 4.50\%$$

4. 总资产报酬率

总资产报酬率(rate of return on assets)是净利润与企业资产平均总额的比率。由于资产总额等于债权人权益和所有者权益的总额，所以该比率既可以衡量企业资产综合利用的效果，又可以反映企业利用债权人及所有者提供资本的盈利能力和增值能力。其计算公式为

$$总资产报酬率 = \frac{净利润}{资产平均总额} \times 100\% \tag{2-19}$$

总资产报酬率指标越高，表明资产利用效率越高，说明企业在增加收入、节约资金使用等方面取得了良好的效果；该指标越低，说明企业资产利用效率越低，应分析原因，加速资金周转，提高企业经营管理水平。

【例 2-17】 根据 ABC 公司的资产负债表和利润表，计算 2019 年总资产报酬率。

解：根据表 2-1 和表 2-2 的 ABC 公司资产负债表和利润表，ABC 公司 2019 年度净利润为 680 万元，资产总额期初数为 8 400 万元，期末数为 10 000 万元，该公司总资产报酬率计算如下：

$$总资产报酬率 = \frac{680}{(8\ 400 + 10\ 000) \div 2} = 7.39\%$$

总资产报酬率还可以进行如下分解：

$$总资产报酬率 = \frac{净利润}{资产平均总额} = \frac{净利润}{营业收入净额} \times \frac{营业收入净额}{资产平均总额}$$
$$= 销售净利率 \times 总资产周转率$$

5. 净资产收益率

净资产收益率(return on equity)又称股东权益报酬率，是净利润与平均所有者权益的比值，它反映企业自有资金的投资收益水平。其计算公式为

$$净资产收益率 = \frac{净利润}{平均所有者权益} \times 100\% \tag{2-20}$$

这一指标是企业盈利能力指标的核心，也是杜邦财务指标体系的核心，更是投资者关注的重点。

【例 2-18】 根据 ABC 公司的资产负债表和利润表，计算 2019 年净资产收益率。

解：根据表 2-1 和表 2-2 的 ABC 公司资产负债表和利润表，ABC 公司 2019 年度净利润为 680 万元，所有者权益期初数为 4 400 万元，期末数为 4 700 万元，该公司净资产收益率计算如下：

$$净资产收益率 = \frac{680}{(4\ 400 + 4\ 700) \div 2} \times 100\% = 14.95\%$$

净资产收益率还可以进行如下分解：

$$净资产报酬率 = \frac{净利润}{平均所有者权益} = \frac{净利润}{资产平均总额} \times \frac{资产平均总额}{平均所有者权益}$$
$$= 总资产报酬率 \times 平均权益乘数$$

由此可见，净资产报酬率取决于企业的总资产报酬率和权益乘数两个因素。企业要提高净资产报酬率无非两条途径：一条是在财务杠杆不变的情况下，通过增收节支，提高资产利用效率来提高总资产报酬率；另一条是在资产报酬率大于负债利息率的情况下，可以通过提高权益乘数来提高净资产报酬率。但是，第一条途径不会增加企业的财务风险，而第二条途径则会提高企业的财务风险。

6. 每股收益

每股收益(earnings per share)也称每股利润，是公司普通股每股所获得的净利润。其计算公式为

$$每股收益 = \frac{净利润 - 优先股股利}{发行在外的普通股平均股数} \tag{2-21}$$

每股收益越高，说明公司的盈利能力越强。但在分析每股收益时，还应该结合公司发行在外的普通股股数以及净资产报酬率来对公司的盈利能力进行综合分析。

【例 2-19】 根据 ABC 公司的利润表，假设 ABC 公司 2019 年年初的普通股总数为 1 200 万股，年末为 1 600 万股，计算 2019 年年末的每股收益。

解：

$$每股收益 = \frac{680}{(1\ 200 + 1\ 600) \div 2} = 0.49(元/股)$$

7. 市盈率

市盈率(price earnings ratio, P/E)是普通股每股市价与每股收益的比率。其计算公式为

$$市盈率 = \frac{每股市价}{每股收益} \tag{2-22}$$

市盈率是资本市场上用于反映股票投资价值的重要比率。通过对市盈率的分析，可以判断股票的市场定价是否符合公司的基本面，为投资者的投资活动提供决策依据。

一般来讲，公司股票的市盈率越高，表明公司股票的投资价值越大，而股票的市盈率越低，则其投资价值越小。但是，如果某只股票的市盈率过高，也意味着这只股票的投资风险较大。比如，可口可乐公司的市盈率为 18.2，则说明投资者愿意为可口可乐每 1 美元的收入支付 18.2 美元的价款。

【例 2-20】 假设 ABC 公司 2019 年年末的股价为 15 元/股，计算 2019 年年末的市盈率。

解：

$$市盈率 = \frac{15}{0.49} = 30.61$$

8. 股利支付率

股利支付率(dividend payout ratio)是指公司普通股每股股利与每股收益的比率，反映了公司的股利支付政策。其计算公式为

$$股利支付率 = \frac{每股股利}{每股收益} \times 100\% \tag{2-23}$$

公式中的每股股利为普通股分配的现金股利总额除以普通股总股份数，反映了普通股每股可以分到的现金股利数量。

留存比率(plowback ratio)反映了公司净利润留存的百分比，其计算公式为

$$留存比率 = \frac{每股收益 - 每股股利}{每股收益} \times 100\% \tag{2-24}$$

留存比率与股利支付率相关，其和等于 1。股利支付率主要取决于公司的股利政策，没有固定的标准来判断股利支付率是大好还是小好。一般来讲，成长性好的公司一般股利支付率比较低，主要将资金用于公司的再发展；而现金流充足且没有更好投资项目的公司倾向于发放现金股利，股利支付率较高。

【例 2-21】 假设 ABC 公司 2019 年分配的普通股每股股利为 0.25 元,计算该公司 2019 年度的股利支付率和留存比率。

解:

$$股利支付率 = \frac{0.25}{0.49} \times 100\% = 51.02\%$$

$$留存比率 = \left(1 - \frac{0.25}{0.49}\right) \times 100\% = 48.98\%$$

9. 每股净资产

每股净资产(net assets per share)也称每股账面价值,是指公司股东权益总额与发行在外的普通股股数的比率。其计算公式为

$$每股净资产 = \frac{股东权益总额}{发行在外的普通股股数} \tag{2-25}$$

每股净资产反映了公司发行在外的每股普通股的账面价值,该比率越高,表明公司股票的价值含量越高,内在价值越大;反之则股票价值含量越低,内在价值越小。在计算该比率时,如果涉及优先股,应该从股东权益中减去优先股权益。

【例 2-22】 根据 ABC 公司的利润表,假设 ABC 公司 2019 年年末的普通股总数为 1 600 万股,计算 2019 年的每股净资产。

解:

$$每股净资产 = \frac{4\,700}{1\,600} = 2.94(元/股)$$

10. 市净率

市净率(book value ratio)是指普通股每股市价与每股净资产的比率,其计算公式为

$$市净率 = \frac{每股市价}{每股净资产} \tag{2-26}$$

市净率反映了公司股票市场价值与账面价值之间的关系。一般来讲,市净率越高,说明公司的盈利能力越强,发展前景越好,股票的市场价值也越高;市净率越低,说明公司的风险比较大,发展前景较差,股票的市场价值也就越低。如果市净率小于 1,则股价低于每股净资产,投资者对公司未来的发展前景持悲观的看法。

可用市净率进行投资分析。每股净资产是股票的账面价值,它是用成本计量的,而每股市价是这些资产的现在价值,它是证券市场上交易的结果。市价高于账面价值时,企业资产的质量较好,有发展潜力,反之则资产质量差,没有发展前景。优质股票的市价都超出每股净资产许多,一般来说,市净率达到 3 可以树立较好的公司形象。

市价低于每股净资产的股票,就像售价低于成本的商品一样,属于"处理品"。当然,"处理品"也不是绝对没有购买价值,问题在于该公司今后是否有转机,或者购入后经过资产重组能否提高获利能力。市净率是每股市价与每股净资产之间的比值,比值越低意味着风险越低。

【例 2-23】 假设 ABC 公司 2019 年年末的股价为 15 元/股,计算 2019 年年末的市净率。

解:

$$市净率 = \frac{15}{2.94} = 5.1$$

2.2.4 发展能力分析

发展能力是指企业扩大规模和实力的能力,反映企业依靠自身的内部积累不断壮大实力的能力,如企业规模的扩大、盈利的持续增长和市场竞争力的增强等。发展能力的主要分析指标包括销售增长率、资产增长率、利润增长率、资本积累率等。

1. 销售增长率

销售增长率(sales growth rate)是指企业本年销售增长额与上年销售额之间的比率,反映销售的增减变动情况,是评价企业成长状况和发展能力的重要指标。其计算公式为

$$销售增长率=\frac{本年销售增长额}{上年销售额}\times100\%\tag{2-27}$$

销售增长率是衡量企业经营状况和市场占有能力、预测企业经营业务拓展趋势的重要指标,也是企业扩张增量资本和存量资本的重要前提。该指标越大,表明其增长速度越快,企业市场前景越好。

【例 2-24】 根据 ABC 公司的利润表,计算 2019 年的销售增长率。

解:根据表 2-2 的 ABC 公司利润表,ABC 公司 2018 年度营业收入为 16 845 万元,2019 年度营业收入为 17 640 万元,该公司销售增长率计算为

$$销售增长率=\frac{17\ 640-16\ 845}{16\ 845}\times100\%=4.72\%$$

2. 资产增长率

资产增长率(asset growth rate)是指企业本年资产增长额与上年资产额之间的比率,反映资产的增减变动情况,是评价企业成长状况和发展能力的重要指标。其计算公式为

$$资产增长率=\frac{本年资产增长额}{上年资产额}\times100\%\tag{2-28}$$

资产增长率是衡量企业资产扩张趋势的重要指标,企业资产总量对企业的发展具有重要影响。该指标越大,表明其资产规模的增长速度越快,企业竞争力一般会增强。当然,同时也要分析企业资产的质量变化。

【例 2-25】 根据 ABC 公司的资产负债表,计算 2019 年资产增长率。

解:根据表 2-1 的 ABC 公司资产负债表,ABC 公司 2019 年年初资产总额为 8 400 万元,年末为 10 000 万元,该公司资产增长率计算为

$$资产增长率=\frac{10\ 000-8\ 400}{8\ 400}\times100\%=19.05\%$$

3. 利润增长率

利润增长率(profit growth rate)是指企业本年利润增长额与上年利润总额之间的比率,反映利润的增减变动情况。其计算公式为

$$利润增长率=\frac{本年利润增长额}{上年利润总额}\times100\%\tag{2-29}$$

利润增长率是衡量企业盈利能力增长趋势的重要指标,该指标越大,表明企业的成长性越好,发展能力越强。

【例 2-26】 根据 ABC 公司的利润表,计算 2019 年的利润增长率。

解:根据表 2-2 的 ABC 公司利润表,ABC 公司 2018 年利润总额为 800 万元,2019 年利润总额为 680 万元,该公司利润增长率计算为

$$利润增长率=\frac{680-800}{800}\times100\%=-15\%$$

4. 资本积累率

资本积累率(the rate of capital accumulation)即股东权益增长率,是指企业本年所有者权益增长额与年初所有者权益的比率。资本积累率表示企业当年资本的积累能力,是评价企业发展潜力的重要指标。其计算公式为

$$资本积累率=\frac{本年所有者权益增长额}{年初所有者权益}\times100\%\tag{2-30}$$

资本积累率是企业当年所有者权益总的增长率,反映了企业所有者权益在当年的变动水平,体现了企

业资本的积累情况,是企业扩大再生产的源泉,展示了企业的发展潜力。资本积累率反映了投资者投入企业资本的保全性和增长性,该指标越高,表明企业的资本积累越多,企业资本保全性越强,应付风险、持续发展的能力越大。该指标如为负值,表明企业资本受到侵蚀,所有者利益受到损害,应予以充分重视。

【例 2-27】 根据 ABC 公司的资产负债表,计算 2019 年的资本积累率。

解:根据表 2-1 的 ABC 公司资产负债表,ABC 公司 2019 年年初所有者权益总额为 4 400 万元,年末为 4 700 万元,该公司资本积累率计算为

$$资本积累率 = \frac{4\,700 - 4\,400}{4\,400} \times 100\% = 6.82\%$$

相关链接 2-1

财务分析中的四个匹配原则

非真实的财务报表,可通过各种方法修改一定的数据,但不可能捏造各个报表和事实之间的一切联系。

在证券投资中,不管是投资股票、债券、信托,还是一些非标准性资产,投资者要经常面对企业的财务报表。

不过,财务报表专业术语众多、勾稽关系复杂,对于投资者来说,面对一些存在会计操纵,甚至欺诈的、并非真实反映实际情况的会计报表,如何发现问题不被蒙蔽呢? 通过财务报表分析中的四个匹配原则,投资者们就能够发现许多隐藏的问题,发现财务报表中记录的数字与真实情况之间的差距,提高准确理解企业真实运行情况的概率。这四个匹配原则分别如下。

(1) 企业实际情况和报表的匹配。任何一家企业,光看财务报表不可能了解企业的全部情况,投资者需要首先仔细观察企业的生产、运营、销售活动等,有了直观或者客观的感受以后,再去看这种感受和财务报表中体现出来的情况是否一致。

举例来说,一家企业产品滞销、经销商处压货严重,但财务报表上收入和利润很好,或者一家企业产品开始变得不受欢迎,但是财务报表上的销售情况却大幅好转,或者一家企业的产品市场口碑微弱、客户体验不佳,但是财务报表上却大赚其钱,这些都是需要警惕的情况。

对于更细致的研究者来说,他们甚至会实际调查一家企业的经营数据(银行的信贷调查员就经常这么做),比如,水电的消耗情况、税收的缴纳情况、产品的发货情况、厂房的利用率、员工的工作小时数和满意度、客户的口碑、竞争对手的评价等,然后再把这些数据与得到的财务报表进行匹配,看看其中反映的情况是否吻合。

(2) 同行业不同公司之间报表的匹配。当一家企业不负责任地编制自己的财务报表时,它很难操纵同行业的其他企业一起编制同样有问题的财务报表。因此,通过比对同行业中不同企业的财务报表,也可以发现不真实的端倪。

比如说,一个行业整体遭遇寒冬,大部分公司的业绩都有所下行,此时却有一家公司逆势增长。这时候,投资者就需要格外小心,得通过仔细分析,找出真实可靠的能证明这家公司真正有不同之处的理由,才能相信这种脱离整个行业的不匹配类型报表。

当然,这并不是说,一家公司的报表和竞争对手趋势不同,就一定有问题。你也有可能发现了一家特别好的公司,能在寒冬中表现出格外的优势。只不过,确认这种优势,需要非常仔细才行。

(3) 当期报表和历史报表的匹配。当我们在一家公司的财务报表中发现一些变动时,可以将当前的经营情况和历史的经营情况,以及当期的财务报表和历史上的财务报表进行对比,分析这种变动的真实性和可靠性。

比如说,在行业下行时期,一家公司的销售收入降低、各项费用没有降低,但是在几年前的上一次行业低迷周期里,我们却发现同时费用大幅下降,这时候投资者就需要试图搞明白,为什么这次的情况和上次有所不同。

(4) 报表各个项目之间的匹配。财务报表本身的项目之间,也有相关的关系。当应该存在的相关性没有存在,或者出现不应当存在的相关性时,我们就应该警惕。

比如,一家公司的利润大幅上升,但经营性净现金流反而录得负值,或者一家公司收入和利润大涨,但是税收支出却持平乃至低迷,这些都属于应当存在的相关性没有出现。反之,一家公司的收入增长喜人,但销售费用增速却是收入增速的数倍,这种不应当出现的相关性,可能预示着公司的业绩是销售投入驱动的,并没有赢得客户的真正欢心,可持续性存疑。

总结来说,非真实的财务报表,虽然可以通过各种方法修改一定的数据,但是这种修改不可能捏造各个报表和事实之间的一切联系。因此,通过比对各个生产经营活动中的要素,将它们放在一起思考,我们就可以发现那些隐藏的问题,为真正看懂企业带来更多的帮助。

资料来源：https://finance.eastmoney.com/news/1355,20170812765703039.html.

以上分别论述了企业的偿债能力、营运能力、盈利能力和发展能力,下面进行综合练习。

【例 2-28】 ABC 公司的有关资料,如表 2-3 所示。

表 2-3　ABC 公司财务资料　　　　　　　　　　单位：万元

资　　产	年初	年末	负债及所有者权益	年初	年末
货币资金	130	130	流动负债合计	220	218
应收账款净额	135	150	长期负债合计	290	372
存货	160	170	负债合计	510	590
流动资产合计	425	450	所有者权益合计	715	720
长期投资	100	100			
固定资产原价	1 100	1 200			
减：累计折旧	400	440			
固定资产净值	700	760			
合　　计	1 225	1 310	合　　计	1 225	1 310

2019 年销售收入净额 1 500 万元,销售净利率 20%。假定该企业流动资产仅包括速动资产与存货,非经营收益为 60 万元,非付现费用为 150 万元,经营现金净流量为 350 万元,该企业使用的所得税税率为 25%。

要求：根据以上资料计算。

(1) 该企业 2019 年年末的流动比率、速动比率、现金比率。

(2) 该企业 2019 年年末的资产负债率、产权比率、权益乘数。

(3) 该企业 2019 年应收账款周转率、流动资产周转率、总资产周转率。

(4) 该企业 2019 年净资产收益率、资本积累率、总资产增长率。

解：根据表 2-3 的资料：

(1) 　　　　　　　　2019 年年末的流动比率 $= \dfrac{450}{218} = 2.06$

$$速动比率 = \dfrac{450 - 170}{218} = 1.28$$

$$现金比率 = \dfrac{130}{218} = 0.60$$

(2) 　　　　　　　　资产负债率 $= \dfrac{590}{1\,310} = 45.04\%$

$$产权比率 = \dfrac{590}{720} = 0.82$$

$$权益乘数 = \dfrac{1\,310}{720} = 1.82$$

(3) 　　　　　　2019 年应收账款周转率 $= \dfrac{1\,500}{(135 + 150) \div 2} = 10.53（次）$

$$流动资产周转率 = \frac{1\ 500}{(425 + 450) \div 2} = 3.43(次)$$

$$总资产周转率 = \frac{1\ 500}{(1\ 225 + 1\ 310) \div 2} = 1.18(次)$$

(4)

$$净资产收益率 = \frac{1\ 500 \times 20\%}{(715 + 720) \div 2} = 41.81\%$$

$$资本积累率 = \frac{720 - 715}{715} = 0.7\%$$

$$总资产增长率 = \frac{1\ 310 - 1\ 225}{1\ 225} = 6.94\%$$

2.3 综合财务分析

企业偿债能力、营运能力、盈利能力和发展能力等各种财务分析指标都是单项财务分析指标。通常,单项分析财务指标只能了解企业的局部状况,有点儿像盲人摸象,难以全面评价企业的财务状况。要作全面的分析,必须采取适当的方法,对企业财务进行综合分析与评价。所谓财务综合分析,就是将企业营运能力、偿债能力和盈利能力等方面的分析纳入一个有机的分析系统中,全面地对企业财务状况、经营状况进行解剖和分析,从而对企业经济效益作出较为准确的评价与判断。

下面介绍两种常用的综合分析方法:杜邦分析法和财务比率综合评分法。

2.3.1 杜邦分析法

杜邦分析法由美国杜邦公司的经理创立,并首先在杜邦公司成功运用,被称为杜邦系统(the Du Pont system),它是利用财务指标间的内在联系,对企业综合经营理财能力及经济效益进行系统的分析评价的方法。图 2-1 是 ABC 公司 2019 年的杜邦分析系统图。

在杜邦分析系统图中,净资产收益率反映所有者投入资本的获利能力,反映企业筹资、投资、资产运营等活动的效率,是一个综合性最强、最具代表性的指标,是杜邦系统的核心,该指标的高低取决于总资产报酬率与权益乘数。

杜邦分析法中的几种主要的财务指标关系为

$$净资产收益率 = 总资产报酬率 \times 权益乘数 \tag{2-31}$$

$$总资产报酬率 = 销售净利率 \times 总资产周转率$$

$$净资产收益率 = 销售净利率 \times 总资产周转率 \times 权益乘数 \tag{2-32}$$

在杜邦系统中,包括以下几种主要的指标关系。

(1) 净资产收益率是整个分析系统的起点和核心。该指标的高低反映了投资者的净资产获利能力的大小。净资产收益率是由销售净利率、总资产周转率和权益乘数决定的。

(2) 权益乘数表明了企业的负债程度。该指标越大,企业的负债程度越高,它是股东权益率的倒数。

(3) 总资产报酬率是销售净利率和总资产周转率的乘积,是企业销售成果和资产运营的综合反映,要提高总资产报酬率,必须增加销售收入,降低资金占用额。

(4) 总资产周转率反映企业资产实现销售收入的综合能力。分析时,必须综合销售收入分析企业资产结构是否合理,即流动资产和长期资产的结构比率关系。同时还要分析流动资产周转率、存货周转率、应收账款周转率等有关资产使用效率指标,找出总资产周转率高低变化的确切原因。

杜邦分析法有助于企业管理层更加清晰地看到净资产收益率的决定因素,以及销售净利润率与总资产周转率、权益乘数间的相互关联关系,给管理层提供了一张明晰的考查公司资产管理效率和股东投资回报的路线图。

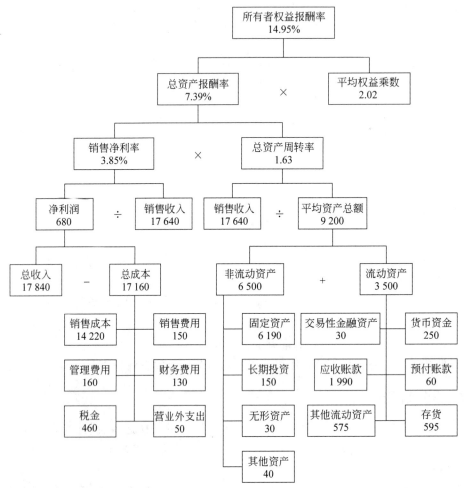

图 2-1　ABC 公司 2019 年的杜邦分析系统图

2.3.2　财务比率综合评分法

财务比率综合评分法也称沃尔评分法,最早由亚历山大·沃尔采用并沿用至今。亚历山大·沃尔选择了 7 个财务比率,即流动比率、产权比率、固定资产比率、存货周转率、应收账款周转率、固定资产周转率和自有资金周转率,分别给定各指标的比重,然后确定标准比率(以行业平均数为基础),将实际比率与标准比率相比,得出相对比率,将此相对比率与各指标比重相乘,得出总评分。财务比率综合评分法包括以下基本步骤。

(1)选择评价指标并分配指标权重。

反映盈利能力的指标:资产净利率、销售净利率、股东权益报酬率。

反映偿债能力的指标:流动比率、速动比率、资产/负债比率。

反映营运能力的指标:应收账款周转率、存货周转率、总资产周转率。

(2)确定各项比率指标的标准评分值,按重要程度确定各项比率指标的评分值,评分值之和为 100。

(3)确定各项比率评分值的上下限值,避免个别财务比率的异常值给总分造成的影响。

(4)确定各项比率指标的标准值,即各该指标在企业现时条件下的最优值。

(5)计算各项比率指标的实际值。

(6)计算关系比率,即各项财务比率实际值与标准值的比值。

(7)计算各项比率的实际得分。各项比率的实际得分是关系比率与标准评分值的乘积,各项财务比率的得分不能超过上限或下限,所有各项财务比率实际得分的合计数就是企业财务状况的综合得分。如果综合得分等于或者接近100分,说明企业的财务状况良好;如果综合得分小于100分,则说明企业的财务状况较差,需要用财务措施加以改善;如果综合得分超过100分,则说明企业的财务状况很理想。

下面对 ABC 公司 2019 年的财务状况进行综合评价(见表 2-4)。

表 2-4　ABC 公司 2019 年财务比率综合评分表

财务比率	评分值 (1)	上/下限 (2)	标准值 (3)	实际值 (4)	关系比率 (5)=(4)÷(3)	实际得分 (6)=(1)×(5)
流动比率	10	20/5	2	2.33	1.17	11.7
速动比率	10	20/5	1.2	1.65	1.38	13.8
资产/负债	12	20/5	2.1	1.89	0.9	10.8
存货周转率	10	20/5	12	11.88	0.99	9.9
应收账款周转率	8	20/4	11	10.5	0.95	7.6
总资产周转率	10	20/5	1.8	1.63	0.91	9.1
资产净利率	15	30/7	8.5%	7.39%	0.87	13.05
股东权益报酬率	15	30/7	15.3%	14.9%	0.97	14.55
销售净利率	10	20/5	4.1%	3.85%	0.94	9.4
合　　计	100					99.9

根据表 2-4 的综合评分,ABC 公司财务状况的综合得分为 99.9 分,非常接近 100 分,说明该公司的财务状况良好。

阅读材料 2-1

中央企业综合绩效评价指标体系

为加强对国务院国有资产监督管理委员会(以下简称"国资委")履行出资人职责企业(以下简称"企业")的财务监督,规范企业综合绩效评价工作,综合反映企业资产运营质量,促进提高资本回报水平,正确引导企业经营行为,根据《企业国有资产监督管理暂行条例》和国家有关规定,国资委于 2006 年颁布了《中央企业综合绩效评价管理暂行办法》,并制定了《中央企业综合绩效评价实施细则》,其评价指标及权重如表 2-5 所示。

表 2-5　企业绩效综合评价指标及权重

评价内容与权数		财务绩效(70%)				管理绩效(30%)	
		基本指标	权数	修正指标	权数	评议指标	权数
盈利能力状况	34	净资产收益率 总资产报酬率	20 14	销售(营业)利润率 盈余现金保障倍数 成本费用利润率 资本收益率	10 9 8 7	战略管理 发展创新 经营决策 风险控制	18 15 16 13
资产质量状况	22	总资产周转率 应收账款周转率	10 12	不良资产比率 流动资产周转率 资产现金回收率	9 7 6	基础管理 人力资源 行业影响 社会贡献	14 8 8 8
债务风险状况	22	资产负债率 已获利息倍数	12 10	速动比率 现金流动负债比率 带息负债比率 或有负债比率	6 6 5 5		
经营增长状况	22	销售(营业)增长率 资本保值增值率	12 10	销售(营业)利润增长率 总资产增长率 技术投入比率	10 7 5		

阅读材料　财务分析之"七忌"

本 章 小 结

　　财务分析就是以财务报表和其他资料为依据与起点，采用专门方法，系统分析和评价企业的财务状况、经营成果和现金流量状况的过程。财务分析是评价财务状况及经营业绩的重要依据，是实现理财目标的重要手段，也是实施正确投资决策的重要步骤。

　　财务分析方法多种多样，常用的有比率分析法、比较分析法和综合分析法三种。

　　财务分析的内容主要包括偿债能力分析、营运能力分析、盈利能力分析和发展能力分析四个方面。企业偿债能力分析包括短期偿债能力分析和长期偿债能力分析。企业短期偿债能力的衡量指标主要有流动比率、速动比率和现金比率。长期偿债能力分析指标主要有资产负债率、产权比率、权益乘数和利息保障倍数。

　　企业营运能力分析指标主要包括应收账款周转率、存货周转率、流动资产周转率、固定资产周转率和总资产周转率。

　　企业盈利能力的一般分析指标主要有销售毛利率、销售净利率、成本费用利润率、总资产报酬率、净资产收益率等。对于股份有限公司，还应分析每股收益、市盈率、股利支付率、每股净资产和市净率等指标。

　　企业发展能力的主要分析指标包括销售增长率、资产增长率、利润增长率、资本积累率等。

　　财务综合分析就是将企业营运能力、偿债能力和盈利能力等方面的分析纳入一个有机的分析系统中，全面地对企业财务状况、经营状况进行解剖和分析，从而对企业经济效益作出较为准确的评价与判断。财务综合分析的方法主要有两种：杜邦分析法和财务比率综合评分法。

关 键 术 语

流动比率（liquidity ratio or current ratio）

速动比率（quick ratio）

现金比率（cash ratio）

资产负债率（total debt ratio）

产权比率（debt-equity ratio）

利息保障倍数（interest coverage ratio）

应收账款周转率（receivable turnover ratio）

存货周转率（inventory turnover ratio）

总资产周转率（total assets turnover ratio）

销售净利率（net profit margin on sales）

总资产报酬率（return on assets）

净资产收益率（return on equity）

每股收益（earnings per share）

市盈率（price/earnings ratio，P/E）

市净率（book value ratio）

杜邦系统（the Du Pont system）

参 考 文 献

[1] 斯蒂芬·A. 罗斯,伦道夫·W. 威斯特菲尔德,杰费利·F. 杰富. 公司理财[M]. 吴世农,沈艺峰,王志强,译. 11 版.
北京:机械工业出版社,2017.

[2] 王化成,刘俊彦,荆新. 财务管理学[M]. 9 版. 北京:中国人民大学出版社,2021.

[3] 宋常. 财务分析学[M]. 4 版. 北京:中国人民大学出版社,2018.

[4] 吴立扬,刘明进. 财务管理[M]. 武汉:武汉理工大学出版社,2009.

[5] 张玉明. 财务金融学[M]. 上海:复旦大学出版社,2008.

思 考 题

2-1 财务分析的目的是什么?

2-2 财务分析的基本方法有哪些?

2-3 商业银行在给企业发放贷款时应当考虑哪些因素?

2-4 企业资产负债率对股东和债权人会产生什么影响?

2-5 企业的应收账款周转率偏低可能是由于什么原因造成的? 会给企业带来什么影响?

2-6 企业应当如何提高营运能力?

2-7 哪个财务指标可以作为企业盈利能力的核心指标? 为什么?

2-8 杜邦分析法的基本原理是什么?

2-9 杜邦分析法揭示的财务指标有哪些?

2-10 财务比率综合评分法的基本原理是什么?

练 习 题

○ 判断题

2-1 存货周转率高,未必就说明存货管理得好。　　　　　　　　　　　　　　　　　　　(　　)

2-2 权益乘数与资产负债率之和为 1。　　　　　　　　　　　　　　　　　　　　　　　(　　)

2-3 获利能力强的企业,其偿债能力也强。　　　　　　　　　　　　　　　　　　　　　(　　)

2-4 长期偿债能力取决于企业远期的现金流入量,与企业的获利能力无关。　　　　　　　(　　)

2-5 某企业年末速动比率为 0.5,则该企业可能仍具有短期偿债能力。　　　　　　　　　(　　)

2-6 已获利息倍数是税前利润与债务利息的比值。　　　　　　　　　　　　　　　　　　(　　)

2-7 如果已获利息倍数小于 1,则企业在短期内不能支付到期债务。　　　　　　　　　　(　　)

2-8 如果期末存货少计,则会引起存货周转率偏低。　　　　　　　　　　　　　　　　　(　　)

2-9 一般而言,变现能力与盈利能力之间往往存在着矛盾。　　　　　　　　　　　　　　(　　)

2-10 应收账款周转率无助于对企业速动比率的分析。　　　　　　　　　　　　　　　　(　　)

2-11 企业的成本费用利润率越高,说明企业获得收益所付出的代价越大。　　　　　　　(　　)

2-12 一般而言,已获利息倍数越大,表明企业可以偿还的可能性越大。　　　　　　　　(　　)

2-13 产权比率反映企业投资者权益对债权人权益的保障程度,该比率越高,表明企业的长期偿债能
力越强。　　　　　　　　　　　　　　　　　　　　　　　　　　　　　　　　　　　　(　　)

2-14 分析企业的流动比率,可以判断企业的营运能力。　　　　　　　　　　　　　　　(　　)

2-15 存货周转率越高,说明企业经营管理水平越高,企业利润率越大。　　　　　　　　(　　)

○ 单项选择题

2-1 下列指标中,可用于衡量企业短期偿债能力的是(　　　)。

A. 产权比率   B. 现金比率   C. 资产负债率   D. 已获利息倍数

2-2 目前企业的流动比率为1.2,假设此时企业赊购一批材料,则企业的流动比率将会( )。

  A. 提高   B. 降低   C. 不变   D. 不能确定

2-3 与产权比率相比较,资产负债率评价企业偿债能力的侧重点是( )。

  A. 揭示财务结构的稳健程度   B. 揭示债务偿还安全性的物质保障程度

  C. 揭示主权资本对偿债风险的承受能力 D. 揭示负债与资本的对应关系

2-4 下列分析方法中属于财务综合分析方法的是( )。

  A. 趋势分析法   B. 杜邦分析法   C. 比率分析法   D. 因素分析法

2-5 杜邦财务分析体系的核心指标是( )。

  A. 总资产报酬率   B. 总资产周转率   C. 净资产收益率   D. 销售利润率

2-6 权益乘数越高,则( )。

  A. 流动比率越高   B. 存货周转率越高   C. 资产负债率越高   D. 资产周转率越高

2-7 某公司的部分年末数据:流动负债60万元,速动比率为2.5,流动比率为3,销售成本为50万元。若企业无待摊费用和待处理财产损失,则存货周转率为( )次。

  A. 1.2   B. 2.4   C. 1.67   D. 以上选项都不对

2-8 企业的应收账款周转率高,说明( )。

  A. 企业的信用政策比较宽松   B. 企业的盈利能力较强

  C. 企业的应收账款周转速度较快   D. 企业的坏账损失较多

2-9 流动比率反映的是( )。

  A. 短期偿债能力 B. 长期偿债能力 C. 流动资金周转状况 D. 流动资金利用情况

2-10 某企业2021年流动资产平均余额为100万元,流动资产周转次数为7次。若2021年的销售利润为210万元,则2021年的销售利润率为( )。

  A. 30%   B. 50%   C. 40%   D. 15%

2-11 下列对应收账款周转速度的表述,正确的是( )。

  A. 应收账款周转天数越长,周转速度越快

  B. 计算应收账款周转率时,应收账款余额不应包括应收票据

  C. 计算应收账款周转率时,应收账款余额应为扣除坏账准备后的净额

  D. 应收账款周转率越小,表明周转速度越快

2-12 如果企业速动比率很小,下列结论成立的是( )。

  A. 企业流动资产占用过多   B. 企业短期偿债能力很强

  C. 企业短期偿债风险很大   D. 企业资产流动性很强

2-13 产权比率与权益乘数的关系是( )。

  A. 产权比率×权益乘数=1   B. 权益乘数 $=\dfrac{1}{1-产权比率}$

  C. 权益乘数 $=\dfrac{1+产权比率}{产权比率}$ D. 权益乘数 $=1+产权比率$

2-14 某企业2021年年初所有者权益总额为10 000万元,年末所有者权益总额为15 000万元,本年没有影响所有者权益的客观因素,则企业的资本保值增值率为( )。

  A. 50%   B. 150%   C. 100%   D. 120%

2-15 不影响净资产收益率的指标包括( )。

  A. 总资产周转率 B. 销售净利率 C. 资产负债率 D. 流动比率

○ **多项选择题**

2-1 下列说法正确的有( )。

  A. 存货周转次数多,表明存货周转快   B. 存货周转次数少,表明存货周转快

C. 存货周转天数多,表明存货周转快 D. 存货周转天数少,表明存货周转快

2-2 分析企业短期偿债能力的指标有( )。

  A. 流动比率 B. 负债比率 C. 速动比率 D. 权益乘数

2-3 分析企业营运能力的指标有( )。

  A. 速动比率 B. 流动资产周转率 C. 存货周转率 D. 总资产报酬率

2-4 下列指标中数值越高,企业获利的能力越强的有( )。

  A. 资产负债率 B. 权益资本净利率 C. 成本利润率 D. 销售利润率

2-5 企业长期债券的持有者关注的指标有( )。

  A. 资产利润率 B. 已获利息倍数 C. 应收账款周转率 D. 资产负债率

2-6 应收账款周转率越高,则( )。

  A. 收账越迅速   B. 应收账款周转天数越短

  C. 资产流动性越强   D. 短期偿债能力越强

2-7 财务分析的基本内容包括( )。

  A. 偿债能力分析 B. 营运能力分析 C. 获利能力分析 D. 发展能力分析

2-8 影响企业偿债能力的其他因素包括( )。

  A. 或有负债 B. 担保责任 C. 租赁活动 D. 可用的银行授信额度

2-9 如果企业的流动比率很高,可能是由于( )情况引起的。

  A. 存货周转期过长 B. 现金闲置 C. 流动负债过多 D. 应收账款周转过快

2-10 用来分析总资产报酬率变化原因的指标有( )。

  A. 销售收入 B. 总资产周转率 C. 资产负债率 D. 销售净利率

○计算分析题

2-1 宜南公司流动负债250万元,流动资产500万元,其中存货200万元。

要求:计算其流动比率和速动比率。

2-2 已知宜北公司流动资产周转速度指标资料见表2-6。

表 2-6 宜北公司流动资产周转速度指标资料 单位:万元

项 目	上 年	本 年
营业收入		31 420
营业成本		21 994
流动资产合计	13 250	13 846
其中:存货	6 312	61
应收账款	3 548	321

要求:计算其流动资产周转率、应收账款周转率、存货周转率及各自相应周转天数。

2-3 宜东公司流动资产由速动资产和存货组成。本年年末流动资产余额为300万元,流动比率为3,速动比率为1.2;公司年末长期负债余额为200万元。

要求:

(1) 计算该公司年末流动负债余额。

(2) 计算该公司年末存货余额。

2-4 宜岭公司2019年全年销售收入净额为5 800万元,净利润为786万元。资产、负债资料见表2-7。

表 2-7 宜岭公司 2019 年度资产、负债资料 单位:万元

资 产	年初数	年末数	负 债	年初数	年末数
流动资产合计	850	1 060	流动负债合计	470	600
资产总计	1 620	1 860	负债合计	836	1 160

要求：计算该年年末流动比率、资产负债率和权益乘数。

2-5 宜林公司 2019 年有关数据见表 2-8。

表 2-8 有关数据　　　　　　　　　　　　　　　　　　单位：万元

项　目	年　初	年　末
资产	8 000	10 000
负债	4 500	6 000
所有者权益	3 500	4 000

同时，本年度（利润表）年末营业收入净额为 20 000 万元，净利润为 500 万元。

要求：计算杜邦财务分析体系中的下列指标。

（1）净资产收益率。

（2）资产净利率。

（3）销售净利率。

（4）总资产周转率。

（5）权益乘数。

2-6 培正公司 2019 年度简化的资产负债表见表 2-9。

表 2-9 资产负债表

2019 年 12 月 31 日　　　　　　　　　　　　　　　　单位：万元

资　　产		负债及所有者权益	
货币资金	50	应付账款	100
应收账款	（　　）	长期负债	（　　）
存货	（　　）	实收资本	100
固定资产	（　　）	留存收益	100
资产合计	（　　）	负债及所有者权益	（　　）

其他有关财务指标如下。

（1）长期负债与所有者权益之比为 0.5。

（2）销售毛利率为 10%。

（3）存货周转率（存货按年末数计算）为 9。

（4）平均收现期（应收账款按年末数计算，一年按 360 天计算）为 18 天。

（5）总资产周转率（总资产按年末数计算为 2.5 次）。

要求：根据相关条件，在资产负债表中填空，并写出计算过程。

2-7 宜盛公司有关资料见表 2-10。

表 2-10 宜盛公司有关资料　　　　　　　　　　　金额单位：万元

项　目	期初数	期末数	本期数或平均数
存货	2 400	3 200	
流动负债	2 000	3 000	
速动比率	0.8		
流动比率		1.8	
总资产周转次数			1.5
总资产			12 000

注：该企业流动资产等于速动资产加存货。

要求：

（1）计算该企业期初、期末的流动资产数。

（2）计算该企业本期销售收入。

（3）计算该企业本期流动资产平均余额和流动资产周转次数（计算结果保留两位小数）。

○ **案例分析题**

海天公司 2019 年 12 月 31 日资产负债表、2019 年度利润表和现金流量表，分别见表 2-11～表 2-13。

表 2-11　资产负债表

编制单位：海天公司　　　　　　　　　　　2019 年 12 月 31 日　　　　　　　　　　　单位：元

资　　产	2019 年	2018 年	负债及股东权益	2019 年	2018 年
现金	5 000	280 000	应付账款	490 000	440 000
应收账款	920 000	700 000	应付所得税	150 000	40 000
存货	1 300 000	850 000	其他流动负债	60 000	50 000
预付账款	40 000	60 000	应付债券	1 650 000	200 000
固定资产	2 000 000	400 000	股本	1 060 000	960 000
累计折旧	−200 000	−100 000	留存收益	700 000	500 000
资产总计	4 110 000	2 190 000	负债及股东权益总计	4 110 000	2 190 000

表 2-12　利润表

编制单位：海天公司　　　　　　　　　　　2019 年度　　　　　　　　　　　单位：元

营业收入	5 000 000
减：营业成本	3 100 000
销售费用和管理费用（包括折旧费 60 000 元）	800 000
财务费用（全部是利息费用，并以现金支付）	110 000
利润总额	990 000
减：所得税	300 000
净利润	690 000

表 2-13　现金流量表

编制单位：海天公司　　　　　　　　　　　2019 年度　　　　　　　　　　　单位：元

项　目	金　额
净利润	690 000
加：折旧费用	100 000
财务费用（利息费用）	110 000
应付账款增加	50 000
应交所得税增加	10 000
应计负债增加	10 000
预付账款减少	20 000
减：应收账款增加	220 000
存货增加	450 000
经营活动产生的现金流量净额	320 000
投资活动产生的现金流量	
购置固定资产	−1 600 000
投资活动产生的现金流量净额	−1 600 000
筹资活动的现金流量	

续表

项　　目	金　　额
吸收权益性投资所得到的现金	100 000
发行债券所收到的现金	1 550 000
偿付利息所支付的现金	−110 000
分配股利所支付的现金	−490 000
筹资活动产生的现金流量净额	1 050 000
本期现金净增加额	−230 000

该公司的总经理不能理解：为什么公司在偿付当期债务方面存在困难？他注意到企业经营是不错的，销售收入不止翻了一番，而且 2019 年获得的利润为 690 000 元。

分析与讨论：

（1）怎样给总经理做出一个合理的解释？

（2）根据以上财务报表资料计算财务比率，并评价该公司的财务状况。

（3）你认为一份合格的财务分析报告应该包括哪些要素？

第3章

时间价值与证券评估

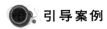

学习目标

- 理解货币时间价值概念。
- 掌握货币时间价值计算方法。
- 掌握债券估值方法。
- 掌握股票估值方法。

引导案例

24美元也能买下曼哈顿岛

24美元买下曼哈顿！这并不是一个荒唐的痴人说梦,而是一个流传已久的故事,也是一个可以实现的愿望,是一种老生常谈的投资方式,但是做得到的人不多。

故事是这样的:1626年,荷属美洲新尼德兰省总督Peter Minuit花了大约24美元从印第安人手中买下了曼哈顿岛。而到2000年1月1日,曼哈顿岛的价值已经达到了约2.5万亿美元。以24美元买下曼哈顿岛,Peter Minuit无疑占了一个天大的便宜。

但是,如果转换一下思路,Peter Minuit也许并没有占到便宜。如果当时的印第安人拿着这24美元去投资,按照11%(美国近70年股市的平均投资收益率)的投资收益计算,到2000年,这24美元将变成238万亿美元,远远高于曼哈顿岛的价值2.5万亿美元,几乎是其现在价值的一百倍。如此看来,Peter Minuit是吃了一个大亏。是什么神奇的力量让资产实现了如此巨大的倍增?

答案是复利。长期投资的复利效应将实现资产的翻倍增值。爱因斯坦就说过:"宇宙间最大的能量是复利,世界的第八大奇迹是复利。"一个不大的基数,以一个即使很微小的量增长,假以时日,都将膨胀为一个庞大的天文数字。那么,即使以像24美元这样的起点,经过一定的时间之后,你也一样可以买得起曼哈顿这样的超级岛屿。

资料来源:http://forex.hexun.com/2008-07-14/107411068.html.

3.1 货币时间价值

3.1.1 货币时间价值的概念

1. 资金的收入

资金或者货币,是工商企业生产经营活动中一个动态因素,使用一次资金就发生一次成本支出,这和企业使用员工而发生工资一样。资金的收入是指资金被使用的报酬,从某种意义上讲,是资金的所有权和使用权相分离的产物。

提供资金是应该具有收益的,其理由如下:首先,资金的提供者应该获得收益,是因为使用者在占有资本期间,使用了提供者的资金;其次,资金提供者在提供给使用者资金期间要承担风险;最后,是对资金提供者积累和提供资金的奖励。

关于时间价值，目前人们的认识还存在差异。西方学者认为，在不存在风险和通货膨胀的情况下，今天1元钱的价值必定大于1年后1元钱的价值。例如，投资者投资一笔资金，如1万元，那么从投资时起就失去了使用这1万元的机会和权利。按时间计算这一投资报酬或付出的代价，就是时间价值(time value)。

货币时间价值(time value in money)是指货币经过一定时间的投资所增加的价值，也称资金的时间价值。货币具有时间价值，仅当它投入生产经营活动或存入银行，才能产生时间价值，若把它存放在柜子里，该笔资金是不可能具有时间价值的。

一般来看，货币在运用过程中增加的价值并不全部是货币的时间价值，其中还包括投资者在投资过程中因承担投资风险和通货膨胀而获得的补偿，因此，时间价值应当是在扣除风险报酬和通货膨胀贴水后的真实报酬率。

货币时间价值有两种表现形式：一种是绝对数形式，即资金价值的绝对增加额；另一种是相对数形式，即时间价值率，是指扣除风险报酬和通货膨胀贴水后的平均报酬率。

2. 利息

（1）利息(interest)。利息是使用借贷资金所付出的代价，它是衡量资金随时间变化的尺度。利息按其表现形式可以分为收益利息；合同利息，如存款利息、股息、债息等；隐含利息，如资金被冻结而无报酬的场合，是丧失机会的利息。

（2）单利(simple interest)。单利计息仅以本金为基数计算利息，不把已产生的利息也作为本金计算利息，即利息不再产生利息。其利息公式为

$$I = P \times i \times n \tag{3-1}$$

式中，I 为利息；P 为本金；i 为每期的单利率(%)；n 为计算利息的期数。

而 n 期之后的本息之和，即单利终值的公式则为

$$F = P + I = P(1 + i \times n) \tag{3-2}$$

式中，F 为 n 年年末的终值，即本金与利息之和。

思考 3-1 张先生在银行里存入 10 000 元，拟 5 年后取出，已知 1 年期利息率为 6%，3 年期利息率为 8%，按单利计息。

试问：有几种存款方式？何种存款方式最佳？

（3）复利(compound interest)。复利是以本金加上前期的利息之和为基数，计算其利息。在复利计息体系中，每期利息在以后每期均可产生利息。民间通俗的说法，就是"利滚利"。

【例 3-1】 李先生借款 1 000 元，期限 3 年，利率为 5%，以复利方式计息。

试求：李先生第 3 年年末应偿还的资金为多少？

解：按单利方式计算，结果如表 3-1 所示。

表 3-1 按单利方式计算复利　　　　　　　　　　　　　　　　　　金额单位：元

计息期	年初欠	年利息	年末本利和
1	1 000	50(1 000×5%)	1 050
2	1 050	52.5(1 050×5%)	1 102.5
3	1 102.5	55.125(1 102.5×5%)	1 157.625

由计算结果可知，第 3 年年末李先生应偿还本息和共 1 157.625 元，比较一下单利的情况，其本息和为 1 150 元，相差 7.625 元，似乎差别不大；但如果货币单位是百万、千万，甚至是亿，复利与单利的利息之差就相当大了。

（4）等值(equivalent)。等值是指在利率一定的条件下，两个或多个不同时点发生的现金流量（或货币额度），虽然数额不等（绝对值），但其价值保持相等。

换言之，可以把任一时点的资金（或货币额度），按一定的利率换算为另一特定时点不同数额的资金（或

货币额度);而不同时点的两个不同数额的资金(或货币额度),在经济上(或财务上)的作用是相等的,有相等的经济价值,即资金(或货币额度)是等值的。

例如,现在的100元,在年利率为8%的条件下,与一年后的108元,虽然资金数额不等,但其经济价值是相等的,即二者是等值的。

值得注意的是,在以后的讨论中,不同时点的现金流量,不能直接相加减;并且,不同方案的不同时点的现金流量,不能直接比较大小。

相关链接 3-1

利滚利合法了,但利息有规定

"只要不超过银行同期同类贷款利率的4倍,出借人可以将利息计入本金请求借款人支付复利,也就是通常所说的利滚利。"昨日,市高院民二庭法官解读了市高院日前出台的《关于审理民间借贷纠纷案件若干问题的指导意见》。

近年来,民间借贷纠纷案件急剧上升,民间借贷纠纷案件的受审数量,占到了整个商事案件的三分之一还多,涉案标的逐年增大。

市高院经过一年多的调研,出台了《关于审理民间借贷纠纷案件若干问题的指导意见》(以下简称"《意见》")。《意见》共二十条,适用于自然人与非金融企业之间或者自然人相互之间的借贷纠纷。

利滚利不等同于高利贷。

在市高院昨天举行的新闻发布会上,《意见》中第十三条对于复利的计算成了媒体关注的亮点。这一条明确指出,出借人根据约定将利息计入本金请求借款人支付复利的,只要约定利率不超出人民银行公布的同期同类贷款利率的4倍,法院应予以支持。

普通市民可以计算复利。

此前,法院审理金融案件时,普通市民如果请求计算复利,法院通常情况下不予以支持。《意见》首次明确,对复利的计算不再是银行等金融机构特有的权利,对普通市民也赋予了此项权利。

例如,若出借人出借的本金为100万元,约定出借期为一年,假定年利息为6万元,一年还款期到后,借款人未按时归还本息,下一年本金则为106万元,并开始以此数额计算利息。

资料来源:重庆晨报,2011-8-23(B26).

(5) 现金流量图(cash flow diagram)。现金流量图是反映财务活动中资金运动状态的图形,即把财务活动中现金流量绘入一时间坐标图中,表示出各现金流量流进、流出与相应时间的对应关系。现金流量图的三要素是大小、流向和时间点。大小表示现金流量的额度,流向表示现金流量流进或流出,时间点表示现金流量流进或流出发生的时间点。

现金流量图可以直观地反映财务活动中现金流动的状态,是学习货币时间价值的有效工具。

下面结合实例,说明现金流量图的画法。

① 现金流量图常用字母。

i(interest rate):表示利息期的利率(利息/本金)。广义的利率有收益率、报酬率、利润率等。

n(number):表示复利期数,一般有年、季、月、周、日等。

P(present):表示本金、现值等。在时间标度上,它出现在零点,或出现在选定的任一时间单位的某一初始时点。

F(future):表示未来值、终值等。在时间标度上,它出现在第n期期末(或第n年年末),或者出现在所选定的任意时间单位的某一未来期末时点。

A(annuity):表示普通年金、等额年金等。它是指一定期限内每年(或每期)金额相等的现金流量。

② 现金流量图的画法。

- 以横轴为时间坐标,时间间隔相等,时间单位按需要选取(年、季、月等)。
- 以纵轴为现金流量坐标,单位为元、万元等,同一图中应统一。

- 现金流入为正,可选用向上的箭号线表示;现金流出为负,可选用向下的箭号线表示;箭号线长短只要能区别现金流量的多少即可,不必按比例确定。
- 时间坐标的原点,通常都取在投资时点。
- 通常规定初始投资发生在第一期期初,其他现金流量发生在当期期末。

【例 3-2】 陈女士存入银行 1 000 元,年利率为 5%,按复利计算。

问：第 4 年年末应收回资金多少？要求做出相应的现金流量图。

分析作图步骤如下。

a. 作时间线示意图。根据例 3-2 的条件,存款期为 4 年,作一条水平时间线,平均分成 4 等份,并标上相应时间(年份)序号,如图 3-1 所示。在图上,时间序号 0 表示现在,时间序号 1 表示从现在起的第 1 年年末,换言之,序号 1 也表示第 2 年年初,以此类推。

b. 作现金流量示意图。陈女士存入现金是资金流出,在第 1 期期初,箭号线向下,$P = 1\,000$ 元;4 年后回收本息,是资金的流入,在第 4 年年末,箭号线向上,F 是未知的。存款的现金流量如图 3-1 所示。

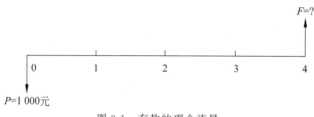

图 3-1 存款的现金流量

3.1.2 基本复利公式

1. 复利终值与复利现值

复利终值与复利现值是货币时间价值的两种主要表现形式。其共同特点均是一次性现金流。

(1) 复利终值(compound amount)。复利终值是指现在一定量的本金,按复利计算若干期后的本利之和。

【例 3-3】 沿用例 3-2 的相关资料,经过 1 年时间,陈女士存在银行 1 000 元资金的本利和是多少呢？

解：按单利方式计算,由式(3-2)可得

$$F = P + P \times i = P \times (1 + i) = 1\,000 \times (1 + 5\%) = 1\,050\,(元)$$

式中,F 为终值,即本利和;P 为现值,即初始本金;i 为年利率,即报酬率。

那么,第 2 年年末陈女士存在银行 1 000 元资金的本利和是多少？这一问题相当于把 1 050 元再存 1 年,则其本利和为

$$
\begin{aligned}
F &= [P \times (1 + i)] \times (1 + i) \\
&= P \times (1 + i)^2 \\
&= 1\,000 \times (1 + 5\%)^2 \\
&= 1\,102.5\,(元)
\end{aligned}
$$

以此类推,可得第 4 年年末陈女士存在银行 1 000 元资金的本利和为

$$
\begin{aligned}
F &= P \times (1 + i)^4 \\
&= 1\,000 \times (1 + 5\%)^4 \\
&= 1\,000 \times 1.215\,5 \\
&= 1\,215.5\,(元)
\end{aligned}
$$

综上可得,复利终值的计算公式为

$$F = P \times (1 + i)^n \tag{3-3}$$

式(3-3)是计算复利终值的一般公式,其中 $(1 + i)^n$ 是计算复利终值的系数(或 1 元的复利终值),即复

利终值系数(future value interest factor,FVIF),可以写成 $\text{FVIF}_{i,n}$,或($F/P,i,n$),则复利终值式(3-3)也可表示为

$$F = P \times (1+i)^n = P \times \text{FVIF}_{i,n} = P \times (F/P,i,n) \tag{3-4}$$

式中,各符号含义与前述相同。

($F/P,i,n$),$\text{FVIF}_{i,n}$ 都是复利终值系数,但由于($F/P,i,n$)便于理解和记忆,并且中国注册会计师(CICPA)资格统考和全国会计专业资格考试的财务管理科目,均使用的是($F/P,i,n$)形式的复利终值系数符号,所以,本书也选用($F/P,i,n$)这一形式的复利终值系数符号。

例 3-2、例 3-3 中,利率为 5%,期数为 4 年,则复利终值系数可表示为($F/P,5\%,4$),或者说($F/P,5\%,4$)表示利率为 5%,期数为 4 年的复利终值系数。

为了便于计算,前人已编制了"复利终值系数表"。平常计算时,可直接查表:该表的第 1 行是利率 i,第 1 列是计息期数 n,相应的复利终值系数 $(1+i)^n$ 值,在纵(i)横(n)相交处。例如,通过查表,可得

$$(F/P,5\%,4) = 1.215\,5$$

用于已知现值求终值的复利终值系数可以理解为,在年复利率为 5% 的情况下,现在的 1 元和 4 年后的 1.215 5 元在财务上(或经济上)是等效的,因此可用这一系数把现值换算成终值。

(2) 复利现值(present value)。复利现值是指未来某个时点的特定资金,按复利计算的现在价值或等值于现在投入的资金量。现值与终值是相对的,由终值求现值的方法称为折现(或贴现)法,折现时使用的利息率称为折现率(或贴现率)。

复利现值的计算公式,可由复利终值的计算公式导出。

由式(3-3),有

$$F = P \times (1+i)^n$$

则

$$P = F \times \frac{1}{(1+i)^n} \tag{3-5}$$

式中,$\dfrac{1}{(1+i)^n}$ 称为复利现值系数(present value interest factor,PVIF),也称折现系数,即 $\text{PVIF}_{i,n}$,通常也表达为($P/F,i,n$)。复利现值的公式也可表示为

$$P = F \times \frac{1}{(1+i)^n} = F \times (1+i)^{-n} = F \times \text{PVIF}_{i,n} = F \times (P/F,i,n) \tag{3-6}$$

式中,各符号的含义同前。

为了便于计算,前人已编制了"复利现值系数表",计算时可直接查表。

【例 3-4】 微型企业立威公司预计第 6 年年末需用 10 000 元,复利率为 10%。

问:该公司现在应存入资金多少?

解:

① 依题意,作现金流量图,如图 3-2 所示。

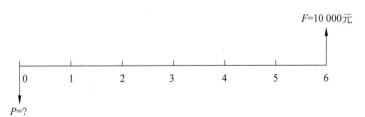

图 3-2 立威公司存款的现金流量图

② 按式(3-5)计算。

$$P = F \times \frac{1}{(1+i)^n}$$

$$= 10\,000 \times \frac{1}{(1+10\%)^6} = 10\,000 \times 0.564\,47$$
$$= 5\,644.7(元)$$

查复利现值系数表，则可计算如下：

$$P = F \times (P/F, i, n) = 10\,000 \times 0.564\,5 = 5\,645(元)$$

2. 年金终值与终值年金

在日常生活中，人们常常会经历等额、定期的系列现金流量收支问题，如分期偿还贷款、分期付款赊购、发放养老金、分期支付工程款等，都是年金现金流量的形式。

年金(annuity)是指一定时期内每期相等金额的收付款项。公司的折旧、利息、租金、保险费等，均表现为年金的形式。年金现金流量具有以下特征：等额，即现金流量大小相等；定期，即现金流量时间间隔相同；同向，即现金流量方向相同；利率相同，即现金流量持续期内利率保持不变。

年金包括普通年金(后付年金)、先付年金(预付年金、即付年金)、递延年金和永续年金等形式。普通年金(ordinary annuity)是年金的基本形式，它是从第一期起，在一定时期内每期期末等额收付的系列款项，又称后付年金。其他各种形式的年金，都可以看作普通年金的转化形式。

(1) 年金终值。普通年金终值，与等额零存整取的本利和十分相似，它是一定时期内每期期末等额收付款项的复利终值之和。

【例3-5】为给孩子上大学准备资金，卫先生连续5年每年年末存入银行4 000元，年复利率为5%。问：卫先生在第5年年末能取出的资金本利和共多少？

解：

① 依题意作现金流量图，如图3-3所示。

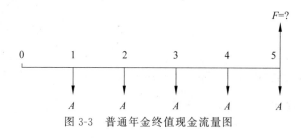

图3-3 普通年金终值现金流量图

② 计算每年存款的本利和。

按复利终值的方式计算，如表3-2所示。

表3-2 第5年年末存款本利和
单位：元

年	年 末 存 款	每年年末存款至第5年年末本利和
1	4 000	$4\,000 \times (1+5\%)^4 = 4\,862.025$
2	4 000	$4\,000 \times (1+5\%)^3 = 4\,630.5$
3	4 000	$4\,000 \times (1+5\%)^2 = 4\,410$
4	4 000	$4\,000 \times (1+5\%)^1 = 4\,200$
5	4 000	$4\,000 \times (1+5\%)^0 = 4\,000$
F_5		22 102.525

$F_5 = 22\,102.525$ 元，它是每年年末储存年金计算到第5年年末时的复本利总和。

③ 年金终值公式。

根据表3-2的计算，有以下等式：

$$F_5 = A(1+i)^{5-1} + A(1+i)^{5-2} + A(1+i)^{5-3} + A(1+i)^{5-4} + A(1+i)^{5-5} \quad\text{(a)}$$

式(a)两边同乘以$(1+i)$，则有

$$F_5(1+i) = A(1+i)^5 + A(1+i)^{5-1} + A(1+i)^{5-2} + A(1+i)^{5-3} + A(1+i)^{5-4} \qquad \text{(b)}$$

（b）－（a），则有

$$F_5(1+i) - F_5 = A(1+i)^5 - A(1+i)^{5-5}$$

整理可得

$$F_5 = A \times \frac{(1+i)^5 - 1}{i}$$

实际上，期数 n 为其他正数都是成立的，即

$$F_n = A \times \frac{(1+i)^n - 1}{i} \qquad (3\text{-}7)$$

式中，F_n 为年金终值；A 为普通年金；其他同前。

式（3-7）就是已知普通年金求终值的公式。其中，$\frac{(1+i)^n - 1}{i}$ 是年金终值系数（future value interest factor for annuity，FVIFA），通常也表达为 $(F/A, i, n)$。

本例也可用式（3-7）计算：

$$F_5 = A \times \frac{(1+i)^n - 1}{i} = A \times (F/A, i, n)$$
$$= 4\,000 \times (F/A, 5\%, 5) = 4\,000 \times 5.525\,6 = 22\,102.4（元）$$

式中，年金终值系数 $(F/A, 5\%, 5)$ 可查"年金终值系数表"得到。

思考 3-2　在例 3-5 中，两种方法计算的结果并不完全相等，存在一定的误差。你知道它是怎样产生的吗？

【例 3-6】　圆通公司有一个投资项目，需连续 5 年每年年末向银行贷款 10 万元，复利率为 6%。问：圆通公司该项目第 5 年年末应付银行本利和共多少？

解：

① 依题意作现金流量图，如图 3-4 所示。

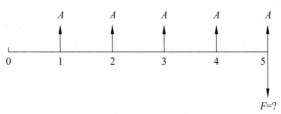

图 3-4　普通年金终值现金流量图

② 按式（3-7）计算：

$$F_5 = A \times \frac{(1+i)^n - 1}{i} = A \times (F/A, i, n)$$
$$= 10 \times (F/A, 6\%, 5) = 10 \times 5.637\,1 = 56.371（万元）$$

圆通公司该项目第 5 年年末应付银行本利和共 56.371 万元。

（2）终值年金。终值年金就是已知终值求普通年金。如在现实生活中，商品房的按揭，就是已知要偿还的房价加上利息（终值），确定如何分期等额（普通年金）偿还。

终值年金通常称为年偿债基金，是指为了在约定的未来某一时点清偿某笔债务或积累一定数额的资金，而必须分次等额存入的存款准备金。

年偿债基金的计算，就是已知年金终值，求 A 这个偿债基金。由式（3-7）可得

$$A = F_n \times \frac{i}{(1+i)^n - 1} \qquad (3\text{-}8)$$

式中，$\frac{i}{(1+i)^n - 1}$ 为终值年金系数，或年偿债基金系数，也可写为 $(A/F, i, n)$；其他符号与前述相同。

【例 3-7】 凡人小超市拟分期等额归还第 5 年年末的 10 000 元债务，年利率为 7%。问：在 5 年内每年年末存入的等额年金是多少？

解：

① 依题意作现金流量图，如图 3-5 所示。

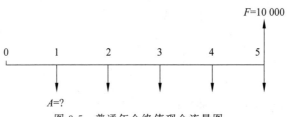

图 3-5 普通年金终值现金流量图

② 按式(3-8)计算：

$$A = F_n \times \frac{i}{(1+i)^n - 1} = F_n \times (A/F, i, n)$$

$$= 10\,000 \times (A/F, 7\%, 5)$$

$$= 10\,000 \times 0.173\,9$$

$$= 1\,739(元)$$

式中，终值年金系数$(A/F, 7\%, 5)$，可按年金终值系数$(F/A, 7\%, 5)$查表，再求其倒数得到。$(A/F, 7\%, 5) = \dfrac{1}{(F/A, 7\%, 5)}$可查表"年金终值系数表"得到。

$$(A/F, 7\%, 5) = \frac{1}{(F/A, 7\%, 5)} = \frac{1}{5.750\,7} = 0.173\,9$$

3. 年金现值与现值年金

(1) 年金现值。普通年金现值即已知普通年金求现值，它是一定时期内每期期末等额收付款项的复利现值之和。如现实生活中，家长为了孩子在一定期间每年可以有一定数量的教育资金供使用，现在就得存入一笔教育基金，即已知每年一定数量的教育资金(A)，求家长现在应存入银行的款项(P)。

由式(3-3)有

$$F = P \times (1+i)^n \tag{a}$$

另由式(3-7)有

$$F = A \times \frac{(1+i)^n - 1}{i} \tag{b}$$

将(a)代入(b)，有

$$P \times (1+i)^n = A \times \frac{(1+i)^n - 1}{i}$$

整理上式，则可得

$$P = A \times \frac{(1+i)^n - 1}{i(1+i)^n} \tag{3-9}$$

式中，P 为普通年金现值；A 为普通年金；$\dfrac{(1+i)^n - 1}{i(1+i)^n}$为年金现值系数(present value interest factor for annuity, PVIFA)，也可记为$(P/A, i, n)$；其他符号与前述相同。

【例 3-8】 微型企业三利公司，今后 5 年每年需垫资 1 000 元，年利率为 6%。问：现在应存入的资金为多少？

解：

① 依题意作现金流量图，如图 3-6 所示。

② 按式(3-9)计算：

$$P = A \times \frac{(1+i)^n - 1}{i(1+i)^n} = A \times (P/A, i, n)$$
$$= 1\,000 \times (P/A, 6\%, 5)$$
$$= 1\,000 \times 4.212\,4$$
$$= 4\,212.4(元)$$

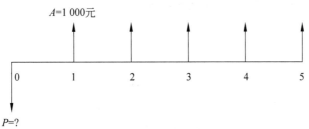

图 3-6 普通年金现值现金流量图

微企三利公司现在应该存入的资金为 4 212.4 元。其中，年金现值系数$(P/A, i, n)$可查表"年金现值系数表"得到。

（2）现值年金。现值普通年金就是已知现值求普通年金，通常也称年资本回收额。资本回收额是指在给定的年限内等额回收初始投入的资本，或等额清偿所欠的债务一定时期内每期期末等额收付款项的复利现值之和。

现值年金的计算公式，可由式(3-9)导出，即

$$A = P \times \frac{i(1+i)^n}{(1+i)^n - 1} \tag{3-10}$$

式中，A 为普通年金；P 为现值；$\frac{i(1+i)^n}{(1+i)^n - 1}$为现值年金系数，或资本回收系数，也可记为$(A/P, i, n)$；其他符号与前述相同。

【例 3-9】 李先生购入一套商品房，需向银行按揭贷款 80 万元，准备分 20 年每年年末等额偿还，银行贷款利率为 5%。

问：李先生每年年末应归还多少元贷款？

解：

① 依题意作现金流量图，如图 3-7 所示。

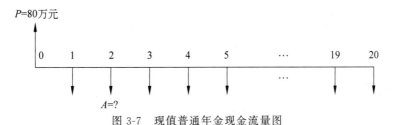

图 3-7 现值普通年金现金流量图

② 按式(3-10)计算：

$$A = P \times \frac{i(1+i)^n}{(1+i)^n - 1} = P \times (A/P, i, n)$$
$$= 80 \times (A/P, 5\%, 20)$$
$$= 80 \times \frac{1}{(P/A, 5\%, 20)}$$

$$= 80 \times \frac{1}{12.462\ 2}$$
$$= 6.419\ 4(万元)$$

李先生每年年末应归还贷款 6.419 4 万元。

思考 3-3

- 在理解六个基本复利公式的基础上,你能运用技巧很快地记住它们吗?
- 请你分别画出六个基本复利公式相应的现金流量图。

相关链接 3-2

72 法则

72 法则是用于计算离散复利情况下一项投资资金翻倍的一种简洁算法。也就是用 72 除以复利率与 100 相乘的商,即为资金翻倍的年数。例如,当复利率为 6% 时,则资金价值增加一倍的年数是

$$72 \div (6\% \times 100) = 12(年)$$

请注意,72 法则只是一种近似算法。

3.1.3 货币时间价值的特殊问题

1. 先付年金

先付年金(annuity due)也称预付年金,或即付年金,是指在一定时期内,以相同的时间间隔在各期期初收入或支出的等额的款项。先付年金与普通年金的区别仅在于付款时间的不同。

根据先付年金,可以分别计算出先付年金终值,或先付年金现值。先付年金终值是指一定时期内每期期初收付的等额系列款项的终值之和。而先付年金现值是指一定时期内每期期初收付的等额系列款项的现值之和。

下面分别举例说明。

【例 3-10】 宏远公司拟在第 4 年年末购买设备,现在开始每年年初分 4 次分别存款 30 万元,假设年利率为 5%。问:宏远公司第 4 年年末拥有购买设备资金的本利和是多少?

解:

(1) 依题意作现金流量图,如图 3-8 所示。

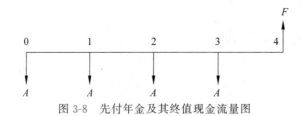

图 3-8　先付年金及其终值现金流量图

(2) 计算第 4 年年末本利和。

$$F = 30 \times (F/A, 5\%, 4) \times (1 + 5\%)$$
$$= 30 \times 4.310\ 1 \times 1.05$$
$$= 135.768(万元)$$

【例 3-11】 运通公司租赁一套设备,在 6 年中每年年初支付租金 8 000 元,假设年利率为 9%。问:运通公司该设备租赁的现值是多少?

解:

(1) 依题意作现金流量图,如图 3-9 所示。

(2) 计算设备租赁的现值。

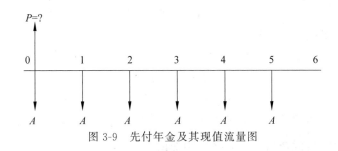

图 3-9 先付年金及其现值流量图

$$P = 8\,000 \times (P/A,9\%,5) + 8\,000$$
$$= 8\,000 \times (3.889\,7 + 1)$$
$$= 39\,117.6(元)$$

2. 延期年金

延期年金(deferred annuity)也称递延年金,是指第一次收付款发生在第二期或第二期以后的年金,是在最初若干期没有收付款项的情况下,后面若干期等额的系列收付款项。它是普通年金的特殊形式。

下面通过实例说明其计算方法。

【例 3-12】 银丰公司向银行借一笔资金,年利率为8%,每年复利一次。银行与其约定,前5年不用还本付息,但应在第6~10年每年年末偿还本息 10 000 元。问:银丰公司现在借入资金多少?

解:

(1) 依题意作现金流量图,如图 3-10 所示。

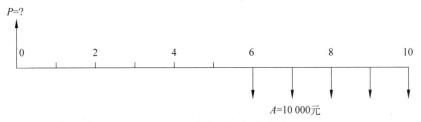

图 3-10 延期年金现金流量图

(2) 计算延期年金现值。

方法 1:

$$P = A \times (P/A,8\%,5) \times (P/F,8\%,5)$$
$$= 10\,000 \times 3.992\,7 \times 0.680\,6$$
$$= 27\,174.32(元)$$

方法 2:

$$P = A \times (P/A,8\%,10) - A \times (P/A,8\%,5)$$
$$= 10\,000 \times (6.710\,1 - 3.992\,7)$$
$$= 27\,174(元)$$

【例 3-13】 裕华公司拟购置一处房产,房主提出两种付款方案。

(1) 从现在起,每年年初支付 100 万元,连续支付 6 次,共 600 万元。

(2) 从第 4 年开始,每年年初支付 200 万元,连续支付 3 次,共 600 万元。

问:若年利率为12%,你认为裕华公司会选择哪种付款方式?

解:

(1) 每年年初付款方式的现值:

$$P_1 = 100 \times (P/A,12\%,5) + 100$$
$$= 100 \times (3.604\,8 + 1)$$

$$=460.48(万元)$$

（2）第 4 年年初开始付款方式的现值：

$$P_2 = A \times (P/A, 12\%, 3) \times (P/F, 12\%, 2)$$
$$=200 \times 2.401\,8 \times 0.797\,2$$
$$=382.94(万元)$$

通过比较可知，$P_2 < P_1$，裕华公司应该选择从第 4 年开始每年年初支付房款的方案。

3. 年金和不等额现金流量混合情况下的终值和现值

在实际工作中，企业财务活动是千差万别的，经常遇到年金和不等额现金流量混合的情况。面对多变的实际问题，可以按照具体情况，把现金流分解为前面讨论过的 6 种基本问题来解决。

【例 3-14】 远达公司的一个投资项目，第 1 年至第 3 年年末的净现金流量依次为 10 000 元、20 000 元和 50 000 元，第 4 年至第 8 年年末的净现金流量均为 40 000 元。年复利率为 20%。

要求：

（1）计算该项目相应的现值。

（2）计算该项目等效的普通年金。

（3）计算该项目等效的终值。

解：

（1）计算该项目相应的现值：

$$P_0 = 10\,000 \times (P/F, 20\%, 1) + 20\,000 \times (P/F, 20\%, 2) + 50\,000 \times (P/F, 20\%, 3) +$$
$$40\,000 \times (P/A, 20\%, 5) \times (P/F, 20\%, 3)$$
$$=10\,000 \times 0.833\,3 + 20\,000 \times 0.694\,4 + 50\,000 \times 0.578\,7 +$$
$$40\,000 \times 2.990\,6 \times 0.578\,7$$
$$=120\,382(元)$$

（2）计算该项目等效的普通年金：

$$A = P_0 \times (A/P, 20\%, 8) = 120\,382 \times \frac{1}{(P/A, 20\%, 8)}$$
$$=120\,382 \times \frac{1}{3.837\,2}$$
$$=31\,317.55(元)$$

（3）计算该项目等效的终值：

$$F_8 = P_0 \times (F/P, 20\%, 8)$$
$$=120\,382 \times 4.299\,8$$
$$=517\,618.52(元)$$

【例 3-15】 四海公司的一个投资项目，第 1 年至第 4 年年初的净现金流量为 2 000 元，第 5 年至第 9 年年末的净现金流量为 3 000 元，第 10 年年末的净现金流量为 5 000 元，年复利率为 12%。

要求：

（1）计算该项目的现值。

（2）计算该项目的终值。

解：

（1）计算该项目的现值：

$$P = 2\,000 \times [(P/A, 12\%, 3) + 1] + 3\,000 \times (P/A, 12\%, 5) \times (P/F, 12\%, 4) +$$
$$5\,000 \times (P/F, 12\%, 10)$$
$$=2\,000 \times (2.401\,8 + 1) + 3\,000 \times 3.604\,8 \times 0.635\,5 + 5\,000 \times 0.322\,0$$
$$=15\,286.15(元)$$

（2）计算该项目的终值：

$$F = 2\,000 \times (F/A, 12\%, 4) \times (F/P, 12\%, 7) +$$
$$3\,000 \times (F/A, 12\%, 5) \times (F/P, 12\%, 1) + 5\,000$$
$$= 2\,000 \times 4.779\,3 \times 2.210\,7 + 3\,000 \times 6.352\,8 \times 1.120\,0 + 5\,000$$
$$= 47\,476.61（元）$$

4. 永续年金

（1）永续年金（perpetuity）的含义。永续年金是指能永远继续下去而没有到期时间的年金，通常指无期限等额收付的特种年金，即期限趋于无穷的普通年金。在实际生活中，无期限债券利息、优先股股息、奖励基金等都属于永续年金。

（2）永续年金现值的公式。永续年金现值可以通过普通年金现值的计算公式导出。由普通年金现值计算公式（3-9），有

$$P = A \times \frac{(1+i)^n - 1}{i(1+i)^n} = A \times \frac{1 - (1+i)^{-n}}{i}$$

当 $n \to \infty$ 时，$(1+i)^{-n}$ 的极限为 0，故上式可以写为

$$P = \frac{A}{i} \tag{3-11}$$

式（3-11）就是永续年金现值的计算公式。

【例 3-16】 万山公司拟捐赠一笔款项给 Z 大学，设立一项可永久发放的奖学金，每学年年末奖学金的发放金额为 10 000 元。若年利率为 5%，该公司现在的捐款额度应为多少？

解：运用式（3-11），有

$$P = \frac{A}{i} = \frac{10\,000}{5\%} = 200\,000（元）$$

5. 实际利率与名义利率

（1）实际利率（real interest rate）。实际利率是指考虑一年内若干期复利计息的一年期实际利率。

（2）名义利率（nominal interest rate）。名义利率是指不考虑复利计息的一年期利率。它一般指债券上标明的利率，或是银行一年期定期存款的利率。

（3）实际利率与名义利率的关系。

① 一年多次计息的情况。在财务管理实际工作中，可能会遇到公司债券每半年付息一次、公司股利每季支付一次等问题，这就出现了以半年、1 季度、1 个月，甚至更短时间间隔计息的计息期，当利息在 1 年内复利次数多于 1 时，给出的年利率叫作名义利率，一般用 r 表示。

实际利率与名义利率存在密切的关系，当计息周期为 1 年时，名义利率与实际利率相等；计息周期短于 1 年时，实际利率大于名义利率。名义利率越大，计息周期越短，实际利率与名义利率的差距就越大。

实际利率与名义利率的关系，可以通过利息除以本金导出：

$$i = \frac{F - P}{P} = \frac{P\left(1 + \frac{r}{m}\right)^m - P}{P} = \left(1 + \frac{r}{m}\right)^m - 1 \tag{3-12}$$

式中，P 为年初借款；F 为一年后的复本利和；i 为实际利率；r 为名义利率；m 为在一年中计算复利的次数。

由式（3-12）可知，在计息期短于 1 年时，名义利率小于实际利率，并且计息期越短，1 年内按复利计息的次数就越多，实际利率就越高。

【例 3-17】 王女士投资一项目 20 000 元，年利率为 6%，每年复利期为 4 次。问：王女士在第 5 年年末总收益是多少？

解：

方法 1：

$$i = \left(1 + \frac{r}{m}\right)^m - 1 = \left(1 + \frac{6\%}{4}\right)^4 - 1 = 6.14\%$$

$$F = 20\,000 \times (1 + 6.14\%)^5 = 26\,942\,(元)$$

而

$$F = 20\,000 \times (1 + 6.136\,4\%)^5 = 26\,938\,(元)$$

方法2：

$$n = 4 \times 5 = 20$$

$$r_0 = \frac{r}{4} = \frac{6\%}{4} = 1.5\%$$

$$F_{20} = 20\,000 \times (1 + r_0)^n = 20\,000 \times (1 + 1.5\%)^{20} = 26\,938\,(元)$$

② 有通货膨胀的情况。考虑通货膨胀对利率的影响，名义利率与实际利率存在以下关系：

$$1 + r = (1 + i) \times (1 + f) \tag{3-13}$$

式中，r 为名义利率；i 为实际利率；f 为通货膨胀率。

显然，实际利率的计算公式为

$$i = \frac{1 + r}{1 + f} - 1 \tag{3-14}$$

【例 3-18】 美国某银行 2021 年的 1 年期存款年利率为 1.62%，若通货膨胀率为 6.5%。问：实际利率是多少？

解：按式(3-14)计算，有

$$i = \frac{1 + r}{1 + f} - 1 = \frac{1 + 1.62\%}{1 + 6.5\%} - 1 = -4.58\%$$

所以，实际利率大约为 -4.58%。

6. 利率（贴现率）的计算

货币时间价值问题，一般事先给定利率，而财务管理实际问题中，往往先知道现值、终值、年金以及计息期数，需要求利率（贴现率）。

下面通过具体例子来讨论利率的计算方法。

【例 3-19】 刘先生把 20 000 元存入银行，按复利计息，3 年后本利和共 22 600 元。要求：计算银行的利率。

解：

(1) 计算复利现值系数。

$$(P/F, i, 3) = 20\,000 \div 22\,600 = 0.885\,0$$

(2) 查复利现值系数表。

i	4%	x	5%
$(P/F, i, 3)$	0.889 0	0.885 0	0.863 8

(3) 插值。

$$\frac{x - 4\%}{5\% - 4\%} = \frac{0.889\,0 - 0.885\,0}{0.889\,0 - 0.863\,8}$$

所以

$$x = 4\% + \frac{0.889\,0 - 0.885\,0}{0.889\,0 - 0.863\,8} \times (5\% - 4\%) = 4.158\,7\%$$

思考 3-4 你会应用复利终值基本公式计算该利率吗？请试一试。

【例 3-20】 陈女士拟把 25 000 元存入银行，按复利计息，期望今后 10 年每年年末得到 4 000 元的收益。问：银行的利率是多少才能满足陈女士的要求？

解：

（1）计算年金现值系数。

$$(P/A,i,10)=25\,000\div4\,000=6.25$$

（2）查年金现值系数表。

i	9%	x	10%
$(P/A,i,10)$	6.417 7	6.25	6.144 6

（3）插值。

$$\frac{x-9\%}{10\%-9\%}=\frac{6.417\,7-6.25}{6.417\,7-6.144\,6}$$

所以

$$x=9\%+\frac{6.417\,7-6.25}{6.417\,7-6.144\,6}\times(10\%-9\%)=9.61\%$$

银行的年复利率至少等于 9.61%，陈女士的愿望才能实现。

7. 分期偿还贷款

实际生活中，房产抵押贷款、汽车贷款、学生贷款以及一些企业财务活动的贷款，都是分期偿还贷款。按月份、季度或年度等额偿还的贷款，就称为分期偿还贷款（amortized loan）。

对于这类贷款，特别是长期的巨额贷款，银行（债权人）为了减少风险，通常要求债务人分期偿还，如商品房抵押贷款等商业贷款中，分期偿付是很普遍的。

这种贷款每期的偿付额相等，偿付额中既有利息，也有本金。对于每期的偿付额，分析中通常需要分离本金和利息，即通常所说的贷款的分摊。其原因就在于对于债务人来说，利息的支付可以抵减应税收入，本金的偿还则无法抵减。对于债权人来说，则恰恰相反，利息收入是应纳税收入，而本金的回收则不需要纳税。

【例 3-21】 冯先生购买商品房，向银行借入 200 000 元抵押贷款，其后 5 年每年年末分 5 次等额偿还，银行根据年初余额按复利率 6% 计息。

说明： 大多数抵押贷款一般都要求在 10～30 年按月偿还，本例选择较短期限，仅在于简化重复计算过程。

要求：

（1）计算冯先生每年年末分期还款额。

（2）编制冯先生每年还款明细表。

解：

（1）计算冯先生每年年末分期还款额。

$$A=\frac{P}{(P/A,i,n)}=\frac{200\,000}{(P/A,6\%,5)}=\frac{200\,000}{4.212\,364}=47\,479.28(元)$$

（2）编制冯先生每年还款明细表见表 3-3。

表 3-3　冯先生 5 年期贷款的每年明细表　　　　　　　　　　　　　　单位：元

年份	期初余额 ①$_t$=⑤$_{t-1}$	年还款额 ②	利息 ③=①×6%	偿还本金 ④=②-③	期末余额 ⑤=①-④
0	—	—	—	—	200 000
1	200 000	47 479.28	12 000	35 479.28	164 520.72
2	164 520.72	47 479.28	9 871.24	37 608.04	126 912.68
3	126 912.68	47 479.28	7 614.76	39 864.52	87 048.16
4	87 048.16	47 479.28	5 222.89	42 256.39	44 791.77
5	44 791.77	47 479.28	2 687.51	44 791.77	—

3.2 债券估值

3.2.1 债券估值概述

债券（bonds）是债务人为筹集债务资金而发行的，约定在一定期限内向债权人还本付息的有价证券。公司通过发行债券方式筹资，债券估值首当其冲。

债券，无论是发行方还是购买方，都必须事先知道其价值，然后再做发行或购买的决定。

我国的债券市场，主要有政府债券、金融债券、企业债券等品种。国债所占的比重较大，一般为 60％ 以上，公司债券处于次要地位。

【例 3-22】 财政部决定发行 2020 年第一期和第二期储蓄国债（电子式）。

第一期和第二期国债均为固定利率、固定期限品种，最大发行总额 600 亿元。第一期期限 3 年，票面年利率 3.8％，最大发行额 300 亿元。第二期期限 5 年，票面年利率 3.97％，最大发行额 300 亿元。

第一期和第二期国债发行期均为 2020 年 8 月 10 日至 8 月 19 日，2020 年 8 月 10 日起息，按年付息，每年 8 月 10 日支付利息。第一期于 2023 年 8 月 10 日偿还本金并支付最后一年利息。第二期于 2025 年 8 月 10 日偿还本金并支付最后一年利息。

从两期国债发行首日开始计算，投资者持有两期国债不满 6 个月提前兑取不计付利息，满 6 个月不满 24 个月按发行利率计息并扣除 180 天利息，满 24 个月不满 36 个月按发行利率计息并扣除 90 天利息；持有 5 年期满 36 个月不满 60 个月按发行利率计息并扣除 60 天利息。[①]

债券具有内在价值和市场价值。

债券内在价值（intrinsic value）是对所有影响其价值因素，如收益、现金流量、预期等正确估价后，该债券（或资产）应具有的价值。债券内在价值的确定，通常是对于该债券（资产）所有未来预期现金流，以一个适当的折现率折算为现值。

而债券的市场价值（marketable value）是指其在交易市场上的价格，它是买卖双方竞价后产生的双方都能接受的价格。内在价值与市场价值有密切关系。如果市场是有效的，即所有资产在任何时候的价格都反映了公开可得的信息，则内在价值与市场价值应当相等。

如果市场不是完全有效的，债券的内在价值与市场价值会在一段时间里不相等。投资者估计了债券的内在价值并与其市场价值进行比较，如果内在价值高于市场价值，则认为债券被市场低估了，便决定买进。投资者购进被低估的债券，会使债券价格上升，回归到债券的内在价值。市场越有效，市场价值向内在价值的回归越迅速。

根据债券（或资产）的内在价值与市场价值的关系，投资者可以判断债券（或资产）的价值究竟是高估（内在价值低于市场价值）还是被低估（内在价值高于市场价值）了，以此为基础作出投资决策。

本节所讨论的债券估值，所指的是其内在价值。

3.2.2 债券估值方法

债券价值评估简称债券估值，就是测算债券未来现金流量的现值。债券通常有以下几种类型。

1. 复利型债券

复利型债券最典型的一种形式是按复利分期付息，到期一次还本。其价值计算公式如下：

$$V_b = \sum_{t=1}^{n} \frac{I_t}{(1+K_b)^t} + \frac{M}{(1+K_b)^n} \tag{3-15}$$

$$= I \times \frac{(1+K_b)^n - 1}{K_b(1+K_b)^n} + \frac{M}{(1+K_b)^n}$$

---

① 资料来源：https://baijiahao.baidu./s? id=16739944824094403576&wfr=spider&for=pc.

$$= I \times (P/A, i, n) + M \times (P/F, i, n)$$

式中，V_b 为债券的内在价值（当前市场价格）；I_t 为第 t 年利息，实际上，每年利息相等，即 $I_t = I$；K_b 为对该债券期望的报酬率（或市场利率）；M 为债券到期时的偿还值或面值；n 为债券期限。

【例 3-23】 2004 年，A 公司发行了一笔期限 30 年（2034 年到期），面值 1 000 元，票面利率固定为 6.875% 的债券。2015 年年初，离债券到期还有 20 年时，投资者要求的收益率为 7.5%。

要求：对该债券进行估值。

解：

(1) 估计债券未来预期现金流。

利息：$\qquad I = 1\,000 \times 6.875\% = 68.75（元）$

本金：1 000 元。

(2) 确定投资者所需求的收益率为 7.5%。

(3) 求 V_b。

$$
\begin{aligned}
V_b &= \sum_{t=1}^{20} \frac{68.75}{(1+7.5\%)^t} + \frac{1\,000}{(1+7.5\%)^{20}} \\
&= 68.75 \times \frac{(1+7.5\%)^{20}-1}{7.5\% \times (1+7.5\%)^{20}} + 1\,000 \times (0.234\,5) \\
&= 68.75 \times 10.194\,5 + 1\,000 \times (0.234\,5) \\
&= 936.27（元）
\end{aligned}
$$

2. 平息债券

所谓平息债券，是指本金在到期日一次归还、利息在持有期间平均支付的债券。很多公司债券，尤其是美国公司债券，都是半年付息一次，其价值计算公式如下：

$$
\begin{aligned}
V_b &= \sum_{t=1}^{2n} \frac{\dfrac{I}{2}}{\left(1+\dfrac{k_b}{2}\right)^t} + \frac{M}{\left(1+\dfrac{k_b}{2}\right)^{2n}} \\
&= \frac{I}{2} \times \frac{\left(1+\dfrac{K_b}{2}\right)^{2n}-1}{\dfrac{K_b}{2} \times \left(1+\dfrac{K_b}{2}\right)^{2n}} + \frac{M}{\left(1+\dfrac{k_b}{2}\right)^{2n}}
\end{aligned} \tag{3-16}
$$

【例 3-24】 沿用例 3-23 的资料，但付息方式改为每半年付息一次。

要求：对该债券进行估值。

解：

(1) 估计债券未来预期现金流。

半年利息：$\qquad \dfrac{I}{2} = 1\,000 \times 6.875\% \div 2 = 34.375（元）$

本金：1 000 元。

(2) 确定投资者所需求的收益率 7.5%，半年则为

$$\frac{K_b}{2} = \frac{7.5\%}{2} = 3.75\%$$

(3) 求 V_b。

$$V_b = 34.375 \times \frac{(1+3.75\%)^{40}-1}{3.75\% \times (1+3.75\%)^{40}} + \frac{1\,000}{(1+3.75\%)^{40}} = 935.78（元）$$

思考 3-5 每半年付息与每年付息相比，是对债券买方有利还是对债券发行方有利？为什么？

3. 单利型债券

所谓单利型债券，是指本金在到期日一次归还，并以单利支付利息的债券。我国目前的债券很多属于

这一类型,其价值计算公式如下:

$$V_b = \frac{M(1+i \times n)}{(1+K_b)^n} \tag{3-17}$$

【例 3-25】 唐先生拟购买四方公司发行的单利债券,该债券面值 100 元,期限 3 年,票面利率为 10%,单利计息,当前的市场利率为 8%。

要求:对该债券进行估价。

解:

(1) 估计债券未来预期现金流。

利息: $I = 100 \times 10\% = 10(元)$

本金:100 元。

(2) 确定投资者所需求的收益率 8%。

(3) 求 V_b。

$$V_b = \frac{M \times (1+i \times n)}{(1+K_b)^n} = \frac{100 \times (1+10\% \times 3)}{(1+8\%)^3} = 103.19(元)$$

4. 零息债券

所谓零息债券,也称纯贴现债券,是指以贴现方式发行,没有票面利率,到期按面值还本的债券。其价值计算公式如下:

$$V_b = \frac{M}{(1+K_b)^n} = M \times (P/F, K_b, n) \tag{3-18}$$

【例 3-26】 石先生拟购买天山公司折价发行的债券,该债券面值 100 元,期限 5 年,期内不计利息,到期按面值偿还。当前的市场利率为 9%。

要求:对该债券进行估价。

解:

(1) 估计债券未来预期现金流。

本金:100 元。

(2) 确定投资者所需求的收益率 9%。

(3) 求 V_b。

$$V_b = \frac{M}{(1+K_b)^n} = \frac{100}{(1+9\%)^5} = 64.99(元)$$

5. 永久债券

所谓永久债券,是指没有到期日,永不停止定期支付利息的债券。欧美有些国家发行过这类债券。其价值计算公式如下:

$$V_b = \frac{I}{K_b} \tag{3-19}$$

【例 3-27】 马克先生拟购买债券面值为 1 000 元的永久债券,票面利率为 5%,他要求的报酬率为 8%。

要求:对该债券进行估值。

解:

(1) 估计债券未来预期现金流。

利息: $I = 1\,000 \times 5\% = 50(元)$

(2) 确定投资者所需求的收益率 8%。

(3) 求 V_b。

$$V_b = \frac{I}{K_b} = \frac{50}{8\%} = 625(元)$$

从以上讨论可以看出,债券价值与票面利率、报酬率(或市场利率、折现率)以及债券的期限有着十分密切的关系。读者可思考一下下面的问题。

思考 3-6　债券买方要求的报酬率与债券价值有什么关系？购买债券时一定要知道吗？为什么？

3.2.3　债券的报酬率

债券的购买者持有某一债券,获得报酬是其主要目标。债券的报酬通常用到期报酬率(yield to maturity, YTM)来衡量。到期报酬率是指以某价格购买债券并持有至到期日所能获得的报酬率,是使未来现金流量等于债券购入价格的贴现率,实际上是债券投资的内部收益率。

债券到期报酬率的确定,一般是根据式(3-15),用插值法计算。

【例 3-28】　沈女士拟购买大安公司 5 年期债券,该债券面值为 100 元,票面利率为 5%,市场标价为 96.5 元。

要求:计算该债券的到期报酬率。

解:

(1) 估计债券未来预期现金流。

利息:
$$I = 100 \times 5\% = 5(元)$$

(2) 根据式(3-15)确定买价方程。
$$96.5 = 5 \times (P/A, K_b, 5) + 100 \times (P/F, K_b, 5)$$

(3) 用插值法计算到期报酬率。

① 试算。

取 $K_b = 5\%$,买价方程右边:
$$= 5 \times (P/A, 5\%, 5) + 100 \times (P/F, 5\%, 5)$$
$$= 5 \times 4.329\ 6 + 100 \times 0.783\ 5$$
$$= 100(元)$$

计算结果大于 96.5 元,还应进一步提高报酬率试算。

取 $K_b = 6\%$,买价方程右边:
$$= 5 \times (P/A, 6\%, 5) + 100 \times (P/F, 6\%, 5)$$
$$= 5 \times 4.212\ 4 + 100 \times 0.747\ 3$$
$$= 95.79(元)$$

计算结果为 95.79 元,小于 96.5 元,可进行插值。

② 插值。
$$K_b \approx 5\% + \frac{100 - 96.5}{100 - 95.79} \times (6\% - 5\%) = 5.83\%$$

所以,沈女士拟购买大安公司的该项债券,其期望报酬率大约为 5.83%。

3.3　股　票　估　值

3.3.1　股票估值概述

股票(stock)是股份公司为筹集股权资本而向投资者发行的有价证券,用以证明投资者股东身份和对公司的所有权。持有股票即为股东,对该股份公司的财产享有要求权。

(1) 股票具有价值。投资者持有股票,就是为了获取一定的盈利:一方面是获得股份公司每期发放的股利;另一方面是期望高于买价转让股票时获取资本利得。当然,期望获得资本利得是有风险的。这就是股票价值,又称股票的内在价值。

(2) 股票具有价格。股票价格(stock price)就是股票的市场价格,是指股票在交易过程中交易双方达成的成交价。股票的市值直接反映股票的市场行情,是股票投资者买卖股票的依据。由于受众多因素的影响,股票的市场价格处于经常性的变化中。

本节所讨论的股票估值，所指的是其内在价值。

3.3.2 股票估值方法

股票价值评估简称股票估值，就是测算股票未来现金流量的现值。股票通常有优先股和普通股两种类型。

1. 优先股估值

优先股（preferred stock）是相对于普通股（common stock）而言的，主要指在利润分红及剩余财产分配的权利方面优先于普通股的股票。优先股是介于债券和普通股之间的一种混合证券。

优先股的价值是其未来股利按投资者要求的报酬率贴现的现值。大部分优先股在各期间可获得固定的股利，这一特点使其具有债券固定利息的特征；大多数优先股是永不退股的，这又使其具有普通股永不还本的特征。

因此，优先股的股利可视为一种永续年金，其估值公式为

$$V_p = \frac{D}{K_p} \tag{3-20}$$

式中，V_p 为优先股的内在价值；D 为优先股每年的股利；K_p 为优先股投资者的期望报酬率（或市场利率）。

【例 3-29】 杨先生持有固源公司优先股，每年发放股利为每股 1.35 元，他要求的报酬率为 9%。

要求：对该优先股进行估价。

解：运用式（3-20），则

$$V_p = \frac{D}{K_p} = \frac{1.35}{9\%} = 15（元）$$

2. 普通股估值

普通股（common stock）是指在公司的经营管理和盈利及财产的分配上享有普通权利的股份，代表债权人及优先股东求偿要求后对企业盈利和剩余财产的索取权。

普通股的基本特点是其投资收益（股息和分红）不是在购买时约定，而是事后根据股票发行公司的经营业绩来确定。公司的经营业绩好，普通股的收益就高；反之，若经营业绩差，普通股的收益就低。普通股是股份公司资本构成中最重要、最基本的股份，也是风险最大的一种股份。

普通股价值评估简称股票估值，就是测算其未来现金流量的现值，通常有以下几种类型。

（1）单一持有期模型（1 年期）：

$$V_{cs} = \frac{D_1}{1+K_{cs}} + \frac{P_1}{1+K_{cs}} \tag{3-21}$$

式中，V_{cs} 为普通股股票价值；D_1 为第 1 年预期股利；P_1 为第 1 年年末出售股票预期收益；K_{cs} 为普通股投资者要求的报酬率。

【例 3-30】 年初，投资者约翰正考虑购买 RMI 公司的普通股股票，该股票年末股利预期为 1.64 美元/股，年末股价预期为 22 美元。若该投资者要求的收益率为 12%。问：该投资者认为 RMI 股票价值是多少？

解：运用式（3-21），则

$$V_{cs} = \frac{1.64}{1+0.12} + \frac{22}{1+0.12} = 21.11（美元）$$

（2）多个持有期模型（股利增长模型）：

$$V_{cs} = \frac{D_0(1+g)}{K_{cs}-g} = \frac{D_1}{K_{cs}-g} \tag{3-22}$$

式中，D_0 为第 0 年年末的股利；g 为普通股股利增长率。

【例 3-31】 大明公司普通股股票，去年股利为 2 美元/股，股利年增长率预计可持续保持 10%，投资者基于对该公司风险的评估，认为应得的报酬率为 15%。试估计该普通股股票的价值。

解:运用式(3-22),则

$$D_1 = D_0(1+g) = 2 \times (1+10\%) = 2.2(美元)$$

$$V_{cs} = \frac{D_1}{K_{cs}-g} = \frac{2.2}{0.15-0.10} = 44(美元)$$

(3)普通股超常增长模型:

$$V_{cs} = P_0 = \sum_{t=1}^{n} \frac{D_t}{(1+K_{cs})^t} + \frac{P_n}{(1+K_{cs})^n} \tag{3-23}$$

式中,P_0 为普通股第 0 年(当前)市价;P_n 为普通股第 n 年市价;其他符号与前述相同。

【例 3-32】 投资者对某企业股票期望收益率为 15%,第 0 年的股息为 2 元/股,第 1、2、3 年的股息增长率为 10%,第 3 年以后以定率 3% 稳定增长。试估计该普通股股票的价值。

解:运用式(3-22),则

① 第 1~3 年股利。

$$D_1 = D_0 \times (1+g_0) = 2 \times (1+10\%) = 2.2(元)$$

$$D_2 = D_0 \times (1+g_0)^2 = 2 \times (1+10\%)^2 = 2.42(元)$$

$$D_3 = D_0 \times (1+g_0)^3 = 2 \times (1+10\%)^3 = 2.66(元)$$

② 第 4 年股利。

$$D_4 = D_3 \times (1+g) = 2.66 \times (1+3\%) = 2.74(元)$$

③ 第 3 年股价。

$$P_3 = \frac{D_4}{K_{cs}-g} = \frac{2.74}{15\%-3\%} = 22.85(元)$$

④ 当前股价。

$$V_{cs} = P_0 = \sum_{t=1}^{n} \frac{D_t}{(1+K_{cs})^t} + \frac{P_n}{(1+K_{cs})^n}$$

$$= \frac{2.2}{1+15\%} + \frac{2.42}{(1+15\%)^2} + \frac{2.66}{(1+15\%)^3} + \frac{22.85}{(1+15\%)^3}$$

$$= 20.52(元)$$

3.3.3 股票预期报酬率

股票的收益率,即以股票当前的市场价格替代股票估价公式中的股票内在价值,求解贴现率,其解便是市场对股票所要求的收益率,也是投资者按当前市场价格买入股票后预期能够得到的收益率。

1. 优先股预期收益率

$$\overline{K}_{ps} = \frac{D}{P_0} \tag{3-24}$$

式中,$\overline{K}_{ps}$ 为优先股预期收益率;D 为优先股的年股利;P_0 为优先股当前的市场价格。

【例 3-33】 山河公司优先股当前市场价格为 30 元,每年股利为 3.3 元/股。试求该公司优先股预期收益率。

解:根据式(3-24)有

$$\overline{K}_{ps} = \frac{D}{P_0} = \frac{3.3}{30} = 11\%$$

2. 普通股的预期收益率

$$\overline{K}_{cs} = \frac{D_1}{P_0} + g \tag{3-25}$$

式中,$\overline{K}_{cs}$ 为普通股预期收益率;D_1 为第 1 年的股利;P_0 为优先股当前的市场价格;g 为普通股股利增长率。

【例3-34】　永福公司普通股股票上年度股利为2美元/股，当前市场价格为44美元，本年度预期股利为2.2美元/股，股利增长率为10%。试求永福公司普通股预期收益率。

解：根据式(3-25)有

$$\overline{K}_{cs}=\frac{2.2}{44}+10\%=15\%$$

阅读材料　拿破仑送玫瑰花的代价　　　　阅读材料　投资的魅力不是暴利，而是复利

本 章 小 结

货币时间价值是货币经历一定时间的投资所增加的价值，是一定量资金在不同时点上价值量的差额。

利息是债务人向债权人支付的货币报酬，占用资金所付出的代价。利率是在一定时期内银行付给储户的利息数与存款数的比例，它反映利息水平的高低。

资金等值是在考虑时间因素的情况下，即使金额相同的资金，因其发生在不同时间，其价值就不相同。反之，不同时点，且绝对值不等的资金，在时间价值的作用下却可能具有相等的价值。

复利是指经过一个计息期后，将上一个计息期的利息加入下一个计息期的本金来计算利息。终值是指若干期以后包括本金和利息在内的未来价值，又称本利和。复利现值是指以后年份收入或支出资金的现在价值。年金是指一定时期内定期的相等金额的收付款项。

现值、终值与年金之间的关系可通过基本复利公式反映，这就是货币时间价值的计算。

实际利率是指考虑一年内若干期复利计息的一年期实际利率。名义利率是指不考虑复利计息的一年期利率。它一般指债券上标明的利率，或是银行一年期定期存款的利率。实际利率与名义利率存在密切的关系，当计息周期为一年时，名义利率与实际利率相等；计息周期短于一年时，实际利率大于名义利率。名义利率越大，计息周期越短，实际利率与名义利率的差距就越大。

债券和股票价值评估，均是根据现金流量贴现的方法对其内在价值的评估。

关 键 术 语

货币时间价值(time-value of money)

利息(interest)

利率(interest rate)

终值(future value)

现值(present value)

复利(compound interest)

复利终值(future value with compound interest)

复利现值(present value with compound interest)

现金流量图(cash flow graph)

货币等值(equivalent value of money)

年金(annuity)

后付年金(ordinary annuity)

先付年金(annuity due)

延期年金(deferred annuities)

永续年金(perpetuities)

连续复利(continuous compounding)

名义利率(nominal interest rate)

实际利率(real interest rate)

通货膨胀率(inflation rate)

参 考 文 献

[1] 王化成,刘俊彦,荆新.财务管理学[M].9 版.北京:中国人民大学出版社,2021.

[2] 斯蒂芬·A.罗斯,伦道夫·W.威斯特菲尔德,杰费利·F.杰富.公司理财[M].吴世农,沈艺峰,王志强,译.11 版.
　　北京:机械工业出版社,2017.

[3] BERK J,MARZO D P,HARFORD J. Fundamentals of Corporate Finance[M].4E. London:Pearson Education
　　Limited,2019.

[4] HORNGREN T C,SUNDEM L Y,STRATTON O W,et al. Introduction to Management Accounting[M].16E.
　　Peking:Tsinghua University Press,2019.

[5] 中国注册会计师协会.财务成本管理[M].北京:中国财政经济出版社,2021.

[6] 财政部会计资格评价中心.财务管理[M].北京:经济科学出版社,2021.

[7] 吴立扬,刘明进.财务管理[M].武汉:武汉理工大学出版社,2009.

[8] 王化成.公司财务管理[M].北京:高等教育出版社,2007.

[9] 马忠.公司财务管理[M].2 版.北京:机械工业出版社,2015.

[10] 曹惠民.财务管理学[M].3 版.上海:立信会计出版社,2019.

[11] 温素彬.管理会计[M].3 版.北京:机械工业出版社,2019.

[12] 张鸣,王茜.财务管理学[M].上海:上海财经大学出版社,2013.

[13] 刘淑莲.财务管理理论与实务[M].4 版.大连:东北财经大学出版社,2019.

[14] 潘兆国.财务管理[M].厦门:厦门大学出版社,2012.

思 考 题

3-1　怎样理解货币的时间价值?在公司财务管理中为何必须考虑时间价值?

3-2　什么是复利?复利与单利有何区别?

3-3　什么是资金等值?试举例说明。

3-4　什么是年金?财务管理中的年金一定是每年发生一次吗?

3-5　举例说明名义利率与实际利率的差别与联系。

3-6　债券到期收益率的含义是什么?试举例说明其怎样应用。

3-7　什么是债券的内在价值?怎样估算?

3-8　举例说明怎样用股利增长模型估算普通股价值。

练 习 题

○判断题

3-1　货币的时间价值原理正确地揭示了不同时点上资金之间的换算关系,是财务决策的基本依据。

（　　）

3-2　由现值求终值称为贴现,贴现时使用的利息率称为贴现率。　　　　　　　　　　（　　）

3-3　在期数一定的情况下,折现率越大,则年金现值系数越大。　　　　　　　　　　（　　）

3-4　当通货膨胀率大于名义利率时,实际利率为负值。　　　　　　　　　　　　　（　　）

3-5　某期预付年金现值系数等于$(1+i)$乘以同期普通年金现值系数。　　　　　（　　）

3-6　随着折现率的提高,未来某一款项的现值将逐渐增加。　　　　　　　　　　（　　）

3-7　在有关货币时间价值的计算过程中,普通年金现值与普通年金终值互为逆运算。（　　）

3-8　现值和终值是一定量货币资本在前后两个不同时点上对应的价值,其差额即为货币的时间价值。
　　　　　　　　　　　　　　　　　　　　　　　　　　　　　　　　　　　　（　　）

3-9　国库券是一种几乎没有风险的有价证券,其利率可以代表货币的时间价值。　（　　）

3-10　一般来说,货币时间价值是指没有通货膨胀条件下的投资收益率。　　　　（　　）

3-11　在现值和利率一定的情况下,计息期越长则复利终值越小。　　　　　　　（　　）

3-12　永续年金可以视为期限趋于无穷的普通年金。　　　　　　　　　　　　　（　　）

3-13　单利和复利是两种不同的计息方式。因此,单利终值与复利终值在任何时候都不同。（　　）

3-14　当一年内多次复利时,名义利率等于每个计息周期的利率与年内复利次数的乘积。（　　）

3-15　在计算延期年金终值时,既要考虑采用普通年金终值公式,又要考虑递延期的长短。（　　）

○ 单项选择题

3-1　如果某人 5 年后想拥有 50 000 元,在年利率为 5%、单利计息的情况下,他现在必须存入银行(　　)元。

A. 50 000　　　　　　　B. 40 000　　　　　　　C. 39 176.31　　　　　　D. 47 500

3-2　下列各项中不属于年金形式的是(　　)。

A. 每期期初存入银行数额相等的款项　　　　　B. 年资本回收额

C. 零存整取储蓄存款的整取额　　　　　　　　D. 年偿债基金

3-3　下列项目中称为普通年金的是(　　)。

A. 先付年金　　　　　　B. 后付年金　　　　　　C. 延期年金　　　　　　D. 永续年金

3-4　一定时期内每期期初等额收付的系列款项是(　　)。

A. 即付年金　　　　　　B. 永续年金　　　　　　C. 递延年金　　　　　　D. 普通年金

3-5　A 方案在三年中每年年初付款 100 元,B 方案在三年中每年年末付款 100 元,若利率为 10%,则 A,B 方案在第三年年末时的终值之差为(　　)。

A. 133.1　　　　　　　B. 31.3　　　　　　　　C. 33.1　　　　　　　　D. 13.31

3-6　将 100 元钱存入银行,利息率为 10%,计算 5 年后的终值应采用的系数是(　　)。

A. 复利终值系数　　　B. 复利现值系数　　　C. 年金终值系数　　　D. 年金现值系数

3-7　某投资人于年初向银行存入资金 10 000 元,年利率为 4%,每半年复利一次,已知$(F/P,4\%,4)=1.166\,9$,$(F/P,2\%,10)=1.219\,0$,$(F/P,2\%,4)=1.082\,4$,$(F/P,2\%,8)=1.171\,7$,则第 5 年年初可得到的本利和为(　　)元。

A. 11 699　　　　　　B. 12 190　　　　　　C. 10 824　　　　　　D. 11 717

3-8　已知$(P/A,8\%,5)=3.992\,7$,$(P/A,8\%,6)=4.622\,9$,$(P/A,8\%,7)=5.206\,4$,则 6 年期、折现率为 8% 的预付年金现值系数是(　　)。

A. 2.992 7　　　　　　B. 4.992 7　　　　　　C. 4.206 4　　　　　　D. 6.206 4

3-9　已知$(F/A,10\%,9)=13.579$,$(F/A,10\%,11)=18.531$,10 年期,利率为 10% 的预付年金终值系数数值为(　　)。

A. 17.531　　　　　　B. 15.937　　　　　　C. 14.579　　　　　　D. 12.579

3-10　某企业向银行借款 100 万元,年利率为 10%,半年复利一次,则该项借款的实际利率是(　　)。

A. 10%　　　　　　　B. 10.50%　　　　　　C. 11%　　　　　　　D. 10.25%

3-11　下列各项中无法计算出确切结果的是(　　)。

A. 后付年金终值　　　B. 即付年金终值　　　C. 永续年金终值　　　D. 递延年金终值

3-12　某公司第 1 年年初借款 80 000 元,每年年末还本付息额均为 16 000 元,连续 9 年还清,则该项借款的实际利率为(　　　)。

　　　A. 13.72% 　　　　　B. 12% 　　　　　　C. 14% 　　　　　　D. 无法确定

3-13　下列各项中关于货币时间价值系数关系描述正确的是(　　　)。

　　　A. 普通年金现值系数×普通年金终值系数＝1

　　　B. 普通年金终值系数×投资回收系数＝1

　　　C. 普通年金终值系数×(1＋折现率)$^{-1}$＝预付年金现值系数

　　　D. 普通年金终值系数×(1＋折现率)＝预付年金终值系数

3-14　已知年利率为 16%,若每季复利一次,则月复利率为(　　　)。

　　　A. 1.316 2% 　　　　B. 1.415 8% 　　　　C. 1.333 3% 　　　　D. 1.439 2%

3-15　当一年内复利 m 次时,其名义利率 r 与实际利率 i 之间的关系是(　　　)。

　　A. $i=\left(1+\dfrac{r}{m}\right)^{m}-1$　　　　　　　　　　B. $i=\left(1+\dfrac{r}{m}\right)^{-1}$

　　C. $i=\left(1+\dfrac{r}{m}\right)^{-m}-1$　　　　　　　　　D. $i=\left(1+\dfrac{r}{m}\right)^{-m}$

◯ 多项选择题

3-1　下列关于时间价值的说法正确的是(　　　)。

　　　A. 并不是所有货币都有时间价值,只有把货币作为资金投入生产经营过程才能产生时间价值

　　　B. 时间价值是在生产经营中产生的

　　　C. 时间价值是资本投入生产过程所获得的价值增加

　　　D. 时间价值是扣除风险收益和通货膨胀贴水后的真实收益率

3-2　下列有关年金的说法中正确的是(　　　)。

　　　A. n 期先付年金现值比 n 期后付年金现值的付款次数多一次

　　　B. n 期先付年金现值与 n 期后付年金现值的付款时间不同

　　　C. n 期先付年金现值比 n 期后付年金现值多贴现一期

　　　D. n 期后付年金现值比 n 期先付年金现值多贴现一期

3-3　下列属于年金特点的有(　　　)。

　　　A. 每次发生的金额相等

　　　B. 每次发生的时间间隔相同

　　　C. 每次发生的金额必须相等,但每次发生的时间间隔可以不同

　　　D. 每次发生的金额可以不相等,但每次发生的时间间隔必须相同

3-4　永续年金的特点有(　　　)。

　　　A. 没有终值　　　　B. 期限趋于无穷大　　　C. 只有现值　　　　D. 每期等额收付

3-5　普通年金终值系数表的用途有(　　　)。

　　　A. 已知年金求终值　　B. 已知终值求年金　　C. 已知现值求终值　　D. 已知终值和年金求利率

3-6　影响时间价值大小的因素包括(　　　)。

　　　A. 风险　　　　　　　B. 期限　　　　　　　C. 本金　　　　　　　D. 利率

3-7　下列可以看作是永续年金的有(　　　)。

　　　A. 普通股股利(固定股利分配政策)　　　　B. 国库券利息

　　　C. 优先股股利　　　　　　　　　　　　　D. 长期债券利息

3-8　下列说法正确的有(　　　)。

　　　A. 复利终值系数与复利现值系数互为倒数　　B. 偿债基金系数与年金终值系数互为倒数

C. 资本回收系数与年金现值系数互为倒数　　D. 年金终值系数与年金现值系数互为倒数

3-9　下列各项中可以直接或间接利用普通年金终值系数计算出确切结果的项目有(　　)。

A. 永续年金终值　　　B. 先付年金终值　　　C. 永续年金现值　　　D. 偿债基金

3-10　下列各项中代表即付年金终值系数的有(　　)。

A. $(F/A,i,n+1)-1$

B. $(F/A,i,n)\times(1+i)$

C. $(F/A,i,n)\times(1+i)^{-1}$

D. $(F/A,i,n-1)+1$

3-11　年利率为 r,一年复利 m 次的 n 年的复利终值计算式正确的有(　　)。

A. $F=P\times[F/P,(1+r/m)^m-1,n]$

B. $F=P\times[F/P,(1+r/m)^m,n]$

C. $F=P\times(1+r/m)^{mn}$

D. $F=P\times(1+r/m)^m$

3-12　下列关于货币时间价值的说法中正确的有(　　)。

A. 货币时间价值是指一定量货币资本在不同时点上的价值量的差额

B. 由于资金存在时间价值,所以今天 1 元钱的价值要大于将来 1 元钱的价值

C. 在不考虑风险的情况下,政府债券利率可视为货币的时间价值

D. 货币的时间价值,源于货币进入社会再生产过程后的价值增值

3-13　递延年金的特点有(　　)。

A. 没有终值

B. 年金的第一次支付发生在若干期之后

C. 年金的现值与递延期无关

D. 年金的终值与递延期无关

3-14　从第 4 年开始,每年年初有现金流入 1 000 元,连续流入 8 笔,则下列计算其现值的表达式正确的有(　　)。

A. $P=1\,000\times(P/A,i,8)\times(P/F,i,2)$

B. $P=1\,000\times[(P/A,i,7)+1]\times(P/F,i,3)$

C. $P=1\,000\times(F/A,i,8)\times(P/F,i,10)$

D. $P=1\,000\times[(P/A,i,10)-(P/A,i,2)]$

3-15　下列关于先付年金的描述中不正确的是(　　)。

A. 先付年金与后付年金的区别在于付款的方式不同

B. 年金终值表和现值系数表是按照先付年金编制的

C. 先付年金终值和现值的计算,都可以在先求出后付年金终值和现值之后,再乘以 $(1+i)$ 求得

D. n 期先付年金的现值,可以根据 $(n+1)$ 期后付年金的现值减去一期付款额求得

○计算分析题

3-1　东山公司 5 年后有一笔数额为 100 万元的到期借款,为此设置偿债基金,假设利率为 8%。问:企业每年年末需要存入银行多少钱,才能到期用本利和偿清借款?

3-2　大通公司扩展项目生产线投资 350 万元,预计投产后的 8 年,每年净收益为 40 万元,公司要求的投资报酬率为 10%。试问:这项投资是否划算?

3-3　方先生夫妇拟在孩子出生的当年开始于每年年初等额地存入银行一笔钱,连续存款持续至孩子 17 岁,在孩子 18 岁上大学当年开始每年年初有 10 000 元备用,连续 4 年。设存款利率为 5%。试问:在孩子 0～17 岁,方先生夫妇每年等额存款额是多少?

3-4　张山今年 30 岁,距离退休还有 30 年。为使自己退休后仍然保持现在的生活水平,他认为在退休当年年末必须攒够至少 70 万元存款。假设利率为 10%。试问:从现在起,张山每年年末需要存多少钱?

3-5　武平于 1 月 1 日从银行贷款 10 万元,合同约定分 4 年还清,每年年末等额付款。

要求:

(1)年利率为 8%,计算每年年末分期付款额。

(2)计算并填写表 3-4。

表 3-4　还款明细表　　　　　　　　　　　　　　　　单位：元

年　　次	分期付款额	本年利息	应还贷款减少额	应还贷款余额
0	—	—	—	100 000
1				
2				
3				
4				
合　　计				

3-6　三星公司投资一个项目，需连续 3 年于每年年初向银行贷款 1 000 万元，年利率为 5%，该项目于第 4 年年初建成投产。

要求：

(1) 计算该项目 3 年后的投资总额。若将上述投资额于年初一次性投入，计算投资总额的现值。

(2) 若项目投产后，分 5 年等额归还银行全部借款的本息，计算每年年末应归还多少。

(3) 若三星公司在项目建成后，连续 5 年每年获得的净利分别为 1 000 万元、1 000 万元、1 000 万元、1 200 万元、1 300 万元，计算相当于项目建成时的现值。

(4) 若三星公司在项目投产后，将每年的净利全部用于归还银行的借款本息，计算需要多少年还清。

3-7　计算表 3-5 所示情况的实际年利率。

表 3-5　实际年利率计算

名义年利率/%	复利次数	实际年利率/%
8	每季一次	
18	每月一次	
12	每天一次	
14	无限次	

3-8　计算表 3-6 所示情况的名义年利率。

表 3-6　名义年利率计算

名义年利率/%	复利次数	实际年利率/%
	每半年一次	10.3
	每月一次	9.4
	每周一次	7.2
	无限次	15.9

3-9　某股票的股利预期增长率为 8%，每股股票刚收到 1.2 元的股利（$T=0$ 时的利息；按年付息）。假设股票的预期收益率为 10%，则该普通股的价值是多少？

3-10　海升公司债券面额 100 元，票面利率为 10%，期限 5 年。投资者要求的必要报酬率为 12%。

要求：

(1) 计算投资者能接受的债券价格。

(2) 计算到期日一次还本付息，投资者能接受的债券价格。

(3) 计算若票面利率为零，投资者能接受的债券价格。

3-11　雨丰公司超常发展期为 4 年，此期间每年股利增长率为 15%；此后是正常发展期，股利增长率一直为 8%，直到永远。公司刚刚支付 0.9 元/股的股利，投资者要求的报酬率为 12%。问：雨丰公司的股票价值是多少？

3-12　南洋公司为常数（定率）增长型公司，其股利增长率为 5%；上次支付的股利为 0.9 元/股，股票的市场价格为 15.2 元。问：南洋公司股票的收益率为多少？

○ **案例分析题**

3-1　在我国，个人住房贷款可以采用等额本息偿还法、等额本金偿还法两种。第一种方法又称等额法，即借款人每月以相等的金额偿还贷款本息；第二种方法又称递减法，即借款人每月等额偿还本金，贷款利息随本金逐月递减，还款额逐月递减。一项调查表明，许多借款者认为等额本息法支付的利息多于等额，因此，选择等额本金法有利于降低购房成本。

分析与讨论：

（1）两种还款方法发生差异的原因是什么？在什么条件下，两种方法还款总额相等？

（2）两种还款方法各有什么特点？主要适用于哪种收入的人群？

（3）假如正在申请银行按揭，你准备选择哪一种还款方法？

3-2　金山公司准备投资一个项目，需向银行贷款 1 000 万元，贷款金额在每年年末偿还，有 3 种方案可供选择，见表 3-7。

表 3-7　3 种投资方案

年限/年	年还款额/万元
8	200
12	150
16	120

要求：根据货币的时间价值，分析评价并选出最优方案。

3-3　如果你突然收到一张事先不知道的 1 260 亿美元的账单，你一定会大吃一惊。而这样的事件却发生在瑞士的田纳西镇的居民身上。纽约布鲁克林法院判决，田纳西镇应向美国投资者支付这笔钱。最初，田纳西镇的居民以为这是一件小事，但当收到账单时，他们还是被这张账单的巨额惊吓了。律师指出，若高级法院支持这一判决，为偿还债务，所有田纳西镇的居民在其余生中不得不靠吃麦当劳等廉价快餐度日。

田纳西镇的问题源于 1966 年的一笔存款。斯兰黑不动产公司在内部交换银行（田纳西镇的一个银行）存入一笔 6 亿美元的存款。存款协议要求银行按每周 1% 的利率（复利）付息（难怪该银行第 2 年破产）。1994 年，纽约布鲁克林法院做出判决：从存款日到田纳西镇对该银行进行清算的 7 年中，这笔存款应按每周 1% 的复利计息，而在银行清算后的 21 年中，每年按 8.54% 的复利计息。

分析与讨论：

（1）请用你所学的知识说明 1 260 亿美元是如何计算出来的。

（2）如利率为每周 1%，按复利计算，6 亿美元增加到 12 亿美元需多长时间？增加到 1 000 亿美元需多长时间？

（3）每周利率为 1%，实际利率是多少？

（4）本案例对你有何启示？

资料来源：http://wenku.baidu.com/view/22f4b3dd26fff705cc170ae7.html？re＝view.

风险与收益

- 理解风险和收益的相关概念及内容。
- 掌握风险衡量的基本方法。
- 掌握投资项目风险与收益度量。
- 理解资本市场线和证券市场线含义。
- 掌握资本资产定价模型的内容以及应用。

引导案例

中信泰富公司巨亏 147 亿港元，股价一度跌七成

以实业为本的中信泰富在 2008 年开始大手笔涉足金融衍生品。

短短几个月，就与包括渣打银行、花旗银行中国香港分行等在内的 13 家国际大银行，一共签下了 24 款外汇累计期权合约。这些合约正是导致这次中信泰富巨亏的"地雷"。

以中信泰富的澳元合约为例，行权价格是 0.87 美元。行权价格也叫作执行价或者行使价，是权证发行人在发行权证时约定好的价格，权证持有人在选择行使权利时，以这个价格向发行人购买或者出售标的股票。

协议规定，当澳元汇率高于 0.87 美元时，中信泰富以低于市场价的 0.87 美元买入 1 个单位外汇而获利，但当汇率下降到 0.87 美元以下时，中信泰富则必须每天以 0.87 美元的高价买入 2 个单位外汇。可以看出，这种合约的风险和收益是完全不对等的。随着美国次贷危机在 2009 年 9 月的集中爆发，金融危机开始蔓延全球，澳元也一路狂泻，让做定多头的中信泰富总损失高达 147 亿港元。

消息曝光后，中信泰富股价一度暴跌七成，市值损失也超过 200 亿港元。

资料来源：http://money.sohu.com/20090106/n261597811.shtml.

4.1 风险与收益的权衡

在经济活动中，企业都面临着风险。生产的新产品，面临着滞销的风险；国际经济活动中，面临着汇率风险；投资债券，面临着利率风险；投资股票，面临着价格风险；等等。企业在财务管理活动中，不可避免地会面临风险。风险不仅会影响企业经济活动中的收益水平，也会影响企业资产的价值。因此，如何正确地分析与度量风险，是决策者们应该认真研究的。否则，便不能达到预期的收益。

4.1.1 风险

人们在生活和工作中常常要进行决策活动，其目的是为当前或未来可能发生的状况选择一种最佳（或最满意）的方案。例如，某企业拟开发一种新产品，但对该产品的市场需求掌握得不是很详细。销售可能会出现好、中等、差三种状况：销售状况好，则盈利；销售状况中等，则不赚不赔；销售状况差，则亏本。该新产

品是否开发并投产呢？面临着风险,需要作出决策。从某种意义上说,决策就是为了降低或回避风险,以期获得最大收益。

一项经济活动若只可能有一种结果,便认为没有风险;但一项经济活动若可能出现多种结果,则认为存在风险。通常认为,风险(risk)是面临一个不确定未来的结果,出现不利事件的客观可能性,这是狭义的风险。而广义的风险是指在特定的时间或环境条件下,某项活动产生的实际结果与预期目标的差异程度。

假设某投资者购买了面额100元的政府债券,票面利率为5%,期限1年。债券按面额100元发行。若投资者持有该债券直至到期日,可获得多大的收益?

这是无风险债券,其收益率就是票面利率为5%,而绝对赢利额为5元。因此,此项投资结果是确定的、无风险的。

若投资者以每股20元的价格购买了A公司发行的股票。显然,这一投资不像购买一年期政府债券那样——收益是确定的。因为,投资者并不能准确地估计一年后A股票的价格。

假设无股利支付,一年后A股票价格为30元(概率为0.5)或15元(概率为0.5)。当前股票价格为20元,那么,这一年的收益率也是不确定的。

第1种情况,概率为0.5,收益率为

$$(30 \div 20) - 1 = 50\%$$

或者出现另一种情况,概率为0.5,收益率为

$$(15 \div 20) - 1 = -25\%$$

可以肯定地说,投资者投资A股票是存在风险的,因为他并不能确切地知道将来的收益率。按照上述假设,投资者虽然可以知道将来收益率的可能结果,但他却不知道哪一个结果将来会发生。

事实上,财务决策可以根据其风险的程度不同分为以下三种。

1. 确定性决策

确定性决策的决策者,对未来具体情况掌握得比较清楚,即确切地知道决策结果的决策行为。如前述购买政府债券的投资决策行为。确定性决策通常应具备以下条件。

(1) 存在决策人希望达到的一个明确目标(收益最大或损失最小)。

(2) 只存在一个确定的自然状态。

(3) 存在可供决策人选择的两个或两个以上的行为方案。

(4) 不同的行动方案在确定状态下的收益(或损失)可以计算出来。

2. 风险性决策

风险性决策也叫统计决策,或随机决策,指决策者对未来状况不能完全确定,但能确切地知道各种决策产生的结果及各种结果出现概率的决策行为。如前述投资A股票的例子。风险性决策通常应具备以下条件。

(1) 存在决策人希望达到的目标(利益最大或损失最小)。

(2) 存在两个以上的行动方案可供决策人选择,最终只选定一个方案。

(3) 存在两个或两个以上的不以决策人主观意志为转移的自然状态。

(4) 不同的行动方案,在不同的自然状态下的相应收益(或损失)可以计算出来。

(5) 在几种不同的自然状态中,未来究竟出现哪种自然状态,决策人不能肯定,但是各种自然状态出现的可能性,决策人可以预先估计或者计算出来。

3. 不确定性决策

不确定性决策是指投资者的投资活动可能产生的结果是不确定的,而且决策者对哪些结果会出现及该结果出现的相应概率分布也一无所知。如前述投资购买A股票的投资者,当对A股票价格变化的结果不知道,其相应的概率也不知道,他所进行的投资决策便是不确定性决策。不确定性决策所具备的条件,是风险性决策所具备的条件的(1)~(4)项,即缺少其第(5)项条件。

风险是怎么产生的呢？从财务决策的角度来看,主要有两方面的原因。

其一,缺少决策信息。大多数决策中,需要参考与决策活动相关的未来信息,而未来信息又难以在决策的当时获取,通常仅根据历史数据进行预测,而预测的时期越长,结果越不准确。实际上,通过预测方法确定的某些信息,如某种可能结果发生的概率,仅是一种近似估计,故使决策存在一定风险。

其二,决策者无法左右未来事物的发展。投资项目未来的发展过程,只受政府政策、客观经济环境条件的变化、市场价格及物价水平波动的影响。投资者根本无法左右投资项目的发展。这也是使财务决策产生风险的重要原因。

既然财务投资有风险,为什么仍要作出投资决策呢？这可以从两方面来说明。一方面,对财务投资决策者来说,确定性决策几乎少得可怜,如果不进行具有风险性的投资,企业将会一事无成。另一方面,风险反映了实际结果与预期结果的差异,这种差异既包括低于预期结果的差异,也包括高于预期结果的差异。风险不仅意味着危险,也预示着机遇。也就是说,冒风险既可能遭遇不利的影响,蒙受损失;也有可能得到成功,获取巨大的收益。这就是所谓的风险报酬。

风险报酬通常是指投资者因冒风险进行投资,而获取的超过货币时间价值的额外报酬。根据风险程度的不同,投资者对风险报酬的期望值也不一样。一般来说,风险程度越大,投资者期望获取的风险报酬也越高。

4.1.2 收益

一项财务活动的收入大于投资的部分,可看成该项财务活动的收益(return)。投资者购买债券,利息可看作是投资者的收益。投资者投资股票,其收益包含两部分内容:一部分是公司盈利派发给股东的股利;另一部分收益是资本利得。如果资本利得为负值,此时的收益就是资本损失。某投资者年初购买 100 股 B 公司股票,每股 12 元,则其初始总投资为

$$C_0 = 12 \times 100 = 1\,200(元)$$

假如过去的一年公司支付的每股股利为 0.7 元,那么投资者获得的股利收入为

$$D_1 = 0.7 \times 100 = 70(元)$$

若年末 B 公司每股股票的市场价格为 13.2 元,则股票价格上升使投资者获得的资本利得为

$$P_1 = (13.2 - 12) \times 100 = 120(元)$$

该投资者的投资总收益是股利与资本利得之和

$$总收益 = 股利 + 资本利得 = 70 + 120 = 190(元)$$

在理论与实用中,收益通常用相对数表示,这就是收益率。上述例子中,收益率可用下式计算:

$$K = \frac{D_1 + (P_1 - P_0)}{P_0} \tag{4-1}$$

式中,K 为收益率,或报酬率;D_1 为持有股票第一年所获得的股利;P_0 为期初股票价格(投资金额);P_1 为第一年期末股票价格。

将上例的数据代入式(4-1),得

$$K = \frac{0.7 + (13.2 - 12)}{12} = 15.83\%$$

式(4-1)可以分解为股利收益率和资本利得收益率。其中股利收益率为

$$K_d = \frac{D_1}{P_0} \tag{4-2}$$

而资本利得收益率为

$$K_{cg} = \frac{P_1 - P_0}{P_0} \tag{4-3}$$

4.2 单一投资项目风险与收益度量

财务投资决策的收益与风险相伴而生,常常紧密相联。也就是说,投资收益的可能结果与该结果发生的概率相对应,风险正是对投资收益发生概率的一种度量。

4.2.1 概率分布

概率通常可理解为随机事件(或随机变量)发生的可能性,财务投资决策活动所产生的收益(收益率)是随机变量,每一个收益(收益率)的产生,可以看作一个随机事件,一般用概率描述其产生的可能性。

概率分布可理解为一个随机事件(或随机变量)发生的概率规律,也就是某一活动可能产生的所有结果的概率集合。某企业一投资项目有两个可供选择的方案见表 4-1,P_i 为各经营状况条件下发生的概率;K_{Ai}、K_{Bi} 分别表示 A、B 两方案在相应条件下的收益率。

表 4-1 A、B 两方案收益状况概率分布

经营状况	P_i	$K_{Ai}/\%$	$K_{Bi}/\%$
好	0.20	80	30
中	0.60	30	20
差	0.20	-20	10

相应的概率分布图如图 4-1 所示。

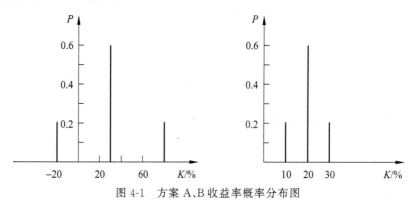

图 4-1 方案 A、B 收益率概率分布图

从上例可以看出,K_A、K_B 的概率分布具有以下性质。

(1)

$$P_i \geqslant 0 \quad (i=1,2,\cdots) \tag{4-4}$$

(2)

$$\sum_{i=1}^{n} P_i = 1 \tag{4-5}$$

4.2.2 期望收益率

具有风险的收益率是一个随机变量,通常用期望收益率来度量。所谓期望收益率,是指投资方案可能收益率的加权平均收益率,通常按下式计算:

$$\overline{K} = \sum_{i=1}^{n} K_i P_i \tag{4-6}$$

式中,$\overline{K}$ 为期望收益率,或期望报酬率;K_i 为第 i 个可能发生的收益率,或报酬率;P_i 为第 i 个可能发生的收益率的相应概率;n 为各种可能发生的收益率的总数。

【例 4-1】 相应数据如表 4-1 所示,试求方案 A、B 的期望收益率。

解： 利用式(4-6),分别计算方案 A、B 的期望收益率为

$$\overline{K}_A = K_{A1} \cdot P_1 + K_{A2} \cdot P_2 + K_{A3} \cdot P_3$$
$$= 0.80 \times 0.20 + 0.30 \times 0.60 + (-0.20 \times 0.20)$$
$$= 0.30$$

$$\overline{K}_B = K_{B1} \cdot P_1 + K_{B2} \cdot P_2 + K_{B3} \cdot P_3$$
$$= 0.30 \times 0.2 + 0.20 \times 0.6 + 0.10 \times 0.20$$
$$= 0.20$$

从以上结果可以看出,方案 A 的期望收益率较高,但从图 4-1 可以看出,方案 A 的收益率较分散,而方案 B 的收益率相对较集中,这就说明,方案 A 的风险较大,而方案 B 的风险较小。

应该注意的是,如果收益是以现金流量来反映的,式(4-6)仍然成立,这时期望收益率就应改为期望收益。期望收益率和期望收益均可称为收益的期望值。

4.2.3 方差与标准差

方差和标准差都是用来描述随机变量偏离期望值的离散程度的。方差可按下式计算：

$$\sigma^2 = \sum_{i=1}^{n} (K_i - \overline{K})^2 P_i \tag{4-7}$$

式中,σ^2 为方差;K_i 为第 i 种可能出现的变量值(收益率)。

【例 4-2】 相应数据如表 4-1 所示,试计算方案 A、B 期望收益率的方差。

解： 利用式(4-7)及前述结果分别进行计算,方案 A、B 期望收益率的方差为

$$\sigma_A^2 = (K_{A1} - \overline{K}_A)^2 \cdot P_1 + (K_{A2} - \overline{K}_A)^2 \cdot P_2 + (K_{A3} - \overline{K}_A)^2 \cdot P_3$$
$$= (0.80 - 0.30)^2 \times 0.2 + (0.30 - 0.30)^2 \times 0.60 + (-0.20 - 0.30)^2 \times 0.2$$
$$= 0.10$$

$$\sigma_B^2 = (K_{B1} - \overline{K}_B)^2 \cdot P_1 + (K_{B2} - \overline{K}_B)^2 \cdot P_2 + (K_{B3} - \overline{K}_B)^2 \cdot P_3$$
$$= (0.30 - 0.20)^2 \times 0.20 + (0.20 - 0.20)^2 \times 0.60 + (-0.10 - 0.20)^2 \times 0.2$$
$$= 0.02$$

从上述计算可知,方案 A 的期望收益率方差较大,而方案 B 的期望收益率方差较小,说明方案 A 的期望收益率风险相对较大,与图 4-1 结果一致。

标准差(均方差)可按下式计算：

$$\sigma = \sqrt{\sigma^2} = \sqrt{\sum_{i=1}^{n} (K_i - \overline{K})^2 P_i} \tag{4-8}$$

【例 4-3】 根据例 4-2 的结果,试计算方案 A、B 的标准差。

解： 按式(4-8)计算,方案 A、B 的标准差分别为

$$\sigma_A = \sqrt{\sigma_A^2} = \sqrt{0.10} = 0.3162$$

$$\sigma_B = \sqrt{\sigma_B^2} = \sqrt{0.02} = 0.1414$$

标准差与方差一样,其值越大,反映各种可能结果与收益率期望值的离散程度就越大,即其风险越大。由于标准差与期望值的量纲相同,便于直接比较,所以不论是理论上还是实践中,多用标准差作为总体风险度量的基础。

值得注意的是,当获取的是样本数据,而不是总体数据时,收益率均值可用下式表达：

$$\overline{K} = \frac{1}{n} \sum_{i=1}^{n} K_i \tag{4-9}$$

式中,$\overline{K}$ 为平均收益率。

计算方差使用下式：

$$\sigma^2 = \sum_{i=1}^{n} \frac{(K_i - \overline{K})^2}{n-1} \tag{4-10}$$

式中，n 为样本数（样本容量）。

而不用以下表达形式：

$$\sigma^2 = \sum_{i=1}^{n} \frac{(K_i - \overline{K})^2}{n} \tag{4-11}$$

其理由是式（4-10）右边是方差的无偏估计。

4.2.4 离散系数

前面讨论期望收益率风险时，用标准差（或方差）作为依据，这并不是十分严格的。因为当不同方案的平均收益率不相同时，标准差较大的方案有的具有较大的风险，但有的也不一定具有较大的风险，这要视具体情况而定。

究竟在什么情况下，才能判定其风险较大呢？使用离散系数（coefficient of variation，CV）可以作为判定标准。离散系数也称标准离差率、标准差系数或变异系数，其值为标准差与相应的期望收益率之比。离散系数克服了标准差的不足，无论期望收益（率）相同与否，均可用其判定不同方案各自风险的大小。

离散系数计算可使用下式：

$$Q = \frac{\sigma}{\overline{K}} \tag{4-12}$$

式中，Q 为离散系数。

【例 4-4】 A、B 两方案的期望收益率如例 4-1，标准差如例 4-3。

要求：计算其离散系数。

解：利用式（4-12）及两方案 A、B 的相应数据，可得

$$Q_A = \frac{\sigma_A}{\overline{K}_A} = \frac{0.316\,2}{0.30} = 1.054$$

$$Q_B = \frac{\sigma_B}{\overline{K}_B} = \frac{0.141\,4}{0.20} = 0.707$$

计算结果表明，离散系数 $Q_A > Q_B$，方案 A 的风险明显大于方案 B 的风险。由此可见，离散系数能准确地度量风险的大小，优于以标准差为基础的度量方法。

事实上，方案 A 风险大，但其期望收益率也高；而方案 B 虽然风险小，但其期望收益率也低。究竟选择方案 A 还是选择方案 B 呢？不能仅以离散系数为依据，还要考虑投资者对风险的偏好程度。对风险的偏好程度不同的投资者，在风险投资的方案选择上，会存在较大的差异。

4.2.5 风险收益

风险收益也称风险报酬，是投资者对风险投资所期望的补偿。风险投资的总收益可用下式表达：

$$K = K_f + K_r \tag{4-13}$$

式中，K 为风险投资总收益率；K_f 为无风险收益率（资金的时间价值＋通货膨胀贴水）；K_r 为风险收益率。

对风险收益率 K_r 进行分解，可表示为

$$K_r = bQ \tag{4-14}$$

式中，b 为风险收益系数，或风险价值系数；Q 为离散系数。

将式（4-14）代入式（4-13），可得

$$K = K_f + bQ \tag{4-15}$$

$$b = \frac{K - K_f}{Q} \tag{4-16}$$

【例 4-5】 H 公司待选的 A、B、C 三个投资项目的离散系数分别为 0.5、0.9、1.3，其根据经济环境条件

与历史数据确定的风险收益系数为 0.1。

要求：确定 H 公司由于承担投资风险而要求超过无风险收益的总风险收益率。

解：由式(4-14)，有

$$K_{rA} = bQ_A = 0.1 \times 0.5 = 5\%$$
$$K_{rB} = bQ_B = 0.1 \times 0.9 = 9\%$$
$$K_{rC} = bQ_C = 0.1 \times 1.3 = 13\%$$

若无风险收益率为 6%，则各风险投资项目的总收益率可分别计算出来。

由式(4-13)，有

$$K_A = K_{fA} + K_{rA} = 6\% + 5\% = 11\%$$
$$K_B = K_{fB} + K_{rB} = 6\% + 9\% = 15\%$$
$$K_C = K_{fC} + K_{rC} = 6\% + 13\% = 19\%$$

这一结果可用图 4-2 反映。

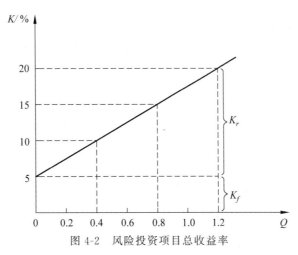

图 4-2　风险投资项目总收益率

由图 4-2 可以看出，当 K_f 与 b 不变时，K 的大小取决于 Q。

当 K_f 变动时，图中斜线(K 线)将随之变动(平移)，但 b 不发生变动。

b 反映了风险变化的风险收益率的影响，通常根据公司历史数据并参考同行相应数据，用线性回归方法来确定，也可以用式(4-16)直接计算。

将本例数据代入式(4-16)，有

$$b_A = \frac{K_A - K_f}{Q_A} = \frac{11\% - 6\%}{0.5} = 10\%$$

$$b_B = \frac{K_B - K_f}{Q_B} = \frac{15\% - 6\%}{0.9} = 10\%$$

$$b_C = \frac{K_C - K_f}{Q_C} = \frac{19\% - 6\%}{1.3} = 10\%$$

事实上，对于一定时期，某企业的风险收益系数是相同的，从本例可以看出：

$$b = b_A = b_B = b_C$$

如果企业历史数据不全，可以请一组专家来测定公司风险收益系。值得注意的是，风险收益系数的测量，与公司投资决策者对风险的态度有较大的关系。较具有风险意识的决策者，或较为稳重的公司，往往把风险收益系数估计得高一些；而风险意识较淡的决策者，或冒险型的公司，则往往把风险收益系数估计得低一些。

若 H 公司 $b = 0.05$，则 A、B、C 三个投资项目的总的收益率分别为

$$K_A = 6\% + 0.05 \times 0.5 = 8.5\%$$
$$K_B = 6\% + 0.05 \times 0.9 = 10.5\%$$

$$K_C = 6\% + 0.05 \times 1.3 = 12.5\%$$

从上面的分析可以看出,风险收益的大小取决于投资者。投资者愿意冒风险,就会选择风险较大的投资项目,其相应的风险收益就高;投资者不愿冒风险,就会选择风险小的投资项目,其风险收益就低。由此看来,在投资决策中,并不是所有的投资者都愿意选择包含较大风险收益的总收益最大的项目,因为该总收益并不是十分确定的,它存在较大的风险。

4.3 证券投资组合的风险与收益度量

企业财务投资决策面临着种种风险,通常不仅投资于某一项目,往往既投资于实物资产,也投资于证券(金融资产或风险资产),或者同时投资多种证券,这就是投资组合。一般来说,投资于两种以上的项目,如资产或证券,风险就会相应降低。证券投资通常应进行投资组合,投资者此时所注重的并不是某一证券的收益与风险,而是注重投资组合的总收益和总风险。

4.3.1 投资组合收益率

投资组合的期望收益率,为组合中每一投资项目的期望收益率的加权平均值,其公式如下:

$$K_P = \sum_{i=1}^{n} W_i K_i \qquad (4\text{-}17)$$

式中,K_P 为投资组合的期望收益率;K_i 为第 i 项投资的期望收益率;W_i 为第 i 项投资在投资组合中所占的权重,$\sum_{i=1}^{n} W_i = 1$;n 为投资组合的总项数。

【例 4-6】 有一投资组合,各项投资的期望收益率 K_i 分别为 15%,11%,20%,其相应权重 W_i 分别为 0.3,0.2,0.5。试求该投资组合总的期望收益率。

解:可用式(4-17)计算如下:

$$\begin{aligned} K_P &= W_1 K_1 + W_2 K_2 + W_3 K_3 \\ &= 0.3 \times 15\% + 0.2 \times 11\% + 0.5 \times 20\% \\ &= 16.7\% \end{aligned}$$

值得注意的是,式(4-17)对所有投资组合的期望收益计算均适用。

4.3.2 投资组合风险

投资组合的风险,用投资组合的方差或标准差来度量。投资组合的方差或标准差的确定,要比投资组合期望收益率的确定复杂得多,下面分两种情况进行讨论。

1. 两资产(或项目)投资组合的风险

A、B 为投资者选择投资的两项风险资产(如股票),投资者的投资将以 A、B 构成投资组合。

设:K_A 为投资证券 A 的收益率(随机变量);K_B 为投资证券 B 的收益率(随机变量);$E(K_A) = M_A$ 为证券 A 的期望收益率;$E(K_B) = M_B$ 为证券 B 的期望收益率;W_A 为投资证券 A 的比例;W_B 为投资证券 B 的比例。

$$W_A + W_B = 1$$

则证券组合的收益

$$K_P = W_A K_A + W_B K_B$$

证券组合的期望收益

$$E(K_P) = W_A E(K_A) + W_B E(K_B)$$

或者

$$\mu = W_A \cdot \mu_A + W_B \cdot \mu_B$$

若随机变量 K 的期望 $E(K)$ 存在，又 $E[K-E(K)]^2$[$E(K)$ 为一确定的实数]存在，则称 $E[K-E(K)]^2$ 为随机变量 K 的方差，记作

$$\sigma^2(K) = E[K - E(K)]^2 \tag{4-18}$$

将前述假设代入式(4-18)，有

$$\begin{aligned}
\sigma^2(K_P) &= E[K_P - E(K_P)]^2 \\
&= E[(W_A K_A + W_B K_B) - (W_A \mu_A + W_B \mu_B)]^2 \\
&= E[(W_A K_A - W_A \mu_A) + (W_B K_B - W_B \mu_B)]^2 \\
&= E[(W_A K_A - W_A \mu_A)^2 + 2(W_A K_A - W_A \mu_A)(W_B K_B - W_B \mu_B) + (W_B K_B - W_B \mu_B)^2] \\
&= \sigma^2(W_A K_A) + \sigma^2(W_B K_B) + 2\text{cov}(W_A K_A, W_B K_B) \\
&= W_A^2 \sigma^2(K_A) + W_B^2 \sigma^2(K_B) + 2W_A W_B \text{cov}(K_A, K_B) \\
&= W_A^2 \sigma_A^2 + W_B^2 \sigma_B^2 + 2W_A W_B \text{cov}(A, B) \tag{4-19}
\end{aligned}$$

式中，σ_A^2 为证券 A 的方差；σ_B^2 为证券 B 的方差；$\text{cov}(A, B)$ 为证券 A、B 的协方差。

因为

$$\text{cov}(A, B)\sigma_{AB} = \sigma_A \sigma_B r_{AB} \tag{4-20}$$

式中，σ_A 为证券 A 的标准差；σ_B 为证券 B 的标准差；r_{AB} 为证券 A、B 的相关系数。

则有

$$\begin{aligned}
\sigma_P^2 &= W_A^2 \sigma_A^2 + W_B^2 \sigma_B^2 + 2W_A W_B \sigma_{AB} \\
&= W_A^2 \sigma_A^2 + W_B^2 \sigma_B^2 + 2W_A W_B \sigma_A \sigma_B r_{AB} \tag{4-21}
\end{aligned}$$

【例 4-7】 有一投资组合，A、B 公司证券收益率分别是 30%、20%，相应的投资比例分别为 70%、30%，A、B 公司证券收益率相关，且相关系数为 1。

试求此投资组合的期望收益率及其风险。

解： 由式(4-17)可分别计算为

$$\begin{aligned}
K_P &= W_A K_A + W_B K_B \\
&= 70\% \times 30\% + 30\% \times 20\% = 27\%
\end{aligned}$$

应用本章 4.2 节有关数据

$$\sigma_A^2 = 0.10; \qquad \sigma_B^2 = 0.02$$
$$\sigma_A = 0.316\,2; \qquad \sigma_B = 0.141\,4$$

由式(4-21)，有

$$\begin{aligned}
\sigma_P^2 &= W_A^2 \sigma_A^2 + W_B^2 \sigma_B^2 + 2W_A W_B \sigma_A \sigma_B r_{AB} \\
&= 0.7^2 \times 0.1 + 0.3^2 \times 0.02 + 2 \times 0.7 \times 0.3 \times 0.316\,2 \times 0.141\,4 \times 1 \\
&= 0.069\,6
\end{aligned}$$

$$\sigma_P = \sqrt{\sigma_P^2} = \sqrt{0.069\,6} = 0.263\,8$$

由以上计算可以看出，投资组合收益率与组合资产的相关系数无关，而投资组合的方差或标准差则与组合的相关系数的大小直接相关。

两资产相关系数分别为 1、0、−1 时，方差和标准差分别如下。

$r_{AB} = 1$ 时，由式(4-21)，有

$$\begin{aligned}
\sigma_P^2 &= W_A^2 \sigma_A^2 + W_B^2 \sigma_B^2 + 2W_A W_B \sigma_A \sigma_B \times 1 \\
&= (W_A \sigma_A + W_B \sigma_B)^2
\end{aligned}$$
$$\sigma_P = W_A \sigma_A + W_B \sigma_B$$

$r_{AB} = 0$ 时，由式(4-21)，有

$$\sigma_P^2 = W_A^2 \sigma_A^2 + W_B^2 \sigma_B^2$$
$$\sigma_P = \sqrt{W_A^2 \sigma_A^2 + W_B^2 \sigma_B^2}$$

$r_{AB} = -1$ 时，由式(4-21)，有

$$\sigma_P^2 = W_A^2\sigma_A^2 + W_B^2\sigma_B^2 + 2W_AW_B\sigma_A\sigma_B \times (-1)$$
$$= (W_A\sigma_A - W_B\sigma_B)^2$$
$$\sigma_P = W_A\sigma_A - W_B\sigma_B$$

A、B 不同相关系数的相应标准差，如表 4-2 所示。

表 4-2　相关系数标准差对照表

r_{AB}	+1	+0.5	0	−0.5	−1
σ_P	0.263 8	0.245 3	0.225 4	0.203 5	0.178 9

由表 4-2 及式(4-21)可得

$$\sigma_P \leqslant W_A\sigma_A + W_B\sigma_B$$

当且仅当 $r_{AB}=1$ 时，上式等式成立；其他条件下，即 $r_{AB}<1$ 时，均有

$$\sigma_P < W_A\sigma_A + W_B\sigma_B$$

所以，投资组合使总风险降低了。如果 $r=-1$，则 σ_P 可能为 0。

2. 多资产（或项目）投资组合的风险

多资产（或项目）投资组合的方差与两资产投资组合方差、标准差等方法类似，其公式为

$$\sigma_P^2 = \sum_{i=1}^{N}\sum_{j=1}^{N} W_iW_j\sigma_{ij} \qquad (4\text{-}22)$$

式中，W_i 为资产 i 的投资比重；W_j 为资产 j 的投资比重；σ_{ij} 为资产 i 与资产 j 的协方差。

式(4-22)可写成以下形式：

$$\sigma_P^2 = \sum_{\substack{i=1\\j=i}}^{N} W_i^2\sigma_i^2 + \sum_{i=1}^{N}\sum_{\substack{j=1\\j\neq i}}^{N} W_iW_j\sigma_{ij} \qquad (4\text{-}23)$$

式中，W_i^2 为当 $j=i$ 时的 W_iW_j；σ_i^2 为当 $j=i$ 时的 $\sigma_i\sigma_j$。

式(5-23)的计算过程可归纳为：①计算所有单个资产的方差和资产间的协方差；②分别计算 $W_i^2\sigma_i^2$、$W_iW_j\sigma_{ij}$；③对第②项结果求和，即得投资组合方差。

【例 4-8】　三项资产投资组合的各资产方差及资产协方差如表 4-3 所示。

表 4-3　各资产方差及资产协方差

i	j		
	1	2	3
1	0.3	0.2	−0.1
2	0.2	0.5	0.1
3	−0.1	0.1	0.15

其投资比例 W_1、W_2、W_3 分别为 0.2、0.3、0.5。试求此投资组合的方差和标准差。

解：按照式(4-23)有

$$\sigma_P^2 = \sum_{\substack{i=1\\j=i}}^{N} W_i^2\sigma_i^2 + \sum_{i=1}^{N}\sum_{\substack{j=1\\j\neq i}}^{N} W_iW_j\sigma_{ij}$$
$$= (W_1^2\sigma_1^2 + W_2^2\sigma_2^2 + W_3^2\sigma_3^2) + (W_1W_2\sigma_{12} + W_1W_3\sigma_{13} + W_2W_1\sigma_{21} + W_2W_3\sigma_{23} + W_3W_1\sigma_{31} + W_3W_2\sigma_{32})$$
$$= [0.2^2 \times 0.3 + 0.3^2 \times 0.5 + 0.5^2 \times 0.15] + [0.2 \times 0.3 \times 0.2 + 0.2 \times 0.5 \times (-0.10) + 0.3 \times 0.2 \times 0.2 + 0.3 \times 0.5 \times 0.1 + 0.5 \times 0.2 \times 0.1 + 0.5 \times 0.3 \times 0.1]$$
$$= (0.012 + 0.045 + 0.037\ 5) + (0.012 - 0.01 + 0.012 + 0.015 - 0.01 + 0.015)$$
$$= 0.094\ 5 + 0.034$$
$$= 0.128\ 5$$

$$\sigma_P = \sqrt{\sigma_P^2} = \sqrt{0.128\ 5} = 0.358\ 5$$

从上例分析可以看出，两资产的协方差是唯一的，即 $\sigma_{ij} = \sigma_{ji}$，如例中 $\sigma_{12} = \sigma_{21} = 0.2$，这样就有

$$W_1 W_2 \sigma_{12} = W_1 W_2 \sigma_{21}$$

即

$$W_1 W_2 \sigma_{12} + W_2 W_1 \sigma_{21} = 2 W_1 W_2 \sigma_{12}$$

一般来说，对角线上的每一项在对角线下都有一项与之相等，故多资产投资组合的方差也可以写作

$$\sigma_P^2 = \sum W_i^2 \sigma_i^2 + 2 \sum_{i=1}^N \sum_{\substack{j=1 \\ j>i}}^N W_i W_j \sigma_{ij} \qquad (4\text{-}24)$$

式中，$j>i$，可以假定右边第二项的各分项均在对角线之上。

又因为 $\sigma_{ij} = \sigma_i \sigma_j r_{ij}$，所以实用中，并不直接计算资产的协方差，而是通过资产的相关系数来计算投资组合的方差，式(4-24)可以变化为

$$\sigma_P^2 = \sum_{\substack{i=1 \\ j=i}}^N W_i^2 \sigma_i^2 + 2 \sum_{i=1}^N \sum_{\substack{j=1 \\ j>i}}^N W_i W_j \sigma_i \sigma_j r_{ij} \qquad (4\text{-}25)$$

4.4 资本资产定价模型

美国经济学家马可维茨(Harry Markowitz)1952 年在《金融杂志》(*Journal of Financial*)上发表的著名论文"投资组合选择"(Portfolio Selection)，首次阐述了通过投资组合，构建多种可供选择的投资组合，从而有可能使投资者在一定风险水平下获得最大预期收益率，或者在获得一定的预期收益率的情况下使风险最小。对证券投资组合理论(Portfolio Theory)的发展，具有划时代的意义。

马可维茨证券投资组合选择的基本步骤是：①投资者选择一系列证券作为考虑对象；②估计各证券的预期收益率、方差和协方差，并对各证券进行基本分析与技术分析；③根据预估的各证券预期收益率、方差来确定有效边界；④确定最佳证券投资组合。

基于投资组合理论，夏普(William F.Sharpe)(1964)、林特勒(John J.Lintner)(1965)和默森(Jan Mossin)(1966)三人分别独立推导出资本资产定价模型(capital asset pricing model，CAPM)，目前已成为证券投资理论的基本内容。

4.4.1 风险资产的有效组合

1. 证券组合选择

可供投资者选择的证券中，风险是普遍存在的，但每一证券的风险又各不相同，理性的投资者总是希望获得尽可能大的收益而承担尽可能小的风险。这样，在进行投资组合选择时，就要遵循一定的规则——均值—方差准则。

(1) $E(K_A) \geqslant E(K_B)$ 且 $\sigma_A^2 < \sigma_B^2$，即收益相同，选择风险最小的证券组合。

(2) $E(K_A) > E(K_B)$ 且 $\sigma_A^2 \leqslant \sigma_B^2$，即风险相同，选择收益最高的证券组合。

例如，A～G 七种证券组合的预期收益率和风险见表 4-4。试进行证券组合的选择。

表 4-4　A～G 七种证券组合的预期收益率和风险

证 券 组 合	A	B	C	D	E	F	G
预期收益/%	5	8	4	8	6	7	10
风险(σ%)	2	12	2	4	8	11	11

根据均值—方差准则可选择 A、D、G。

2. 证券有效组合

证券有效组合是指满足证券组合选择原则的证券组合，如表 4-4 中证券有效组合为 A、D、G。

3. 有效边界（markovwitz）曲线

各种风险水平的期望收益率最大点的轨迹，称为证券组合的有效边界曲线。根据表4-4作图如图4-3所示，l 即为有效边界曲线。

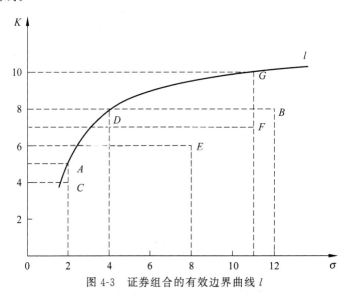

图 4-3　证券组合的有效边界曲线 l

4.4.2　资本资产定价模型

1. 理想资本市场

资本资产定价模型是在理想资本市场条件下建立的。理想资本市场条件的基本假设如下。

（1）股市中的投资者都厌恶风险，常通过有效组合来降低风险。

（2）股市中的投资者是股票市场价格的接受者，风险和收益对每个投资者都是一致的。投资者的买或卖，均不影响股票价格。

（3）存在无风险资产，收益率为 K_{RF}。投资者可以无限制地借贷无风险资产，且利率是相同的。

（4）股票市场是完善的，并且无税。

（5）所有资产都可以上市出售，并且无限可分。市场中无交易费用，即按市场价格交易。

（6）信息完整、无偿使用，且使用机会均等。

2. 资本资产定价模型

设：由股票 i 与股票市场组合构成一个证券组合，则

$$\overline{K}_P = w\overline{K}_i + (1-w)\overline{K}_m \tag{4-26}$$

式中，$\overline{K}_P$ 为证券组合的期望收益率；$\overline{K}_i$ 为股票 i 的期望收益率；$\overline{K}_m$ 为股票市场组合的平均收益率；w 为股票 i 的权重；$1-w$ 为股票市场组合的权重。

由式4-21可知，该组合的方差为

$$\sigma_P^2 = \sigma_m^2(1-w)^2 + w^2\sigma_i^2 + 2w(1-w)\mathrm{cov}(m,i) \tag{4-27}$$

式中，σ_P^2 为证券组合的方差；σ_m^2 为股票市场组合的方差；σ_i^2 为股票 i 的方差；$\mathrm{cov}(m,i)$ 为股票市场组合与股票 i 的协方差。

考虑 w 的变化对 $\overline{K}_P$ 与 σ_P^2 分别产生的影响，用式（4-26）对 w 求偏导：

$$\frac{\partial \overline{K}_P}{\partial w} = \overline{K}_i - \overline{K}_m \tag{4-28}$$

式（4-27）对 w 求偏导时先变形：

$$\sigma_P = \left[(1-w)^2\sigma_m^2 + w^2\sigma_i^2 + 2w(1-w)\mathrm{cov}(m,i)\right]^{\frac{1}{2}}$$

则

$$\frac{\partial \sigma_P}{\partial w} = \frac{-\sigma_m^2 + w\sigma_m^2 + w\sigma_i^2 + \mathrm{cov}(m,i) - 2w\mathrm{cov}(m,i)}{\sqrt{(1-w)^2\sigma_m^2 + w^2\sigma_m^2 + 2w(1-w)\mathrm{cov}(m,i)}} \qquad (4\text{-}29)$$

股票 i 与股票市场组合如图 4-4 所示。

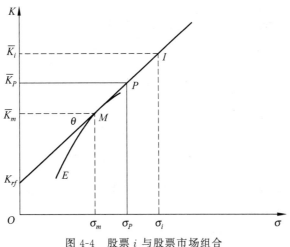

图 4-4　股票 i 与股票市场组合

由图 4-4 可知：

$$w \to 0 \text{ 时，有 } P \to M, \overline{K}_P \to \overline{K}_m, \sigma_P \to \sigma_m$$

式(4-29)变形为

$$\frac{\partial \sigma_P}{\partial w} = \frac{\mathrm{cov}(m,i) - \sigma_m^2}{\sigma_m} \qquad (4\text{-}30)$$

式(4-28)两边分别比式(4-29)两边：

$$\frac{\partial \overline{K}_P / \partial w}{\partial \sigma_P / \partial w} = \frac{\partial \overline{K}_P}{\partial \sigma_P} = \frac{\overline{K}_i - \overline{K}_m}{[\mathrm{cov}(m,i) - \sigma_m^2]/\sigma_m} \qquad (4\text{-}31)$$

由图 4-4 可知：

$$\frac{\partial \overline{K}_m}{\partial \sigma_m} = \mathrm{tg}\theta = \frac{\overline{K}_m - K_{rf}}{\sigma_m} \qquad (4\text{-}32)$$

将式(4-31)代入式(4-30)：

$$\frac{\overline{K}_m - K_{rf}}{\sigma_m} = \frac{\overline{K}_i - \overline{K}_m}{[\mathrm{cov}(m,i) - \sigma_m^2]/\sigma_m}$$

整理可得

$$\overline{K}_i = \overline{K}_m + (\overline{K}_m - K_{rf}) \cdot \frac{\mathrm{cov}(m,i) - \sigma_m^2}{\sigma_m^2}$$

$$= \overline{K}_m + (\overline{K}_m - K_{RF}) \cdot \left[\frac{\mathrm{cov}(m,i)}{\sigma_m^2} - 1\right]$$

$$= K_{rf} + \frac{\mathrm{cov}(m,i)}{\sigma_m^2} \cdot (\overline{K}_m - K_{rf}) \qquad (4\text{-}33)$$

令 $\beta_i = \dfrac{\mathrm{cov}(m,i)}{\sigma_m^2}$，则

$$\overline{K}_i = K_{rf} + \beta_i(\overline{K}_m - K_{rf}) \qquad (4\text{-}34)$$

式中，$\overline{K}_i$ 为股票 i 的期望收益率；K_{rf} 为无风险收益率；$\overline{K}_m$ 为市场平均收益率；$\overline{K}_m - K_{rf}$ 为市场平均风险补偿率(贴水率)；$\beta_i(\overline{K}_m - K_{rf})$ 为个别股票的风险补偿(是市场平均风险补偿的 β_i 倍)。β_i 值量度了股票 i 的风险。

式(4-34)为资本资产定价模型(capital asset pricing model,CAPM)。CAPM 的主要内容是投资者对系统风险高(由证券的 β 系数确定)的证券相应会要求高的收益。CAPM 的假设条件不完全符合现实世界,并未完全解释风险补偿的潜在机制,而且忽略一些无法计算的风险(它在投资者评估证券时要占很大比重)。套利定价理论(arbitrage pricing theory,APT)把多种经济因素作为投资者要求的收益的决定因素,在某种程度上弥补了 CAPM 的这一缺陷。

CAPM 是风险与收益的一种近似关系,它强调了分散投资的必要性,指出市场对风险的补偿源于证券的系统风险。

4.4.3 β 及其计算

1. β 值

β 值反映了某种股票随市场变动的趋势,是一种风险度量指标,具有统计意义。依前述定义,有

$$\beta_i = \frac{\text{cov}(m,i)}{\sigma_m^2} = r\frac{\sigma_i}{\sigma_m} \tag{4-35}$$

式中,$\text{cov}(m,i)$ 为股票 i 的收益率与市场收益率之间的协方差;σ_m^2 为股票市场组合的方差;σ_m 为股票市场组合的均方差;σ_i 为股票 i 的均方差。

股票市场的风险源于股票价格的不确定性,有以下两个原因。

(1)市场因素(产生系统风险),由市场经济环境、通货膨胀、国家政策等因素构成,对所有公司产生影响。

(2)个别股票的因素(产生非系统风险),由公司自己制定的新投资策略、内部重要人事变动、财务状况的变动等引起股票价格的变化。

β 值表示个别股票相对于市场平均风险的波动倍数。一般而言,投资者厌恶风险,期望取得与投资所冒风险相当的补偿。

2. β 值计算

β 值通过历史统计数据求出,可用于将来,不同的公司有不同的 β 值。

【例 4-9】 股票 i 与股票市场组合的平均收益率如表 4-5 所示。试确定 β_i 与相关系数 r。

表 4-5　平均收益历年对照表　　　　　　　　　　　　单位：%

K	年						
	1	2	3	4	5	6	7
K_i	50	26	15	41	18	-5	19
K_m	43	21	11	28	-3	6	15

解：基本计算过程如表 4-6 所示。

表 4-6　基本计算过程

年	K_i	$K_i-\overline{K}_i$	$(K_i-\overline{K}_i)^2$	K_m	$K_m-\overline{K}_m$	$(K_m-\overline{K}_m)^2$	$(K_i-\overline{K}_i)\cdot(K_m-\overline{K}_m)$
1	50	26.57	706.04	43	25.71	661.22	683.27
2	26	2.57	6.61	21	3.71	13.80	9.55
3	15	-8.43	71.04	11	-6.29	39.51	52.98
4	41	17.57	308.76	28	10.71	114.80	188.27
5	18	-5.43	29.47	-3	-20.29	411.51	110.12
6	-5	-28.43	808.18	6	-11.29	127.37	320.84
7	19	-4.43	19.61	15	-2.29	5.22	10.12
合计	164	-0.01	1 949.71	121	-0.03	1 373.43	1 375.15

① 收益方差。

$$\sigma_i^2 = \frac{\sum\limits_{t=1}^{n}(K_{it}-\overline{K}_i)^2}{n-1} = \frac{1\,949.71}{6} = 324.95$$

$$\sigma_i = 18.03$$

$$\sigma_m^2 = \frac{\sum\limits_{t=1}^{n}(K_{mt}-\overline{K}_m)^2}{n-1} = \frac{1\,373.43}{6} = 228.91$$

$$\sigma_m = 15.13$$

② K_i 与 K_m 的协方差。

$$cov(i,m) = \frac{\sum\limits_{t=1}^{n}(K_{it}-\overline{K}_i)(K_{mt}-\overline{K}_m)}{n-1}$$

$$= \frac{1\,375.15}{6}$$

$$= 229.19$$

③ β 值计算(估计)。

$$\hat{\beta}_i = \frac{cov(i,m)}{\sigma_m^2} = \frac{229.19}{228.91} = 1.001\,2$$

④ K_i 与 K_m 的相关系数。

由式(4-34)

$$\beta_i = \frac{cov(i,m)}{\sigma_m^2} = r\,\frac{\sigma_i}{\sigma_m}$$

有

$$r = \frac{cov(i,m)}{\sigma_i\sigma_m} = \frac{229.19}{18.03 \times 15.13} = 0.840\,2$$

3. 证券组合的 β 值

由 β 值高的股票组成的证券组合,其证券组合的 β 值也高;由 β 值低的股票组成的证券组合,其证券组合的 β 值也低。

$$\beta_P = \sum_{i=1}^{n} W_i\beta_i \tag{4-36}$$

式中,β_P 为证券组合的 β 值;n 为构成组合的股票种数;i 为组合中第 i 种股票;W_i 为股票 i 在组合中的权重;β_i 为股票 i 的 β 值。

【例 4-10】 某证券投资组合由 A、B、C、D 四种股票组成,其所占比重分别为 0.47、0.24、0.17、0.12,各自的 β 值分别为 1.1、1.6、2.1、3.3。试求该证券投资组合的 β 值。

解: 由式(4-35)计算,得

$$\beta_P = \sum_{i=1}^{n} W_i\beta_i$$

$$= 0.47 \times 1.1 + 0.24 \times 1.6 + 0.17 \times 2.1 + 0.12 \times 3.3 = 1.702$$

4.4.4　资本市场线

资本市场线(capital market line,CML)描述的是均衡资本市场上任一投资组合的预期收益率与其风险之间的关系,是 CAPM 的主要结论之一。所有投资者在进行最优投资选择时,都是将其资金在无风险收益 R_f 和 M 之间进行分配,R_f 与 M 的连线是新的有效边界,称为资本市场线。如图 4-5 所示,CML 描述了当市场处于均衡状态时,有效证券投资组合的预期收益率和风险之间的关系。它表明证券投资组合的收益与风险呈线性关系,预期收益越高,所承担的风险就越高;预期收益越低,所承担的风险就越低。

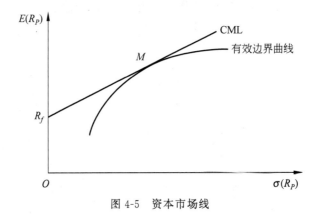

图 4-5　资本市场线

4.4.5　证券市场线

1. 证券市场线概述

资本资产定价模型 CAPM,通常可用图 4-6 证券市场线(security market line,SML)来反映。SML 反映了市场整体投资者对风险的回避程度。

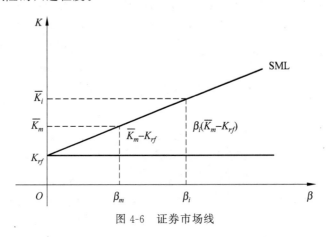

图 4-6　证券市场线

2. 证券市场线的变化

(1) 对风险态度的变化。图 4-7 中,SML 的斜率反映了投资者对风险敏感的程度。

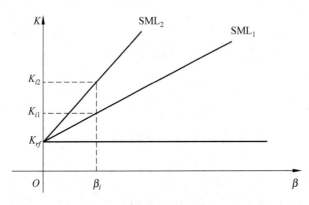

SML_1—投资者风险的补偿要求$(K_{i1}-K_{rf})$;SML_2—投资者风险的补偿要求$(K_{i2}-K_{rf})$

图 4-7　风险厌恶的差异对 SML 的影响

投资者对风险补偿要求的增大,说明他更讨厌风险。证券市场线的斜率越大,说明投资者越不愿承担风险。

（2）通货膨胀的影响。通货膨胀对证券市场线 SML 的影响如图 4-8 所示。

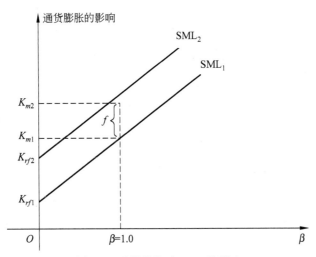

图 4-8　通货膨胀对 SML 的影响

根据 CAPM,K_{rf} 的增减变动会导致所有风险资产收益率和无风险收益率有一个同样的幅度的变化。

理由：两类收益率中都包含着通货膨胀的补偿。设

$$K_{rf} = K_r + f（通货膨胀率）$$

则 K_r 与 f 对 k_{rf} 的共同影响如图 4-9 所示。

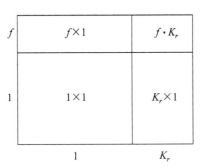

图 4-9　K_r 与 f 对 K_{rf} 的共同影响

因为

$$(1 + m) = (1 + K_r)(1 + f)$$

所以

$$m = K_r + f + f \cdot K_r \tag{4-37}$$

式中,m 为 K_r 与 f 的综合影响率;K_r 为实际折现率;f 为固定通货膨胀率。

阅读材料

期 权 理 财

1. 期权及相关概念

2021 年 1 月,张先生估计广州市区房地产价格将上涨,他看中一套 80 万元的住房（其地段与楼层均较理想）,准备对其进行投资,可惜一时难以凑齐资金。经过反复考虑后,便采用如下方法投资：首先,支付 5 万元作为购房定金（不包括在房价内）,换取 3 个月之内以 80 万元购房的权利。在与卖主签订的合同中,还包括在 1 年内张先生有权将此合同转售给他人。

半年后,房价上涨到 95 万元。张先生有以下两种选择(其中盈利未扣除定金):①80 万元买房,95 万元卖房;②卖掉合同,获利 15 万元。

这就是期权投资的基本思想。

(1) 期权(options)的定义。期权是一种赋予持有人在某给定日期或该日期之前的任何时间以固定价格购买或售出一种资产权利的合约。期权是一份合约,在此合约中,期权的卖方(seller)授予期权的买方在规定的时期内或规定的日期从卖方处购买(或卖给卖方)一种资产(或商品)的权利而非义务。

期权的卖方或立权人授予期权的买方这项权利,相应获得一定量的货币,这些货币称为期权价格(option price)。在本章"引例"中,张先生首付的 5 万元购房定金,即可看作期权价格。

需要强调的是,期权赋予其持有者(期权买方)从期权卖方处购买或出售某种资产(或商品)的权利,但是期权买方不一定必须行使该权利,只有市场出现了对期权买方有利的情形时,其才会行使该权利(执行期权)。

(2) 执行期权(exercising the option)。执行期权是指通过期权合约购买(或售出)标的资产的行为。"引例"中,张先生选择 80 万元买房,95 万元卖房,即为执行期权。

(3) 标的资产(underlying asset)。标的资产是指期权合约中规定的双方买入或售出的资产,如商品、股票、股票指数、外汇、债务工具以及期货合约等。"引例"中,张先生看中的那套住房即为期权的标的资产。

(4) 执行价格(exercise price)。执行价格也称敲定价格(strike price),指期权合约中事先确定的买卖标的资产的价格。"引例"中,张先生约定的 80 万元购房价格,即可看作是期权的执行价格。

(5) 到期日(expiration date)。到期日也称执行日(exercise date)或期满日(maturity),即期权合约到期的那一天,该天之后期权失效。

(6) 美式期权(american options)。美式期权是指可以在到期日或到期日之前的任何时间执行的期权。

(7) 欧式期权(european options)。欧式期权是指只能在到期日执行的期权。在交易所中交易的大多数期权为美式期权。

【例 4-11】 2021 年 3 月 1 日,王女士以 200 元的价格买进一手 4 000 元的股票期权,该合约规定,在 2021 年 6 月 1 日或之前可以被执行。

在该期权合约中,期权的标的资产是股票,期权价格是 2 元(即 200÷100),执行价格是 40 元(即 4 000÷100),期权到期日是 2021 年 6 月 1 日,该期权属于美式期权。

2. 看涨期权

(1) 看涨期权的定义。看涨期权也称买方期权或买权(call options),指赋予持有人在一个特定的时期以某一固定价格购买某一项资产的权利。

(2) 看涨期权在到期日的价值。假设现在有一标的资产为普通股股票的看涨期权,S_T 为标的普通股股票在到期日的市场价值,它是未知的。假定该看涨期权可在今天起的半年后以 40 美元的执行价格被执行。在到期日,市场可能出现两种情况。

若 $S_T > 40$ 美元,则 $S_T - 40$ 美元为该期权的价值,此时看涨期权是实值的,即看涨期权(买权)标的资产的价格大于执行价格。

例如,假定股票的到期日价格是 55 美元,则期权持有人,有权以 40 美元的价格向期权出售者购买该股票,再以 55 美元到市场上出售,可获利 15 美元(55-40)。

若 $S_T \leqslant 40$ 美元,该看涨期权是虚值的,即看涨期权标的资产的价格小于执行价格,此时持有人不执行期权。

例如,股票在到期日的价格是 25 美元,则投资者没有理由用 40 美元来买 25 美元市价的股票。期权持有人并无执行看涨期权的义务,他应该放弃执行该期权。应该注意的是,到期日 $S_T < 40$ 美元时,看涨期权值为 0,而不是 $S_T - 40$,即不是持有人有义务执行看涨期权时所该有的值。

上述讨论如表 4-7 和图 4-10 所示。

表 4-7　看涨期权在到期日的盈利

项　　目	到期日盈利	
	若 $S_T \leqslant \$40$	若 $S_T > \$40$
看涨期权的价值	0	$S_T - \$40$

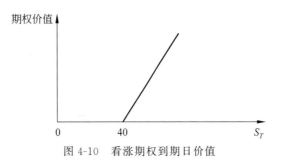

图 4-10　看涨期权到期日价值

（3）买入看涨期权。买入看涨期权创建的金融头寸称为多头看涨头寸（long call position），或者说看涨期权的买方处于多头看涨头寸。所谓建头寸，是指购买并储存金融资产。

多头就是买空，是指投资者预料某种资产（如股票）价格将上升，于是买进该资产（如股票），日后，该资产（如股票）价格一旦上升，投资者即以高价卖出，从中获得差价收入。

【例 4-12】　某股票 A 的一个看涨期权一个月到期，执行价格为 60 美元，期权价格为 4 美元，股票 A 的现价为 60 美元，股票 A 的到期日价格为 S_T。投资者购买这项看涨期权，并持有至到期日的收益或损失是多少？

分析可能有以下几种结果。

① 若 $S_T < \$60$，投资者不会执行期权，因为市场价格更低。期权买方最大损失，为期权价格 $\$4 \times$ 股数。

② 若 $S_T = \$60$，执行期权也无经济价值（与第一种情况相同）。期权买方会损失期权价格 $\$4 \times$ 股数。

③ 若 $\$60 < S_T < \$64$，期权买方会执行期权，期权买方以 $\$60$ 购买股票 A，再以较高的价卖出，如 $\$62$，则买方损失为 $\$2 \times$ 股数；若不执行期权，则损失为 $\$4 \times$ 股数。

④ 若 $S_T = \$64$，则期权买方会执行期权，以 $\$60$ 买入，再以 $\$64$ 卖出，盈亏平衡。

⑤ 若 $S_T > \$64$，则期权买方执行期权会获得收益，如图 4-11 所示。

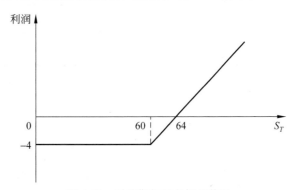

图 4-11　看涨期权买方损益状况

（4）卖出看涨期权。看涨期权的卖方处于空头看涨头寸（short call position）。空头又称卖空或抛空，简而言之，指某投资者预料某种资产（如股票）价格将下降，将该资产（如股票）抛出；日后，该资产（如股票）价格一旦下跌，再以较便宜的价格买进，而从中获取差价收益。

空头看涨期权（看涨期权的卖方）的状况，与看涨期权的买方的状况正好相反。在股票 A 的到期日价格保持一定的情况下，看涨期权的卖方（空头看涨期权）的收益，等于看涨期权的买方（多头看涨期权）的损失。

在例 4-10 中,若 $S_T = \$60$,看涨期权买方不执行期权,损失 $\$4 \times$ 股数,而看涨期权的卖方收益为 $\$4 \times$ 股数。看涨期权的卖方最大收益是期权价格,而最大损失是无限的,最大损失为到期日前或到期日标的资产的最高价格与期权价格的差,如图 4-12 所示。

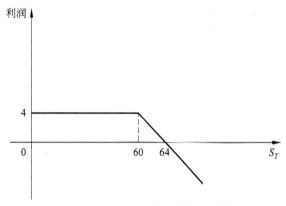

图 4-12　看涨期权卖方的损益状况

3. 看跌期权

(1) 看跌期权(put options)的定义。看跌期权又称卖方期权或卖权(put),是赋予持有人在一个特定时期以固定的执行价格出售某一资产的权利。

(2) 看跌期权在到期日的价值。假设现在有一标的资产为普通股股票的看跌期权,S_T 为标的普通股股票在到期日的市场价值,它是未知的。假定该看跌期权,可在今天起的一年以后,以 35 美元的执行价格被执行。在到期日,市场可能出现两种情况。

若 $S_T \geqslant 35$ 美元,则执行期权以 35 美元售出股票是不明智的,投资者不会执行期权,此时看跌期权为虚值。

若 $S_T < 35$ 美元,投资者会执行期权,此时看跌期权是实值的。

【例 4-13】　到期日股票市价为 30 美元,看跌期权持有人应该在市场上按 30 美元的价格购进该股票,并通过立即执行,以 35 美元的价格出售给期权卖方,可获利 5 美元(35－30)。以上讨论如表 4-8 和图 4-13 所示。

表 4-8　看跌期权在到期日的盈利

项　目	到期日盈利	
	若 $S_T < \$35$	若 $S_T \geqslant \$35$
看跌期权的价值	$\$35 - S_T$	0

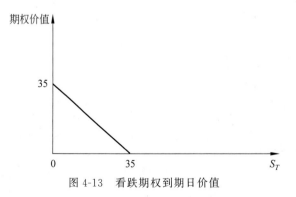

图 4-13　看跌期权到期日价值

(3) 买入看跌期权。买入看跌期权创建的金融头寸称为多头看跌头寸(long put position)。

【例 4-14】　某股票 A 的看跌期权一个月到期,执行价格为 40 美元,期权价格为 3 美元,股票 A 的现价为 40 美元,股票 A 的到期日价格为 S_T。投资者购买这项看跌期权,并持直至到期日的收益或损失是多少?

分析可能有以下几种结果。

① 若 $S_T > \$40$,投资者(看跌期权的买方)不会执行期权,其最大损失为期权价格 $\$3×$股数。

② 若 $S_T = \$40$,投资者不会执行期权,其损失为 $\$3×$股数。

③ 若 $\$37 < S_T < \$40$,执行期权,投资者损失不超过 $\$3×$股数。例如,投资者在市场以 39 美元买入一股股票 A,再以 $\$40$ 出售给立权人(看跌期权卖方),即获利$-\$2(-39+40-3)×$股数。

④ 若 $S_T = \$37$,执行期权,投资者盈亏平衡,即$-37+40-3=0$。

⑤ 若 $S_T < \$37$,执行期权,投资者盈利。例如,$S_T = \$30$,则投资者可获利 $\$7(-30+40-3)×$股数。

以上讨论如图 4-14 所示。

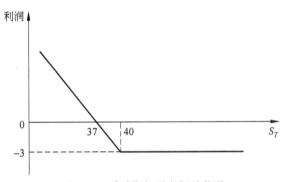

图 4-14　看跌期权买方损益状况

(4) 卖出看跌期权。卖出看跌期权创建的金融头寸称为空头看跌头寸(short put position)。若股票价格下跌,理论上最大损失可以非常巨大,当价格一路下降到 0,则损失为执行价格减去期权价格,如图 4-15 所示。

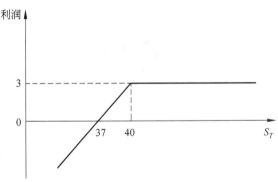

图 4-15　看跌期权卖方损益状况

综上所述,可以得到以下基本结论。

① 股票(或资产)价格上升,获利条件:买入看涨期权,卖出看跌期权。

② 股票(或资产)价格下跌,获利条件:卖出看涨期权,买入看跌期权。

阅读材料　东方航空

阅读材料　128 家房企利息支出直逼 800 亿元,平均每家支付逾 6 亿元

本 章 小 结

狭义的风险是面临一个不确定未来的结果，出现不利事件的客观可能性。广义的风险是指在特定的时间或环境条件下，某项活动产生的实际结果与预期目标的差异程度。收益是指一项财务活动的收入大于投资的部分。财务投资决策的收益与风险相伴而生，常常紧密相关联。根据风险程度的不同，投资者对风险报酬的期望值也不一样。一般来说，风险程度越大，投资者期望获取的风险报酬就越高。

财务决策可以根据其风险的程度不同分为以下三种：确定性决策、风险性决策、不确定性决策。风险性财务投资决策活动中产生的收益（收益率）是随机变量，每一个收益（收益率）的产生，可以看作一个随机事件。一般用概率描述其产生的可能性。

单一投资项目风险与收益可以采用期望收益率、方差、标准差和标准离差率来度量。期望收益率是指投资方案可能收益率的加权平均收益率。方差和标准差都是用来描述随机变量偏离期望值的离散程度的，其值越大，反映各种可能结果与收益率期望值的离散程度越大，即风险越大。标准离差率也称标准差系数或变异系数，其值为标准差与相应的期望收益率之比。标准离差率克服了标准差的不足，无论期望收益（率）相同与否，均可用其判定某一方案各自风险的大小。

企业财务投资决策不仅投资于某一项目，往往既投资于实物资产，也投资于证券（金融资产或风险资产），或者同时投资多种证券，这就是投资组合。一般来说，投资于两种以上的项目——资产或证券，风险就会相应降低。证券投资通常应进行投资组合，投资者此时所注重的并不是某一证券的收益与风险，而是注重投资组合的总收益和总风险。投资组合的风险用投资组合的方差或标准差来度量。

投资者无论是单项投资还是进行投资组合，都要求对承担的风险进行补偿，投资的风险越大，要求的收益就越高。风险和收益率的关系可以用资本资产定价模型来表示。资本资产定价模型通常可用证券市场线来反映。资本市场线是资本资产定价模型的主要结论之一，描述的是均衡资本市场上任一投资组合的预期收益率与其风险之间的关系。

关 键 术 语

风险（risk）

收益（return）

风险报酬（risk premium）

期望收益率（expected rate of return）

离散系数（coefficient of variation）

证券组合（security portfolio）

β 系数（beta coefficient）

资本资产定价模型（capital asset pricing model，CAPM）

套利定价理论（arbitrage pricing theory，APT）

资本市场线（capital market line，CML）

证券市场线（security market line，SML）

参 考 文 献

［1］ROSS A S，WESTERFIELD W R，JAFFE F J. Fundamentals Corporate Finance［M］.9E. Peking：China Machine Press，2018.

［2］SULLIVAN M. Fundamentals of Statistics［M］. 5E. Upper Saddle River：Pearson Education Inc.，2016.

［3］王化成，刘俊彦，荆新. 财务管理学［M］. 9 版. 北京：中国人民大学出版社，2021.

[4] 王化成. 公司财务管理[M]. 北京：高等教育出版社，2007.

[5] 中国注册会计师协会. 财务成本管理[M]. 北京：中国财政经济出版社，2021.

[6] 财政部会计资格评价中心. 财务管理[M]. 北京：经济科学出版社，2021.

[7] 吴立扬，刘明进. 财务管理[M]. 武汉：武汉理工大学出版社，2009.

思 考 题

4-1　试述风险的概念及其分类。

4-2　风险产生的原因是什么？何为风险报酬？

4-3　什么是收益和收益率？

4-4　试述风险衡量的基本方法。

4-5　单项投资的期望报酬率与组合投资的期望报酬率有什么不同？

4-6　何为风险收益系数？个别证券投资与组合投资的风险收益系数如何测定？

4-7　资本资产定价模型与市场均衡有何联系？

4-8　资本市场线与证券市场线有何异同？

4-9　怎样应用资本资产定价模型(CAPM)？

练 习 题

○ 判断题

4-1　财务管理中的风险主要是指那些无法达到预期报酬的可能性。　　　　　　　　（　　）

4-2　利用概率分布的方法，能够对风险进行衡量，即预期未来收益率的概率分布越集中，则该投资的风险越大。　　　　　　　　　　　　　　　　　　　　　　　　　　　（　　）

4-3　风险和收益是对等的。风险越大，获得高收益的机会也越多，期望的收益率也越高。　（　　）

4-4　在资产组合中，单项资产 β 系数不尽相同，通过替换资产组合中的不同资产的价值比例，可能改变该组合的风险。　　　　　　　　　　　　　　　　　　　　　　　　　（　　）

4-5　证券组合投资要求补偿的风险只是市场风险，而不要求对可分散风险进行补偿。　（　　）

4-6　如果两个项目预期收益率相同、标准差不同，理性投资者会选择标准差较大，即风险较小的那个。　　　　　　　　　　　　　　　　　　　　　　　　　　　　　　　（　　）

4-7　投资组合的收益率不会低于所有单个资产中的最低收益率。　　　　　　　　（　　）

4-8　人们在进行财务决策时，之所以选择低风险的方案，是因为低风险会带来高收益，而高风险的方案往往收益偏低。　　　　　　　　　　　　　　　　　　　　　　　（　　）

4-9　证券市场线用来反映个别资产或组合资产的预期收益率与其所承担的系统风险 β 系数之间的线性关系。　　　　　　　　　　　　　　　　　　　　　　　　　　　（　　）

4-10　债券 A 的标准离差率为 40%，β 系数为 0.5，债券 B 的标准离差率为 20%，β 系数为 1.5，则可以判断债券 A 比债券 B 总体风险大，系统风险小。　　　　　　　　　　　　　（　　）

○ 单项选择题

4-1　下列各项风险应对措施中，能够转移风险的是(　　)。

　　A. 业务外包　　　　　B. 多元化投资　　　　　C. 放弃亏损项目　　　D. 计提资产减值准备

4-2　企业进行多元化投资的目的之一是(　　)。

　　A. 追求风险　　　　　B. 消除风险　　　　　C. 减少风险　　　　　D. 接受风险

4-3　已知甲、乙两个方案投资收益率的期望值分别为 10% 和 12%，两个方案都存在投资风险，在比较甲、乙两种方案投资风险大小时应使用的指标是(　　)。

A. 方差   B. 标准差   C. 协方差   D. 标准离差率

4-4 已知某公司股票的 β 系数为 0.5,短期国债收益率为 6%,市场组合收益率为 10%,则该公司股票的必要收益率为( )。

A. 6%   B. 8%   C. 10%   D. 16%

4-5 已知某项资产收益率的期望值为 20%,标准离差率为 20%,则该资产收益率的方差为( )。

A. 0.16%   B. 20%   C. 16%   D. 4%

4-6 如果投资者决定进行某项风险投资,则下列关于其实际收益率的表述正确的是( )。

A. 高于无风险收益率   B. 高于必要收益率

C. 高于预期收益率   D. 事先无法准确确定

4-7 如果某单项资产所含系统风险是整个市场投资组合的 0.8 倍,则可以判定该项资产的 β 值( )。

A. 等于 1   B. 等于 0.8   C. 大于 1   D. 小于 0.8

4-8 市场上短期国库券利率为 5%,通货膨胀补偿率为 2%,若投资人要求的必要收益率为 10%,则风险收益率为( )。

A. 3%   B. 5%   C. 8%   D. 10%

4-9 如果 A、B 两只股票的收益率变化方向和变化幅度完全相同,则由其组成的投资组合( )。

A. 不能降低任何风险   B. 可以分散部分风险

C. 可以最大限度地抵消风险   D. 风险等于两只股票风险之和

4-10 企业向保险公司投保是( )。

A. 接受风险   B. 减少风险   C. 转移风险   D. 规避风险

○ 多项选择题

4-1 关于风险的度量,以下说法中正确的是( )。

A. 利用概率分布的方法,可以对风险进行衡量

B. 预期未来收益的概率分布越集中,则该投资的风险越小

C. 预期未来收益的概率分布越集中,则该投资的风险越大

D. 标准差越小,概率分布越集中,相应的风险也就越小

4-2 关于证券组合的风险,以下说法中正确的是( )。

A. 利用某些有风险的单项资产组成一个完全无风险的投资组合是可能的

B. 由两只完全正相关的股票组成的投资组合具有比单个股票更小的风险

C. 若投资组合由完全正相关的股票组成,则无法分散风险

D. 当股票收益完全负相关时,所有的风险都能被分散掉

4-3 下列有关 β 系数的说法中正确的是( )。

A. 用来反映可分散风险

B. 用来反映市场风险

C. 用来反映所有风险

D. 当 $\beta=1$,则说明该股票的风险等于市场组合的平均风险

4-4 下列因素引起的风险中,公司不能通过投资组合予以分散的有( )。

A. 新产品试制失败   B. 经济衰退   C. 市场利率上升   D. 劳动纠纷

4-5 根据资本资产定价模型,影响某种证券预期报酬率的因素有( )。

A. 无风险报酬率   B. 该种证券的 β 系数

C. 市场证券组合报酬率   D. 预期通货膨胀率

4-6 下列各项中,能够影响某项资产 β 系数的因素有( )。

A. 该项资产收益率和市场组合收益率的相关系数

B. 企业的经营决策是否正确

C. 该项资产收益率的标准差

D. 市场组合收益率的标准差

4-7　在下列各项中,能够衡量风险的指标有(　　)。

　　A. 概率　　　　　　　B. 标准离差　　　　　C. 标准离差率　　　　D. 期望收益率

4-8　在下列各项中,能够影响证券资产组合的预期收益率的因素有(　　)。

　　A. 单项资产在资产组合中所占价值的比重　　B. 单项资产的预期收益率

　　C. 两种资产的相关系数　　　　　　　　　　D. 单项资产的标准差

4-9　在下列各种情况下,会给企业带来经营风险的有(　　)。

　　A. 企业举债过度　　　　　　　　　　　　　B. 原材料价格发生变动

　　C. 企业产品更新换代周期过长　　　　　　　D. 企业产品的生产质量不稳定

4-10　企业投资的必要收益率的构成包括(　　)。

　　A. 纯利率　　　　　　B. 通货膨胀补偿率　　C. 风险补偿率　　　　D. 资金成本率

○计算分析题

4-1　惠民公司有 A、B 两个投资方案,预期报酬率及概率分布如表 4-9 所示。

表 4-9　A、B 方案的预期报酬率及概率分布

概　　　率	A 方案预期报酬率/%	B 方案预期报酬率/%
0.1	−25	−30
0.2	5	0
0.4	15	20
0.2	30	45
0.1	45	68

要求:

(1) 分别计算 A、B 方案的期望报酬率。

(2) 计算 A、B 方案报酬的标准差,并比较哪个方案风险较大,且说明原因。

4-2　宜中公司拟投资开发新项目,有甲、乙两个投资额相同的方案可供选择,有关资料如表 4-10 所示。

表 4-10　甲、乙两个方案的相关资料　　　　　　　　　　　　单位:万元

投 资 环 境	概　　　率	预 期 收 益	
		甲	乙
良好	0.3	80	110
一般	0.5	60	50
较差	0.2	40	−10

要求:根据风险收益进行判断,为 M 公司作出合理的选择。

4-3　云岭公司有 A、B 两个投资项目,计划投资额为 1 000 万元,其预期报酬率及概率分布如表 4-11 所示。

表 4-11　A、B 投资项目的预期报酬率及概率分布

经 济 状 况	概　　　率	A 项目报酬率/%	B 项目报酬率/%
良好	0.3	20	30
一般	0.5	10	10
较差	0.2	5	−5

要求：

(1) 计算 A、B 投资项目的期望报酬率。

(2) 计算 A、B 投资项目的标准差和离散系数。

(3) 比较 A、B 投资项目风险的大小。

(4) 如果市场无风险报酬率为 6%，A 投资项目的风险价值系数为 0.1，计算 A 项目投资的总报酬率。

4-4　海润公司用 3 种股票构成组合投资，其各资产方差及资产协方差如表 4-12 所示。

表 4-12　3 种股票的方差及资产协方差

i	j		
	1	2	3
1	0.6	0.4	−0.2
2	0.4	1	0.2
3	−0.2	0.2	0.3

其投资比例 W_1、W_2、W_3 分别为 0.3、0.2、0.5。

要求：计算此投资组合的方差和标准差。

4-5　假定无风险利率为 6%，市场平均收益率为 16%，股票 A 当日售价为 25 元，在年末将支付每股 0.5 元的股利，其 β 值为 1.2。请估计：股票 A 在年末的售价是多少？

4-6　假定无风险报酬率为 5%，市场平均报酬率是 12%，某股票组合的 β 值为 1。则根据资本资产定价模型，请计算：

(1) 该股票组合的期望报酬率是多少？

(2) 若某股票的 β 值为 0，其期望报酬率是多少？

(3) 假定投资者正考虑买入一股股票，价格为 15 元，预计该股票来年派发股利 0.5 元，投资者预期可以 16.5 元卖出，股票 β 值为 0.5，该股票是否应该买入？

○ **案例分析题**

投资风险与报酬评估

中联财务咨询公司财务咨询员赵先生，目前正帮助立诚公司咨询一项总值为 100 000 元的投资，初拟 5 个备选方案，投资期均为 1 年，对应于 5 种不同经济状况的预期报酬率及概率分布如表 4-13 所示。

表 4-13　5 个方案的预期报酬率及概率分布

经济状态	概　率	备选方案的预期报酬率/%				
		A	B	C	D	E
衰退	0.1	8	−22	28	−20	−13
较差	0.2	8	−2	14	−10	1
一般	0.4	8	20	0	7	15
较好	0.2	8	35	−10	45	29
繁荣	0.1	8	50	−20	30	43

分析与讨论：

(1) 计算各方案的期望报酬率、标准差、离散系数，并回答以下问题。

① 标准差衡量的是哪种风险？

② 分别用标准差、离散系数计算出来的各投资方案的风险排序相同吗？为什么？

(2) 立诚公司主管要求赵先生根据 5 个备选方案各自的标准差和期望报酬率来淘汰其中某一方案，应如何回复？

（3）上述分析思路有没有问题？为什么？

（4）假设赵先生将 B 和 C 进行了一项投资组合，每种方案各投资 5 万元。

① 计算该投资组合的期望报酬率、标准差及离散系数。

② 这项投资组合的风险与其单项投资的风险相比，发生了怎样的变化？

（5）各方案的风险报酬率分别是多少？

第5章

长期筹资决策

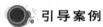 学习目标

- 理解长期筹资的渠道、方式和类型。
- 了解普通股的分类、股票发行与上市，掌握股票发行定价方法，熟悉普通股筹资的优缺点。
- 了解优先股的种类、特征，理解优先股筹资的优缺点。
- 掌握长期借款的种类、银行借款的信用条件；熟悉长期借款筹资的优缺点。
- 掌握公司债券的种类、发行定价方法；熟悉公司债券筹资的优缺点。
- 掌握租赁的种类、融资租赁的具体形式及租金的计算方法；熟悉融资租赁筹资的优缺点。

引导案例

科创板第一股

苏州华兴源创科技股份有限公司（以下简称"华兴源创"）在科创板发行的申请已获科创板上市委审议通过，并获证监会同意。2020 年 6 月 19 日凌晨，华兴源创对外披露了《首次公开发行股票并在科创板上市招股意向书》《科创板上市发行安排及初步询价》等相关公告，正式启动科创板 IPO 发行工作，成为科创板真正意义上的第一股。此次发行的股票代码为 688001，网上申购代码为 787001，发行价格为 24.26 元/股，面值为 1 元/股，发行市盈率约 37 倍，实际募集资金总额 9.73 亿元。公开资料显示，华兴源创是一家检测设备与整线检测系统解决方案提供商，主要从事平板显示及集成电路的检测设备研发、生产和销售工作。其产品主要应用于 LCD 与 OLED 平板显示、集成电路、汽车电子等行业，合作伙伴包括苹果、三星、LG、京东方等。华兴源创募集的资金主要用于平板显示生产基地建设项目、半导体事业部建设项目并补充流动资金方面。

资料来源：新浪财经，2019-06-20.

5.1 筹 资 决 策

5.1.1 筹资的意义

资本是企业经营运作的"血液"，筹集资本则是企业获得"血液"的过程。因此，筹资是企业一系列财务管理活动的起点，也是企业生存与发展的必要前提，成为企业财务管理的重要内容。企业筹资是指企业作为筹资主体，为满足其生产经营、对外投资和调整资本结构等活动的需要，通过一定的金融市场和各种筹资渠道，选择不同筹资方式，经济有效地筹措和集中所需资本的财务活动。

5.1.2 筹资决策概述

如前所述，企业的筹资可以通过不同的渠道，选择不同的筹资方式来进行，所以如何选出适合企业的筹资方案就是筹资决策需要解决的问题。由于筹资活动通常要付出代价（如企业借款要支付利息），而筹资的目的是满足不同经营所需，因此，为了经济有效地筹集所需的资本，企业在进行筹资决策时需要注意以下几

个问题：首先是采用科学的方法预测企业资本需要量,合理确定筹资规模;其次是制订计划,统筹安排筹资时间;最后是合法、经济地选择最佳筹资方式,保持企业最佳资本结构。

企业的筹资决策按照筹资期限的不同,可以分为短期筹资决策和长期筹资决策。长期筹资(long-term financing)决策是企业筹资决策的主要内容,短期筹资决策则与企业流动资产的运作和管理密切相关,所以本章讲述长期筹资决策的相关内容,短期筹资决策将在第9章短期筹资管理中进行专项介绍。

5.1.3　长期筹资的渠道与方式

企业的筹资活动需要通过利用一定的渠道并采用一定的方式来完成。因此,确定长期筹资的渠道和选择长期筹资的方式是进行长期筹资决策的两个重要方面。二者既有区别,又有联系,在充分认识它们的特点和内容之后,才能合理进行企业长期筹资决策。

1. 长期筹资的渠道

企业的筹资渠道(financing sources)是指企业筹集资本来源的方向与通道,体现资本的提供途径。目前,我国企业的长期筹资渠道主要有以下七种。

(1)国家财政资本渠道。国家财政资本是国有企业资本的主要来源,政策性强,通常只有国有独资企业或国有控股企业才能利用。随着我国市场经济的发展,很多国有企业进行改制、重组,逐步走向市场,但对于一些影响国民经济长远发展的国有企业来说,国家财政资本仍然是今后筹资的重要渠道。

(2)银行信贷资本渠道。银行信贷资本一直是各类企业筹资的重要来源。银行一般分为商业银行和政策性银行。商业银行可以为各类企业提供贷款,贷款具有普遍性;而政策性银行主要为符合国家有关规定的特定企业提供政策性、扶持性贷款,贷款具有针对性。银行信贷资本的资金来源稳定,贷款种类灵活多样,可以适应各类企业长期筹资的需要。

(3)非银行金融机构资本渠道。非银行金融机构是指除银行以外的各种金融机构。在我国,非银行金融机构主要有证券公司、保险公司、租赁公司、信托投资公司以及企业集团所属的财务公司。它们可以直接为企业提供长期资本,或为企业筹资提供不同的专业服务。这种筹资渠道的财力虽然比银行要小,但在我国具有广阔的发展前景。

(4)其他法人资本渠道。在我国,法人可分为企业法人、事业单位法人和团体法人等。它们在日常经营或运作中,有时会形成部分暂时闲置的资本,为了使其产生一定的效益,也需要相互融通,从而成为企业长期筹资的一种主要来源。

(5)民间资本渠道。我国企事业单位的员工和广大城乡居民持有大量的货币资本,这些由社会公众集聚的民间资本可以对企业进行不同类型的投资,成为企业长期筹资的一种途径。

(6)企业内部资本渠道。企业内部资本主要包括企业在经营过程中通过提取盈余公积和保留未分配利润而形成的资本。它是企业自身内部形成的筹资渠道,利用起来方便、快捷。有盈利的企业都可以选择这种长期筹资渠道。

(7)外商资本渠道。外商资本是指由国外以及我国香港、澳门和台湾地区的机构及个人投资者持有的资本,这是我国外资企业的主要筹资渠道。目前,QFII(qualified foreign institutional investors,合格的境外机构投资者)制度是我国引入外资的新途径,它是指外国专业投资机构到境内证券市场进行投资的资格认定制度。通过引进 QFII,能够吸引境外合格的机构投资者进入我国证券市场,将有助于不断壮大我国证券市场的机构投资者队伍,有利于我国投资者借鉴国外成熟投资理念,促进经济资源的有效配置,为我国上市公司的长期筹资开辟又一新的来源。

2. 长期筹资的方式

企业的筹资方式(financing forms)是指企业筹集资本所采用的具体手段,体现资本的表现形式。企业可采取的筹资方式取决于企业的组织形式和资本市场的开发程度。随着我国市场经济的发展和完善,资本市场的日趋活跃和成熟,企业可采用的筹资方式将会呈现出多元化的趋势。我国企业现在常用的长期筹资方式主要有吸收直接投资、发行股票、保留未分配利润、发行债券、长期借款、租赁等。

3. 长期筹资渠道与方式的关系

企业的长期筹资渠道与方式存在内在的相互关系。一方面，同一渠道的资本可以形成不同的筹资方式为企业所利用。例如，企业若想取得来自民间资本渠道的资本，可以通过发行股票或者发行债券等筹资方式实现。另一方面，一定的筹资方式筹集的资本可以来自不同的筹资渠道。例如，企业欲采用长期借款这种筹资方式，可以考虑由银行信贷资本渠道、非银行金融机构资本渠道、其他法人资本渠道等提供。

企业长期筹资渠道与筹资方式的对应关系如表 5-1 所示。

表 5-1　企业长期筹资渠道与筹资方式的对应关系

渠　道	方　　式					
	吸收直接投资	发行股票	保留未分配利润	发行债券	长期借款	租赁
国家财政资本	★	★				
银行信贷资本					★	
非银行金融机构资本	★	★		★	★	★
其他法人资本	★	★		★	★	★
民间资本	★	★		★	★	
企业内部资本			★			
外商资本	★	★		★	★	★

5.1.4　长期筹资的类型

由于筹资的资本属性、范围和机制的差异，可以将企业的长期筹资按照不同的标准区分为各种不同的类型。

1. 权益资本筹资与债务资本筹资

按照资本属性的不同，企业的长期筹资可以分为权益资本筹资和债务资本筹资两种类型。

（1）权益资本筹资（equity financing）。权益资本筹资是企业依法筹集并长期拥有，可自主调配运用的自有资本，也称股权性筹资。企业的权益资本一般是通过国家财政资本、其他法人资本、民间资本、外商资本、企业内部资本等筹资渠道采用吸收直接投资、发行股票和保留未分配利润等筹资方式形成的。

（2）债务资本筹资（debt financing）。债务资本筹资是企业依法取得并按照约定运用、按期偿还的资本，又称债权性筹资。企业的债务资本可以通过银行信贷资本、非银行金融机构资本、其他法人资本、民间资本、外商资本等筹资渠道采用长期借款、发行债券、租赁等筹资方式形成的。

这两类筹资的基本特征比较见表 5-2。

表 5-2　权益资本筹资与债务资本筹资

特　征	权益资本筹资	债务资本筹资
报酬	股利	利息
税收	股利不是企业一项经营费用，不能税前扣除	利息是企业一项经营费用，可以税前扣除
控制权	普通股拥有表决权	控制权通过债务合约来实现
违约	企业不会因未支付股利而被强行宣告破产	企业无法按时支付债务将导致破产

2. 内部筹资与外部筹资

按照资本来源范围的不同，企业的长期筹资可以分为内部筹资和外部筹资两种类型。

（1）内部筹资（internal financing）。内部筹资是指企业在其内部通过保留利润而形成的资本来源。内部筹资是企业通过生产经营活动自然形成的，一般无须花费筹资费用，其数量取决于企业可分配的利润规模及其利润分配政策。企业的内部筹资只能依靠企业内部资本这一筹资渠道采用保留未分配利润的筹资方式来形成。

(2) 外部筹资(external financing)。外部筹资是指企业从自身以外的单位或个人筹集的资本来源。企业的内部筹资通常是有限的,很难满足其实际需要。于是,企业就要从外部进行更大范围的筹资。通常,企业的外部筹资渠道和方式广泛、多样。

3. 直接筹资与间接筹资

按照是否借助银行等金融机构,企业的长期筹资可以分为直接筹资和间接筹资两种类型。

(1) 直接筹资(direct financing)。直接筹资是指企业不借助银行等金融机构,直接与资本所有者协商完成融通资本的一种资本来源。在我国,随着金融体制改革的深入和资本市场的完善,直接筹资发展迅速。企业的直接筹资可以通过多种筹资渠道采用吸收直接投资、发行股票、发行债券等筹资方式来进行。

(2) 间接筹资(indirect financing)。间接筹资是指企业借助银行等金融机构来融通资本的筹资活动。在间接筹资过程中,银行等金融机构发挥着中介作用,它们先集聚资本供给者的资本,再将资本提供给资本需求者,即企业。企业的间接筹资一般通过银行信贷资本、非银行金融机构资本等筹资渠道采用银行借款、租赁等筹资方式来实现。

【例 5-1】 2018 年 11 月 29 日,海航控股发布公告称,将向国家开发银行等 7 家银行申请 75 亿元贷款,用于海航集团航空主业的航油、航材、维修、起降费等经营性支出。此次 75 亿元贷款期限为 3 年,宽限期为 1 年;由保证人海航集团提供连带责任保证担保。此次发行公司债券是海航的一笔直接筹资。

2019 年,海航集团已在上交所网站公开挂牌有两期非公开发行公司债券。第一期发行总额 33.57 亿元,债券期限 3 年,票面年利率 7%;第二期发行总额为 5.7 亿元,债券期限 3 年,票面年利率 6.5%。发行价格为 100 元/张。此次发行公司债券是海航的一笔直接筹资。

总之,对企业长期筹资类型的认识,可以从不同的角度进行理解。这些具体类型之间既互有区别,又存在一定关联,如企业发行股票取得的资本属于权益性筹资,同时也是企业的外部筹资和直接筹资。

5.2　权益资本筹资

企业的权益资本筹资一般有吸收直接投资、普通股筹资、优先股筹资以及保留未分配利润筹资等方式。

5.2.1　吸收直接投资

吸收直接投资不以发行股票为媒介,是非股份制企业筹资权益资本的一种基本方式。

1. 吸收直接投资的种类

按投资者的主体不同,企业吸收直接投资可分为吸收国家投资、吸收法人投资、吸收民间(或吸收个人)投资和吸收外商投资。

按投资者的出资形式不同,企业吸收直接投资可分为吸收现金投资和吸收非现金投资。吸收非现金投资主要包括吸收原材料、固定资产、无形资产等投资。

2. 吸收直接投资的程序

(1) 确定吸收直接投资的数量。企业在新建或扩大规模需要吸收直接投资时,投资各方应当通过协商合理决定出资额或增资额。

(2) 选择吸收直接投资的具体形式。企业应根据生产经营等活动的需要以及与投资者的协议,选择吸收直接投资的具体形式。

(3) 签署有关合同、协议等文件。企业通过与投资者签署正式的投资文件,明确投资与被投资的关系以及双方的权利、义务内容。

(4) 按期取得投资者投入的资本。签署各类投资文件后,企业应按规定或计划从投资者那里取得资本。投资者以非现金资产进行投资的,应当在合理的估价之后,及时办理产权转移手续。

3. 吸收直接投资的优缺点

(1) 优点。吸收直接投资是我国企业筹资中最早采用,也是非股份制企业普遍采用的一种筹资方式。

通过吸收直接投资方式筹资,有利于提高企业信誉和借款能力;这种方式不仅可以筹措现金,而且能够直接获得企业经营所需的先进设备和技术等其他资产;有利于企业尽快形成生产能力,降低企业的财务风险。

(2) 缺点。吸收直接投资筹措的资本属于企业的股权资本,相对债务资本而言,通常筹资成本较高;资本的投入未能以股票为媒介,有时容易导致企业的产权关系不够明晰,也不利于进行企业产权交易。

5.2.2　普通股筹资

1. 股票的含义和性质

发行股票是股份制公司筹集股权资本的基本方式。股票(stock)是股份公司为筹集股权资本而向投资者发行的有价证券,用于证明投资者股东身份和对公司的所有权。股票持有人即为公司的股东,享有按其投入公司的资本额参与公司决策、分享公司收益的权利,同时以此为限对公司承担责任和经营风险。

股票发行后,公司不需要偿还本金,股利的支付根据公司的利润状况和发展战略确定。股票可以依法进行买卖、转让和抵押,但股票持有人一般不能退股。按照股东所持有的股票权利、义务的不同,股票可以分为普通股(common stock)和优先股(preferred stock)。

【例 5-2】　2020 年 6 月 1 日,网易公司正式宣布启动作为全球发售一部分的中国香港公开发售。此次将新发行超 1.715 亿股普通股,公司普通股将在香港联合交易所有限公司主板上市,发售价格将不高于每股发售股份 126 港元。6 月 11 日,网易在中国香港上市,香港交易所盘中股价高达 299.6 港元,市值直逼 4 000 亿港元。

2. 普通股的种类

(1) 按有无记名,普通股可分为记名股票和不记名股票。

记名股票是在票面上记载股东姓名或名称的股票。我国《公司法》规定,公司向发起人、国家授权投资的机构、法人发行股票,应为记名股票;向社会公众发行的股票,可以为记名股票,也可以为不记名股票。记名股票的转让和继承需要办理过户手续。

不记名股票是在票面上不记载股东姓名或名称的股票。不记名股票的转让和继承无须办理过户手续,即可实现股权的转移。

(2) 按是否标明金额,普通股可分为有面值股票和无面值股票。

有面值股票是票面上标有金额的股票。持有这种股票的股东,对公司享有的权利和承担的义务大小,以其所拥有的全部股票的票面金额占公司发行在外股票总面额的比例来确定。《公司法》规定,股票应当标明票面金额。一般情况下,我国公司发行的普通股每股面值为 1 元。

无面值股票是不在票面上标明金额的股票,该类股票只在股票上载明所占公司股本总额的比例或股份数,以此确定股东对公司享有的权利和承担的义务大小。它的价值将随公司财产的增减而变动。目前,我国《公司法》不承认无面值股票。

(3) 按发行时间的先后,普通股可分为始发股和新股。

始发股是公司设立时发行的股票。新股是公司增资时发行的股票。二者在发行的具体条件、目的、发行价格方面不尽相同,但发行成功后,股东的权利和义务是一致的。

(4) 按发行对象和上市地区的不同,普通股可分为 A 股、B 股、H 股、N 股和 S 股等。

A 股是指公司发行的供我国个人、法人或机构、合格的境外机构投资者(QFII)买卖的,以人民币标明票面价值并以人民币认购和交易的股票。B 股是指供国外和我国港、澳、台地区的投资者,以及我国个人投资者买卖的,以人民币标明面值但以其他货币(美元或港币)认购和交易的股票。A 股、B 股在我国证券交易所发行上市。H 股、N 股、S 股是指我国境内的公司分别在中国香港联合交易所、纽约证券交易所和新加坡交易所发行上市的股票。

3. 普通股的发行价格

发行价格是决定股票发行是否成功的最重要因素,它关系到发行公司与投资者之间、新股东与老股东之间以及发行公司与承销机构之间的利益关系。若发行价格过低,可能难以满足发行公司的筹资需求,甚至还会损害老股东的利益。若发行价格过高,则投资者的投资成本增加、投资风险增大,从而影响其投资热情;同时将增加承销机构的发行风险和难度。我国《公司法》规定,普通股发行价格可以等于面值(平价发行),也可以超过面值(溢价发行),但不得低于面值(折价发行)。

(1) 影响普通股发行价格的主要因素。

① 发行公司自身因素。它对股票发行价格起决定性作用。这具体包括发行公司目前的盈利水平及未来的盈利前景、财务状况、生产技术水平、管理水平、社会声誉、股票发行规模等方面。例如,发行公司现在的盈利水平及未来预期高、知名度大,则普通股发行价格可以适度提升。

② 环境因素。它对股票发行价格也会产生重大影响,具体涉及股票市场环境、行业经营环境、区域经济环境等方面。例如,股票市场目前正处于牛市阶段,发行公司所在行业发展前景良好,则普通股发行价格可以适当偏高。

(2) 发行价格的确定。从规范的股票市场运作来看,股票定价首先需要测定股票的内在投资价值及价格底线;其次才是根据供求关系等方面来决定其发行价格。

① 明确定价基础,即普通股内在投资价值。反映普通股内在投资价值的方法通常有未来报酬折现法、市盈率法。

a. 未来报酬折现法。这种方法认为股票的价值等于预期未来可收到的全部现金股利的现值与出售股票时取得的变现收入的现值之和,其计算公式为

$$V = \sum_{t=1}^{n} \frac{D_t}{(1+R)^t} + \frac{P_n}{(1+R)^n} \tag{5-1}$$

式中,V 为每股普通股的内在投资价值;D_t 为各年年底预期得到的每股现金股利;P_n 为未来出售普通股的变现收入;R 为投资者预期必要报酬率。

在对发行公司未来盈利水平作出准确判断的条件下,可以使用该法对股票价值进行确定,作为股票发行价格的依据。

b. 市盈率法。这种方法根据发行公司所在行业的市盈率作为参考,结合公司预期收益来确定股票的价值,用公式表示为

$$每股普通股价值 = 行业市盈率 \times 预期每股收益 \tag{5-2}$$

该法所依据的变量有行业市盈率和公司预期每股收益。这两个变量在预测和质量保证上都有一定的要求与难度。

② 确定普通股发行实际定价方式。在反映股票内在投资价值的基础上,股票发行的实际定价还需综合其他因素来确定。在国内外股票市场上,股票发行定价的方式主要有固定价格定价方式和累计订单定价方式两种。

固定价格定价方式是由发行公司与承销商在股票发行前商定一个固定的发行价格,然后按照该价格进行公开发售股票。这种方式是英国、日本和我国香港地区等股票市场通常采用的股票发行定价方式。

累计订单定价方式是较为普遍应用的方式,其基本做法是:首先由发行公司与承销商商定股票发行的定价区间,通过市场促销征集在不同价位上的需求量;其次分析需求量分布,由承销商与发行公司确定最终发行价格。目前我国上市公司普通股发行采用的市场询价方式实质上就属于累计订单定价方式。

4. 普通股的上市

(1) 普通股上市(listing)的含义。普通股上市又称普通股首次公开发行(IPO),是指股份有限公司首次公开发行的股票,符合法律规定的条件并经批准后在证券交易所进行挂牌交易。经批准在证券交易所上市交易的股票,称为上市股票;股票上市的股份有限公司称为上市公司。

(2) 普通股上市的目的。公司通过申请普通股上市,可以达到以下目的:第一,增加股票对各类投资者的吸引力,在更大范围内筹措大量资本,实现股权多元化;第二,便于投资者转让股票,提高公司股票的流动性;第三,提高公司的知名度和影响力,有利于公司树立品牌和扩大市场;第四,有助于确定公司价值,促进公司实现财富最大化目标。

然而,股票上市也存在不利之处。这主要表现在:公司要负担较高的信息披露成本,并且信息的披露可能会泄露公司的商业秘密;新股东的加入会分散公司的控制权;股市波动可能导致股票股价低于实际价值,影响公司形象。因此,现实中一些公司即使已经具备上市条件,也会放弃上市机会。

5. 普通股筹资的优缺点

（1）优点。

① 普通股筹资没有固定的股利负担。即使公司有盈利,也可以少付或者不支付股利。而对于发行债券或借款的利息,无论公司是否盈利,都必须予以支付。

② 普通股股本没有规定的到期日,无须偿还。这类资本是公司的永久性资本,除非公司进行清算,才会予以清偿,所以在公司正常经营过程中,没有到期偿还的要求。

③ 普通股筹资风险小。由于前两项优点,普通股通常不存在还本付息的风险。

④ 普通股筹资可以提升公司信誉。普通股筹集的资金形成了公司的权益资本,是公司筹措债务资本的基础。较多的权益资本,可以提高对债权人的保障和公司的信用价值,为公司利用更多的债务资本筹资提供有力的支持。

（2）缺点。

① 资本成本较高。通常,普通股筹资的资本成本要高于债务资本。普通股资本的求偿权位于债务资本和优先股资本之后,因此投资于普通股风险较大,相应要求较高的报酬;并且普通股股利从公司税后利润中支付,没有债务资本筹资利息的抵税作用。此外,普通股的发行成本也较高,一般高于发行优先股、债券等其他长期筹资方式。

② 容易分散公司控制权。当公司发行新股时,由于出售新股票,引进新股东,会导致公司控制权的分散。

③ 可能引起股票价格波动。若公司发行新股,新股东可以分享公司新股发行前累积的盈余,会降低普通股每股收益,从而可能引起普通股股价的下跌。

5.2.3 优先股筹资

优先股是股份有限公司发行的,相对普通股而言具有某些优先权利,同时也受到一定限制的股票。优先股的含义主要体现在"优先权利"上。在 2014 年之前,我国法律上没有有关优先股的规定,实践中也没有公司发行优先股。2014 年 3 月 21 日,我国证监会正式发布《优先股试点管理办法》,规定上市公司和非上市公众公司均可发行优先股。公司发行优先股,在业务规范方面与发行普通股基本相同,这里主要介绍优先股的特殊方面。

【例 5-3】 2020 年 11 月 26 日,九通药业集团发行的优先股在上海证券交易所综合业务平台挂牌转让,优先股数量为 800 万股。此次发行的优先股每股票面金额为人民币 100 元,票面股息率为 6.02%,按票面金额平价发行,发行对象为不超过 2 名的合格投资者。

1. 优先股的特征

优先股与普通股具有某些共性,如优先股也没有到期日,其筹集的资本同样属于权益资本,股利需要税后支付等。但是,优先股的股利通常是固定的,这一特征类似公司债券的利息。因此,优先股被视为一种混合证券。

与普通股相比,优先股主要有如下特征。

（1）优先分配固定的股利。优先股股东一般优先于普通股股东分配股利,并且优先股股利通常是约定的固定金额或比例,受公司经营状况和盈利水平的影响较小。

（2）优先分配公司的剩余财产。当公司因解散、破产等情况进行清算时,优先股股东将优于普通股股东分配公司的剩余财产。

（3）优先股没有表决权。在公司股东大会上,优先股股东一般没有表决权(除非涉及优先股股东的权益保障),也无权参与公司的经营管理。因此,发行优先股不会分散公司普通股股东的控制权。

2. 优先股的种类

优先股按其具体权利的不同,还可以作进一步的分类。

(1) 按照股利是否可以累积支付,优先股可分为累积优先股和非累积优先股。累积优先股是指公司上一年度未支付的股利可以累积计算由后来年度的利润补足付清的股票。一般而言,公司只有把所欠的优先股股利全部支付以后,才能支付普通股股利。非累积优先股则没有这种要求补付的权利。因此,累积优先股比非累积优先股更具吸引力。

(2) 按照是否分配额外股利,优先股可分为参与优先股和非参与优先股。当公司利润在按规定分配给优先股后而仍有剩余利润可供分配股利时,能够与普通股一起参与分配额外股利的优先股,称为参与优先股;否则,称为非参与优先股。

(3) 按照是否可以转换为普通股,优先股可分为可转换优先股和不可转换优先股。可转换优先股允许其股东在一定时期内,以一定的比例,将优先股转换成该公司的普通股股票。不可转换优先股则没有该权利。

3. 优先股筹资的优缺点

(1) 优点。

① 优先股一般没有到期日,不用偿还本金。作为权益资本的优先股筹资,具有权益资本筹资的普遍优点。

② 优先股的股利既有固定性,又有一定的灵活性。虽然优先股的股利支付是固定性的,但这并不构成公司的法定义务。如果公司财务状况不佳,可以暂时不支付优先股股利,而且优先股股东不能像债权人那样因没有取得股利而迫使公司破产。

③ 保持普通股股东对公司的控制权。当公司既希望筹集到权益资本,又想保持现有股东的控制权时,利用优先股筹资就是理想的选择。

(2) 缺点。

① 优先股的资本成本较高。优先股的资本成本虽低于普通股,但一般高于发行债券、长期借款等债务性筹资。

② 优先股筹资的限制较多。公司发行优先股,通常会有许多限制条款,例如,对普通股股利支付的限制、对公司举债的限制等。

③ 优先股股利可能会形成公司较重的财务负担。由于优先股要求支付固定股利,且不能在税前扣除,所以当公司盈利下降时,优先股股利可能会成为公司一项较重的财务负担,有时不得不延期支付,从而影响公司的形象。

4. 优先股筹资决策

如前所述,优先股是一种兼具普通股和债券特征的混合有价证券,公司的财务人员在进行长期筹资决策时,应充分考虑和利用优先股的这种特性。

筹资的资本成本是筹资决策中的一个重要因素。如果公司不想担负发行普通股高昂的资本成本,但又不希望因债务筹资而削弱公司的偿债能力,可以考虑发行优先股来募集资本。

若公司目前债务筹资已经达到较高水平,进一步举债会产生信用危机继而增大财务风险,而公司的股东又不愿发行普通股出现分散其控制权的风险,在这种情况下,公司显然应利用优先股进行筹资。

5.2.4 保留未分配利润筹资

企业在经营过程中获得了利润,向国家缴纳所得税之后,就要决定如何在企业与其所有者之间进行分配。通常,保留在企业的未分配利润就是留归企业使用的那部分税后利润,这部分来自企业内部的资本可以成为企业长期筹资的方式。在股份制公司中,分配给所有者的那部分税后利润就是股利。所以,保留未分配利润和股利分配是一个问题的两个方面。关于股利分配的内容将在第10章作专门介绍。

1. 保留未分配利润与现金的关系

企业采用吸收直接投资、发行股票这些权益筹资时,将增加其可支配的现金。但企业采用保留未分配利润的筹资方式,其现金存量不一定会增加。因为企业的利润是一个会计核算上的结果,在一定期间内,企业的利润与现金存量之间的关系往往不一致。鉴于此,当企业决定把利润的一部分以现金形式分配给投资者时,要考虑企业当前的财务状况和现金结余的情况,避免保留未分配利润这种筹资方式在使用中没有实际效果。

2. 保留未分配利润筹资的优缺点

(1) 优点。

① 采用保留未分配利润筹资,不发生筹资费用。企业向外界筹集长期资本,无论采用发行股票、债券还是向银行借款等方式,都需要支付不菲的筹资费用,而利用保留未分配利润,则无须这些开支。

② 利用保留未分配利润筹资可以提高企业信誉。与企业发行普通股筹资的性质一样,保留未分配利润筹资也属于权益筹资,可以为企业债权人提供保障,增加企业的信用价值。

(2) 缺点。

① 保留未分配利润的数量常常会受到一些所有者的限制。有些所有者希望每期获得稳定的投资报酬,乐于企业多分配利润;而有些所有者对风险有反感,宁愿目前的投资报酬较少,也不愿未来的投资报酬波动无常。

② 保留未分配利润较多的情况下,可能会影响企业今后的外部筹资。企业保留的未分配利润多,自然向投资者分配的利润就少,一定程度上会向投资者传递企业盈利水平不佳和财务状况不理想的信号,从而影响企业未来吸收直接投资、发行股票等外部筹资的开展。

5.3 长期负债筹资

长期负债筹资是指企业通过借款、发行债券和融资租赁等方式筹集长期债务资本。本节介绍长期借款和发行公司债券这两种长期负债筹资方式,而融资租赁筹资将在下一节单独阐述。

5.3.1 长期借款筹资

长期借款筹资是各类企业最普遍采用的一种债务资本筹资方式。

1. 长期借款的种类

长期借款(long-term loan)是指企业向银行等金融机构以及其他单位借入的,期限在 1 年以上的各种借款。长期借款按照不同的标准可以分为不同的种类。

(1) 按照提供贷款的机构不同,长期借款可分为政策性银行贷款、商业银行贷款和其他金融机构贷款。

政策性银行贷款是执行国家政策性贷款业务的银行(如国家开发银行)提供的贷款,通常为长期贷款。这类贷款对企业具有一定的选择性。

商业银行贷款是以营利为目的的商业银行提供的贷款,包括短期贷款和长期贷款。商业银行提供的长期贷款是各类企业均可取得的贷款。

其他金融机构贷款一般较商业银行贷款期限更长,要求的利率也较高,对借款企业的信用要求和担保的选择也较为严格。

(2) 按照有无抵押品作担保,长期借款可分为抵押贷款(mortgage loan)和信用贷款(credit loan)。

抵押贷款是指以特定的抵押品为担保的贷款。抵押品可以是不动产、机器设备等实物资产,也可以是股票、债券等有价证券,但必须能够变现。抵押贷款有利于降低贷款的风险,提高贷款的安全性。

信用贷款是指不以抵押品作担保的贷款,仅凭借款企业的信用或其保证人的信用而发放的贷款。信用贷款一般提供给那些资信优良的企业。由于这种贷款风险较高,银行等贷款人通常要收取较高的利息,并在合同中附加一定的限制条件。

2. 银行借款的信用条件

在信用贷款方式下,按照国际惯例,银行在提供贷款时往往附加一些信用条件,主要有信用额度、周转信贷协议、补偿性余额。

(1) 信用额度。信用额度是指借款企业与银行间正式或非正式协议规定的企业借款的最高限额。通常在信用额度内,企业可随时按其需要向银行申请贷款。例如,在正式协议下,银行规定某企业的信用额度为3 000万元,该企业现已借入2 000万元且尚未偿还,则该企业仍可向银行申请最高1 000万元的贷款,银行将予以保证。但在非正式协议下,银行不承担按最高限额提供贷款的法律义务。

(2) 周转信贷协议。它是一种经常被大公司使用的正式授信额度。在此协议下,银行对周转信用额度负有法律义务,并因此向企业收取一笔承诺费用,一般按企业使用的授信额度的一定比率(2‰左右)计算。

(3) 补偿性余额(compensating balance)。补偿性余额是指银行要求借款企业保持按贷款限额或实际借款额的10%～20%的平均存款余额留存银行。银行这种要求的目的是降低银行贷款风险,提高贷款的实际利率。从企业的立场来看,一方面,增加了贷款的资本成本;另一方面,为了保证实际需要,必须提高借款金额。

【例5-4】 某企业向银行借入100万元期限3年的贷款用以开展一个新项目,贷款银行要求维持20%的补偿性余额,则企业实际可使用的金额只有80万元。如果银行借款要求的名义利率是12%,则企业承担的实际利率为

$$\frac{12\%}{1-20\%} \times 100\% = 15\%$$

3. 长期借款筹资的优缺点

(1) 优点。

① 筹资速度较快。相对于发行股票、债券等方式筹集长期资金,企业利用长期借款筹资,一般所需的时间较短,程序较为简单,可以快速获得资金。

② 借款资本成本较低。利用长期借款筹资,其利息可在所得税前扣除,具有抵税作用,所以比发行股票等权益筹资的资本成本要低得多;与债券相比,借款利率一般也低于债券利率。

③ 借款筹资弹性较大。企业可以与银行直接商定贷款的时间、金额和利率等条件;在用款期间,企业的财务状况如果发生某些变化,也可以与银行进行再协商,变更有关借款条款。因此,相比其他长期筹资方式,企业利用长期借款筹资具有较大的灵活性。

④ 借款筹资可以增加所有者的财富。无论企业盈利多少,支付的借款利息都是固定的,而更多的利润可分配给所有者或保留在企业使用,从而增加所有者的财富。

(2) 缺点。

① 借款筹资风险较大。借款通常有固定的利息负担和固定的偿付期限,所以企业面临的筹资风险较大。

② 借款筹资限制条件较多。由于长期贷款的期限长、风险较大,因此除了合同的基本条款以外,按照国际惯例,银行对借款企业通常都约定一些限制性条款,如限制企业支付现金股利、限制企业借入其他款项等,这会影响企业以后的筹资和投资活动。

③ 借款筹资金额有限。长期借款的规模一般都要比发行股票、债券筹资等方式筹集到的资金要少。

5.3.2　发行公司债券筹资

债券(bonds)是债务人为筹集债务资本而发行的,约定在一定期限内向债权人还本付息的有价证券。发行债券是企业筹集债务资本的一种重要方式。由公司发行的债券即为公司债券,这主要是相对于国家发行的政府债券和金融机构发行的金融债券而言的。

1. 公司债券的种类

（1）按有无债券记名分类，公司债券可分为记名债券和不记名债券。这种划分的特征类似于股票的记名股票和不记名股票。

（2）按有无抵押担保分类，公司债券可分为抵押债券和信用债券。这种划分的特征类似于长期借款的抵押贷款和信用贷款。

（3）按债券持有人的特定权益，公司债券可分为收益债券、可转换债券和附认股权债券。

收益债券是指只有当发行公司存在税后利润可供分配时才支付利息的一种公司债券。这种债券对发行公司有利，不必承担固定的利息；但对投资者而言，风险较大，回报也可能较高。

可转换债券是指根据发行公司债券募集的有关规定，债券持有人可将其转换为发行公司的股票的债券。债券持有人有权选择是否将其所拥有的债券转换为股票。发行这种债券，既可为投资者增加灵活的投资机会，又可为发行公司调整资本结构或缓解财务压力提供途径。

附认股权债券是指发行的债券附带允许债券持有人按特定价格认购股票的一种长期选择权。这种认股权通常随债券发放，具有与可转换债券类似的属性，但债券持有人行使这种认股权，对公司而言，权益资本将会增加，但债务资本没有变化。

2. 公司债券的发行价格

公司在发行债券之前，必须依据有关因素，运用一定的方法来确定债券的发行价格。

（1）决定债券发行价格的因素。公司债券发行价格的高低，主要取决于债券面额、票面利率、市场利率、债券期限和付息期限五个因素，也称债券的基本要素。

① 债券面额。债券面额也称面值，是发行公司对债券持有人在债券到期后应偿还的本金数额，也是公司向债券持有人按期支付利息的计算依据。它是决定债券发行价格的最基本因素，一般来说，债券面额越大，发行价格越高。

② 票面利率。它是债券的名义利率，通常在发行债券之前就已确定。一般情况下，票面利率越高，发行价格越高。

③ 市场利率。它是债券发行时市场要求的实际利率，与票面利率往往不一致，同样会影响债券的发行价格。通常，债券的市场利率越高，债券的发行价格越低。

④ 债券期限。债券的期限越长，意味着债权人的风险越大，要求的利息报酬就越高，债券的发行价格就可能越低。

⑤ 付息期限。它是指公司发行债券后支付利息的时间，可以是到期一次支付，或者间隔1年、半年或3个月支付一次。实务中，每年付息一次的情况最为普遍。付息期限越短，付息次数就越多，每次付息额就越小。但不论付息期限长短，发行公司在整个债券期限内的付息金额是不变的。在考虑货币时间价值和通货膨胀的情况下，到期一次付息的债券，其利息是按单利计算的；而分期付息的债券，实际上是复利计息。所以，付息期限越短，债券的发行价格就会越高。

（2）确定债券发行价格的方法。理论上，根据公司债券票面利率与市场利率的不同，其发行价格有三种情况：平价发行、溢价发行和折价发行。

当债券的票面利率与市场利率一致时，债券将平价发行，即发行价格等于票面金额，实际上，多数公司采用平价发行。当债券的票面利率大于市场利率时，债券将溢价发行，即发行价格超过票面金额。当债券的票面利率小于市场利率时，债券将折价发行，即发行价格低于票面金额。

由于债券的发行价格需要根据其内在的投资价值来确定，所以利用未来报酬折现法可以对债券的发行价格进行测算：

$$V_B = \sum_{t=1}^{n} \frac{I}{(1+R_m)^t} + \frac{M}{(1+R_m)^n} \tag{5-3}$$

式中，V_B 为债券的发行价格；M 为债券面额，即到期偿付的本金；I 为债券支付的年利息，即债券面额与票面利率的乘积；R_m 为债券发行时的市场利率；n 为债券期限；t 为债券付息的期数。

【例 5-5】　某公司发行面额为 1 000 元、票面利率为 10％、期限为 10 年的债券,每年年末付息一次,到期还本。其发行价格可分下列三种情况来分析测算。

①　如果市场利率为 10％,与票面利率一致,该债券将平价发行。其发行价格的计算为

$$V_B = \sum_{t=1}^{10} \frac{1\,000 \times 10\%}{(1+10\%)^t} + \frac{1\,000}{(1+10\%)^{10}} = 1\,000(\text{元})$$

②　如果市场利率为 8％,低于票面利率,该债券将溢价发行。其发行价格的计算为

$$V_B = \sum_{t=1}^{10} \frac{1\,000 \times 10\%}{(1+8\%)^t} + \frac{1\,000}{(1+8\%)^{10}} = 1\,134(\text{元})$$

③　如果市场利率为 12％,高于票面利率,该债券将折价发行。其发行价格的计算为

$$V_B = \sum_{t=1}^{10} \frac{1\,000 \times 10\%}{(1+12\%)^t} + \frac{1\,000}{(1+12\%)^{10}} = 887(\text{元})$$

3. 公司债券的信用评级

公司公开发行债券通常需要具有资格的资信评级机构对债券进行信用评级和跟踪评级。债的信用等级(credit rating)表示债券质量的优劣,反映债券还本付息能力的强弱和债券投资风险的高低。因此,它对于发行公司和债券投资者都有重要意义。

对发行债券的公司而言,债的信用等级影响债券发行的效果。信用等级较高的债券,表示风险较小,一般能以较低的利率发行,从而降低公司债券筹资的资本成本;信用等级较低的债券,表示风险较大,需以较高的利率发行,公司要付出较高的筹资成本。

对债券投资者而言,债的信用等级便于投资者进行债券投资的选择。信用等级较高的债券,较易得到投资者的信任;而信用等级较低的债券,投资者一般会谨慎选择投资。

国际上较为流行的公司债券信用等级一般为 3 等 9 级。美国的标准普尔公司(Standard & Poor's,S&P)和穆迪投资者服务公司(Moody's,以下简称"穆迪公司")是两大国际著名的信用评级机构,它们对公司债券评级的划分如表 5-3 所示。

表 5-3　标准普尔公司和穆迪公司:公司债券评级划分

标准普尔公司	穆迪公司	等　级	标准普尔公司	穆迪公司	等　级
AAA	Aaa	最高级	B	B	投机级
AA	Aa	高级	CCC	Caa	完全投机级
A	A	上中级	CC	Ca	最大投机级
BBB	Baa	中级	C	C	最低级
BB	Ba	中下级			

一般认为,只有前四个级别的债券是值得进行投资的债券,称为投资级债券;其余级别的债券为投机级债券,即垃圾债券(junk bonds)。根据这两个机构的经验,各国、各地区结合自己的实际情况制定了债券等级标准,这些标准在很大程度上都基本相同。我国国内主要的专业资信评级机构有中诚信、联合资信、大公国际、上海新世纪评级、上海远东资信等,其中前三家评级机构的业务占我国评级市场 95％以上的份额。

债券评级机构在评定发行公司的债券等级之后,还要对发行公司从债券发售直至清偿的整个过程进行追踪调查和定期审查,进行跟踪评级并予以公告。

【例 5-6】　2021 年 1 月和 8 月,中证鹏元资信评估有限公司(以下简称"中证鹏元")对杭叉集团股份有限公司(以下简称"公司")2020 年 10 月发行的不超过 11.5 亿元的 6 年期可转换公司债券的信用状况进行了评级。该可转换公司债券的评级结果是 AA＋级。

该级别反映了本期债券安全性很高,违约风险很低。该等级的评定是考虑到公司系国内头部的叉车制造商之一,技术与研发实力突出具有一定的规模优势和行业地位;公司产品销量持续增加,未来销售收入有望进一步增长;账面资金较为充裕,债务负担较低。

中证鹏元也关注到,公司新增产能规模较大,面临一定的产能消化风险;公司应收票据及应收账款占用

一定的营业资金,且使公司面临一定的回收风险等风险因素。

4. 公司债券筹资的优缺点

(1) 优点。

① 债券筹资资本成本较低。与发行股票等权益资本筹资相比,债券的利息允许在所得税前支付,发行公司可享受节税利益,公司实际负担的债券成本一般低于权益资本成本。

② 债券筹资能够增加所有者的财富。这一点与长期借款筹资相同,在公司盈利丰厚时,债券的利息负担是固定的,更多的利润可分配给所有者或保留在企业使用,从而增加所有者财富。

③ 债券筹资能够保障股东的控制权。这一点与优先股筹资相同,债券持有人无权参与发行公司的经营决策,所以发行债券不会分散现有股东对公司的控制权。

(2) 缺点。

① 债券筹资的风险较大。债券有固定的到期日,并需要定期支付利息。在公司经营不佳时,仍然要向债券持有人还本付息,这会增加公司的财务困难,甚至导致公司破产。

② 债券筹资的金额有限。公司的举债能力是有限的,多数国家对此都有限定。我国《中华人民共和国公司法》规定,公司发行流通在外的债券累计总额不得超过公司净资产的40%。

③ 债券筹资的限制条件较多。发行债券的限制条件一般要比长期借款的限制条件多且严格,这会影响公司资金使用的灵活性。

5.4 租 赁 筹 资

租赁筹资是企业一种较为特殊的筹资方式,适用于各类企业。

5.4.1 租赁概述

1. 租赁的含义

租赁(leasing)是指出租人以收取租金为条件,在合同或协议规定的期限内,将资产租借给承租人使用的一种经济行为。租赁行为虽然表面上涉及物而不是资金,但在实质上具有借贷属性,是企业普遍采用的一种特殊筹资方式。

2. 租赁的分类

现代租赁的种类有很多,通常按其性质的不同分为经营租赁和融资租赁两大类。

(1) 经营租赁(operating leasing)又称营运租赁,是由出租人向承租人短期出租资产,并提供资产保养、人员培训等服务的租赁业务。经营租赁主要是为了满足企业经营上的临时需要,或者季节性需要而发生的资产租赁。因此,经营租赁只有短期筹资的功效,不属于企业长期筹资的选择。

(2) 融资租赁(financing leasing)又称资本租赁,是由出租人按照承租人的要求融资购买资产,并在合同或协议规定的较长期限内提供给承租人使用的租赁业务。它是现代租赁的主要类型,承租人采用融资租赁的主要目的是融通资本,具有借贷的性质。所以,融资租赁是承租企业筹集长期债务资本的一种特殊方式。

【例 5-7】 四川德阳 CF 公司属中小企业,长期从事车铣加工工作,并与二重、东电等几个大企业有稳定的配套加工业务合作(合同)。由于业务量增加,公司需再购置一台 130 万元车床扩大加工能力,但目前自己只有 30 万元现金。在跟银行接触后,该公司遇到极大障碍,主要是该公司规模不大,之前在银行没有信用记录,公司本身信用等级低、又没有抵押担保,因此不具备贷款的基本条件。公司于是考虑通过融资租赁来取得所需车床。

从租赁公司来看,看重项目本身的市场前景,看重设备产生的效益,并且由于拥有租赁设备的物权,因此对承租企业的资信和抵押担保要求较低。该公司采用融资租赁方式,由租赁公司购买并租赁给本公司 130 万元的车床,其中承租人首付 30 万元,其余 100 万元由租赁公司解决,公司投入很少比例的资金,即取得了设备的使用权和收益权。然后公司通过设备所产生的效益偿还租金,按每月支付租金 10 万元,共支付 11 个月,取得租赁设备的所有权。

对承租人而言,一次付款购买该设备花 130 万元,而通过融资租赁"分期购买"花 140 万元,实现了"小钱起步,终获设备"的发展。

5.4.2　融资租赁

1. 融资租赁的特点

融资租赁通常为长期租赁,可以满足承租企业对设备的长期需求。其主要特点如下。

(1) 租赁期限较长。融资租赁的租赁期限一般为出租资产使用年限的 3/4 以上。

(2) 出租人实质上已转移租赁资产有关的风险和报酬。在融资租赁中,承租企业负责检查、维修、折旧出租的资产,出租人对该资产的质量与技术条件不向承租企业作出担保。因此,实质上租赁资产有关的风险和报酬已经由出租人转移至承租企业。

(3) 租赁合同稳定。租赁合同一经签订,在租赁期内非经双方同意,任何一方均无权单方面撤销合同,违约方需要支付相当重的罚金,这有利于维护双方的权益。

(4) 租赁期满,选择灵活。租期结束后,按事先约定的办法处置资产,一般有续租、留购或退还三种选择。若合同上对租赁资产的归属没有约定或约定不明确,租赁资产的所有权归出租人。通常情况下,由承租企业留购。

2. 融资租赁的具体方式

融资租赁按其业务的不同特征可进一步细分为三种具体方式。

(1) 直接租赁(direct lease)。直接租赁是融资租赁的典型形式,通常所说的融资租赁就是指直接租赁,即出租人购进资产并出租给承租企业。

(2) 售后回租(sale and lease back)。售后回租是指企业因缺乏资金,将自有资产先卖给租赁公司,再以承租人的身份将其所售资产租回使用,并按期向租赁公司支付租金的一种租赁方式。采用这种融资租赁方式,承租人一方面通过出售资产获得了一笔现金;另一方面又通过租赁保留了资产的使用权。

(3) 杠杆租赁(leveraged lease)。杠杆租赁是国际上比较流行的一种融资租赁形式。它一般需要涉及三方当事人:承租人、出租人和贷款人。从承租人一方来看,它与其他融资租赁形式并无区别,都是按合同的规定,在租期内获得资产的使用权,按期支付租金。但对出租人一方而言,出租人兼具借款人的身份,其只需承担购买资产所需资金的一部分(一般为 20%~40%),其余部分(60%~80%)以该项资产为担保向贷款人借款支付,出租人购入资产提供给承租人使用,用收取的租金来偿还贷款。这样,出租人利用自己较少的资金就完成了大额的租赁业务,并且出租人获得的租赁收益一般大于借款成本,出租人从中可获得财务杠杆利益,所以被称为杠杆租赁。

3. 融资租赁租金的计算方法

在我国融资租赁实务中,常用的融资租赁租金的计算方法有平均分摊法和等额年金法。

(1) 平均分摊法。平均分摊法是指承租人将应付的租金总额(包括资产购置成本、利息和手续费)在租赁期限内按支付次数平均计算租金的一种方式。这种方法计算简单,但没有充分考虑货币时间价值因素。其计算公式可表示为

$$A = \frac{C - S + I + F}{N} \tag{5-4}$$

式中,A 为每次支付的租金;C 为租赁资产购置成本;S 为租赁资产预计残值;I 为租赁期间利息总额;F 为租赁期间手续费;N 为租期。

【例 5-8】　某企业于 2021 年 1 月 1 日从租赁公司租入一台设备,价值 100 万元,租期为 5 年,预计租赁期满时设备的残值为 3 万元,归租赁公司,年利率为 9%,租赁手续费率为设备价值的 2%,租金每年年末支付一次。该台设备租赁每次支付的租金按平均分摊法可计算如下:

$$\frac{100-3+\left[100\times(1+9\%)^5-100\right]+100\times2\%}{5}=30.58(万元)$$

（2）等额年金法。等额年金法是指运用年金现值的计算原理，测算每期应付租金的方法。在这种方法中，通常以资本成本率（综合利息率和手续费用率）作为折现率。承租人与出租人商定的租金支付方式大多为后付等额租金，一般情况下资产残值归承租人所有。根据第3章后付年金现值的计算公式，经推导可得到后付等额租金方式下每年年末支付租金的计算公式为

$$A=\frac{PVA_n}{(P/A,i,n)} \tag{5-5}$$

式中，A 为每年支付的租金；PVA_n 为等额租金现值；$(P/A,i,n)$ 为年金现值系数；n 表示支付租金期数；i 为资本成本率。

【例5-9】 根据例5-8的资料，假设设备残值归属承租企业，资本成本率为11%，则承租企业每年年末支付的租金按等额年金法可计算为

$$\frac{100}{(P/A,11\%,5)}=\frac{100}{3.696}=27.06(万元)$$

若承租企业每年在年初支付租金，则应使用先付年金现值系数，相应计算为

$$\frac{100}{(P/A,11\%,5)(1+11\%)}=\frac{100}{4.103}=24.37(万元)$$

4. 融资租赁筹资的优缺点

通过融资租赁，企业不必预先筹措一笔相当于租赁资产价款的资金，即可获得所需的资产。因此，与其他长期筹资方式相比，融资租赁有其特有的优缺点。

（1）优点。

① 融资租赁筹资速度快，能够迅速获得所需资产。融资租赁集融资与融物于一体，往往比借款购置资产更快速，使企业尽快形成生产经营能力，利于企业把握市场机会。

② 融资租赁筹资的限制条件较少。企业采用发行股票、债券以及长期借款等筹资方式都要受到相当多的资格条件限制，相比之下，融资租赁的限制条件很少，筹资门槛低。

③ 融资租赁筹资注重防范资产陈旧过时的风险。目前，科学技术发展迅速，机器设备等资产的更新周期不断缩短，企业实物资产的陈旧过时风险很大。通常情况下，承租人都会根据市场的行情及发展的趋势，在充分了解租赁物的技术水平和更新换代的速度的基础上进行租赁物的选择。

④ 融资租赁的全部租金通常在整个租赁期内分期支付，可以适当降低企业不能偿付的风险。

⑤ 融资租赁的租金允许在所得税前扣除，承租企业税收负担较轻。

（2）缺点。

① 融资租赁筹资的资本成本较高。由于租金中包含租赁物的购置成本、利润、利息和手续费等项目，所以其资本成本率通常要高于债券利率、借款利率等债务资本筹资方式。

② 融资租赁具有一定的筹资风险。在承租企业财务状况不佳时，固定的租金也会构成企业一项较沉重的负担。

③ 融资租赁筹资一般会使承租企业丧失出租资产的残值。租赁期满，除非承租人购买资产，否则资产残值一般归出租人所有，承租人不能享有资产残值，从而成为其机会成本。

阅读材料　全世界负债"最多"的人

阅读材料　密集大手笔融资"加油" 南航再发150亿公司债

阅读材料　全通控股借壳登陆香港

本 章 小 结

筹资是企业资金运动的起点,它将影响企业其他资金运动的规模和效果。所以,筹资决策是企业重要的财务决策之一。筹资决策就是要经济有效地选择适当的筹资渠道和筹资方式来满足企业资金的需要。企业的长期筹资按照资本属性的不同可以分为权益资本筹资和债务资本筹资两种基本类型。

权益资本筹资具体包括吸收直接投资、发行股票和保留未分配利润等多种方式。其中,发行股票是股份制企业特有的权益资本筹资方式,股票按照股东权利和义务的不同有普通股和优先股之分。

债务资本筹资具体包括长期借款、发行公司债券、融资租赁等不同方式。其中,长期借款和融资租赁是适用于各类企业采用的债务资本筹资方式,而只有符合一定条件的公司才能通过发行公司债券筹集债务资本。

关 键 术 语

筹资渠道(financial resources)

筹资方式(financial forms)

长期筹资(long-term financing)

普通股(common stock)

优先股(preferred stock)

长期借款(lon-term loan)

补偿性余额(compensating balance)

债券(bonds)

信用等级(credit rating)

融资租赁(financial leasing)

参 考 文 献

[1] 中国注册会计师协会. 财务成本管理[M]. 北京:中国财政经济出版社,2021.

[2] 郑小平,许凤群. 财务管理学[M]. 北京:北京理工大学出版社,2013.

[3] 王化成,刘俊彦,荆新. 财务管理学[M]. 9版. 北京:中国人民大学出版社,2021.

[4] 上官敬芝,赵秀芳,陈玲娣. 财务管理学[M]. 北京:高等教育出版社,2010.

[5] 加布里埃尔·哈瓦维尼,克劳德·维埃里. 经理人财务管理[M]. 胡玉明,江伟,译. 北京:中国人民大学出版社,2008.

[6] 斯蒂芬·A. 罗斯,伦道夫·W. 威斯特菲尔德,杰弗利·F. 杰富. 公司理财[M]. 吴世农,沈艺峰,王志强,译. 11版. 北京:机械工业出版社,2017.

思 考 题

5-1 什么是筹资渠道和筹资方式?二者有何联系和区别?

5-2 长期筹资的类型有哪些?

5-3 说明权益资本筹资可以采用的具体方式。

5-4 解释发行普通股筹资的优缺点。

5-5 说明长期借款筹资的具体种类。

5-6 简述公司债券发行价格的影响因素。

5-7 解释发行公司债券筹资的优缺点。

5-8 比较长期借款筹资和融资租赁筹资。

练 习 题

○判断题

5-1 发行股票也可以成为吸收直接投资的具体方式。 （ ）

5-2 民间资本是可以为发行股票、发行债券等长期筹资方式提供资金来源的。 （ ）

5-3 发行普通股是公司间接筹资的一种方式。 （ ）

5-4 租赁是企业可选择的一种长期筹资方式。 （ ）

5-5 可转换债券在到期时，由发行公司自行转为股票，然后通知债券持有人。 （ ）

5-6 发行优先股筹资可以使公司在增加资本的同时保持原有股东对公司的控制权。 （ ）

5-7 保留未分配利润筹资方式一般没有资本成本。 （ ）

5-8 一般而言，公司债券发行时的市场利率越高，债券的发行价格就可能越低；反之，则越高。 （ ）

5-9 通常，债券信用等级的高低与债券资本成本的大小有密切的关系。 （ ）

5-10 对出租人来说，进行直接租赁和杠杆租赁是没有区别的。 （ ）

○单项选择题

5-1 下列属于筹资渠道的有（ ）。
  A. 发行股票   B. 长期借款   C. 发行债券   D. 外资

5-2 公司发行优先股筹资不能利用的筹资渠道有（ ）。
  A. 民间资本   B. 其他法人资本   C. 银行资本   D. 外资

5-3 采用吸收直接投资方式进行筹资的企业不应该是（ ）。
  A. 股份制企业   B. 国有企业   C. 合伙企业   D. 合资企业

5-4 按股东权利义务关系的差别，股票可分为（ ）。
  A. 记名股票和不记名股票   B. 有面值股票和无面值股票
  C. 普通股和优先股   D. 始发股和新股

5-5 通常，下列长期筹资方式中资本成本最高的是（ ）。
  A. 发行债券   B. 发行普通股   C. 长期借款   D. 保留未分配利润

5-6 长期借款筹资与发行公司债券相比，前者的特点是（ ）。
  A. 筹资费用大   B. 资本成本高   C. 减税作用   D. 筹资弹性大

5-7 当公司债券的票面利率大于市场利率时，该债券一般会（ ）发行。
  A. 平价   B. 溢价   C. 折价   D. 均有可能

5-8 长期借款中，银行规定的补偿性余额不会导致（ ）。
  A. 提高企业借款的资本成本   B. 减少银行贷款的风险
  C. 增加银行贷款的风险   D. 减少企业实际可使用的资金

5-9 在其他条件保持不变的情况下，债券的付息期限越短，债券的发行价格将（ ）。
  A. 越高   B. 越低   C. 没有影响   D. 不确定

5-10 相对于借款购置设备而言，融资租赁的主要缺点是（ ）。
  A. 筹资速度慢   B. 筹资成本高   C. 到期还本负担重   D. 设备过时风险大

5-11 一般而言，与融资租赁筹资相比，发行债券的优点是（ ）。
  A. 资本成本低   B. 限制条件少   C. 财务风险小   D. 筹资速度较快

5-12 在下列各种租赁形式中，企业既能取得一定资金，又能获得资产使用权的是（ ）。
  A. 经营租赁   B. 直接租赁   C. 售后回租   D. 杠杆租赁

5-13 某企业按照 10% 的年利率向银行贷款 2 000 万元,银行要求企业保持 10% 的补偿性余额,那么该企业向银行借款的实际利率为(   )。

    A. 9.09%   B. 10%   C. 11.11%   D. 12%

5-14 租赁活动中需要涉及承租人、出租人和贷款机构的租赁形式是(   )。

    A. 经营租赁   B. 直接租赁   C. 售后租赁   D. 杠杆租赁

5-15 计算融资租赁租金时,不需要考虑的因素是(   )。

    A. 租赁资产的购置成本   B. 租赁中的维修费用

    C. 应计利息   D. 租赁的手续费

◯ 多项选择题

5-1 优先股的优先权主要体现在(   )。

    A. 优先认购股票   B. 优先分配股利

    C. 优先分配剩余资产   D. 优先行使表决权

5-2 股份公司申请上市,一般出于(   )的目的。

    A. 集中公司控制权   B. 提高股票的流通性

    C. 筹措新的资本   D. 提高公司知名度

5-3 银行发放长期借款附带的信用条件主要有(   )。

    A. 补偿性余额   B. 信贷额度   C. 周转信贷协议   D. 限制借款使用

5-4 决定债券发行价格的因素是(   )。

    A. 票面金额   B. 债券期限   C. 票面利率   D. 市场利率

5-5 与发行股票筹资相比,发行债券筹资的特点有(   )。

    A. 债券的求偿权优先于股票   B. 债券持有人无权参与公司经营决策

    C. 债券的资本成本一般小于股票   D. 债券筹资的风险比股票要大

5-6 关于筹资渠道和筹资方式两者之间的关系,下列描述正确的是(   )。

    A. 筹资渠道是指取得资金的来源,筹资方式是指取得资金的具体形式

    B. 同一来源的资金往往可以采用不同的筹资方式获得

    C. 一种筹资方式只能通过某种筹资渠道去筹集

    D. 一种筹资方式可以从不同的筹资渠道去筹集

5-7 具有节税效果的长期筹资方式有(   )。

    A. 发行可转换债券   B. 发行优先股   C. 长期向银行借款   D. 融资租赁

5-8 我国 A 股的发行对象是(   )。

    A. 我国的公民   B. 外国的公民   C. 我国机构投资者   D. 我国的法人

5-9 目前,我国 B 股的发行对象是(   )。

    A. 我国个人投资者   B. 外国的公民

    C. 我国香港地区投资者   D. 我国的法人

5-10 公司在(   )情形下,可考虑采用发行优先股进行长期筹资。

    A. 资本成本具有减税作用   B. 减少资本成本同时保持公司的偿债能力

    C. 筹资的资金使用灵活   D. 保持偿债能力同时不分散现有股东的控制权

5-11 融资租赁的具体方式包括(   )。

    A. 营运租赁   B. 直接租赁   C. 售后回租   D. 杠杆租赁

5-12 下列筹资渠道中,不能采用融资租赁方式筹集的有(   )。

    A. 银行信贷资本   B. 其他法人资本   C. 民间资本   D. 企业内部资本

5-13 融资租赁的优点包括(   )。

A. 筹资速度快   B. 带来节税效应

C. 减少资产过时风险   D. 资本成本较低

5-14 在我国，目前可以发行优先股进行筹资的公司包括(   )。

A. 上市公司   B. 股份有限公司   C. 有限责任公司   D. 以上均可以

5-15 下列选项中，(   )属于保留未分配利润筹资的优点。

A. 筹资限制少   B. 筹资风险低   C. 资本成本低   D. 无筹资费用

○计算分析题

5-1 某公司向银行借款 200 万元，期限为 3 年，年利率为 6%，按单利计息。根据公司与银行签订的贷款协议，银行要求公司保持贷款总额的 10% 的补偿性余额。

要求：

(1) 计算公司实际可使用的借款额。

(2) 计算公司实际负担的年利率。

5-2 某公司拟发行面额为 1 000 元，票面利率为 8%，期限为 5 年的债券一批，每年年末付息一次。

要求：

(1) 当市场利率为 10% 时，计算该债券的发行价格。

(2) 若该债券每半年付息一次，市场利率为 8% 时，计算其发行价格。

5-3 某公司于 2021 年 1 月 1 日从租赁公司租入一台机器，价值 120 万元，租期为 8 年，预计租赁期满时机器的残值为 5 万元，协议规定归租赁公司，年利率为 6%，租赁手续费率为设备价值的 3%，租金每年年末支付一次。

要求：利用平均分摊法计算该台租赁机器每次支付的租金。

5-4 2021 年 1 月 1 日，某公司采用融资租赁方式从租赁公司租入一套设备，价款 40 000 元，租期为 4 年；双方约定租赁期满后设备归承租方所有，租赁期间的折现率为 10%，采用后付等额年金方式支付租金。

要求：利用等额年金法计算该套设备每年年末应支付的租金。

5-5 某公司采用融资租赁方式在 2021 年 1 月 1 日从一家租赁公司租入一台数控机床，机床价款 260 万元，租期为 6 年，到期后资产归租入公司所有。租赁期间年利率为 8%，年手续费率为 2%。租赁协议规定，机床租入时就要付第 1 年租金，以后均为每年年初支付当年租金。

要求：利用等额年金法计算承租公司每年年初向租赁公司应支付的租金。

5-6 某企业于 2021 年 1 月 1 日从租赁公司租入一套设备，价值 100 万元，租期为 5 年，租赁期满时预计残值为 10 万元，归租赁公司所有。年利率为 8%，租赁手续费率每年为 2%。租金每年年末支付一次。

要求：利用等额年金法计算该套设备每年年末应支付的租金。

○案例分析题

南海运输公司长期筹资决策

南海运输公司于 5 年前实行规模扩张后，负债比率一直居高不下。直至 2020 年年底，公司的负债比率一直偏高，有近 18 亿元的债务将于 2023 年到期。为降低负债比率，拟追加筹资。

2021 年年初，公司领导层组织研究公司的筹资方式的选择问题。董事长和总经理两人都是熟悉财务问题的主要持股人。他们考虑了包括增发普通股在内的筹资方式，并开始向商业银行咨询。

起初，商业银行认为，可按每股 25 元的价格增发普通股。但经分析，这是不切实际的，因为投资者对公司运输老化等问题顾虑重重，如此高价位发行，成功的概率不大。最后，商业银行建议，公司可按每股 18 元的价格增发普通股 1 900 万股，以提升股权资本比重，降低负债比率，改善财务状况。

南方运输公司 2020 年年底增发普通股后(如果接受投资银行的建议)，筹资方式组合如表 5-4 所示。

表 5-4 南海运输公司长期筹资方式情况表

长期筹资方式	2020 年年底实际数	
	金额/亿元	百分比/％
长期债券	50	71.43
融资租赁	3	4.29
优先股	6	8.57
普通股	11	15.71
总计	70	100.00

分析与讨论：

（1）结合案例分析运用股票筹资的利弊。

（2）怎样评价商业银行对公司的咨询建议？

（3）试对公司提出筹资方式建议。

资金成本与资本结构

- 了解资金成本的概念与作用。
- 掌握个别资金成本和综合资金成本的计算。
- 理解经营杠杆、财务杠杆、联合杠杆的概念以及杠杆收益与风险。
- 掌握经营杠杆系数、财务杠杆系数和联合杠杆系数的计算。
- 理解资本结构的概念及影响因素。
- 了解资本结构的主要理论观点。
- 掌握资本结构决策的方法,包括资金成本比较法和每股收益分析法。

引导案例

优化资本结构,白云机场募资 32 亿元降低资产负债率

2014 年,为解决航站楼资源不足的瓶颈,满足航空业务持续增长的需要,白云机场进行了 T2 航站楼项目建设工程。T2 航站楼的扩建,在提升白云机场核心竞争力和中长期盈利水平的同时,公司的资产负债率也逐步增长。

2017 年年末、2018 年年末和 2019 年年末,白云机场资产负债率分别为 32.95%、41.84% 和 34.14%,均高于同行业 A 股可比公司平均水平。

目前,白云机场资金上仍存在一定压力。截至 2019 年年末,白云机场货币资金余额较上期末减少46.10%,主要是归还 25.7 亿元贷款所致;而 2019 年在建工程则增加了 406.44% 之多,主要是北区远机位停机位扩建工程、物流综合服务大楼、航空物流综合信息平台项目、西南站坪等在建项目增加所致。

截至 2020 年 3 月末,白云机场总负债 93.53 亿元。而在疫情影响下,短期风险和不确定性有所提高。从发展空间来看,白云机场具有覆盖东南亚、连接欧美澳、辐射国内各主要城市的天然网络优势,发展潜力尚未完全被挖掘,较高的资产负债率不应该成为白云机场发展的瓶颈。

在本次非公开发行股票方案中,白云机场拟向控股股东广东省机场集团非公开发行 A 股股票不超过2.94 亿股,募集资金总额不超过 32 亿元,扣除发行费用后全部用于补充流动资金。广东省机场集团拟以现金方式一次性全额认购。

在因疫情导致业绩面临短暂下滑的压力下,本次 32 亿元资金的一次性注入,将帮助白云机场顺利度过疫情难关,还将落实 T2 航站楼资本金到位,为白云机场未来发展储备稳定资金,降低资产负债率,助力公司挖掘免税业务潜力,持续优化收入结构。

通过本次非公开发行股票进行融资,白云机场的资本结构将得到有效改善,降低资产负债率,缓解公司因资金需求而实施债务融资的压力,有利于控制财务费用支出,防范财务风险,提升财务稳健性。

资料来源:民航资源网,http://www.carnoc.com,2020-07-20.

6.1　资　金　成　本

6.1.1　资金成本概述

资金成本(cost of capital)是指企业为筹集和使用资金而付出的代价。资金成本是一种机会成本,指公司可以从现有资产中获得的、符合投资人期望的最小收益率。它也称最低可接受的收益率、投资项目的取舍收益率。资金成本一般包括筹资费用和用资费用两部分。

1. 资金成本的构成

(1)筹资费用。筹资费用是指在资金筹集过程中所支付的各项费用,如发行股票或债券支付的印刷费、发行手续费、律师费、资信评估费、公证费、担保费、广告费等。资金筹集成本一般属于一次性费用,筹资次数越多,资金筹集成本也就越大。

(2)用资费用。用资费用又称资金占用费,是指占用资金而支付的费用,它主要包括支付给股东的各种股息和红利,向债权人支付的贷款利息以及支付给其他债权人的各种利息费用等。资金使用成本一般与所筹集的资金多少以及使用时间的长短有关,具有经常性、定期性的特征,是资金成本的主要内容。

2. 资金成本的作用

筹资费用与用资费用是有区别的,前者是在筹措资金时一次支付的,在使用资金过程中不再发生,因此可作为筹资金额的一项扣除,而后者是在资金使用过程中多次定期发生的。

企业都希望以最小的资金成本获取所需要的资金数额,分析资金成本有助于企业选择筹资方案、确定筹资结构以及最大限度地提高筹资的效益。资金成本主要有以下作用。

(1)资金成本是选择资金来源、筹资方式的重要依据。企业一般有多种筹资方式,包括发行股票、发行债券、长期借款等,每种筹资方式的个别资金成本率是不同的,企业可以比较选择个别资金成本率较低的筹资方式。

(2)资金成本是企业进行资本结构决策的基本依据。企业的长期资本可以通过多种筹资方式组合而成,不同筹资组合方案的综合资金成本率是进行资本结构决策的依据。

(3)资金成本是比较追加筹资方案的重要依据。不同追加筹资方案的边际资金成本率是追加筹资方案的一个依据,一般选择边际资金成本率最低的追加筹资方案。

(4)资金成本是评价各种投资项目是否可行的一个重要尺度,只有当该项目的投资报酬率大于筹集项目资金的综合资金成本时,该项目才是可行的,否则不可行。

(5)资金成本也是衡量企业整个经营业绩的一项重要标准。只有当企业整体的利润率高于综合资金成本时,对企业经营才是有利的;反之,如果利润率低于综合资金成本,则是经营不利、业绩不佳。

资金成本在财务管理中一般用相对数表示,即表示为用资费用与实际筹得资金(筹资额减去筹资费)的比率。其计算公式为

$$资金成本率 = \frac{年用资费用}{筹资总额 - 筹资费用} \times 100\%$$
$$= \frac{年用资费用}{筹资总额 \times (1 - 筹资费率)} \times 100\% \tag{6-1}$$

按照用途,资金成本率可分为个别资金成本率、综合资金成本率和边际资金成本率。个别资金成本率是指单个筹资方式的资金成本率,一般用于比较和评价各种筹资方式;综合资金成本率一般用于资本结构决策;边际资金成本率一般用于追加筹资决策。

个别资金成本率是综合资金成本率和边际资金成本率的基础,综合资金成本率和边际资金成本率都是对个别资金成本率的加权平均。三者都与资本结构紧密相关,然而个别资金成本率与资本结构性质关系很大;综合资金成本率主要用于评价与选择资本结构;边际资金成本率则用于已确定目标资本结构情况下,资金成本率随筹资规模变动而变动的情况。

6.1.2 个别资金成本率的计算

1. 长期借款资金成本率

根据企业所得税法的规定，企业长期借款的利息可以从税前利润扣除，从而可以抵免企业所得税。因此，企业的长期借款资金成本率应当考虑所得税因素，具体计算公式为

$$长期借款成本率 = \frac{年利率 \times (1 - 所得税税率)}{1 - 筹资费率} \tag{6-2}$$

另外，由于长期借款这种筹资方式的筹资费用较少，所以有时可将筹资费用忽略不计，则

$$长期借款成本率 = 年利息率 \times (1 - 所得税税率) \tag{6-3}$$

【例 6-1】 西域公司取得 3 年期借款 800 万元，年利率为 8%，每年付息一次，到期一次还本。已知企业所得税税率为 25%，筹资费率为 0.5%。

要求：计算该项长期借款的资金成本率。

解：

$$银行借款成本率 = \frac{8\% \times (1 - 25\%)}{1 - 0.5\%} = 6.03\%$$

2. 债券资金成本率

债券资金成本计算基本与银行借款一致，债券的利息费用也可以从税前利润扣除，其计算公式为

$$长期债券的资金成本率 = \frac{债券年利息 \times (1 - 所得税税率)}{筹资总额 \times (1 - 筹资费率)} \tag{6-4}$$

式中，

$$债券利息 = 债券面值 \times 利率$$

$$筹资总额 = 债券发行价格 \times 发行数量$$

【例 6-2】 西域公司发行五年期的债券，票面面值为 100 万元，票面年利率为 10%，每年付一次利息，发行价为 120 万元，发行费率为 5%，所得税税率为 25%。

要求：计算该债券的资金成本率。

解：

$$债券资金成本率 = \frac{100 \times 10\% \times (1 - 25\%)}{120 \times (1 - 5\%)} = 6.28\%$$

3. 优先股资金成本率

企业发行优先股，要支付筹资费用，还要定期支付股利。但它与债券不同，股利在税后支付，且没有固定的到期日。因此，其计算公式为

$$优先股资金成本率 = \frac{优先股每年股利额}{发行总额 \times (1 - 筹资费率)} \tag{6-5}$$

【例 6-3】 西域公司按面值发行 5 000 万元的优先股股票，共支付筹资费用 50 万元，年优先股股利率为 10%。

要求：计算优先股的资金成本率。

解：

$$优先股资金成本率 = \frac{5\,000 \times 10\%}{5\,000 - 50} = 10.1\%$$

4. 普通股资金成本率

普通股股票为企业基本资金，其股利要取决于企业生产经营情况，不能事先确定，因此，普通股的资金成本率很难预先准确地加以计算。其计算公式为

$$普通股资金成本率 = \frac{预计第一年每股股利}{普通股每股市价 \times (1 - 筹资费用率)} + 股利逐年增长率 \tag{6-6}$$

【例 6-4】 西域公司发行普通股，市价为 2 000 万元，股利率为 10%，筹资费用率为 2%，预计未来股利

每年增长率为 3%。

要求：计算普通股的资金成本率。

解：

$$普通股资金成本率 = \frac{2\,000 \times 10\%}{2\,000 \times (1-2\%)} + 3\% = 13.2\%$$

普通股资金成本也可以采用资本资产定价模型来进行计算，即普通股的必要报酬率等于无风险报酬率加上风险报酬率，具体计算公式为

$$K = R_f + \beta_i(R_m - R_f) \tag{6-7}$$

式中，K 为普通股投资的必要报酬率；R_f 为无风险报酬率，β_i 为某股票的贝塔系数；R_m 为市场报酬率。

【例 6-5】　西域公司普通股 β 系数为 1.5，市场报酬率为 10%，无风险报酬率为 6%。

要求：计算普通股的资金成本率。

解：　　　　　　　　$资金成本率\ K = 6\% + 1.5 \times (10\% - 6\%) = 12\%$

普通股资金成本率还可以采用风险溢价模型，根据"风险越大，要求的报酬率越高"的原理，股票的报酬率应该在债券的报酬率之上再加一定的风险溢价。

【例 6-6】　西域公司发行债券的投资报酬率为 8%，现准备发行普通股，经过分析，该股票投资高于债券投资的风险溢价为 4%。

要求：计算普通股的资金成本率。

解：　　　　　　　　　　　　$K = 8\% + 4\% = 12\%$

5. 留存收益资金成本率

企业所获利润，按规定可留存一定比例的资金，满足自身发展资金需要。留存收益作为内部筹资的资本用于再投资时，其资金成本可以按上述例子计算。因为留存收益若不用于再投资，则可分发给股东。普通股要求收益率是留存收益再投资的机会成本。所以，留存收益的成本等于现有的普通股成本，只是没有筹资费用。其计算公式为

$$留存收益资金成本率 = \frac{预期年股利额}{普通股市价} + 股利增长率 \tag{6-8}$$

【例 6-7】　依前例，西域公司股票市价为 2\,000 万元，普通股股利率为 10%。

要求：计算留存收益的资金成本率。

解：

$$留存收益的资金成本率 = \frac{2\,000 \times 10\%}{2\,000} + 3\% = 13\%$$

6.1.3　综合资金成本率的计算

如前所述，企业取得资金的渠道不尽相同，其资金成本率也不同。在决策资金运用时，如果以某一种资金成本率作为依据，则往往会造成决策失误。计算综合资金成本率主要是保证企业有一个合理的资金来源结构，使各种资金保持合理的比率，并尽可能使企业综合资金成本率有所降低。综合资金成本率是以各种资金所占的比重为权数，对各种资金的成本进行加权平均计算出来的，也称加权平均资金成本率。其计算公式为

$$综合资金成本率 = \sum(各种资金来源成本 \times 该种资金来源占全部资金的比重) \tag{6-9}$$

【例 6-8】　西域公司采用多种筹资方式，共筹资 8\,000 万元，相关数据如表 6-1 所示。

表 6-1　西域公司筹资方式汇总表

筹资方式	筹资总额/%	所占比重/%	税后资金成本/%
银行借款	800	10	5.4
长期债券	100	1.25	5.88

续表

筹资方式	筹资总额/%	所占比重/%	税后资金成本/%
优先股	5 000	62.5	10.1
普通股	2 000	25	13.2
留存收益	100	1.25	13
合　计	8 000	100	10.38

要求：计算综合资金成本率。

解：根据表 6-1,该公司的综合资金成本率计算如下：

综合资金成本率 $= 10\% \times 5.4\% + 1.25\% \times 5.88\% + 62.5\% \times 10.1\% + 25\% \times 13.2\% + 1.25\% \times 13\%$
$= 10.38\%$

按照企业价值最大化的目标,资本权重中各类资本的价值应按市场价值计算。若市场价值无法得到或资本的市场价值接近账面价值时,则可按资产负债表上资本的账面价值计算。

6.1.4　边际资金成本率的计算

公司无法以某一固定的资金成本筹集无限的资金,当公司筹集的资金超过一定限度时,原来的资金成本就会增加。追加一个单位的资本所增加的成本称为边际资金成本率(marginal cost of capital)。

通常地,资金成本率在一定范围内不会改变,而在保持某资金成本率的条件下可以筹集到的资金总限度称为保持现有资本结构下的筹资突破点,一旦筹资额超过突破点,即使维持现有的资本结构,其资金成本率也会增加。由于筹集新资本都按一定的数额批量进行,故其边际资金成本可以绘成一条有间断点(即筹资分界点)的曲线,若将该曲线和投资机会曲线置于同一图中,则可进行投资决策：内部收益率高于边际资金成本的投资项目应接受；反之,则拒绝；两者相等时则是最优的资本预算。

边际资金成本规划步骤如下。

1. 确定拟追加筹资的资本结构

一般情况下,应根据原有资本结构和目标资本结构的差距,确定追加筹资的资本结构。

2. 预测各种追加筹资的个别资金成本

随着企业规模的变化,筹资能力发生变化,再加上资本市场状况也会随经济情况有所变化,因此,各种追加筹资的个别资金成本不是一成不变的,需要预先预测。

3. 计算筹资总额分界点

对于每种筹资方式,在一定的资金成本下,筹资数额是有限的,超过这个数额就会引起资金成本的阶跃,因此有必要了解此时相应的追加筹资总额。这时的筹资总额对应个别资金成本的阶跃,也必然对应边际资金成本的阶跃,具有明显的分界特征,所以称为筹资总额分界点。筹资总额分界点计算公式为

$$筹资分界点 = \frac{可用某一特定成本筹集到的某种资金额}{该种资金在资本结构中所占的比重} \tag{6-10}$$

4. 计算边际资金成本

根据筹资总额分界点的计算,可以得出追加筹资总额按边际资金成本分界的范围。最后,应分别计算各段筹资范围内追加筹资总额的边际资金成本。

【例 6-9】　西域公司长期资金 400 万元,其中长期借款 60 万元,资金成本为 3%；长期债券 100 万元,资金成本为 10%；普通股 240 万元,资金成本为 13%。西域公司平均资金成本为 10.75%。由于扩大经营规模的需要,拟筹集新资金。

要求：对追加筹资的边际资金成本进行规划。

解：

(1) 确定拟追加筹资的资本结构。经分析,认为筹集新资金后仍应保持目前的资本结构,即长期借款

占 15%,长期债券占 25%,普通股占 60%。

（2）预测各种追加筹资的个别资金成本。测算出追加筹资的各种资金成本见表 6-2。

表 6-2 西域公司资本结构及资金成本 单位：万元

资金种类	目标资本结构/%	新筹资额	资金成本/%
长期借款	15	<4.5 4.5～9 >9	3 5 7
长期债券	25	<20 20～40 >40	10 11 12
普通股	60	<30 30～60 >60	13 14 15

（3）计算筹资分界点。西域公司各种情况下的筹资分界点的计算结果见表 6-3。

表 6-3 西域公司筹资分界点 单位：万元

资金种类	目标资本结构/%	资金成本/%	新筹资额	筹资分界点
长期借款	15	3 5 7	<4.5 4.5～9 >9	 30 60
长期债券	25	10 11 12	<20 20～40 >40	 80 160
普通股	60	13 14 15	<30 30～60 >60	 50 100

（4）计算边际资金成本。根据上一步计算出的筹资突破点，可以得到 7 组筹资总额范围：30 万元以内；30 万～50 万元；50 万～60 万元；60 万～80 万元；80 万～100 万元；100 万～160 万元；160 万元以上。对以上 7 组筹资总额范围分别计算加权平均资金成本，即可得到各种筹资总额范围的边际资金成本，计算结果见表 6-4。

表 6-4 西域公司边际资金成本计算表

筹资总额范围/万元	资金种类	资本结构/%	资金成本/%	加权平均资金成本/%
<30	长期借款 长期债券 普通股	15 25 60	3 10 13	0.45 2.5 7.8 合计 10.75
30～50	长期借款 长期债券 普通股	15 25 60	5 10 13	0.75 2.5 7.8 合计 11.05
50～60	长期借款 长期债券 普通股	15 25 60	5 10 14	0.75 2.5 8.4 合计 11.65
60～80	长期借款 长期债券 普通股	15 25 60	7 10 14	1.05 2.5 8.4 合计 11.95

续表

筹资总额范围/万元	资金种类	资本结构/%	资金成本/%	加权平均资金成本/%
80～100	长期借款	15	7	1.05
	长期债券	25	11	2.75
	普通股	60	14	8.4
				合计 12.2
100～160	长期借款	15	7	1.05
	长期债券	25	11	2.75
	普通股	60	15	9
				合计 12.8
>160	长期借款	15	7	1.05
	长期债券	25	12	3
	普通股	60	15	9
				合计 13.05

以上计算结果用图形表达，可以更形象地看出筹资总额增加时边际资金成本的变化（见图 6-1），企业可依此作出追加筹资的规划。图中同时显示了企业目前的投资机会，A～F 共六个项目。企业筹集资本首先用于内含报酬率最大的 A 项目，然后有可能再选择 B 项目，以此类推。资金成本与投资机会的交点 90 万元是适宜的筹资预算。此时可选择 A、B、C 三个项目，它们的内含报酬率高于相应的边际资金成本。D 项目的内含报酬率虽然高于目前的资金成本，但低于为其筹资所需的边际资金成本，是不可取的。

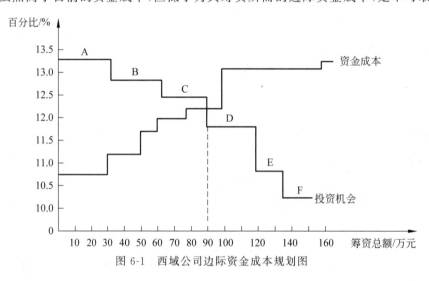

图 6-1　西域公司边际资金成本规划图

6.2　杠杆利益与风险

6.2.1　经营杠杆利益与风险

给我一个支点，我将撬动整个地球！

——阿基米德

经营杠杆（operating leverage）又称营业杠杆或营运杠杆，反映销售额和息税前利润的杠杆关系，指在企业生产经营中由于存在固定成本而使利润变动率大于产销量变动率的规律。

根据成本性态，在一定产销量范围内，产销量的增加一般不会影响固定成本总额，但会使单位产品固定成本降低，从而提高单位产品利润，并使利润增长率大于产销量增长率；反之，产销量减少，会使单位产品固定成本升高，从而降低单位产品利润，并使利润下降率大于产销量的下降率。所以，产品只有在没有固定成本的条件下，才能使贡献毛益等于经营利润，使利润变动率与产销量变动率同步增减。但这种情况在现实中是不存在的。这样，由于存在固定成本而使利润变动率大于产销量变动率的规律，在管理会计和企业财务管理中就常根据计划期产销量变动率来预测计划期的经营利润。

营业杠杆利益(benefit on operating leverage)是指在扩大销售额的条件下,由于经营成本中固定成本相对降低,所带来增长程度更快的经营利润。在一定产销规模内,由于固定成本并不随销售量的增加而增加;随着销售量的增加,单位销量所负担的固定成本会相对减少,从而给企业带来额外的收益。

【例 6-10】 西域公司在销售额为 4 000 万～7 000 万元,固定成本总额为 1 000 万元,变动成本率为 60%。公司 2019—2021 年的销售额分别为 4 000 万元、5 000 万元和 7 000 万元。

要求:测算其营业杠杆利益。

解: 西域公司营业杠杆利益测算,如表 6-5 所示。

表 6-5　西域公司营业杠杆利益测算表

年份	销售额/万元	销售额增长率/%	变动成本/万元	固定成本/万元	营业利润/万元	利润增长率/%
2019	4 000		2 400	1 000	600	
2020	5 000	25	3 000	1 000	1 000	67
2021	7 000	40	4 200	1 000	1 800	80

由表 6-5 可见,西域公司在销售额为 4 000 万～7 000 万元,固定成本总额每年都是 1 000 万元,即保持不变,随着销售额的增长,息税前利润以更快的速度增长。西域公司 2020 年与 2019 年相比,销售额的增长率为 25%,同期息税前利润的增长率为 67%;2021 年与 2020 年相比,销售额的增长率为 40%,同期息税前利润的增长率为 80%。由此可知,由于西域公司有效地利用了营业杠杆,获得了较高的营业杠杆利益,即息税前利润的增长幅度高于销售额的增长幅度。

营业风险(business risk)也称经营风险,是指与企业经营相关的风险,尤其是指利用营业杠杆而导致息税前利润变动的风险。

影响营业风险的因素主要有产品需求的变动、产品售价的变动、单位产品变动成本的变动、营业杠杆变动等。营业杠杆对营业风险的影响最为综合,企业欲取得营业杠杆利益,就需承担由此引起的营业风险,需要在营业杠杆利益与风险之间进行权衡。

【例 6-11】 假定西域公司 2019—2021 年的销售额分别为 7 000 万元、5 000 万元和 4 000 万元,每年的固定成本都是 1 000 万元,变动成本率为 60%。

要求:测算西域公司的营业风险。

解: 西域公司的营业风险测算如表 6-6 所示。

表 6-6　西域公司的营业风险测算表

年份	销售额/万元	销售额降低率/%	变动成本/万元	固定成本/万元	营业利润/万元	利润降低率/%
2019	7 000		4 200	1 000	1 800	
2020	5 000	29	3 000	1 000	1 000	44
2021	4 000	20	2 400	1 000	600	40

由表 6-6 的测算可见,西域公司在销售额为 4 000 万～7 000 万元,固定成本总额每年都是 1 000 万元,即保持不变,而随着销售额的下降,息税前利润以更快的速度下降。例如,西域公司 2020 年与 2019 年相比,销售额的降低率为 29%,同期息税前利润的降低率为 44%;2021 年与 2020 年相比,销售额的降低率为 20%,同期息税前利润的降低率为 40%。由此可知,由于西域公司没有有效地利用营业杠杆,从而导致了营业风险,即息税前利润的降低幅度高于销售额的降低幅度。

营业杠杆系数(degree of operating leverage,DOL)也称营业杠杆程度,是息税前利润的变动率相对于销售额(营业额)变动率的倍数。

营业杠杆系数反映着营业杠杆的作用程度。为了反映营业杠杆的作用程度,估计营业杠杆利益的大小,评价营业风险的高低,需要测算营业杠杆系数。其测算公式为

$$DOL = \frac{\Delta EBIT/EBIT}{\Delta S/S} \tag{6-11}$$

式中，DOL 为营业杠杆系数；EBIT 为息税前利润；ΔEBIT 为息税前利润的变动额；S 为销售额；ΔS 为销售额的变动额。

为了便于计算，可将上列公式化简如下：

$$DOL = \frac{Q(P-V)}{Q(P-V)-F} \tag{6-12}$$

或者

$$DOL = \frac{S-C}{S-C-F} \tag{6-13}$$

式中，Q 为销售数量；P 为销售单价；V 为单位销量的变动成本额；F 为固定成本总额；C 为变动成本总额，可按变动成本率乘以销售总额来确定。

【例 6-12】 西域公司的产品销量 10 000 件，单位产品售价 2 000 元，销售总额为 2 000 万元，固定成本总额为 400 万元，单位产品变动成本为 1 200 元，变动成本率为 60%，变动成本总额为 1 200 万元。试求营业杠杆系数。

解：其营业杠杆系数测算如下：

$$DOL = \frac{10\,000 \times (2\,000 - 1\,200)}{10\,000 \times (2\,000 - 1\,200) - 4\,000\,000} = 2$$

或者

$$DOL = \frac{2\,000 - 1\,200}{2\,000 - 1\,200 - 400} = 2$$

在此例中，营业杠杆系数为 2 的意义在于：当公司销售额增长 1 倍时，息税前利润将增长 2 倍；反之，当公司销售额下降 1 倍时，息税前利润将下降 2 倍。前一种情形表现为营业杠杆利益，后一种情形则表现为营业风险。一般而言，公司的营业杠杆系数越大，营业杠杆利益和营业风险就越高；公司的营业杠杆系数越小，营业杠杆利益和营业风险就越低。

6.2.2 财务杠杆利益与风险

财务杠杆（financial leverage）是指资本结构中债务的运用对普通股每股收益的影响能力。财务杠杆系数是普通股每股税后利润变动率相对于息税前利润变动率的倍数，是反映财务杠杆作用程度的指标。财务杠杆系数越大，说明企业的财务风险越高。

企业的融资来源不外乎两种：债务资金与权益资金。不论企业营业利润为多少，债务的利息通常都是固定不变的。这种由于固定性财务费用的存在而导致普通股股东权益变动大于息税前利润变动的杠杆效应，称为财务杠杆效应。财务杠杆效应的大小，一般用财务杠杆系数（degree of financial leverage，DFL）来度量。它是指普通股每股收益 EPS 的变动率与息税前利润 EBIT 变动率的比率，用公式表示为

$$DFL = \frac{\Delta EPS/EPS}{\Delta EBIT/EBIT} \tag{6-14}$$

式中，DFL 为财务杠杆系数；ΔEPS 为普通股每股收益的变动额；EPS 为基期每股收益。

上述公式是计算财务杠杆系数的理论公式，必须同时已知变动前后两期的资料才能计算，比较麻烦。上述公式可以化简如下：

$$DFL = \frac{EBIT}{EBIT - I} \tag{6-15}$$

从简化公式可以看出，在资金总额、息税前利润相同的情况下，负债比率越高，财务杠杆系数越大，普通股每股收益波动幅度越大，财务风险就越大；反之，负债比率越低，财务杠杆系数越小，普通股每股收益波动幅度越小，财务风险就越小。

下面仍以西域公司为例说明财务杠杆系数的计算方法。

【例6-13】 依上例西域公司计划年度预测需要资金200 000元。现有两种融资方案可供选择。方案A：发行20 000股普通股，每股面值10元；方案B：25%采用负债筹资，利率为8%。若当前年度EBIT为20 000元，所得税率为25%，预计下一年度EBIT也同比增长20%。相关数据如表6-7所示。

要求：计算西域公司的财务杠杆系数。

表6-7 西域公司的融资方案与每股盈余计算分析表 单位：元

时　间	项　目	方案A	方案B
当前年度	发行普通股股数/股	20 000	15 000
	普通股股本（每股面值10元）	200 000	150 000
	债务（利率8%）	0	50 000
	资金总额	200 000	200 000
	息税前利润	20 000	20 000
	减：债务利息	0	4 000
	税前利润	20 000	16 000
	减：所得税	5 000	4 000
	税后净利	15 000	12 000
	每股收益/（元/股）	0.75	0.8
下一年度	息税前利润增长率/%	20	20
	增长后的息税前利润	24 000	24 000
	减：债务利息	0	4 000
	税前利润	24 000	20 000
	减：所得税	6 000	5 000
	税后净利	18 000	15 000
	每股收益/（元/股）	0.9	1
	每股收益增加额	0.15	0.2
	普通股每股收益增长率/%	20	25

解：方法一。

A方案：

$$DFL = \frac{20\%}{20\%} = 1$$

B方案：

$$DFL = \frac{25\%}{20\%} = 1.25$$

方法二：根据简化公式。

A方案：

$$DFL = \frac{20\ 000}{20\ 000 - 0} = 1$$

B方案：

$$DFL = \frac{20\ 000}{20\ 000 - 4\ 000} = 1.25$$

从表6-7可以看出每种筹资方式下的财务杠杆对每股收益的影响。本例中两种方案的资金总额均相同，EBIT相等，EBIT增长的幅度也相等，不同的仅是资金结构（各种来源的资金占资金总额的比重）。当EBIT增长20%时，A方案的EPS也增长20%，这是因为该方案没有举债，其财务杠杆系数等于1；B方案的EPS的增长幅度超过了EBIT的增长幅度，为25%。这是因为它借入了资金，这就是财务杠杆效应。

实务中，企业的财务决策者在确定企业负债的水平时，必须认识到负债可能带来的财务杠杆收益和相应的财务风险,从而在利益与风险之间作出合理的权衡。

6.2.3 联合杠杆利益与风险

从公司整个生产经营的全过程来看,既存在固定的生产经营成本,又存在固定的财务成本,这使每股盈余的变动率远远大于业务量的变动率,这种现象就叫作联合杠杆。

联合杠杆是经营杠杆和财务杠杆共同所起的作用,用于衡量销售量的变动对普通股每股收益变动的影响程度。

联合杠杆系数(degree of combining leverage,DCL)又称联合杠杆系数或总杠杆系数,是指普通股每股收益变动率相当于产销量变动率的倍数。

$$DCL(联合杠杆系数) = DOL(经营杠杆系数) \times DFL(财务杠杆系数) \tag{6-16}$$

【例 6-14】 依上例西域公司的经营杠杆系数为 2,财务杠杆系数为 1.25。

要求:计算该公司的联合杠杆系数。

解:按式(6-16),该公司的联合杠杆系数为

$$DCL = 2 \times 1.25 = 2.5$$

6.3 资 本 结 构

6.3.1 资本结构概述

资本结构(capital composition)是指企业各种筹资方式的资金构成及其比例关系,它是企业筹资决策中的关键问题。

在实务中,资本结构有广义和狭义之分。广义的资本结构是指包括长期资本和短期资本的全部资本的结构;狭义的资本结构是指只包括长期资金的资本结构。

负债筹资具有两面性,既可以降低企业的资金成本,又会给企业带来财务风险。因此,在作筹资决策时,企业必须权衡财务风险和资金成本的关系,确定最优的资本结构。所谓最优的资本结构,就是使企业综合资金成本最低、企业价值最大的资本结构。

6.3.2 资本结构理论

资本结构理论包括净收益理论、净营业收益理论、MM 理论、代理理论和等级筹资理论等。

1. 净收益理论

净收益理论(net income theory)认为,利用债务可以降低企业的综合资金成本。由于债务成本一般较低,所以,负债程度越高,综合资金成本越低,企业价值越大。当负债比率达到 100% 时,企业价值将达到最大。

2. 净营业收益理论

净营业收益理论(net operating income theory)认为,资本结构与企业的价值无关,决定企业价值高低的关键要素是企业的净营业收益。尽管企业增加了成本较低的债务资金,但同时也加大了企业的风险,导致权益资金成本的提高,企业的综合资金成本仍保持不变。不论企业的财务杠杆程度如何,其整体的资金成本不变,企业的价值也就不受资本结构的影响,因此不存在最佳资本结构。

3. MM 理论

MM 理论,即由美国的 Modigliani 和 Miller(简称"MM")教授于 1958 年 6 月发表于《美国经济评论》的"资本结构、公司财务与资本"一文中所阐述的基本思想。该理论认为,在没有企业和个人所得税的情况下,任何企业的价值,不论其有无负债,都等于经营利润除以适用于其风险等级的收益率。风险相同的企业,其价值不受有无负债及负债程度的影响;但在考虑所得税的情况下,由于存在税额庇护利益,企业价值会随负

债程度的提高而增加,股东也可获得更多好处。于是负债越多,企业价值也会越大。

4. 代理理论

代理理论(agency theory)认为,企业资本结构会影响经理人员的工作水平和其他行为选择,从而影响企业未来现金收入和企业市场价值。该理论认为,债权筹资有很强的激励作用,并将债务视为一种担保机制。这种机制能够促使经理多努力工作,少个人享受,并且作出更好的投资决策,从而降低由于两权分离而产生的代理成本。但是,负债筹资可能导致另一种代理成本,即企业接受债权人监督而产生的成本。均衡的企业所有权结构是由股权代理成本和债权代理成本之间的平衡关系来决定的。

5. 等级筹资理论

等级筹资理论(rating financing theory)的主要观点如下。

(1) 外部筹资的成本不仅包括管理和证券承销成本,还包括不对称信息所产生的"投资不足效应"而引起的成本。

(2) 债务筹资优于股权筹资。由于企业所得税的节税利益,负债筹资可以增加企业的价值,即负债越多,企业价值增加越多,这是负债的第一种效应。但是,财务危机成本期望值的现值和代理成本的现值会导致企业价值的下降,即负债越多,企业价值减少额越大,这是负债的第二种效应。由于上述两种效应相抵消,企业应适度负债。

(3) 由于非对称信息的存在,企业需要保留一定的负债容量以便有利可图的投资机会来临时发行债券,避免以太高的成本发行新股。

从成熟的证券市场来看,企业的筹资优序模式首先是内部筹资,其次是借款、发行债券、可转换债券,最后是发行新股筹资。但是,20 世纪 80 年代后新兴证券市场具有明显的股权融资偏好。

6.3.3　资本结构决策

1. 资本结构决策的影响因素

资本结构是一个产权结构问题,是社会资本在企业经济组织形式中的资源配置结果。资本结构的变化将直接影响社会资本所有者的利益。资本结构决策的影响因素主要包括以下几种。

(1) 企业经营状况的稳定性和成长率。企业产销业务量的稳定程度对资本结构有重要影响:如果产销业务量稳定,企业可较多地负担固定的财务费用;如果产销业务量和盈余有周期性,则要负担固定的财务费用,将承担较大的财务风险。经营发展能力表现为未来产销业务量的增长率,如果产销业务量能够以较高的水平增长,企业可以采用高负债的资本结构,以提升权益资本的报酬。

(2) 企业的财务状况和信用等级。如果企业财务状况良好、信用等级高,债权人愿意向企业提供信用,企业容易获得债务资本。相反,如果企业财务情况欠佳、信用等级不高,债权人投资风险大,这样会降低企业获得信用的能力,加大债务资本筹资的资金成本。

(3) 企业资产结构。资产结构是企业筹集资本后进行资源配置和使用后的资金占用结构,包括长短期资产构成和比例,以及长短期资产内部的构成和比例。资产结构对企业资本结构的影响主要包括拥有大量固定资产的企业主要通过长期负债和发行股票筹集资金;拥有较多流动资产的企业更多地依赖流动负债筹集资金;以技术研发为主的企业则负债较少。

(4) 企业投资人和管理当局的态度。从企业所有者的角度看,如果股权分散,企业可能更多地采用权益资本筹资以分散企业风险。如果企业为少数股东控制,股东通常重视企业控股权问题,为防止控股权稀释,企业一般尽量避免普通股筹资,而是采用优先股或债务资本筹资。从企业管理当局的角度看,高负债资本结构的财务风险高,一旦经营失败或出现财务危机,管理当局将面临市场接管的威胁或者被董事会解聘。因此,稳健的管理当局偏好于选择低负债比例的资本结构。

(5) 行业特征和企业发展周期。不同行业的资本结构差异很大。产品市场稳定的成熟产业经营风险低,因此可提高债务资本比重,发挥财务杠杆作用。高新技术企业的产品、技术、市场尚不成熟,经营风险高,因此可降低债务资本比重,控制财务杠杆风险。在同一企业不同发展阶段,资本结构安排不同。企业初创阶段,经营风险高,在资本结构安排上应控制负债比例;企业发展成熟阶段,产品产销业务量稳定和持续增长,经营风险低,可适度增加债务资本比重,发挥财务杠杆效应;企业收缩阶段,产品市场占有率下降,经营风险逐步加大,应逐步降低债务资本比重,保证经营现金流量能够偿付到期债务,保持企业持续经营能力,减少破产风险。

(6)经济环境的税务政策和货币政策。资本结构决策必然要研究理财环境因素,特别是宏观经济状况。政府调控经济的手段包括财政税收政策和货币金融政策,当所得税税率较高时,债务资本的抵税作用大,企业可以充分利用这种作用来提高企业价值。货币金融政策影响资本供给,从而影响利率水平的变动,当国家执行紧缩的货币政策时,市场利率较高,企业债务资金成本增大。

2. 资本结构决策方法

最佳资本结构是指企业在一定时期内,综合资金成本最低、企业价值最大时的资金结构。其判断标准有三个:第一,有利于最大限度地增加所有者财富,能使企业价值最大化;第二,企业综合资金成本最低;第三,资产保持适宜的流动,并使资金结构具有弹性。

资金结构决策的方法主要有以下两种。

(1)比较资金成本法。比较资金成本法是计算不同资本结构(或筹资方案)的加权平均资金成本,并以此为标准相互比较进行资本结构决策。企业的资本结构决策可分为初始筹资和追加筹资两种情况。前者可称为初始资本结构决策,后者可称为追加资本结构决策。

在实际中,企业对拟定的筹资总额,可以采用多种筹资方式来筹集,同时每种筹资方式的筹资数额也可有不同安排,由此形成若干个资本结构(或筹资方案)可供选择。

【例6-15】 西域公司初创时拟筹资2 000万元,有A、B两个筹资方案可供选择,有关资料见表6-8。

表6-8 西域公司筹资资料

资本来源	A方案		B方案	
	筹资额/万元	税后资金成本/%	筹资额/万元	税后资金成本/%
长期借款	600	6	800	7
长期债券	400	7	600	8
优先股	200	10	200	15
普通股	800	15	400	20
合　计	2 000		2 000	

要求:分别测算两个筹资方案的加权平均资金成本,并比较其高低,从而确定最佳筹资方案,即最佳资本结构。

解:方案A。

① 各种筹资占筹资总额的比重。

$$长期借款所占比重 = 600 \div 2\,000 \times 100\% = 30\%$$

$$长期债券所占比重 = 400 \div 2\,000 \times 100\% = 20\%$$

$$优先股所占比重 = 200 \div 2\,000 \times 100\% = 10\%$$

$$普通股所占比重 = 800 \div 2\,000 \times 100\% = 40\%$$

② 加权平均成本 $= 6\% \times 30\% + 7\% \times 20\% + 10\% \times 10\% + 15\% \times 40\% = 10.2\%$。

方案B。

① 各种筹资占筹资总额的比重。

$$长期借款所占比重 = 800 \div 2\,000 \times 100\% = 40\%$$

$$长期债券所占比重 = 600 \div 2\,000 \times 100\% = 30\%$$

$$优先股所占比重 = 200 \div 2\,000 \times 100\% = 10\%$$

$$普通股所占比重 = 400 \div 2\,000 \times 100\% = 20\%$$

② 加权平均资金成本＝7％×40％＋8％×30％＋15％×10％＋20％×20％＝10.7％。

以上两个筹资方案的加权平均资金成本相比较，A 方案较低，在其他有关因素大体相同的条件下，方案 A 是最佳筹资方案。

（2）每股收益（earnings per share，EPS）分析法。每股收益分析法是利用每股收益无差别点来进行资本结构决策的方法。每股收益无差别点是指两种筹资方式下普通股每股收益相等时的息税前利润点，也称息税前利润平衡点或筹资无差别点。当息税前利润大于每股收益无差别点时，负债筹资会增加每股收益。

那么，究竟息税前利润为多少时发行普通股有利，息税前利润为多少时发行公司债券有利呢？这就要测算每股收益无差异点处的息税前利润。其计算公式为

$$\frac{(\overline{\mathrm{EBIT}}-I_1)(1-T)-D_1}{N_1}=\frac{(\overline{\mathrm{EBIT}}-I_2)(1-T)-D_2}{N_2} \tag{6-17}$$

式中，$\overline{\mathrm{EBIT}}$ 为每股收益无差异点处的息税前利润；I_1、I_2 为两种筹资方式下的年利息；D_1、D_2 为两种筹资方式下的优先股股利；N_1、N_2 为两种筹资方式下的流通在外的普通股股数。

【例 6-16】　西域公司目前有资金 1 500 万元，因扩大生产规模需要准备再筹集资金 500 万元。这些资金可采用发行股票的方式筹集，也可采用发行债券的方式筹集。西域公司资本结构变化情况如表 6-9 所示。

要求：根据资本结构变化情况运用每股收益分析法确定最优资本结构。

表 6-9　西域公司资本结构变化情况表　　　　　　　　　　单位：万元

筹资方式	原资本结构	增加筹资后资本结构	
		增发普通股（A）	增发企业债券（B）
企业债券（利率 8％）	200	200	700
普通股（面值 10 元）	400	600	400
资本公积	500	800	500
留存收益	400	400	400
资金总额	1 500	2 000	2 000
普通股股数/万股	40	60	40

注：新股发行价为 25 元，每股溢价为 15 元。

解：

① 不同资本结构下每股收益如表 6-10 所示。

表 6-10　不同资本结构下每股收益　　　　　　　　　　单位：万元

项　目	增发普通股	增发企业债券
预计息税前利润	400	400
减：利息	16	56
税前利润	384	344
减：所得税（25％）	96	86
净利润	288	258
普通股股数/万股	60	40
每股收益/元	4.8	6.45

从表中可以看到，在息税前利润为 400 万元的情况下，利用增发企业债券的形式筹集资金能使每股收益上升较多，这可能更有利于股票价格上涨，更符合理财目标。

② 确定每股收益无差别点。

根据公司的资料，代入式（6-17）得

$$\frac{(\overline{\mathrm{EBIT}}-160\,000)\times(1-25\%)}{600\,000}=\frac{(\overline{\mathrm{EBIT}}-560\,000)\times(1-25\%)}{400\,000}$$

求得：$\overline{EBIT}$＝136 万元 此时的 EPS＝1.5 元。

上述每股收益无差异分析可描绘成如图 6-2 所示。

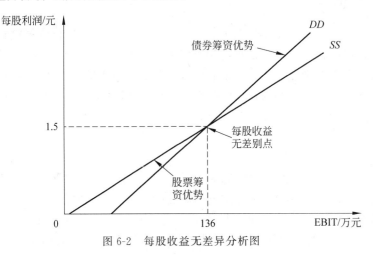

图 6-2　每股收益无差异分析图

在图 6-2 中，DD 为债券筹资，SS 为股票筹资，当息税前利润 EBIT＞136 万元时，利用负债筹资较为有利；当息税前利润 EBIT＜136 万元时，以发行普通股筹资较为有利。本公司预计 EBIT＝400 万元，故采用发行公司债券的方式较为有利。

阅读材料　闽系地产商走下神坛 部分房企财务杠杆高得吓人

本 章 小 结

资金成本包括对资金时间价值和对风险的考虑。从融资角度看，资金成本是指企业筹措资金所需支付的代价；从投资角度看，资金成本是指企业投资所要求的最低可接受报酬率。在长期投资决策和资本结构决策中，资金成本是各单项资金成本的加权平均值。

按照用途，资金成本率可分为个别资金成本率、综合资金成本率和边际资金成本率。个别资金成本率是指单个筹资方式的资金成本率，一般用于比较和评价各种筹资方式；综合资金成本率一般用于资本结构决策；边际资金成本率一般用于追加筹资决策。

营业杠杆或经营杠杆是指由于存在固定成本而造成的营业利润变动率大于产销量变动率的现象；财务杠杆是指由于存在固定财务费用而造成普通股每股收益变动率大于营业利润变动率的现象；而联合杠杆效应就是指经营杠杆和财务杠杆共同发挥作用。

最佳资本结构是指企业在一定时期内，综合资金成本最低、企业价值最大时的资本结构。资本结构决策的方法主要有比较资金成本法和每股收益分析法两种方法。

关 键 术 语

资金成本（cost of capital）

资本结构（capital composition）

经营杠杆（operating leverage）

财务杠杆(financial leverage)

联合杠杆(combining leverage)

MM 理论(mm theory)

资金成本法(the funds cost method)

每股收益分析法(earnings per share analysis method)

参 考 文 献

[1] 王化成,刘俊彦,荆新.财务管理学[M].9 版.北京:中国人民大学出版社,2021.

[2] 吴立扬,刘明进.财务管理[M].武汉:武汉理工大学出版社,2009.

[3] 斯蒂芬·A.罗斯,伦道夫·W.威斯特菲尔德,杰费利·F.杰富.公司理财[M].吴世农,沈艺峰,王志强,译.11 版. 北京:机械工业出版社,2017.

[4] 乔宏.财务管理[M].2 版.成都:西南财经大学出版社,2013.

[5] 闫华红.中级财务管理[M].北京:北京科学技术出版社,2021.

思 考 题

6-1　什么是资金成本?

6-2　试分析资金成本中筹资费用和用资费用的不同特性。

6-3　试分析资金成本对企业财务管理的作用。

6-4　试说明综合资金成本率测算中三种权数的影响。

6-5　试说明经营杠杆的基本原理和经营杠杆系数的测算方法。

6-6　试说明财务杠杆的基本原理和财务杠杆系数的测算方法。

6-7　试说明联合杠杆的基本原理和联合杠杆系数的测算方法。

6-8　企业资本结构决策的影响因素有哪些?

6-9　试说明资金成本比较法的基本原理和决策标准。

6-10　试说明每股收益分析法的基本原理和决策标准。

练 习 题

○判断题

6-1　经营杠杆和财务杠杆都会对息税前利润造成影响。　　　　　　　　　　　　　　　(　　)

6-2　长期借款由于借款期限长,风险大,因此借款成本也较高。　　　　　　　　　　　(　　)

6-3　如企业负债筹资为零,则财务杠杆系数为1。　　　　　　　　　　　　　　　　　(　　)

6-4　在对不同项目进行风险衡量时,应以标准离差为标准,标准离差越大,方案风险水平越高。

　　　　　　　　　　　　　　　　　　　　　　　　　　　　　　　　　　　　　　　(　　)

6-5　企业追加筹措新资,通常运用多种筹资方式的组合来实现,边际资金成本需要按加权平均法来计算,并以市场价值为权数。　　　　　　　　　　　　　　　　　　　　　　　　　　(　　)

6-6　短期负债融资的资金成本低、风险大。　　　　　　　　　　　　　　　　　　　　(　　)

6-7　联合杠杆系数等于经营杠杆系数与财务杠杆系数之和。　　　　　　　　　　　　　(　　)

6-8　由于经营杠杆的作用,当息税前利润下降时,普通股每股收益会下降得更快。　　　(　　)

6-9　负债经营的前提是企业的税前利润率必须高于负债利息率。　　　　　　　　　　　(　　)

6-10　一般来说,筹资风险与风险报酬和筹资成本均成反比。　　　　　　　　　　　　(　　)

6-11　经营和财务杠杆的系数变大,都可能导致复合杠杆系数变大。　　　　　　　　　(　　)

6-12　最佳资本结构一定是可使公司的总价值最高、每股收益最大的资本结构。　　　（　　）

6-13　当销售额达到盈亏临界销售额时，经营杠杆系数趋近于无穷大。　　　　　　　（　　）

6-14　在计算长期借款成本时，若筹资费用很少，该筹资费用可以忽略不计。　　　　（　　）

6-15　如果销售具有较强的周期性，则企业在筹集资金时不适宜过多采取负债筹资。　（　　）

6-16　筹资决策的核心点在于满足经营需要，降低资金成本，形成最佳资本结构。　　（　　）

6-17　财务杠杆系数是每股收益的变动率，相当于息税前利润率变动率的倍数。它是用来衡量财务风险大小的重要指标。　　　　　　　　　　　　　　　　　　　　　　　　　　　　　（　　）

6-18　规避财务风险的关键就是要保持合理的资金结构，维持适当的负债水平。　　　（　　）

6-19　由于财务杠杆的作用，当销售额下降时，息税前利润会下降得更快。　　　　　（　　）

6-20　资本结构决策主要是确定负债资本在全部资本中所占的比重。　　　　　　　　（　　）

◯ 单项选择题

6-1　下列各项中，属于资金成本内容的是（　　）。

　　A. 筹资总额　　　　　　B. 筹资费用　　　　　　C. 所得税率　　　　　　D. 市场利率

6-2　下列筹资方式中，资金成本最低的是（　　）。

　　A. 发行股票　　　　　　B. 发行债券　　　　　　C. 长期借款　　　　　　D. 留存收益

6-3　某企业发行新股，筹资费率为股票市价的8%，已知每股市价为50元，本年每股股利为4元，股利的固定增长率为5%，则发行新股的资金成本率为（　　）。

　　A. 13.00%　　　　　　B. 13.70%　　　　　　C. 14.13%　　　　　　D. 21.00%

6-4　某公司利用长期借款、长期债券、普通股和留存收益各筹集长期资金200万元、200万元、500万元、100万元，它们的税后资金成本率分别为6%、10%、15%、13%，则该筹资组合的综合资金成本率为（　　）。

　　A. 10%　　　　　　　　B. 11%　　　　　　　　C. 12%　　　　　　　　D. 12.6%

6-5　资金成本包括（　　）。

　　A. 筹资费用和利息费用　　　　　　　　　　B. 使用费用和筹资费用

　　C. 借款和债券利息和手续费用　　　　　　　D. 利息费用和向所有者分配的利润

6-6　某公司发行债券2 000万元，票面利率为9%，偿还期限为5年。发行费率为3%，所得税税率为33%，则债券资金成本率为（　　）。

　　A. 12.34%　　　　　　B. 9.28%　　　　　　C. 6.22%　　　　　　D. 3.06%

6-7　某公司负债和权益筹资额的比例为2∶3，综合资金成本率为10%，若资金成本和资金结构不变，当发行200万元长期债券时，筹资总额突破点为（　　）万元。

　　A. 2 000　　　　　　　B. 1 000　　　　　　C. 300　　　　　　　　D. 133

6-8　某种行动的不确定性称为（　　）。

　　A. 风险　　　　　　　　B. 报酬　　　　　　　　C. 概率　　　　　　　　D. 期望值

6-9　无风险报酬率是指（　　）。

　　A. 期望报酬率　　　　　B. 时间价值　　　　　　C. 标准离差　　　　　　D. 标准离差率

6-10　从投资人的角度来看，下列四类投资中风险最大的是（　　）。

　　A. 银行存款　　　　B. 三年期国债　　　　　　C. 金融债券　　　　　　D. 股票

6-11　经营杠杆给企业带来的风险是（　　）的风险。

　　A. 成本上升　　　　　　　　　　　　　　　B. 业务量的变化导致息税前利润更大变动

　　C. 利润下降　　　　　　　　　　　　　　　D. 业务量的变化导致息税前利润同比变动

6-12　财务杠杆说明（　　）。

　　A. 增加息税前利润对每股收益的影响　　　　B. 销售额增加对每股收益的影响

　　C. 可通过扩大销售影响息税前利润　　　　　D. 企业的融资能力

6-13　某公司的经营杠杆系数为2，预计息税前利润将增长10%，在其他条件不变的情况下，销售量将增长(　　)。

  A. 5%   B. 9%   C. 10.8%   D. 16.2%

6-14　每股盈余无差别点是指两种筹资方式下,普通股每股收益相等时的(　　)。

  A. 筹资总额   B. 成本总额   C. 税后利润   D. 息税前利润

6-15　某公司本期息税前利润为 5 000 万元,本期实际利息费用为 1 000 万元,则该公司的财务杠杆系数为(　　)。

  A. 5   B. 1.25   C. 1.2   D. 0.83

6-16　企业资金中权益资本与债务资本的比例关系称为(　　)。

  A. 财务结构   B. 资本结构   C. 成本结构   D. 利润结构

6-17　利用财务杠杆,给企业带来破产风险或普通股收益发生大幅变动的风险,称为(　　)。

  A. 经营风险   B. 财务风险   C. 投资风险   D. 资金风险

6-18　在企业的全部经营资本中,负债资本占了 50%,在这种情况下(　　)。

  A. 企业只有经营杠杆效应,而无财务杠杆效应

  B. 企业只有财务杠杆效应,而无经营杠杆效应

  C. 举债经营不会引起总风险的变化

  D. 举债经营会使总风险加剧

6-19　财务杠杆影响企业的(　　)。

  A. 税前利润   B. 税后利润   C. 息前税前利润   D. 财务费用

6-20　关于经营杠杆系数,下列说法正确的是(　　)。

  A. 在其他因素一定时,产销量越小,经营杠杆系数越小

  B. 在其他因素一定时,固定成本越大,经营杠杆系数越小

  C. 当固定成本趋近于 0 时,经营杠杆系数趋近于 1

  D. 经营杠杆系数越大,反映企业的风险越大

6-21　只要企业存在固定成本,那么经营杠杆系数必(　　)。

  A. 大于 1   B. 与销售量成反比

  C. 与固定成本成反比   D. 与风险成反比

6-22　下列关于经营杠杆系数的说法,正确的是(　　)。

  A. 在产销量相关范围内,提高固定成本总额,能够降低企业经营风险

  B. 在相关范围内,产销量上升,经营风险加大

  C. 在相关范围内,经营杠杆系数与产销量呈反方向变动

  D. 对于某一特定企业而言,经营杠杆系数是固定不变的

6-23　如果企业的资金来源全部为自有资金,且没有优先股存在,则企业财务杠杆系数(　　)。

  A. 等于 0   B. 等于 1   C. 大于 1   D. 小于 1

6-24　一般来说,在资本结构决策分析中,当息税前利润(　　)每股收益无差别点时,选择(　　)筹资对企业最为有利。

  A. 大于;权益资本   B. 小于;权益资本

  C. 小于;债务资本   D. 大于;权益资本或债务资本

6-25　最佳资本结构是指企业在一定时期最适宜其有关条件下(　　)。

  A. 企业价值最大的资本结构

  B. 综合资金成本最低的目标资本结构

  C. 企业目标资本结构

  D. 综合资金成本最低、企业价值最大的资本结构

○多项选择题

6-1　企业降低经营风险的途径一般有(　　)。

A. 增加销量   B. 降低变动成本   C. 增加固定成本   D. 提高产品售价

6-2 下列成本费用中属于资金成本中的占用费用的有（   ）。

  A. 借款手续费   B. 股票发行费   C. 利息   D. 股利

6-3 某公司发行债券 1 000 万元，票面利率为 12%，偿还期限 5 年。发行费用率为 3%，所得税税率为 33%，则债券资金成本计算错误结果是（   ）。

  A. 16.45%   B. 12.37%   C. 8.29%   D. 8.04%

6-4 下列项目，属于资金成本中筹资费用内容的是（   ）。

  A. 借款手续费   B. 债券发行费   C. 普通股股利   D. 债券利息

6-5 企业在追加筹资时，需要计算（   ）。

  A. 筹资总额突破点   B. 边际资金成本   C. 个别资金成本   D. 变动成本

6-6 某企业本期财务杠杆系数为 3，假设公司无优先股，本期息税前利润为 450 万元，则本期实际利息费用计算错误结果是（   ）万元。

  A. 1 350   B. 300   C. 150   D. 100

6-7 银行借款成本低于普通股成本的原因是银行借款（   ）。

  A. 利息税前支付   B. 筹资费用较小   C. 属借入资金   D. 借款额较小

6-8 在计算个别资金成本率时，应考虑筹资费用影响因素的是（   ）。

  A. 长期债券成本   B. 普通股成本   C. 留存收益成本   D. 长期借款成本

6-9 在计算个别资金成本时，需要考虑所得税抵减作用的筹资方式有（   ）。

  A. 银行借款   B. 长期债券   C. 留存收益   D. 普通股

6-10 影响企业综合资金成本的主要因素有（   ）。

  A. 个别资金成本

  B. 留存收益占所有者权益的比重

  C. 营运资金的比重

  D. 各种长期来源的资金占全部长期资金的比重

6-11 公司债券筹资与普通股筹资相比较，（   ）。

  A. 债券筹资成本相对较高

  B. 普通股筹资可以利用财务杠杆作用

  C. 债券筹资的资金成本相对较低

  D. 公司债券利息可以税前列支，普通股股利必须是税后支付

6-12 计算财务杠杆系数用到的数据包括（   ）。

  A. 所得税率   B. 基期 EBIT   C. 基期利息   D. 净利润

6-13 调整企业的资金结构，提高负债的比例，会（   ）。

  A. 提高资产负债率   B. 提高综合资金成本

  C. 增加企业的财务风险   D. 提高财务杠杆系数

6-14 确定企业资金结构时，（   ）。

  A. 如果企业的销售不稳定，则可较多地筹措负债资金

  B. 为了保证原有股东的绝对控制权，一般应尽量避免普通股筹资

  C. 若预期市场利率会上升，企业应尽量利用短期负债

  D. 所得税率越高，举借负债利益越明显

6-15 关于经营杠杆系数，下列说法正确的有（   ）。

  A. 其他因素不变，固定成本越大，经营杠杆系数越大

  B. 当固定成本趋于 0 时，经营杠杆系数趋于 1

  C. 在其他因素一定的条件下，产销量越大，经营杠杆系数越大

D. 经营杠杆系数同固定成本成反比

6-16　下列项目中属于企业经营风险的导致因素是(　　)。

　　A. 通货膨胀　　　　　　　　　　B. 原材料供应地的经济情况变化

　　C. 产品成本　　　　　　　　　　D. 负债资金的比重

6-17　下列说法正确的有(　　)。

　　A. 经营杠杆系数越大,则经营风险越大　　B. 财务杠杆系数越大,则财务风险越大

　　C. 固定成本越大,则经营风险越大　　　　D. 负债率越高,则财务风险越大

6-18　关于联合杠杆系数,下列说法不正确的是(　　)。

　　A. 联合杠杆系数越大,企业的风险越大

　　B. 联合杠杆系数反映普通股每股收益变动率与息税前利润变动率的比率

　　C. 联合杠杆系数反映产销量变动对普通股每股收益的影响

　　D. 联合杠杆系数等于经营杠杆系数与财务杠杆系数之和

6-19　下列有关资金结构的表述正确的是(　　)。

　　A. 企业资金结构应同资产结构相适应

　　B. 资金结构变动不会引起资金总额的变动

　　C. 资金成本是市场经济条件下,资金所有权与使用权相分离的产物

　　D. 因素分析法是一种定性分析法

6-20　下列关于最佳资本结构的论述,正确的有(　　)。

　　A. 公司总价值最大时的资本结构是最佳资本结构

　　B. 公司总价值最大的资本结构下,综合资金成本也是最低的

　　C. 若不考虑风险价值,销售量高于每股收益无差别点时,运用负债筹资可实现最佳资本结构

　　D. 若不考虑风险价值,销售量低于每股收益无差别点时,运用股权筹资可实现最佳资本结构

○计算分析题

6-1　培正公司长期借款 100 万元,年利率为 10%,借款期限为 3 年,每年付息一次,到期一次还本。该公司适用的所得税税率为 25%。要求:计算长期借款的成本。

6-2　培正公司平价发行一批债券,总面额为 100 万元,该债券利率为 10%,筹集费用率为 5%,该公司适用的所得税税率为 25%。要求:计算该批债券的成本。

6-3　培正公司发行优先股 100 万元,筹集费用率为 2%,每年向优先股股东支付 10% 的固定股利。要求:计算优先股成本。

6-4　培正公司普通股的现行市价每股为 30 元,第一年支付的股利为每股 2 元,预计每年股利增长率为 10%。要求:计算普通股成本。

6-5　靖源置业公司拟筹资 2 500 万元以扩大经营规模。其中发行债券 1 000 万元,筹资费率为 2%,债券年利率为 10%,所得税税率为 25%;长期借款 500 万元,年利息率为 7%,筹资费率为 1%;普通股 1 000 万元,筹资费率为 4%,第一年预期股利率为 10%,以后各年增长 4%。要求:计算该筹资方案的综合资金成本。

6-6　隆鑫化工有限公司共有资本 5 000 万元,其中,长期借款 500 万元,债券 1 500 万元,普通股 3 000 万元,有关资料如下。

(1) 长期借款 500 万元,年利息率为 5%,筹资费率为 1%。

(2) 债券发行面值 1 000 万元,发行价 1 500 万元,票面利率为 10%,发行费用 50 万元,企业适用所得税税率为 25%。

(3) 普通股 3 000 万元,筹资费率为 4%,第一年预期股利率为 10%,以后各年增长 3%。

试根据上述资料计算该企业的综合资金成本。

6-7　松浦饮品股份公司拥有长期资本 4 000 万元,其中,长期借款 1 000 万元,长期债券 1 000 万元,普

通股 2 000 万元。该资本结构为公司当前理想的目标结构。公司拟筹集新资本 2 000 万元,并维持目前的资本结构。随着筹资额的增加,各种资金成本的变化见表 6-11。

表 6-11 松浦公司随筹资的增加各种资金成本的变化

资 金 种 类	筹集额/万元	资金成本/%
长期借款	≤400	6
长期债券	≤600	8
普通股	≤750	10

要求:计算各筹资突破点及相应的各筹资范围的边际成本。

6-8 比奇纸业有限公司年销售额为 210 万元,息税前利润为 60 万元,变动成本率为 60%;全部资本为 200 万元,负债比率为 40%,负债利率为 15%。

要求:计算企业的经营杠杆系数、财务杠杆系数和联合杠杆系数。

6-9 弘毅公司某年度资产总额为 400 万元,负债率为 45%,债务利率为 14%,年销售额为 320 万元,固定成本为 48 万元,变动成本率为 60%。

要求:

(1) 计算息税前利润。

(2) 计算财务杠杆系数。

(3) 计算经营杠杆系数。

(4) 计算联合杠杆系数。

6-10 宏达公司目前拥有长期资本 8 500 万元,其中长期债务 1 000 万元,年利率为 9%;普通股 7 500 万元(1 000 万股)。息税前利润为 1 600 万元,股权资金成本为 15%,所得税税率为 25%。现准备追加筹资 1 500 万元,有两种筹资方案可供选择:①增发普通股,按时价增发 300 万股;②增加长期借款,年利率为 12%。

要求:

(1) 计算追加筹资前 A 公司的综合资金成本率。

(2) 计算追加筹资下,两种筹资方式的每股收益无差别点。

(3) 根据目前的财务状况,确定哪种追加筹资方式为优。

6-11 华阳通用制造股份公司年销售收入 15 000 万元,变动成本率为 65%,固定成本为 2 625 万元,利息费用为 360 万元。该公司资产总额为 10 000 万元,资产负债率为 45%,负债资金的年均利率为 8%,所得税税率为 25%。该公司拟改变经营计划,追加投资 1 000 万元,每年增加固定成本 575 万元,所需资金以 10% 的利率借入。预计增资后可以增加销售收入 20%,并使变动成本率下降到 60%。

要求:

(1) 计算增资后的经营杠杆系数、财务杠杆系数和联合杠杆系数。

(2) 运用资本结构理论评价华阳公司的该项增资方案是否合理。

6-12 盛润公司资本结构见表 6-12。

表 6-12 盛润公司资本结构表

资 金 种 类	金额/万元
长期借款(年利率6%)	1 000
长期债券(年利率8%)	2 000
普通股(4 000万股)	4 000
合 计	7 000

因生产发展需要,公司年初准备增加资金 2 000 万元,现有两个筹资方案可供选择:甲方案为增加发行 1 000 万股普通股,每股市价 2 元;乙方案为按面值发行,每年年末付息。票面利率为 10% 的公司债券 2 000

万元。假定股票与债券的发行费用均可忽略不计;适用的企业所得税税率为25%。

要求:

(1) 计算两种筹资方案下每股收益无差别点的息税前利润。

(2) 计算处于每股收益无差别点时乙方案的财务杠杆系数。

(3) 如果公司预计息税前利润为1 000万元,指出该公司应采用哪个筹资方案,并简要说明理由。

(4) 如果公司预计息税前利润为2 000万元,指出该公司应采用哪个筹资方案,并简要说明理由。

(5) 如果公司增资后预计息税前利润在每股收益无差别点上增长10%,计算采用乙方案时该公司每股收益的增长幅度。

○案例分析题

2018年12月4日,东方能源(000958)发布公告称,拟以所属全资子公司石家庄良村热电有限公司(以下简称"良村热电")为标的,引进工银金融资产投资有限公司(以下简称"工银投资")对其增资。此外,公司决定拟将所属新华热电分公司(以下简称"新华热电")资产负债重组至国家电投河北电力有限公司(以下简称"河北公司")。

公告显示,东方能源持有良村热电100%股权,其总装机容量为660MW。截至2018年9月30日,良村热电的总资产为23.82亿元,净资产为8.68亿元;2018年1—9月实现营业收入11.04亿元,净利润0.69亿元。本次工银投资对其增资金额约为8.5亿元,增资后工银投资持有良村热电约45.93%的股权。

此外,公司将新华热电资产负债重组至关联方河北公司,转让价格为4.64亿元。河北公司以现金支付,部分冲抵其持有东方能源债权。

公司表示,本次工银投资对良村热电进行增资,有利于公司优化资本结构,降低资产负债率;有利于防范财务经营风险,降低每年大额的还本付息支出;有利于进一步优化内部资产配置,为企业的发展提供了充足的现金流,缓解公司资金需求压力,还将直接提高公司权益性融资比重,提高公司外部融资能力,增强公司中长期发展能力。

对于新华热电来说,自全面政策性关停后,一直处于亏损状态。其2017年净利润亏损5 237万元,2018年前8个月亏损2 705万元。本次转让以后,将增加公司现金流,交易所得款项将用于公司优质新能源项目投入,拓展主营业务,符合公司的发展战略和股东整体利益。

资料来源:https://finance.eastmoney.com/a/20181204999173222.html.

分析与讨论:

(1) 东方能源公司是如何优化资本结构的?

(2) 试对东方能源公司提出优化资本结构的建议。

第7章

投 资 决 策

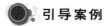学习目标

- 了解投资决策的相关概念。
- 熟悉项目投资决策的程序。
- 掌握贴现现金流量的构成与计算。
- 掌握贴现现金流量指标的计算。
- 重点掌握各种投资决策评价指标的实际运用。

引导案例

盐田港自动化码头建设，项目总投资约 144.9 亿元

2021 年 12 月 8 日，深圳港盐田港区东作业区集装箱码头工程正式开工，标志着盐田港东作业区自动化码头建设正式启动，深圳建设港口型国家物流枢纽迈出了至关重要的一步。据介绍，东作业区项目包括一期工程、联络通道工程、配套工程、支持系统工程 4 个子工程，项目总投资估算约为 144.9 亿元。一期工程将新建 3 个 20 万吨级自动化集装箱泊位，岸线长 1 470 米，码头前沿水深—18.0 米，陆域总面积 120 万 m²，设计年吞吐能力为 300 万标准箱。

资料来源：证券时报网，2021-12-09.

7.1 投资决策概述

7.1.1 投资决策观念

投资决策(investment decision-marking)是指投资者为了实现其预期的投资目标，运用一定的科学理论、方法和手段，通过一定的程序对投资的必要性、投资目标、投资规模、投资方向、投资结构、投资成本与收益等经济活动中的重大问题所进行的分析、判断和方案选择。投资决策是生产环节的重要过程。

对于创造价值而言，投资决策是财务管理三大决策中最重要的决策。投资决策决定着企业的前景，以至于提出投资方案和投资方案的评价工作，已经不是财务人员能单独完成的，它需要所有经理人员的共同努力。

公司投资是指运用资金投入实际资产或购买金融资产等，其目的是在未来一定时期内获得与相应风险成比例的收益。在市场经济条件下，公司能将筹集到的资金投放到报酬高、回收快、风险小的项目，这对其生存和发展十分重要。如公司征地基建、对厂房的扩建、设备的改建、资源的开发、新产品试制以及无形资产购买等，都需要投入大量资金，往往不能由当年的收入来补偿。这类投资一般额度大，影响时间长，风险偏大并且对公司的影响也大。为了取得成功，通常要进行投资方案选择，即投资决策。因此，投资决策是公司投资必不可少的重要环节。

公司投资的意义在于以下三点。

（1）投资是公司获取利润的基本方法。公司财务管理的目标就是不断提高其价值。投资以获取利润，就是提高公司的价值。投资是公司获取利润的最基本方法。

（2）投资是公司生存与发展的基本前提。公司的生产经营就是其资产的运用和资产形态的转换过程。通过投资，可确立公司的经营方向，配置各类资产，并将它们有机地结合起来，形成公司的综合生产经营能力。投资正确与否，直接关系到公司的生存与发展。

（3）投资是公司降低经营风险的重要手段。通过投资，可以将资金投向公司生产经营的关键环节或薄弱环节，使公司的生产经营能力配套、平衡、协调，形成更大的综合生产能力。如多元化经营，可使投放的资金分散风险，稳定报酬来源，增强资产的安全性。

7.1.2 投资决策的分类

根据不同的划分标准，企业投资决策可作如下分类。

（1）直接投资决策与间接投资决策。直接投资决策是指将资金直接投入企业的生产经营活动中的投资决策，如新产品开发项目投资决策等。间接投资是指证券投资，间接投资决策是指把资金投入证券等金融资产中，以获取相应报酬的投资决策。

（2）长期投资决策与短期投资决策。按投资回收时间的长短，企业投资决策可分为长期投资决策和短期投资决策两类。长期投资决策是指把资金投入需一年以上时间才能收回的投资项目中的投资决策，主要指对厂房、机器设备等固定资产的投资决策，也包括对无形资产和长期有价证券的投资决策。短期投资决策是指资金投入在一年以内就可收回的投资项目中的投资决策，如对存货、应收账款、短期有价证券等的投资决策。

（3）对内投资决策与对外投资决策。对内投资决策是指把资金投放在企业内部，购置各种生产经营资产的投资决策。对外投资决策是指企业以现金、实物、无形资产或者以购买股票、债券等有价证券方式向其他单位的投资决策。

（4）初创投资决策与后续投资决策。初创投资决策是指在建立新企业时所进行的各种投资决策。后续投资决策是指公司为巩固和发展企业再生产所进行的各种投资决策。

（5）常规项目投资决策与非常规项目投资决策。常规项目投资决策是指只有一期初始现金流出，随后是一期或多期现金流入项目的投资决策。非常规项目投资决策是指现金流出不发生在期初，或者期初及以后各期都有现金流出的投资决策。

7.1.3 投资决策过程

公司项目投资决策是公司提出长期投资方案并进行分析、评估、选择的过程，一般按以下步骤进行。

1. 项目投资的提出

公司的项目投资，通常是根据公司的发展战略、计划及生产经营环境变化提出的。如新产品开发项目投资的提出、公司部分设备更新项目投资的提出，以及适应环保要求的投资项目的提出等。

2. 项目投资的评价

公司项目投资的评价，以费用和经济效益及项目的可行性分析评价为主，包括项目投资建设周期；投产后的收入、费用与经济效益；风险与可行性分析；不同方案的排序等。

3. 项目投资的决策

公司投资项目经过评价后，要由公司的决策层根据不同方案作出最后决策。重大项目往往须由董事会或股东大会来决定。

4. 项目投资的执行

公司决定对某项目进行投资后，就要筹措资金，实施投资。在投资项目执行过程中，要对工程进度、工程质量、施工成本等进行监管，以使项目投资按工期和质量要求完成。

5. 项目投资的再评价

在项目投资的执行过程中，应注意原来作出的投资决策是否合理、是否正确。一旦出现新的情况，就要根据变化的情况作出新的评价。如果情况发生重大变化，原来的投资决策已经不合理，那么，就要终止该项目投资，以避免造成更大的损失。

相关链接 7-1

投资项目决策的原则

为了保证投入项目决策的成功，在决策历程中，必须遵循一定的原则。

（1）遵循科学化、民主化的原则。这一原则包含两层含义：①在决策历程中必须尊重客观规律、按照一定的科学决策程序实行决策，就是坚持"先论证，后决策"的原则，必须做到先对项目实行调查研究和论证，然后实行决策，杜绝"边投入，边论证"，更不应该采取"先决策，后论证"的违反客观规律的做法，投入项目如果不按科学程序实行，不能正确反映客观实际，必然导致事倍功半，欲速不达，贻误决策的及时性，影响决策的正确率，妨碍国民经济投入事业的健康进展。②投入项目决策民主化原则。民主化是科学化的前提和基础，没有民主化，就不能集中大多数群众的意见，就会变成少数人说了算，当然，也就不可避免地产生片面性、主观性，科学的投入项目决策就难以实现。民主化决策应该成为社会主义生产资料公有制基础上经济建设包含投入建设的重要特征。

（2）系统性原则。影响投入项目建设的各种因素是相互联系、彼此制约的，因此，在投入项目决策时，首先要深入调查和搜集各方面的投入信息，并对其实行科学的解析和研究。投入信息紧要包含需求信息、出产信息、技术信息、供给信息、政策信息、自然资源和自然条件信息等。实行投入项目决策，必须在已搜集到的各种投入信息的基础上，对以下几方面的问题作出系统性的回答：拟建项目在技术上是否先进可行；经济上是否合理合算；建设条件是否具备；资源、人力、物力、财力是否落实；建设工期多长；需要多少投入；资金如何筹集等。

同时必须考虑项目的相关建设和同步建设、项目建设对原有产业、结构的影响、项目产品在国内外市场上的竞争能力和今后的进展趋势等一系列问题。在投入项目决策中，遵循系统性原则，就是要全面地考虑与项目建设有关的各个方面，切忌疏忽和遗漏。

（3）提高经济效益原则。投入项目建设必须带来经济效益，必须以提高投入的经济效益为中心。投入经济效益有微观经济效益与宏观经济效益之分，有近期经济效益与远期经济效益之分，因此，在投入项目决策中必须坚持微观经济效益与宏观经济效益相统一的原则，坚持近期经济效益与远期经济效益相统一的原则。只有这样，才能实现社会主义投入项目建设的目的。

（4）投入项目决策责任制原则。投入是一项危机性的经济行为，投入决策工作必须建立在高度责任制的基础上，所谓责任制，就是要求决策者对其决策行为所带来的投入危机有不可推托的责任，不如此，就不能保证投入项目决策的严肃性和科学性，难以避免决策的主观性和盲目性。

7.1.4 投资决策的现金流量分析

1. 投资现金流量的分类

在项目投资决策的过程中，首要的任务就是估算项目在其各个时期的现金流。这一环节直接影响投资项目评估的正确性。

投资现金流量有两种分类方法。按照现金流量的方向，可将投资活动的现金流量分为现金流入量、现金流出量和净现金流量。一个方案的现金流入量是指该方案引起的企业现金收入的增加额，通常用正号表示；另一个方案的现金流出量是指该方案引起的企业现金收入的减少额，通常用负号表示；净现金流量是指一定时间内现金流入量与现金流出量的差额。流入量大于流出量，净流量为正值；反之，净流量为负值。

按照现金流量的发生时间，投资活动的现金流量又可分为初始现金流量、营业现金流量和终结现金流量。

在项目投资决策过程中,需要计算项目投资评价指标,其前提就是要正确计算各个时间的现金流量。

2. 全部现金流量的构成

(1)初始现金流量。初始现金流量是指项目在投入时购买(购建)固定资产、垫支营运资金及其他活动产生的现金流。由于一个项目的启动往往需要很大的资金投入,这时的现金流主要是现金流出,具体包括以下项目。

① 项目投资前的费用,包括项目投资设计费用、土地购入费用及其他费用。

② 形成固定资产的费用,包括固定资产购入、建造、安装等费用。

③ 营运资金垫支。项目投资完成时,必须垫支一部分资金才能投入营运,如原材料购买的资金等。这部分垫支的资金,一般要到项目寿命终结时才能收回。

④ 原有固定资产的变价收入。这里主要是指固定资产变更时,变卖原有固定资产所得的现金收入。

⑤ 不可预见费用。这是指在投资项目运转前可能发生的不能准确估计的费用,如设备价格的突然上涨、自然灾害造成的损失等。

⑥ 其他费用。这里指与投资项目相关的培训费、注册费等资金。

(2)营业净现金流量。营业净现金流量一般以年为单位计算。这里,现金流入量是指营业现金收入。现金流出量是指营业现金支出和缴纳的税金等。那么,年营业净现金流量 NCF(net cash flow)可用下列公式计算:

$$每年营业净现金流量(NCF)=年营业收入-年付现成本-所得税 \qquad (7\text{-}1)$$

式中,年付现成本是指总成本扣去折旧后的成本。故又可以写作:

$$每年营业净现金流量(NCF)=税后净利+折旧 \qquad (7\text{-}2)$$

(3)终结现金流量。终结现金流量主要包括:①固定资产残值收入或变价收入(指需扣除所上缴的税金等支出后的净收入);②原有垫支在各种流动资产上的资金的回收;③停止使用的土地的变价收入等。

3. 现金流量的计算

现以实例说明公司项目投资全部现金流量的计算。计算时,假定初始投资额度已定,侧重分析营业现金流量。

【例7-1】 南粤家电有限公司拟购入一台设备扩大生产能力,现有甲、乙两个方案可供选择,各方案的基本情况如表 7-1 所示。试编制甲、乙两个方案的现金流量表。

表 7-1　南粤家电公司购入设备的两个方案　　　　金额单位:元

项　　目	甲方案	乙方案
设备投资额	15 000	20 000
垫支营运资金	0	4 000
使用年限	5	5
期末残值	0	4 000
每年折旧(直线法)	3 000	3 200
年销售收入	8 000	11 000
年付现成本	2 000	第一年 3 000,以后每年增加 200
所得税税率	25%	25%

解:

(1)编制投资项目甲、乙两个方案的营业现金流量表(见表 7-2)。

(2)结合初始现金流量和终结现金流量,编制方案甲、乙两个方案的净现金流量计算表,见表 7-3。

表 7-2 投资项目的营业现金流量表　　　　金额单位：元

项　　目	时间(t)				
	1	2	3	4	5
甲　方　案					
销售收入(1)	8 000	8 000	8 000	8 000	8 000
付现成本(2)	2 000	2 000	2 000	2 000	2 000
折旧(3)	3 000	3 000	3 000	3 000	3 000
税前利润(4)=(1)-(2)-(3)	3 000	3 000	3 000	3 000	3 000
所得税(5)=(4)×25%	750	750	750	750	750
净利润(6)=(4)-(5)	2 250	2 250	2 250	2 250	2 250
净现金流量(7)=(3)+(6)	5 250	5 250	5 250	5 250	5 250
乙　方　案					
销售收入(1)	11 000	11 000	11 000	11 000	11 000
付现成本(2)	3 000	3 200	3 400	3 600	3 800
折旧(3)	3 200	3 200	3 200	3 200	3 200
税前利润(4)=(1)-(2)-(3)	4 800	4 600	4 400	4 200	4 000
所得税(5)=(4)×25%	1 200	1 150	1 100	1 050	1 000
净利润(6)=(4)-(5)	3 600	3 450	3 300	3 150	3 000
净现金流量(7)=(3)+(6)	6 800	6 650	6 500	6 350	6 200

表 7-3 投资项目净现金流量计算表　　　　金额单位：元

项　　目	时间(t)					
	0	1	2	3	4	5
甲　方　案						
固定资产投资	-15 000					
营业净现金流量		5 250	5 250	5 250	5 250	5 250
现金流量合计	-15 000	5 250	5 250	5 250	5 250	5 250
乙　方　案						
固定资产投资	-20 000					
垫支流动资产	-4 000					
营业净现金流量		6 800	6 650	6 500	6 350	6 200
固定资产残值收入						4 000
收回流动资金						4 000
现金流量合计	-24 000	6 800	6 650	6 500	6 350	14 200

表 7-2 和表 7-3 中，t=0 代表第一年年初；t=1 代表第一年年末；t=2 代表第二年年末；后面的以此类推。在现金流量的计算中，为了简化计算，一般都假定各年投资在年初一次进行，各年经营现金流量在各年年末一次发生，终结现金流量则假设是最后一年年末发生的。

按照上述方法计算现金流量，评价公司投资项目的经济效益，作为投资决策基础，主要考虑到采用现金流量有利于科学地考虑资金的时间价值因素，并且使项目投资决策更符合客观实际。

7.2 投资项目评价标准

有了各期的净现金流量，就可以计算投资项目的评价指标。常用的项目投资评价指标既有非折现现金流量指标，也有折现现金流量指标，下面分别对其进行讨论。

7.2.1 投资回收期

投资回收期（payback period，PP）是指投资项目的未来现金流量与初始投资额相等时所经历的时间，表示初始投资额通过未来现金流量回收所需要的时间。

公司投资的资金总是希望尽快收回，时间越长，不确定的影响因素越多，风险自然也越大。

静态投资回收期没有考虑货币的时间价值，在初始投资一次支出，且每年的现金净流量（NCF）相等时，静态投资回收期可按下式计算：

$$投资回收期 = \frac{初始投资额}{年净现金流量} \tag{7-3}$$

【例 7-2】 三利公司拟进行一项项目投资，初始投资 30 000 元，每年净现金流量 6 000 元，试计算该项目的投资回收期。

解：由式（7-3），可得

$$投资回收期 = 30\ 000 \div 6\ 000 = 5（年）$$

如果每年的净现金流量不等，则可用列表的方法计算。

【例 7-3】 延丰公司初始投资 50 000 元，每年净现金流量不等，详见表 7-4，试计算其投资回收期。

表 7-4 延丰公司投资回收期的计算表 单位：元

年 份	每年净现金流量	年末尚未回收的投资额
1	20 000	30 000
2	25 000	5 000
3	15 000	0

解：由表 7-1 可算出延丰公司该项目的静态投资回收期为

$$2 + \frac{5\ 000}{15\ 000} = 2.33（年）$$

静态投资回收期法的优点是能够直观地反映初始投资的返本期限，计算比较简单，也容易理解。当投资者急于收回投资资金时，该指标可给予大致的提示。该方法的主要缺点：一是没有考虑货币的时间价值；二是没有考虑回收期满后投资方案的现金流状况。如果有两个投资回收期都相等，总现金流量不等的投资方案进行比较，仅用这一个指标就无法作出正确的判断。

【例 7-4】 假设甲、乙两个方案的预计现金流量如表 7-5 所示。

表 7-5 甲、乙两个方案的预计现金流量表 单位：元

年 份	0	1	2	3
甲方案现金流量	−20 000	9 000	11 000	10 000
乙方案现金流量	−20 000	9 000	11 000	8 000

要求：计算各个投资回收期，并比较两者的优劣。

解：由表 7-5 可知，甲、乙两个方案的投资回收期相同，都是两年；如果用投资回收期指标进行评价，则应得出的结论是甲、乙两个方案的经济效果一样。但实际情况是甲方案优于乙方案。

7.2.2 平均报酬率

平均报酬率（average rate of return，ARR）是投资项目寿命期内平均每年的投资报酬率，也称平均投资报酬率。其计算公式为

$$平均报酬率（ARR） = \frac{平均现金流量}{初始投资额} \tag{7-4}$$

【例 7-5】 沿用例 7-1 及表 7-3 提供的资料。

要求：分别计算甲、乙两个方案的平均报酬率。

解：运用式(7-4)，分别计算甲、乙两个方案的平均报酬率，则有

$$\text{ARR}_1 = \frac{5\,250}{15\,000} = 35\%$$

$$\text{ARR}_2 = \frac{(6\,800 + 6\,650 + 6\,500 + 6\,350 + 14\,200) \div 5}{24\,000} = 33.75\%$$

采用平均报酬率指标对投资项目进行评价时，需要事先确定一个企业期望的报酬率，以便与项目的平均报酬率作比较，并决定取舍。当项目平均报酬率大于期望报酬率时，该方案可取；反之，则不可取。

平均报酬率的优点是简明易懂，容易计算，能说明投资方案的收益水平。其主要缺点是未考虑资金的时间价值，它把每一年的现金流量看作具有相同的价值。若考虑资金的时间价值，不同时间的现金流量具有不同的价值，不能简单相加，否则可能会作出错误的决策。所以该指标通常不能作为独立的投资评价指标，只能作为一种辅助、参考的评价指标。

7.2.3 净现值

1. 净现值的概念

净现值(net present value，NPV)是长期投资决策评价的基础指标，是最重要的动态评价指标之一。它既可用来评价一个投资项目的可行与否，也可用来评价两个以上方案中的较优者。

净现值是指投资项目投入使用后的净现金流量，按资本成本或企业要求达到的报酬率折算为现值之和，减去初始投资以后的余额。

2. 净现值的计算

(1) 若各期净现金流量相等：

$$\text{NPV} = \text{NCF} \times (P/A, i, n) - C \tag{7-5}$$

式中，NPV 为净现值；NCF 为各期相等的净现金流量；i 为折现率；n 为项目预计使用年限；C 为初始投资。

(2) 若各期净现金流量不相等：

$$\text{NPV} = \sum_{t=1}^{n} \text{NCF}_t \times (P/F, i, n) - C \tag{7-6}$$

式中，$\sum_{i=1}^{n} \text{NCF}_t$ 表示各期不等的净现金流量，即项目投资后第 t 年的净现金流量。

一般来说，净现值大于或等于 0，则投资方案可行，且净现值越大，投资效益越好，方案越优；净现值小于 0，则方案不可行。

【例 7-6】 三水物流公司一项投资项目的甲、乙两个方案的预计现金流量如表 7-6 所示，资本成本率为 10%。

表 7-6　甲、乙两个方案投资项目的预计现金流量　　　　　　　　　　　单位：元

年份 t	0	1	2	3	4	5
甲　方　案						
固定资产投资	−15 000					
营业现金流量		4 800	4 800	4 800	4 800	4 800
现金流量合计	−15 000	4 800	4 800	4 800	4 800	4 800
乙　方　案						
固定资产投资	−15 000					
营运资金垫支	−3 000					
营业现金流量		4 800	3 860	3 320	3 080	3 040
固定资产残值						2 000
营运资金回收						3 000
现金流量合计	−18 000	4 800	3 860	3 320	3 080	8 040

要求：计算各投资方案的 NPV 值，并比较两者的优劣。

解：由表 7-6 资料可知，甲方案每年的 NCF 相等，可通过年金现值系数计算如下。

$$\begin{aligned}
\mathrm{NPV}_{甲} &= 未来现金流量总现值 - 初始投资 \\
&= \mathrm{NCF} \times (P/A, 10\%, 5) - 15\,000 \\
&= 4\,800 \times 3.790\,8 - 15\,000 \\
&= 18\,195.84 - 15\,000 \\
&= 3\,195.84(元)
\end{aligned}$$

乙方案每年的 NCF 不相等，可列表计算，详见表 7-7。

表 7-7　乙方案的 NPV 计算表　　　　　　　　　　　　　　　　货币单位：元

年份 t	各年的 NCF	各年的复利现值系数	各年 NCF 的现值
1	4 800	0.909 1	4 363.68
2	3 860	0.826 4	3 189.904
3	3 320	0.751 3	2 494.316
4	3 080	0.683 0	2 103.64
5	8 040	0.620 9	4 992.036
未来现金流量的总现值			17 143.58
减：初始投资			−18 000
净现值			NPV = −856.42

本例甲方案的净现值为 3 195.84 元，而乙方案的净现值为负数，显然应采用甲方案。

(3) 净现值法的特点。净现值法的优点：考虑了资金的时间价值，也考虑了项目的投资风险。因为计算净现值的贴现率，要求根据投资项目的风险和报酬来确定，所以净现值指标能很好地反映各个投资方案的效益。

净现值法的缺点：净现值是一个绝对数指标，不能揭示各个投资方案本身可能达到的报酬率。另外，如果几个投资方案寿命期限不等，则不能用它确定方案的优劣。

7.2.4　内含报酬率

1. 内含报酬率的概念

内含报酬率(internal rate of return, IRR)又称内部报酬率，是使净现值为 0 的报酬率，即使现金流入的折现总额与初始投资相等的贴现率。它反映了投资项目的实际报酬率。内含报酬率的计算公式为

$$\frac{\mathrm{NCF}_1}{(1+i)^1} + \frac{\mathrm{NCF}_2}{(1+i)^2} + \cdots + \frac{\mathrm{NCF}_n}{(1+i)^n} - C = 0 \tag{7-7}$$

即

$$\sum_{t=1}^{n} \frac{\mathrm{NCF}_t}{(1+i)^t} - C = 0 \tag{7-8}$$

式中，NCF_t 为第 t 年的净现金流量；i 为内含报酬率；n 为项目寿命期限；C 为项目初始投资额。

2. 内含报酬率的计算

通常，根据每年净现金流量是否相等，分别采用不同的计算方法。

方法 1：每年净现金流量相等时，计算内含报酬率的方法。

如果每年的净现金流量相等，可按如下步骤计算。

第一步：计算年金现值系数。根据净现值等于 0 时，净现金流量的现值与初始投资额的现值相等，计算出项目寿命期内的年金现值系数。

$$年金现值系数 = \frac{初始投资额}{每年\,\mathrm{NCF}} \tag{7-9}$$

第二步:查年金现值系数表。根据计算出的年金现值系数,在年金现值系数表相同的期数内,找出与该年金现值系数相近的较大和较小的两个折现率。对应的贴现率即为要求的内含报酬率。

第三步:插值。根据计算的年金现值系数和已查出的两个相邻的折现率,采用插值法计算出该投资方案的内含报酬率。

方法2:每年净现金流量不相等时,计算内含报酬率的方法。

如果项目方案每年的净现金流量不相等,一般先要采用试算法,再用插值法来计算内含报酬率,具体可按如下步骤计算。

第一步:列出项目方案的净现值方程,内含报酬率未知。

第二步:试算。首先估计一个贴现率,代入净现值计算方程,如果净现值大于0,说明该项目的内含报酬率比所估计的贴现率大,应提高贴现率再次进行测算;如果净现值小于0,说明该项目的内含报酬率比所估计的贴现率小,应降低贴现率再次进行测算。

经过多次测算,则可找出一个最接近0的正净现值和一个最接近0的负净现值。

第三步:插值。根据计算的年金现值系数和已查出的两个相邻的折现率,采用插值法计算出该投资方案的内含报酬率及其各自所对应的贴现率,然后用插值法计算出项目的内含报酬率。

内含报酬率的决策规则:一个备选方案,IRR>必要的报酬率;多个互斥方案,选择超过资本成本率或必要报酬率最多者。

【例7-7】 现沿用例7-1南粤家电有限公司的资料(见表7-2和表7-3)。

要求:分别计算甲、乙两个方案的内含报酬率。

解:

① 甲方案的内含报酬率。

因为甲方案的每年净现金流量NCF为5 250元,初始投资为15 000元,则可按前述方法1求内含报酬率。根据式(7-9)

$$年金现值系数 = \frac{初始投资额}{每年NCF} = \frac{15\,000}{5\,250} = 2.857\,1$$

查年金现值系数表(附表1-4)有

$$
\begin{array}{ccccc}
i & 20\% & x & & 24\% \\
(P/A,i,n) & 2.990\,6 & 2.857\,1 & & 2.745\,4
\end{array}
$$

可见,甲方案的内含报酬率应在20%~24%,现用插值法计算如下。

$$
\begin{array}{ll}
贴现率 & 年金现值系数 \\
\left.\begin{array}{l} 20\% \\ ?\% \\ 24\% \end{array}\right\} x\%\Big\}4\% & \left.\begin{array}{l} 2.990\,6 \\ 2.857\,1 \\ 2.745\,4 \end{array}\right\}0.133\,5 \Big\}0.245\,2
\end{array}
$$

$$\frac{x}{4} = \frac{0.133\,5}{0.245\,2}$$

$$x = 2.1778$$

则

$$甲方案的内含报酬率 = 20\% + 2.177\,8\% = 22.177\,8\%$$

② 乙方案的内含报酬率。

乙方案的每年净现金流量不相等(见表7-2和表7-3),则可按前述方法2求内含报酬率。

第一步:列出净现值方程。

$$NPV = 6\,800(P/F,i,1) + 6\,650(P/F,i,2) + 6\,500(P/F,i,3) +$$
$$6\,350(P/F,i,4) + 14\,200(P/F,i,5) - 24\,000$$

第二步:试算。

$i_1 = 10\%$,则

$$NPV_1 = 6\,800(P/F,10\%,1) + 6\,650(P/F,10\%,2) + 6\,500(P/F,10\%,3) +$$
$$6\,350(P/F,10\%,4) + 14\,200(P/F,10\%,5) - 24\,000$$
$$= 6\,800 \times 0.909\,1 + 6\,650 \times 0.826\,4 + 6\,500 \times 0.751\,3 +$$
$$6\,350 \times 0.683\,0 + 14\,200 \times 0.620\,9 - 24\,000$$
$$= 6\,181.88 + 5\,495.56 + 4\,883.45 + 4\,337.05 + 8\,816.78 - 24\,000$$
$$= 29\,714.72 - 24\,000$$
$$= 5\,714.72$$

净现值为 5 714.72 元，要使之变小，必须增大试算的折现率，现试取折现率为 15%，即 $i_2 = 15\%$，则重复前述步骤，可得（这里省略其过程）$NPV_2 = 1\,906.27$。

为使净现值为负值，继续增大折现率 i，这里取 $i_3 = 18\%$，则重复前述步骤，可得（省略其过程）$NPV_3 = -22.92$。

试算结果，汇集如表 7-8 所示。

表 7-8　乙方案逐次试算数据　　　　　　　　　　　　　　　　　　单位：元

试算序号	试算折现率	净现值
1	10%	5 714.72
2	15%	1 906.27
3	18%	−22.92

第三步：插值。

根据第二步，插值应该在比较接近 0 的一正一负的两个净现值及其相应的折现率之间进行，如图 7-1 所示。

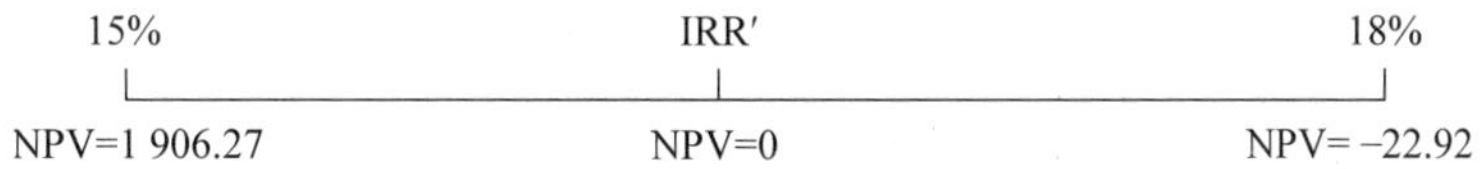

图 7-1　内含报酬率插值示意图

根据图 7-1，插值有下式：

$$\frac{IRR' - 15\%}{18\% - 15\%} = \frac{1\,906.27 - 0}{1\,906.27 - (-22.92)}$$

求解可得

$$IRR' = 15\% + \frac{1\,906.27}{1\,906.27 + 22.92} \times (18\% - 15\%)$$
$$= 17.96\%$$

所以

$$IRR \approx IRR' = 17.96\%$$

比较可知，甲方案优于乙方案。

3. 内含报酬率法的特点

内含报酬率法的优点是其基本原理是试图找出一个能体现项目内在价值的数值，它充分考虑了资金的时间价值，反映了投资项目的真实报酬率；克服了比较基础不同（如初始投资额或经济寿命期不同）的方案的困难。其缺点是计算过程比较复杂，特别是对于每年 NCF 不相等的投资项目，一般需要经过多次测算，才能算出近似的内含报酬率。

4. 净现值法与内含报酬率法的比较

在多数情况下，运用净现值和内含报酬率这两种方法得出的结论是一致的。但在对两个或两个以上的投资项目进行评估选择时，若各项目的投资规模不同、现金流量发生的时间不同，如现金流出不发生在项目的初期,或者期初和以后各期有多次现金流出,在这种情况下这两种指标的决策结果可能会发生差异。

思考 7-1 你能确定以下论述的正确与否吗?

- 计算投资项目净现值时,需要使用折现率,而计算投资项目内含报酬率时,却不需要使用折现率。
- 运用内含报酬率法比净现值法更为简便。

7.2.5 获利指数

1. 获利指数的概念

获利指数(profitability index,PI)又称盈利指数、利润指数、现值指数,是投资项目初始投资后,所有预期未来现金流量总现值与初始投资额的比值。其计算公式为

$$PI = \frac{预期未来现金流量的总现值}{初始投资额} \tag{7-10}$$

2. 获利指数的计算

第一步:计算投资项目所有预期未来现金流量总现值。这与计算净现值时所采用的方法相同。

第二步:计算获利指数。用项目预期未来现金流量总现值除以项目初始投资额。

【例 7-8】 沿用例 7-6 资料,要求计算获利指数。

解:根据例 7-6 的相关资料,运用式(7-10),可得

$$PI_甲 = \frac{未来现金流量的总现值}{初始投资额}$$

$$= \frac{18\ 195.84}{15\ 000} = 1.213\ 1$$

$$PI_乙 = \frac{未来现金流量的总现值}{初始投资额}$$

$$= \frac{17\ 143.58}{18\ 000} = 0.952\ 4$$

用获利指数评价选择方案的规则:对于独立的投资项目方案,如果获利指数大于1,说明投资方案可行,可以采纳;如果获利指数小于1,说明投资方案不可行,不应采纳;如果有多个互斥方案可供选择,应该选择获利指数大于1的最大者。本例甲方案的获利指数大于1,而乙方案的获利指数小于1,故应采用甲方案。

一般情况下,对于独立项目,用该指标选择备选方案的结果与用净现值法选择的结果是一致的。但当初始投资额不相同时,二者才会发生矛盾。

3. 获利指数法的特点

获利指数法的优点是考虑了资金的时间价值,能够真实地反映投资项目的盈利能力。其缺点是获利指数只代表获得收益的能力而不能反映实际能获得的财富,而且也不能反映互斥项目之间在投资规模上的差异,所以在多个互斥项目的选择中,可能会得到错误的答案。

相关链接 7-2

中国国旅(601888.SH)2019 年 9 月 17 日公告,其全资子公司国旅投资发展有限公司,拟以 128.6 亿元资金分期投资建设海口市国际免税城项目,将其建设成为以免税为核心,涵盖有税零售、文化娱乐、商务办公、餐饮住宿等多元素的复合型旅游零售综合体。

该项目位于海南省海口市西海岸新海港东侧、西海岸城市副中心区域,规划用地占地面积为 32.4 万平方米,由六宗地块构成,计容总建筑面积为 69.3 万平方米,其中商业用地规划面积为 47.5 万平方米;办公用地规划建筑面积为 7.8 万平方米;住宅用地规划建筑面积为 8 万平方米;酒店用地规划建筑面积为 6 万平方米。

该项目将分两期开发,一期项目开发免税商业综合体、公寓和住宅,开发期限为 36 个月;二期项目开发商业街区、写字楼和酒店,开发期限为 42 个月。其中,一期项目投资额为 58.8 亿元,二期项目投资额为

69.8亿元。

根据测算,投资总金额中,开发成本110.8亿元,其中土地成本16.3亿元,此外,期间费用预计为17.8亿元。投资资金来源为自筹,遵循滚动开发的原则。根据公司可行性开发报告测算,该项目内部收益率约为14.4%,财务净现值14.7亿元,静态回收期15.8年,动态回收期18.3年。

中国国旅表示,该项目建成后,将使公司资产配置更为合理,资产运营效率得到提高,进一步增强企业活力和公司可持续发展能力,实现资本、资产、经营三轮驱动的高质量发展。项目不会对公司2019年总资产、净资产、负债、净利润等财务状况构成重大影响。

资料来源:https://www.doc88.com/p-91773113777953.html?r=1.

7.3　投资项目决策分析

公司最典型的投资就是把资金投放于生产经营的厂房、设备、设施等,以形成或扩大生产能力。在投资项目的决策分析中,现金流量的分析和计算首当其冲,在现金流量计算时尤其要注意成本分析。

区分相关成本和非相关成本。相关成本是指与某一决策有关的各种成本,在决策中必须加以考虑的成本。非相关成本是指与该决策无关的、不应该计入决策方案中的成本。非相关成本中有一种成本被称为沉没成本,是指已经付出且不可收回的成本,它是不应计入决策方案的,决策时应加以注意。

机会成本。是指为了进行某项投资而放弃其他投资所能获得的潜在收益。在投资决策中要认真对待。

另外,税负与折旧对投资的影响,应予以充分注意。

下面,主要针对公司投资实际问题,对不同的投资项目进行决策分析。

【例7-9】　南海港湾公司拟建造一项生产设施,预计建设周期为1年,在建设始点一次性投资200万元。该设施使用寿命为5年,使用到期报废清理时无残值。该设施折旧采用直线法。该设施投产后每年为公司增加净利润60万元,项目的基准投资利润率为25%。

要求:

(1) 计算项目寿命期内各年现金净流量。

(2) 计算该设施的静态投资回收期。

(3) 计算投资项目的投资利润率。

(4) 若适用的行业折现率为10%,计算投资项目的净现值和获利指数。

(5) 计算投资项目的内含报酬率。

(6) 评价该投资项目的财务可行性。

解:

(1) 寿命期内各年现金净流量。

$$NCF_0 = -200 \, \text{万元}$$
$$NCF_1 = 0$$
$$NCF_{2\sim6} = 60 + 200 \div 5 = 100(\text{万元})$$

(2) 投资回收期。

$$\text{不包括建设期的投资回收期} = 200 \div 100 = 2(\text{年})$$
$$\text{包括建设期的投资回收期} = 1 + 2 = 3(\text{年})$$

(3) 投资利润率。

$$\text{该投资项目的投资利润率} = 60 \div (200 \div 2) = 60\%$$

(4) 净现值与获利指数。

$$NPV = -200 + 100 \times (P/A, 10\%, 5) \times (P/F, 10\%, 1)$$
$$= -200 + 100 \times 3.790\,8 \times 0.909\,1$$
$$= 144.62(\text{万元})$$

$$PI = 344.62 \div 200 = 1.723\,1$$

（5）内含报酬率。

① 净现值方程。

$$NPV = -200 + 100 \times (P/A, i, 5) \times (P/F, i, 1)$$

② 试算。

$$i_1 = 20\%, \quad NPV_1 = -200 + 100 \times (P/A, 20\%, 5) \times (P/F, 20\%, 1)$$
$$= -200 + 100 \times 2.990\,6 \times 0.833\,3$$
$$= 49.21(万元)$$
$$i_2 = 24\%, \quad NPV_2 = 21.4(万元)（略去具体计算过程）$$
$$i_3 = 28\%, \quad NPV_3 = -2.19(万元)$$

③ 插值。

插值时，选取接近 0 的一正一负两个净现值，则有

$$\frac{IRR'' - 24\%}{28\% - 24\%} = \frac{21.4 - 0}{21.4 + 2.19}$$

解得

$$IRR'' = 24\% + \frac{21.4}{21.4 + 2.19} \times (28\% - 24\%) = 27.63\%$$

所以

$$IRR \approx IRR'' = 27.63\%$$

（6）评价。

由前述计算可知，该项目净现值 NPV＞0，获利指数 PI＞1，内含报酬率 IRR＞i（25%），投资项目的回收期为 3 年。从该项目的净现值、内含报酬率和投资项目的回收期指标来看，其具备财务可行性。

总的来说，南海港湾公司拟建造的一项生产设施项目，在财务上是可行的。

【例 7-10】 海丰公司拟于 2021 年上一项新产品开发投资项目，有关资料如下。

在第一年年初与第二年年初为固定资产各投资 500 万元，预计在第二年年末建成，并拟在投产前再垫支流动资产 100 万元。

固定资产竣工投产后，估计其经济寿命周期为 6 年，期末残值为 15 万元（假设与税法规定的残值比例一致），每年按直线法提取折旧。

投产后前三年实现年产品销售收入为 700 万元，相关营运成本为 160 万元；后三年实现年产品销售收入 300 万元，相关营运成本为 80 万元。

假设该公司的所得税税率为 30%。投资所需资金从银行借入，利率为 10%。

要求：运用净现值法评价该项投资方案的可行性。

解：

（1）该投资方案的现金流出现值为

$$500 + 500 \times (P/F, 10\%, 1) + 100 = 1\,054.5(万元)$$

（2）该方案的现金流入现值计算如下。

① 投资后前三年每年税前现金流入量＝700－160＝540（万元）

固定资产形成的初始价值＝$500 \times (F/P, 10\%, 2) + 500 \times (F/P, 10\%, 2)$
$$= 500 \times 1.210\,0 + 500 \times 1.100\,0$$
$$= 1\,155(万元)$$

年固定资产折旧＝$\dfrac{1\,155 - 15}{6} = 190(万元)$

前三年每年利率额＝540－190＝350（万元）

前三年每年所得税额＝350×30%＝105（万元）

前三年税后现金净流入＝540－105＝435(万元)

前三年税后现金净流入＝350－105＋190＝435(万元)

② 投资后后三年每年税前现金流入量＝300－80＝220(万元)

后三年每年利率额＝220－190＝30(万元)

后三年每年所得税额＝30×30％＝9(万元)

后三年税后现金净流入＝220－9＝211(万元)

后三年税后现金净流入＝30－9＋190＝211(万元)

③ 第六年年末实现残值15万元,收回垫支流动资金100万元,合计115万元。

④ 方案现金流入现值＝435×$(P/A,10\%,3)$×$(P/F,10\%,2)$＋211×$(P/A,10\%,3)$×

$$(P/F,10\%,5)+115\times(P/F,10\%,8)$$

$$=435\times2.4869\times0.8264+211\times2.4869\times0.6209+115\times0.4665$$

$$=894+325.81+53.65=1\ 273.46(万元)$$

(3) 该投资方案的净现值＝1 273.46－1 054.5＝218.96(万元)

由于净现值大于0,表示该投资方案具备财务(或经济)可行性。

此外,还可以使用现值指数和内含报酬率法对投资方案评价,其评价结果与净现值结果应具有一致性。

【例7-11】　蓝天机场高速公路已经不适应交通需要,市政规划决定加以改造。现有两种方案可供选择:A方案是在现有基础上拓宽,需一次性投资4 000万元,以后每年需投入维护费70万元,每5年年末翻新路面一次需投资400万元,永久使用;B方案是全部重建,需一次性投资8 000万元,以后每年需投入维护费80万元,每8年年末翻新路面一次需投资500万元,永久使用。原有旧路面设施残料收入为3 000万元,贴现率为15％。

问:应该选择哪种方案?

解:蓝天机场高速公路改造是永久性方案,可按永续年金的形式进行决策。两个方案现金流出的总现值,根据永续年金现值公式 $P=\dfrac{A}{i}$,分别计算如下。

A方案:

$$P_A=4\ 000+\frac{70}{15\%}+\frac{400\div(F/A,15\%,5)}{15\%}$$

$$=4\ 000+466.67+\frac{400\div6.7424}{15\%}$$

$$=4\ 466.67+395.51$$

$$=4\ 862.18$$

B方案:

$$P_B=(8\ 000-3\ 000)+\frac{80}{15\%}+\frac{500\div(F/A,15\%,8)}{15\%}$$

$$=5\ 000+533.33+\frac{500\div13.727}{15\%}$$

$$=5\ 533.33+242.83$$

$$=5\ 776.16$$

比较可知,$P_A<P_B$,应该选择A方案。

【例7-12】　瑞丰公司是一家机械制造企业,为了降低成本,提升运营效率和盈利水平,拟对正在使用的一台旧设备进行更新,该公司要求的最低报酬率为12％,所得税税率为25％。其他资料如表7-9所示。

表7-9　瑞丰公司新旧设备资料　　　　　　　　　　金额单位:万元

项　目	使用旧设备	使用新设备
原值	4 500	4 800
预计使用年限/年	10	6

续表

项　目	使用旧设备	使用新设备
已使用年限/年	4	0
尚可使用年限/年	6	6
税法残值	500	600
最终报废残值	400	600
目前变现残值	1 900	4 800
年折旧	400	700
年付现成本	2 000	1 500
年营业收入	2 800	2 800

要求:

(1) 计算与购置新设备相关的指标:税后年营业收入;税后年付现成本;每年折旧抵税;残值变价收入;残值净收益纳税;年净现金流量;净现值。

(2) 计算与使用旧设备相关的指标:目前账面价值;目前资产报废损益;资产报废损益对所得税的影响;残值报废损失减税。

(3) 评价瑞丰公司该设备是否应该更新(已知使用旧设备的净现值为 943.29 万元),并说明理由。

解:

(1) 计算与购置新设备相关的指标。

① 税后年营业收入。

$$税后年营业收入 = 2\ 800 \times (1 - 25\%) = 2\ 100(万元)$$

② 税后年付现成本。

$$税后年付现成本 = 1\ 500 \times (1 - 25\%) = 1\ 125(万元)$$

③ 每年折旧抵税。

$$每年折旧抵税 = 700 \times 25\% = 175(万元)$$

④ 残值变价收入。

$$残值变价收入 = 600\ 万元$$

⑤ 残值净收益纳税。

$$残值净收益纳税 = (600 - 600) \times 25\% = 0$$

⑥ 年净现金流量。

$$NCF_{1\sim5} = 2\ 100 - 1\ 125 + 175 = 1\ 150(万元)$$
$$NCF_6 = 1\ 150 + 600 - 0 = 1\ 750(万元)$$

⑦ 净现值。

$$NPV = -4\ 800 + 1\ 150 \times (P/A, 12\%, 5) + 1\ 750 \times (P/F, 12\%, 6)$$
$$= -4\ 800 + 1\ 150 \times 3.604\ 8 + 1\ 750 \times 0.506\ 6$$
$$= 232.07(万元)$$

(2) 计算与使用旧设备相关的指标。

① 目前账面价值。

$$目前账面价值 = 4\ 500 - 400 \times 4 = 2\ 900(万元)$$

② 目前资产报废损失。

$$目前资产报废损失 = 1\ 900 - 2\ 900 = -1\ 000(万元)$$

③ 资产报废损失抵税。

$$资产报废损失抵税 = 1\ 000 \times 25\% = 250(万元)$$

④ 残值报废损失减税。

残值报废损失减税＝（500－400）×25％＝25（万元）

（3）评价：因为 $NPV_旧＞NPV_新$，所以瑞丰公司应继续使用旧设备，不必更新。

【例7-13】 圆通公司有 A、B 两个投资方案可供选择：A 方案的投资额为 100 000 万元，每年净现金流量均为 30 000 元，可使用 5 年；B 方案的投资额为 70 000 万元，每年净现金流量分别为 10 000 元、15 000 元、20 000 元、25 000 元、30 000 元，使用年限也是 5 年。A、B 两个投资方案的建设期均为 0 年，贴现率为 10％。

要求：对 A、B 两个投资方案作出评价和选择。

解：A、B 两个投资方案使用期限相同，但投资额不相等，可采用差额法来评价。

（1）计算差额净现金流量 ΔNCF。

$$\Delta NCF_0＝-100\,000-(-70\,000)＝-30\,000（元）$$
$$\Delta NCF_1＝30\,000-10\,000＝20\,000（元）$$
$$\Delta NCF_2＝30\,000-15\,000＝15\,000（元）$$
$$\Delta NCF_3＝30\,000-20\,000＝10\,000（元）$$
$$\Delta NCF_4＝30\,000-25\,000＝5\,000（元）$$
$$\Delta NCF_5＝30\,000-30\,000＝0$$

（2）计算差额净现值 ΔNPV。

$$\Delta NPV_{A-B}＝20\,000×(P/F,10\%,1)+15\,000×(P/F,10\%,2)+10\,000×(P/F,10\%,3)+$$
$$5\,000×(P/F,10\%,4)-30\,000$$
$$＝20\,000×0.909\,1+15\,000×0.826\,4+10\,000×0.751\,3+5\,000×0.683\,0-30\,000$$
$$＝11\,506（元）$$

（3）计算差额内含报酬率 ΔIRR。

① 试算。

$i_1＝28\%$，则

$$\Delta NPV_1＝20\,000×(P/F,28\%,1)+15\,000×(P/F,28\%,2)+10\,000×(P/F,28\%,3)+$$
$$5\,000×(P/F,28\%,4)-30\,000$$
$$＝20\,000×0.781\,3+15\,000×0.610\,4+10\,000×0.476\,8+5\,000×0.372\,5-30\,000$$
$$＝1\,412.5（元）$$

$i_2＝32\%$，则

$$\Delta NPV_2＝-244.5 元（方法同前，略去其过程）$$

② 插值。

用插值法计算 ΔIRR，如图 7-2 所示。

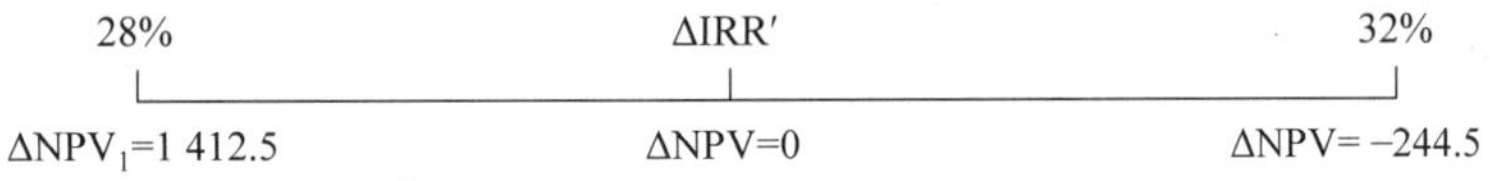

图 7-2 内含报酬率插值示意图

则

$$\Delta IRR'＝28\%+\frac{1\,412.5-0}{1\,412.5-(-244.5)}×(32\%-28\%)$$
$$＝31.41\%$$

所以

$$\Delta IRR≈\Delta IRR'＝31.41\%$$

（4）方案评价和选择。

前述计算表明，$\Delta NPV＝1\,412.5$ 元，大于零；$\Delta IRR≈31.41\%$，大于基准贴现率 10％。所以，应选择 A 方案。

【例7-14】 方圆食品公司计划更新生产线，现有 A、B 两个投资方案供选择：A 方案的初始投资额为 200 万元，每年产生净现金流量均为 95 万元，项目使用寿命 4 年，4 年后必须更新，并且期满无残值；B 方案的初始投资额为 340 万元，每年净现金流量均为 100 万元，项目可使用寿命 8 年，8 年后必须更新，并且期满无残值。公司的资本成本率为 15%。

要求：对 A、B 两个投资方案作出评价和选择。

解：

（1）净现值方法。

$$\text{NPV}_A = 95 \times (P/A, 15\%, 4) - 200 = 71.23（万元）$$
$$\text{NPV}_B = 100 \times (P/A, 15\%, 8) - 340 = 108.70（万元）$$

项目的净现值表明 B 方案优于 A 方案，应该选择 B 方案。但这一分析方法没有考虑两个方案的使用寿命不同。

（2）最小公倍寿命法。最小公倍寿命法就是将两个方案使用寿命的最小公倍数作为比较期间，并假设两个方案在这个比较区间进行多次重复投资，将各自多次投资的净现值进行比较的分析方法。

A、B 两个投资方案的最小公倍数是 8 年。B 投资方案的 NPV_B 是按 8 年计算的，不必调整。但 A 投资方案的 NPV_A 是按 4 年计算的，需要调整，即从第 4 年年末再次投资，获得与当前净现值同样的收益，如图 7-3 所示。

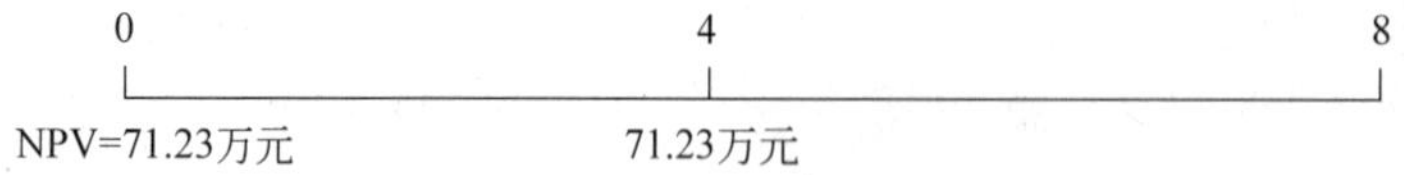

图 7-3　A 方案重复投资

则有

$$\begin{aligned}\text{NPV}_A &= 71.23 + 71.23 \times (P/F, 15\%, 4)\\ &= 71.23 + 71.23 \times 0.5720\\ &= 111.97（万元）\end{aligned}$$

而 $\text{NPV}_B = 108.70$ 万元，所以应选择 A 方案。

（3）年均净现值法。年均净现值法就是把投资项目在使用寿命期内总的净现值转化为每年的平均净现值，并进行比较的分析方法。

年均净现值的计算公式为

$$\text{ANPV} = \frac{\text{NPV}}{(P/A, i, n)} \tag{7-11}$$

式中，ANPV 为年均净现值。

根据式（7-11），A、B 两个方案的年均净现值为

$$\text{ANPV}_A = \frac{\text{NPV}_A}{(P/A, 15\%, 4)} = \frac{71.23}{2.8550} = 24.95（万元）$$

$$\text{ANPV}_B = \frac{\text{NPV}_B}{(P/A, 15\%, 8)} = \frac{108.70}{4.4873} = 24.22（万元）$$

从 A、B 两个方案的年均净现值可以得知，A 方案优于 B 方案，应选择 A 方案。这与运用最小公倍寿命法评价的结果是一致的。

7.4　投资项目风险评价

7.4.1　投资项目风险

企业投资项目决策时，不可避免地要面临风险，项目未来现金流量总会具有某种程度的不确定性，不考

虑风险因素就无法客观地评价企业投资项目。

1. 投资项目风险的来源

公司投资项目的风险是指项目盈利具有不确定性。

公司的投资项目大都和生产销售产品(或者提供劳务)有关,既然是未来产生现金流量,那么产品的成本费用及单价、销售量等,不可能一成不变;开发的新产品,可能不会一直受到客户的欢迎;投资所需要的资金,会受到资本市场供求关系不确定性变化的影响;政府政策的调整,通货膨胀、经济衰退的影响;国际环境的变化等,这些因素直接影响公司的投资项目,这就是投资项目风险的来源。

2. 投资项目的风险类别

(1)项目的特有风险。项目的特有风险是指项目本身的风险,可以通过项目预期收益率的波动性来衡量。如一些高新技术项目,收益率波动巨大,这与项目本身的内容密切相关。一般情况下,项目的特有风险并不作为项目投资时风险的度量。

(2)项目的公司风险。项目的公司风险是指项目给公司带来的风险。项目的公司风险可以通过项目对公司未来收入不确定的影响大小来衡量。如果一个新项目的风险比公司现有资产的平均风险大,采纳该项目会增加公司未来收益的不确定性,则该项目对于投资者来说具有公司风险。通常可以利用该项目与公司内部其他项目的组合来分散掉一部分。

(3)项目的市场风险。项目的市场风险是指新项目给股东带来的风险,主要是指项目的系统风险。

7.4.2 投资项目风险调整

1. 风险调整现金流量法

风险调整现金流量法是把不确定的现金流量调整为确定的现金流量,然后用无风险的报酬率作为折现率计算净现值。其计算公式为

$$NPV = \sum_{t=0}^{n} \frac{a_t \times \overline{C}_t}{(1+r_F)^t} \tag{7-12}$$

式中,NPV 为净现值;a_t 为第 t 年现金流量的肯定当量系数,$0 < a_t < 1$;$\overline{C}_t$ 为第 t 年现金流量的期望值;r_F 为无风险报酬率。

肯定当量系数也称约当系数,是指不肯定的 1 元现金流量期望值,相当于使投资者满意的肯定的金额的系数,如表 7-10 所示。通过它,可以把各年不肯定的现金流量换算为肯定的现金流量。

表 7-10 肯定当量系数表

标准离差率	肯定当量系数
0.00～0.07	1
0.08～0.15	0.9
0.16～0.23	0.8
0.24～0.32	0.7
0.33～0.42	0.6
0.43～0.54	0.5
0.55～0.70	0.4

【例 7-15】 目前,无风险报酬率为 4%,天一公司有 A、B 两个投资项目,相关资料如表 7-11 所示。

从表 7-11 可以看出,调整前 A 项目的净现值较大,调整后 B 项目的净现值较大。若不进行调整,就可能导致错误的判断。

表 7-11 调整现金流量表　　　　　　　　　　　　　　　　　　　单位：元

年　数	现金流入量	肯定当量系数	肯定现金流入量	现值系数(4%)	未调整现值	调整后现值
A　项　目						
0	−30 000	1	−30 000	1.000 0	−30 000	−30 000
1	10 000	0.9	9 000	0.961 5	9 615	8 653.5
2	10 000	0.8	8 000	0.924 6	9 246	7 396.8
3	10 000	0.7	7 000	0.889 0	8 890	6 223
4	10 000	0.6	6 000	0.854 8	8 548	5 128.8
5	10 000	0.5	5 000	0.821 9	8 219	4 109.5
净现值					14 518	1 511.6
B　项　目						
0	−40 000	1	−40 000	1.000 0	−40 000	−40 000
1	12 000	0.9	10 800	0.961 5	11 538	10 384.2
2	12 000	0.8	9 600	0.924 6	11 095.2	8 876.16
3	12 000	0.8	9 600	0.889 0	10 668	8 534.4
4	12 000	0.7	8 400	0.854 8	10 257.6	7 180.32
5	12 000	0.7	8 400	0.821 9	9 862.8	6 903.96
净现值					13 421.6	1 879.04

2. 风险调整折现率法

风险调整折现率法是通过改变公司投资项目价值的现金流量净现值计算公式中折现率来进行风险调整的方法。其指导思想是对高风险的项目采用较高的折现率计算净现值。其计算公式为

$$\text{NPV} = \sum_{t=0}^{n} \frac{\overline{C_t}}{(1+r_\text{A})^t} \tag{7-13}$$

式中，r_A 为风险调整折现率；其他符号含义同式 7-12。

折现率的风险调整主要有两种方法：一种是资本资产定价模型（参见式 4-33）；另一种是风险报酬率模型（参见式 4-14～式 4-16），这里不再赘述。

【例 7-16】　目前，无风险报酬率为 4%，市场平均报酬率为 14%，天一公司 A 项目的预期股权现金流量风险较大，其 β 值为 1.6；B 项目的预期股权现金流量风险较小，其 β 值为 0.6。根据资本资产定价模型，A、B 两个项目的风险调整折现率分别为

$$r_\text{AA} = 4\% + 1.6 \times (14\% - 4\%) = 20\%$$
$$r_\text{AB} = 4\% + 0.6 \times (14\% - 4\%) = 10\%$$

相关资料如表 7-12 所示。

表 7-12 调整现金流量表　　　　　　　　　　　　　　　　　　　单位：元

年　数	现金流入量	现值系数(4%)	未调整现值	现值系数(20%)	调整后现值
A　项　目					
0	−30 000	1.000 0	−30 000	1.000 0	−30 000
1	10 000	0.961 5	9 615	0.833 3	8 333
2	10 000	0.924 6	9 246	0.694 4	6 944
3	10 000	0.889 0	8 890	0.578 7	5 787
4	10 000	0.854 8	8 548	0.482 3	4 823
5	10 000	0.821 9	8 219	0.401 9	4 019
净现值			14 518		−94

续表

年　数	现金流入量	现值系数(4%)	未调整现值	现值系数(20%)	调整后现值
			B 项　目		
0	−40 000	1.000 0	−40 000	1.000 0	−40 000
1	12 000	0.961 5	11 538	0.909 1	10 909
2	12 000	0.924 6	11 095.2	0.826 4	9 916.8
3	12 000	0.889 0	10 668	0.751 3	9 015.6
4	12 000	0.854 8	10 257.6	0.683 0	8 196
5	12 000	0.821 9	9 862.8	0.620 9	7 450.8
净现值			13 421.6		5 488.4

　　从表 7-12 可以看出,不进行风险折现率调整,A 项目的净现值较大,较 B 项目更胜一筹;但考虑了项目的风险,进行风险折现率调整,B 项目的净现值远远大于 A 项目的净现值,应放弃 A 项目。

　　关于风险调整的两种方法,理论界仍有不同看法。一般来说,风险调整现金流量法在理论上受到好评,而风险调整折现率法可能会夸大远期现金流量的风险,因此,在理论上受到批评。目前,实务上被普遍接受的做法是根据投资项目的系统风险调整折现率,而用投资项目的特有风险调整现金流量。

阅读材料　广东电网"十四五"规划投资 520 亿元助力乡村振兴　　　　阅读材料　我国成为跨国投资避风港

本 章 小 结

　　投资决策是指投资者为了实现其预期的投资目标,运用一定的科学理论、方法和手段,通过一定的程序对投资的必要性、投资目标、投资规模、投资方向、投资结构、投资成本与收益等经济活动中的重大问题所进行的分析、判断和方案选择。

　　公司项目投资决策是公司提出长期投资方案并进行分析、评估、选择的过程,包括项目投资的提出、项目投资的评价、项目投资的决策、项目投资的执行、项目投资的再评价。

　　常用的投资决策指标有净现值、内含报酬率、获利指数、投资回收期、平均报酬率等。通常应用的是折现现金流量指标,最主要的投资决策指标是净现值,其他都是辅助性指标。

　　净现值(NPV)是长期投资决策评价的基础指标,是最重要的动态评价指标之一。净现值是指投资项目投入使用后的净现金流量,按资本成本或企业要求达到的报酬率折算为现值之和,减去初始投资以后的余额。

　　内含报酬率(IRR)又称内部报酬率,是使净现值为 0 的报酬率,即使现金流入的折现总额与初始投资相等的贴现率。它反映了投资项目的实际报酬率。

　　在投资项目决策的实际中,必须考虑风险因素,否则会导致错误决策,给企业造成重大损失。常用的风险处置方法:一是按风险调整现金流量法;二是按风险调整折现率法。

关 键 术 语

现金流量(cash flow)

净现金流量(net cash flow)

投资回收期(payback period)
平均报酬率(average rate of return)
净现值(net present value)
获利指数(profitability index)
内含报酬率(internal rate of return)

参 考 文 献

[1] 斯蒂芬·A. 罗斯,伦道夫·W. 威斯特菲尔德,杰费利·F. 杰富. 公司理财[M]. 吴世农,沈艺峰,王志强,译. 11 版. 北京：机械工业出版社,2017.

[2] BERK J, MARZO D P, HARFORD J. Fundamentals of Corporate Finance[M]. 4E. London：Pearson Education Limited,2019.

[3] HORNGREN T C, SUNDEM L G, STRATTON O W, et al. Introduction to Management Accounting[M]. 16E. Peking：Tsinghua University Press,2019.

[4] 中国注册会计师协会. 财务成本管理[M]. 北京：中国财政经济出版社,2021.

[5] 财政部会计资格评价中心. 财务管理[M]. 北京：经济科学出版社,2021.

[6] 王化成,刘俊彦,荆新. 财务管理学[M]. 9 版. 北京：中国人民大学出版社,2021.

[7] 王化成. 公司财务管理[M]. 北京：高等教育出版社,2007.

[8] 吴立扬,刘明进. 财务管理[M]. 武汉：武汉理工大学出版社,2009.

[9] 马忠. 公司财务管理[M]. 2 版. 北京：机械工业出版社,2015.

[10] 曹惠民. 财务管理学[M]. 3 版. 上海：立信会计出版社,2019.

[11] 温素彬. 管理会计[M]. 3 版. 北京：机械工业出版社,2019.

[12] 刘淑莲. 财务管理[M]. 4 版. 大连：东北财经大学出版社,2019.

[13] 唐现杰,张志勇. 中级财务管理[M]. 北京：科学出版社,2016.

[14] 李延喜,秦学志,张悦攻. 财务管理[M]. 2 版. 北京：清华大学出版社,2014.

思 考 题

7-1 什么是项目投资决策？其过程如何？

7-2 什么是项目投资方案的现金流量、现金净流量？现金净流量与净现值有何异同？

7-3 项目投资方案的现金流量分哪几个阶段？怎样计算？

7-4 试比较净现值指标与获利指数指标。

7-5 什么是内含报酬率？其应用有何局限性？

7-6 折现现金流量指标主要有哪几个？指出各种决策指标的优缺点。

7-7 什么是独立方案？什么是互斥方案？

7-8 为降低投资决策风险可采用哪些方法？

练 习 题

○ 判断题

7-1 现金净流量的数值一定大于零,因为现金流入量一定大于流出量。　　　　　（　　）

7-2 每年营业现金净流量为"营业收入－付现成本－所得税",所以其与折旧无关。　（　　）

7-3 净现值和内含报酬率指标都是考虑了资金时间价值的指标。　　　　　　　　（　　）

7-4 净现值指标可以直接反映投资项目的实际收益率。　　　　　　　　　　　（　　）

7-5 内含报酬率指标可反映各种方案的投资收益现值。　　　　　　　　　　　（　　）

7-6　对于独立方案,评价其财务可行性也就是对其做出最终决策的过程。　　　　　　　（　　）

7-7　多个互斥方案的对比与选优,一般应选择获利指数大的方案。　　　　　　　　　（　　）

7-8　作项目风险投资决策时,可用确定当量法进行评价。　　　　　　　　　　　　　（　　）

7-9　若新旧设备使用寿命不同,则不能直接用净现值法进行决策。　　　　　　　　　（　　）

7-10　投资者可通过多元化投资消除市场风险(系统性风险)。　　　　　　　　　　　（　　）

7-11　企业的投资活动优先于经营活动,对企业的经营活动的方向产生重大影响。　　　（　　）

7-12　投资规模不同的 A、B、C 三个方案是独立的,采用年金净流量法可以作出优先次序的排列。（　　）

7-13　一般情况下,使投资方案的净现值小于零的贴现率,一定高于该投资方案的内含报酬率。　　（　　）

7-14　只有扩建重置方案对营业现金流入无影响时,才可采用年金成本法进行决策。　　（　　）

7-15　项目投资属于直接投资,证券投资属于间接投资。　　　　　　　　　　　　　（　　）

7-16　在考虑所得税因素的情况下,同一投资方案分别采用加速折旧法、直线法计提折旧,不会影响各年的现金净流量。　　　　　　　　　　　　　　　　　　　　　　　　　　　　　（　　）

○ 单项选择题

7-1　在下列各项中,不属于静态投资回收期优点的是(　　　)。

　　A. 计算简便　　　　　　　　　　　　　B. 便于理解

　　C. 直观反映返本期限　　　　　　　　　D. 正确反映该项目总回报

7-2　如果贴现率提高,其他因素不变,则下列指标中数值会变小的是(　　　)。

　　A. 净现值　　　　　B. 内含报酬率　　　　C. 投资回收期　　　　D. 投资利润率

7-3　下列不属于终结现金流量范畴的是(　　　)。

　　A. 固定资产折旧　　　　　　　　　　　B. 停止使用的土地的变价收入

　　C. 垫支流动资金的收回　　　　　　　　D. 固定资产残值收入

7-4　付现成本是指(　　　)。

　　A. 用现金支付的成本　　　　　　　　　B. 总成本减去折旧

　　C. 税后净利加折旧　　　　　　　　　　D. 变动成本

7-5　当贴现率与内含报酬率相等时,有(　　　)。

　　A. 净现值小于零　　　B. 净现值不确定　　　C. 净现值大于零　　　D. 净现值等于零

7-6　当净现值大于零时,内含报酬率一定(　　　)。

　　A. 大于零　　　　　B. 大于 1　　　　　C. 小于必要报酬率　　D. 大于必要报酬率

7-7　某投资方案,当贴现率为 18% 时,净现值为 -3.170 万元;当贴现率为 16% 时,净现值为 6.127 万元,则该方案的内含报酬率为(　　　)。

　　A. 16.48%　　　　　B. 16.68%　　　　　C. 17.32%　　　　　D. 18.32%

7-8　在新旧设备使用寿命不同的固定资产更新决策中,不可以使用的决策方法是(　　　)。

　　A. 差量分析法　　　B. 年均净现值法　　　C. 年均成本法　　　D. 最小公倍寿命法

7-9　已知某设备原值 60 000 元,税法规定的残值率为 10%,最终报废残值 5 000 元,所得税税率为 25%,则该设备最终报废由于残值带来的现金流入量为(　　　)。

　　A. 4 600 元　　　　B. 5 000 元　　　　C. 5 250 元　　　　D. 6 000 元

7-10　在进行投资项目评价时,投资者要求的风险报酬取决于该项目的(　　　)。

　　A. 经营风险　　　　B. 财务风险　　　　C. 可分散风险　　　D. 不可分散风险

7-11　某投资者购买 A 公司股票,并且准备长期持有,要求的最低收益率为 11%,该公司本年的股利为 0.6 元/股,预计未来股利年增长率为 5%,则该股票的内在价值是(　　　)元/股。

　　A. 10.0　　　　　　B. 10.5　　　　　　C. 11.5　　　　　　D. 12.0

7-12　某投资项目各年的预计现金净流量分别为:$NCF_0 = -200$ 万元,$NCF_1 = -50$ 万元,$NCF_{2\sim3} = 100$ 万元,$NCF_{4\sim11} = 250$ 万元,$NCF_{12} = -150$ 万元,则该项目的静态投资回收期为(　　　)年。

A. 2.0   B. 2.5   C. 3.2   D. 4.0

7-13 下列各项中，其计算结果等于项目投资方案年金净流量的是（   ）。

A. 该方案净现值×年金现值系数

B. 该方案净现值×年金现值系数的倒数

C. 该方案每年相等的现金净流量×年金现值系数

D. 该方案每年相等的现金净流量×年金现值系数的倒数

7-14 下列各项中，不属于静态投资回收期优点的是（   ）。

A. 计算简便   B. 便于理解

C. 直观反映返本期限   D. 正确反映项目总回报

7-15 某公司拟进行一项固定资产投资决策，设定贴现率为 10%，有四个方案可供选择。其中甲方案的净现值为 -0.12 万元；乙方案的内含报酬率为 9%；丙方案的项目计算期为 10 年，净现值为 960 万元，$(P/A,10\%,10)=6.1446$；丁方案的项目计算期为 11 年，年金净流量为 136.23 万元。最优的投资方案是（   ）。

A. 甲方案   B. 乙方案   C. 丙方案   D. 丁方案

○ 多项选择题

7-1 下列各项中属于长期资产投资的内容有（   ）。

A. 购置成本   B. 运输费   C. 安装费   D. 固定资产改良支出

7-2 计算投资方案的现金流出项目有（   ）。

A. 固定资产折旧   B. 建设投资   C. 付现成本   D. 所得税支出

7-3 下列项目的金额增加时，能增加投资方案现金净流量的项目有（   ）。

A. 销售收入   B. 付现成本   C. 净收益   D. 折旧费

7-4 在使用寿命不同的固定资产更新决策中，下列可使用的决策方法是（   ）。

A. 差量分析法   B. 年均净现值法   C. 年均成本法   D. 内含报酬率法

7-5 在投资项目决策时，下列需考虑的现金流量有（   ）。

A. 机会成本   B. 付现成本   C. 沉没成本   D. 相关成本

7-6 下列属于投资项目静态评估指标的是（   ）。

A. 净现值   B. 获利指数   C. 投资回收期   D. 平均报酬率

7-7 净现值指标的优点是（   ）。

A. 能反映各种方案的实际报酬率   B. 能反映各种方案的投资净收益

C. 考虑了货币的时间价值   D. 可用于使用寿命不同的固定资产更新决策

7-8 影响项目内含报酬率的因素包括（   ）。

A. 投资项目的有效年限   B. 投资项目的现金流量

C. 企业要求的最低投资报酬率   D. 银行贷款利率

7-9 在做风险投资决策时，常用的两类分析方法是（   ）。

A. 年均成本法   B. 按风险调整现金流量

C. 年均净现值法   D. 按风险调整折现率

7-10 下列计算每年营业现金净流量正确的公式是（   ）。

A. 营业收入-营业成本   B. 营业收入-付现成本-所得税

C. 税前利润 + 折旧-所得税   D. 税后利润 + 折旧

7-11 如果其他因素不变，一旦贴现率提高，则下列指标中其数值将会变小的有（   ）。

A. 获利指数   B. 内含报酬率   C. 净现值   D. 动态投资回收期

7-12 初始投资额不同的互斥方案的选优，可采用（   ）。

A. 净现值法   B. 获利指数

  C. 年等额净回收额法　　　　　　　　　　D. 差额内含报酬率法

7-13　在计算税后现金净流量时,可以抵税的项目有(　　)。

  A. 残值收入　　　　B. 无形资产摊销额　　　　C. 折旧额　　　　D. 设备买价

7-14　在单一方案决策过程中,与净现值评价结论一致的评价指标有(　　)。

  A. 获利指数　　　　B. 年金净流量　　　　C. 投资回收期　　　　D. 内含报酬率

7-15　提高某一投资项目净现值的途径有(　　)。

  A. 提高产品的销售单价　　　　　　　　　　B. 降低产品的单位变动成本

  C. 降低所采用的折现率　　　　　　　　　　D. 提高所采用的折现率

○计算分析题

7-1　顺丰公司目前有 A、B 两个项目可供选择,其各年现金流量如表 7-13 所示。

表 7-13　顺丰公司 A、B 项目现金流量

年　　次	项　目　A	项　目　B
0	−7 500	−5 000
1	4 000	2 500
2	3 500	1 200
3	1 500	3 000

要求:

(1) 顺丰公司要求的项目资金必须在两年内收回,应选择哪个项目?

(2) 顺丰公司采用净现值法,若折现率为 15%,应选择哪个项目?

7-2　金立公司扩展项目固定资产投资 750 万元,使用寿命 5 年,估计残值为 50 万元,采用直线法计提折旧。预计项目运营期间每年的付现成本为 300 万元,每件产品的单价为 250 元,年销售量 3 万件,期初需垫支 250 万元。假设资本成本率为 10%,所得税税率为 25%。

要求:

(1) 计算项目营业净现金流量。

(2) 计算项目的净现值。

(3) 计算项目的内含报酬率。

7-3　方圆公司拟进行一项投资,A 项目初始投资 160 000 元,每年产生 80 000 元的现金流量,项目使用寿命 3 年,3 年后必须更新且无残值;B 项目初始投资 210 000 元,每年产生 64 000 元的现金流量,项目使用寿命 6 年,6 年后必须更新且无残值。公司的资本成本率为 16%。

要求:评价方圆公司应该选择哪个项目?

7-4　运通公司投资项目一次性投资 120 万元,并且在投资时需垫支流动资金 30 万元,项目期末可以收回。该项目使用期 10 年,采用直线法计提折旧,期末有残值 10 万元。投产后每年可获得营业收入 60 万元,而每年的付现成本 32 万元,假设企业的所得税税率为 25%。

要求:计算项目期内各年的净现金流量。

7-5　新新公司打算新购置一台设备,所需原始投资 200 万元一次性投入,使用寿命 8 年,采用直线法计提折旧,期末有残值 40 万元,设备投入使用后每年可获得税后利润 60 万元。

要求:

(1) 计算项目的投资回收期。

(2) 计算项目的平均报酬率。

7-6　三星公司拟投资 500 万元修建一座停车楼,预计停车楼每年可带来 85 万元的现金,10 年后停车楼报废,残值为 0。该项目的最低期望报酬率为 10%,公司要求在 10 年内收回投资。

要求：

(1) 计算项目的净现值、获利指数、内含报酬率。

(2) 根据不同的投资决策规则，分析三星公司是否应该投资该项目。

7-7　海印公司现有 A、B、C 三个项目可以投资，三个项目的初始投资额和各年的现金流量分别如表 7-14 所示，贴现率为 12%。

表 7-14　投资项目相关指标　　　　　　　　　　　　　　　　　　单位：元

年　　限	A	B	C
0	−100 000	−200 000	−100 000
1	71 000	130 000	76 000
2	71 000	130 000	66 000

要求：

(1) 试分别计算每个项目的获利指数和净现值。

(2) 如果三个项目相互独立，根据获利指数法，应该投资哪些项目？

(3) 如果三个项目相互排斥，应该投资哪个项目？

(4) 如果公司只有 300 000 元可以投资，又应该如何决策？

7-8　大华公司考虑购买一套新的生产线，公司投资部对该项目进行可行性分析时估计的有关数据如下：

(1) 初始投资为 3 000 万元，该生产线能使用 5 年。

(2) 按税法规定该生产线在 5 年内折旧（直线法折旧），净残值率为 5%，在此会计政策下，预期第一年可产生 400 万元的税前利润，以后 4 年每年可产生 600 万元的税前利润。

(3) 已知公司所得税税率为 25%，公司要求的最低投资报酬率为 12%。

公司董事会正在讨论该投资项目的可行性问题。

董事长认为：按照投资部提供的经济数据，该投资项目属于微利项目。理由是：投资项目在 5 年的寿命期内只能创造 2 800 万元的税前利润，扣除 25% 的所得税，税后利润约为 1 876 万元，即使加上报废时的净残值 150 万元，根本不能收回最初的投资额 3 000 万元，更不用说实现 12% 的期望报酬率。

要求：

(1) 公司董事长的分析是否正确？

(2) 若该生产线使用 5 年，折现率为 12%，请用净现值法评价该项目是否可行。

7-9　海珠食品公司使用现有生产设备，每年实现销售收入 3 500 万元，每年发生总成本 2 900 万元（含折旧 10 万元）。该公司拟购置一套新设备进行技术改造，以便扩大规模。购入新设备后，每年的销售收入预计可增加到 4 500 万元。每年的成本预计增加到 3 500 万元（含折旧 62 万元）。新设备预计可使用 10 年，10 年后预计残值 30 万元。若实施此方案，现有设备可以 90 万元出售，新设备的购买款 650 万元。该企业的资金成本率为 10%，所得税税率为 25%。

要求：用净现值分析评价该项技术改造方案是否可行？

○ **案例分析题**

直达轮渡公司拥有多艘渡轮，其中一艘已相当陈旧，故财务经理向总经理提出淘汰旧船，购置新船的建议。新船舶买价为 400 万元，可望运行 10 年，该船每年的运行成本为 120 万元，估计 5 年后需大修一次，其成本为 25 万元，10 年结束时，估计该船的残值为 50 万元，如表 7-15 所示。

表 7-15　投资新船相关指标

科　　目	时间/年	现金流量/万元
投资支出	0	−330
大修理	5	−25
运行	1～10	−120
残值	10	50

业务经理不同意财务经理的意见,凭多年的工作经验,他认为该船虽然陈旧,但通过全面翻新,尚能继续发挥其运行效益。所以他向总经理提出了翻修旧船的方案。据该方案预算,立即翻修的成本为 200 万元,估计 5 年后还需大修一次,其成本为 80 万元。如果这些修理计划得到实施,该船可望运行的期限也将是 10 年。10 年内该船每年的运行成本为 160 万元。10 年后,其残值也将是 50 万元,如表 7-16 所示。

表 7-16 维修旧船相关指标

科 目	时间/年	现金流量/万元
投资支出	0	−200
大修理	5	−80
运行	1~10	−160
残值	10	50

根据当前的市场情况,该旧船的现时转让价格为 70 万元,年利率为 18%。

这两个方案报给总经理,请问:总经理应该选择哪一个方案?为什么?

流动资产管理

- 了解流动资产营运及资金的相关概念。
- 掌握现金管理的相关概念与方法。
- 掌握应收账款管理的相关概念与方法。
- 掌握存货管理的相关概念与方法。

引导案例

四川长虹转型不力再返亏 存货上升应收账款增四成

2020 年 10 月 28 日,四川长虹(600839.SH)发布财报显示,2020 年前三季度实现营业收入 643.83 亿元,同比增长 3.49%;净亏损 1.31 亿元,而 2019 年同期为盈利 0.38 亿元,由盈转亏。

实际上,四川长虹近些年业绩均不理想。财报显示,2017—2019 年,其净利润增速分别为 -35.76%、-8.56%、-81.26%,净利润逐年下降,到 2020 年时转为亏损。

当然,四川长虹业绩下滑是可预见的。公开资料显示,四川长虹是国内消费电子系统供应商和内容服务提供商,也是曾经的彩电龙头。然而,随着互联网的蓬勃发展,传统彩电需求不断下滑,四川长虹却未能成功转型。

此外,传统彩电没落的同时,海信、小米和华为等品牌却异军突起,占据了数字电视大部分市场份额,用"内外交困"来形容四川长虹并不过分。

从股价也可以看到四川长虹"没落"的痕迹。2015 年 6 月,四川长虹"牛市"时期最高冲到 15.01 元/股,但此后一路下跌,2018 年 10 月最低跌至 2.11 元/股,跌幅高达 85.94%。

此外,四川长虹还存在库存积压、回款缓慢的问题。财报显示,截至 2020 年 9 月末,其存货余额为 180.18 亿元,较 2019 年年末增长 13.06%;应收账款余额为 117.17 亿元,较 2019 年年末增长 39.36%。

资料来源:财经头条,2020-12-09.

8.1 流动资产管理概述

8.1.1 流动资产的概念和特征

流动资产(liquid assets)是指可以在一年或超过一年的一个营业周期内变现或运用的资产。流动资产是企业的一种短期资产。在企业生产经营活动中,流动资产占用的资金一般称为营运资金,也可叫营运资本。通常,营运资金有广义和狭义之分。广义的营运资金是指企业流动资产的总额。狭义的营运资金是指流动资产总额减去流动负债后的余额,又称净营运资本。

流动资产主要包括现金、短期有价证券、应收账款和存货等短期资产。其特征如下。

(1) 流动资产的周转具有短期性。企业投资于流动资产的资金,通常在一年或超过一年的一个营业周期内收回,对企业影响的时间比较短。

(2) 流动资产的易变现性。流动资产中,短期有价证券、应收账款、存货等一般具有较强的变现能力。如果遇到意外的情况,企业出现资金周转不灵、现金短缺时,便可迅速变卖这些资产,以获取现金。

(3) 流动资产的增值性。流动资产在流转过程中,每经过一个循环都会随其所在企业的增值而增值。

(4) 流动资产的实物形态具有变动性。流动资产在循环周转过程中一般按现金、材料、在产品、产成品、应收账款、现金的顺序转换,又在转换中使企业不断增值。

(5) 流动资产的资金来源具有多样性。企业流动资产的资金来源灵活多样,通常有银行短期借款、短期融资券、商业信用、应付职工薪酬等。

8.1.2 流动资产的分类

按照不同的标准,可以将流动资产划分为不同的类别。

(1) 按实物形态分类,可以将流动资产分为现金、短期有价证券(短期金融资产)、应收及预付款项、存货等。

(2) 按在生产经营循环中所处的流程分类,可以将流动资产分为生产领域、流通领域和生息领域中的三大类短期资产。生产领域中的短期资产主要有原材料、辅助材料、包装物、低值易耗品等。流通领域中的短期资产主要有商品、产成品、现金、外购商品等。生息领域中的短期资产有定期存款、短期有价证券等金融资产,以获取利息收入为目的。

8.1.3 流动资产的持有策略

流动资产的持有策略通常有以下三种。

(1) 保守型的流动资产持有策略也称宽松型策略,指企业安排流动资产数量时,在预计正常生产经营需要量和保险储备量的基础上,再加上一部分额外的储备量,以便降低企业的风险。采用这种策略时,企业的资产报酬率通常较低,风险也较小。偏好安全的财务主管们倾向于这种策略。

(2) 适中型的流动资产持有策略指企业在保证正常需要的情况下,再适当地留有一定的保险储备,以防不测。在采用这种策略时,企业的资产报酬率一般比保守型的要多一些,但风险也稍微大一些。一般的企业大多采用这种策略。

(3) 激进型的流动资产持有策略也可称紧缩型策略,指企业在安排流动资产数量时,只考虑满足正常生产经营需要的数量,不安排或安排很少的保险储备量,以便提高企业短期资产的报酬率。采用这种策略时,短期资产的报酬率虽然比较高,但经营风险也比较大。一般来说,经营效果好、流动资产周转快的企业常采用这种策略。

8.2 现金与有价证券管理

8.2.1 现金概述

现金(cash)是企业资产中变现能力及流动性最强的资产,具体包括库存现金、银行存款、银行本票、银行汇票等。企业持有一定数量的现金,主要是出于交易性需要、预防性需要和投机性需要。

交易性需要是指满足企业日常业务的现金支付需要。企业在经营过程中,经常发生现金流入量和现金流出量不能同时同量变动的情况。为了保持企业业务活动正常、顺利进行,企业必须保持适当的现金余额。

预防性需要是指意外支付的准备需要。企业在经营过程中有时会发生意料之外的开支,从而使现金流量具有一定的不确定性。所以,企业为了应付一些突发的偶然事件,也必须持有一定数量的现金,以保证生产经营活动的顺利进行。

投机性需要是指企业在保证日常生产经营的基础上,还希望有一些回报率较高的投资,这种投资往往具有较大的不确定性,如短期的有价证券炒作。这就需要企业拥有一定数额的现金储备,以便捕捉有利的投资机会。

8.2.2　现金持有量决策

当前应用较为广泛的现金持有量决策方法,主要有成本分析模型和存货模型。下面分别介绍。

1. 成本分析模型

成本分析模型(cost analysis model)是通过分析持有现金的相关成本,寻求持有成本最低的现金持有模型。企业持有现金的成本主要有机会成本、管理成本和短缺成本三种,如图 8-1 所示。

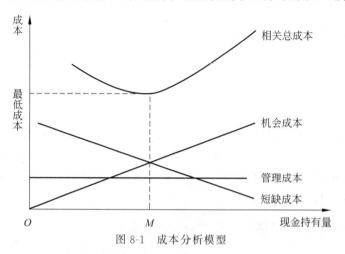

图 8-1　成本分析模型

（1）机会成本。现金的机会成本是指企业因保留一定数量的现金额度而丧失的再投资收益,也可理解为企业占用资金所付出的代价。再投资收益是企业不能同时用该现金进行有价证券投资所产生的机会成本,这种成本在数额上等于资金成本。例如,长丰公司的资本成本为 8%,年均持有现金 30 万元,则该公司每年持有现金的机会成本为 2.4 万元。放弃的再投资收益就是机会成本,它与现金持有量密切相关,现金持有量越大,机会成本就越高;反之,机会成本就越低。

（2）管理成本。管理成本是指企业因管理现金而发生的费用,如现金管理人员的工资、安全措施费用等。管理成本是一种固定成本,与现金持有量之间无明显的比例关系。

（3）短缺成本。短缺成本是指企业在生产经营过程中因缺乏必要的现金,而使企业停产、减产而遭受的损失。它与现金持有量成反比关系。

机会成本、管理成本和短缺成本之和为持有现金的总成本,总成本最小的现金持有量就是最佳现金持有量。从图 8-1 可以看出,机会成本、管理成本和短缺成本线在平面直角坐标系中叠加形成相关总成本线,其最低点对应的现金持有量 M,即为最佳现金持有量。

成本分析模型是根据现金的相关成本,分析其总成本最低时现金持有量的一种方法。其计算公式如下:

$$\text{最佳现金持有量条件下的现金相关成本} = \min(\text{管理成本} + \text{机会成本} + \text{短缺成本}) \qquad (8-1)$$

【例 8-1】　南山公司有 4 种现金持有量方案,假设现金的机会成本率为 10%。各方案的相关资料如表 8-1 所示。要求确定其现金最佳持有量。

表 8-1　现金持有量方案　　　　　　　　　　　　　　　　单位:元

项　　目	甲	乙	丙	丁
现金持有量	15 000	30 000	45 000	60 000
机会成本	1 500	3 000	4 500	6 000
管理成本	10 000	10 000	10 000	10 000
短缺成本	6 000	4 000	1 250	0

解：南山公司现金持有量的4种方案,其相关总成本分别计算如表8-2所示。

表 8-2　各方案现金持有量总成本　　　　　　　　　　单位：元

项　　目	甲	乙	丙	丁
现金持有量	15 000	30 000	45 000	60 000
机会成本	1 500	3 000	4 500	6 000
管理成本	10 000	10 000	10 000	10 000
短缺成本	6 000	4 000	1 250	0
总成本	17 500	17 000	15 750	16 000

由表8-2的结果可知,丙方案的总成本最低,故45 000元是南山公司的最佳现金持有量。

2. 存货模型

存货模型(inventory model)就是把经济订货批量模型的原理用于确定公司目标现金持有量,其基本点也是现金持有量总成本最低。采用这一模型有如下基本假设。

(1) 公司的现金流量(包括流入、流出)均匀发生且可以预测。

(2) 在预测期内,公司的现金需求量是确定的。

(3) 在预测期内,公司若发生现金短缺,可以通过出售有价证券来补充现金。

运用存货模型,持有现金的总成本包括两个方面:一是机会成本,即因持有现金而放弃的再投资收益,这种成本通常为有价证券的利息,它与现金持有量成正比例关系;二是转换成本,即交易成本,是指现金与有价证券转换时要支付的佣金、手续费等。转换成本随着现金持有量的增大而减少,即它与现金持有量成反比例关系。现金最佳持有量是指一定时期内,现金的机会成本与转换成本之和最小时的现金持有量,如图8-2所示。

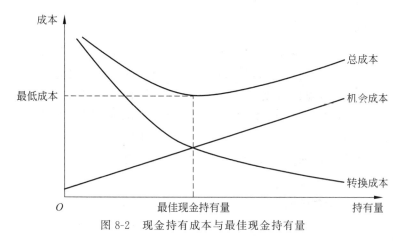

图 8-2　现金持有成本与最佳现金持有量

根据存货模型,现金持有的总成本计算公式如下:

$$TC = \frac{C}{2} \times K + \frac{T}{C} \times F \tag{8-2}$$

式中,TC 为现金持有的总成本;C 为最佳现金持有量;K 为现金持有的机会成本(市场有价证券利率);T 为一定时期现金总需求量;F 为每次转换有价证券的交易成本。

利用函数的一阶导数为零时有极小值这一原理,可确定式(8-2)的最佳现金持有量:以 C 为变量,对式(8-2)求一阶导数,并令其等于零,即可得出现金持有总成本最低时的最佳现金持有量 C。

$$C = \sqrt{\frac{2TF}{K}} \tag{8-3}$$

现金持有的总成本为

$$TC = \sqrt{2TFK} \tag{8-4}$$

最佳交易次数为

$$N = \frac{T}{C} \tag{8-5}$$

【例 8-2】 长丰公司货币资金收支状况比较稳定,预计全年需要现金 7.5 万元,若现金与有价证券的转换成本为 200 元/每次,有价证券的利息率为 7.5%。

要求:

(1) 计算该公司最佳货币资金持有量。

(2) 计算最佳现金持有的相关总成本。

(3) 计算最佳货币资金的转换次数。

解:

(1) 根据式(8-3),则长丰公司的最佳现金持有量为

$$C = \sqrt{\frac{2TF}{K}} = \sqrt{\frac{2 \times 75\,000 \times 200}{7.5\%}} = 20\,000(元)$$

(2) 根据式(8-4),则长丰公司的最佳现金持有的相关总成本为

$$TC = \sqrt{2TFK} = \sqrt{2 \times 75\,000 \times 200 \times 7.5\%} = 1\,500(元)$$

(3) 根据式(8-5),则长丰公司的最佳货币资金的转换次数为

$$N = \frac{T}{C} = \frac{75\,000}{20\,000} = 3.75(次)$$

由以上计算可知,该公司最佳现金持有量为 20 000 元,一年内从有价证券转换为现金的次数为 3.75 次,需承担的成本为 1 500 元,其中货币资金持有的机会成本为 750 元,转换交易成本为 750 元。

8.2.3 现金的日常管理

1. 现金管理的有关规定

按照现行制度,国家有关部门对企业使用现金有如下规定,企业必须严格遵守。

(1) 现金的使用范围。企业用现金或人民币现钞从事交易,只能在一定范围内进行。例如,支付职工工资、津贴;支付个人劳务报酬;根据国家规定颁发给个人的科学技术、文化艺术、体育等各种奖金;支付各种劳保、福利费用以及国家规定的对个人的其他支出;向个人收购农副产品和其他物资的价款;出差人员必须随身携带的差旅费;结算起点(1 000 元)以下的零星支出;中国人民银行规定需要支付现金的其他支出。

(2) 库存现金限额。企业库存现钞由其开户银行根据企业的实际需要核定限额,一般以 3~5 天的零星开支额为限。

(3) 不得坐支现金。即企业不得从本单位的人民币现钞收入中直接支付交易款。现钞收入应于当日终了时送存开户银行。

(4) 不得出租、出借银行账户。

(5) 不得签发空头支票和远期支票。

(6) 不得套用银行信用。

(7) 不得保存账外公款,包括不得将公款以个人名义存入银行和保存账外现钞等各种形式的账外公款。

2. 加强现金收支预算管理

现金收支对财务状况有直接影响,企业应十分重视对现金收支的管理,其有效的方法是进行预算管理。

现金收支预算管理的目的在于及时平衡现金收支,经常保持与生产经营活动相适应的合理的现金流量,提高现金使用效率,为达到这一目的,企业在日常管理中还应当注意做好以下几方面的工作。

(1) 力争现金流量同步。如果企业能尽量使现金流入与现金流出发生的时间趋于一致,就可以使其所持有的交易性现金余额降到最低水平,这就是现金流量同步。

(2) 使用现金浮游量。现金收款浮游期是指从支付开始到企业收到资金的时间间隔。从企业开出支

票,收票人收到支票并存入银行,直到银行将款项划出企业账户,这一过程需要一段时间,现金在这段时间的占用量称为现金浮游量。在这段时间里,尽管企业已开出了支票,却仍可动用在活期存款账户上的这笔资金。不过,在使用现金浮游量时,一定要控制好使用时间,否则会发生透支。

(3)加速收款。这主要指缩短应收账款的占用时间。发生应收账款会增加企业资金的占用,但它又有一定的必要性。因为应收账款可以扩大销售规模,增加销售收入。问题在于如何既利用应收账款吸引客户,又缩短应收账款的收款时间,这要在两者之间找到适当的平衡点,并需实施妥善的收账策略。

(4)推迟应付款的支付。推迟应付款的支付是指企业在不影响自己信誉的前提下尽可能地推迟应付款的支付期,充分运用供货方所提供的信用优惠。如遇企业急需现金,甚至可以放弃供货方的现金折扣优惠,在信用期的最后一天支付款项。当然,还要权衡折扣优惠与急需现金之间的利弊得失。

8.2.4 有价证券管理

这里所说的有价证券是指短期金融资产,即能够随时变现并且持有时间不超过一年的金融资产,具体包括短期国库券、政府机构债券、货币市场基金、大额可转让定期存单(期限为3个月、6个月、12个月)、银行承兑汇票、商业票据、回购协议等。

企业持有短期金融资产的目的主要有两个:一是要通过持有不同的短期金融资产组合,最大限度地降低短期金融资产的持有风险,保证其安全性、流动性;二是在保持较高流动性的同时获取高于现金资产的收益。

为了更好地实现持有短期金融资产的两个目的,企业在投资短期金融资产时必须充分考虑金融资产的到期日、现金流及风险水平,并据此采取均衡的投资组合。比较简便、可行的方法主要有以下两种。

1. 三分组合模式

三分组合模式就是1/3的资金存入银行以备日常生产经营所需;1/3的资金投资于债券、股票等有价证券;1/3的资金投资于风险较大的房地产等不动产。投资于有价证券的资金还要进行三分:1/3投资于风险较大的,但有发展前景的成长性股票;1/3投资于安全性较高的债券或优先股等有价证券;1/3投资于中等风险的有价证券。

2. 期限搭配组合模式

期限搭配组合模式就是根据企业不同时期的现金流量模式,对各种短期金融资产的期限进行有机组合。因为投资者对现金的需求总是有先有后的,近期不用的资金可以选择较长期的投资,以获取较大的投资收益;近期就要使用的资金可以投资于风险较小、易于变现的有价证券。通过期限搭配组合可以使现金流入与现金流出的时间尽可能接近,从而降低由于到期日不同而造成的机会成本。

8.3 应收账款管理

8.3.1 应收账款的功能

应收账款(accounts receivable)是指企业在生产经营过程中,因赊销商品或劳务而应向购货单位或接受劳务的单位收取的款项。它在企业的生产经营中起到增加销售、减少存货的作用。在市场竞争比较激烈的情况下,赊销是促进销售的一种重要方式。许多客户在生产经营过程中,难免会出现银根紧缩、资金匮乏,同时又急需购买原材料、支付劳务费等情况。此时,供货商能赊销经营,其促销的作用就十分明显。产品畅销了,产品存货就减少了,从而也可减少存货的管理费、仓储费和保险费等支出。

8.3.2 应收账款的成本

应收账款虽然有促进销售、增加收入的作用,但持有应收账款也要付出一定的代价,这就是应收账款的成本。它包括机会成本、管理成本和坏账成本。

1. 机会成本

应收账款占用企业的部分资金,这部分资金若不用于应收账款,就可能用于其他投资机会,如投资于债券便可获得利息收益。这种因投放于应收账款而放弃其他投资机会所带来的收益,就是应收账款的机会成本。机会成本一般按有价证券的利息率计算,应收账款数额越大,机会成本就越高。

2. 管理成本

应收账款的管理成本是指企业对应收账款管理所产生的各项费用支出,主要包括对客户进行信用状况调查的费用、收集各种相关信息的费用、催收到期账款发生的费用、应收账款账簿记录的费用、其他用于应收账款的管理费用。

3. 坏账成本

应收账款的坏账成本是指企业因无法收回应收账款而发生的损失。一般来说,信用期越长、信用额越大、信用标准越低,客户的信用度就越差,坏账损失率和坏账成本也就越高。

8.3.3　应收账款的政策

应收账款政策又称信用政策,是指企业要求客户遵守或允许客户利用的信用筹资制度,是企业财务政策的一个重要组成部分,主要包括信用标准、信用条件和收账政策三部分。

1. 信用标准

信用标准(credit standard)是指客户获得企业交易信用所应具备的条件。通常以预期的坏账损失率作为判别标准。企业的信用标准不宜太严。如果企业只对信誉很好、坏账损失率很低的顾客给予赊销,虽可减少坏账损失、减少应收账款的机会成本,但不利于扩大销售,从而会造成市场占有率的下降;反之,若标准过宽,虽然可增加销售,但会增加机会成本,提高坏账损失率。因此,企业应在扩大销售与增加成本和风险之间权衡,选择有利于提高企业净收益的信用标准。

2. 信用条件

信用条件是指企业要求客户支付赊销款项的条件,包括信用期限、折扣期限和现金折扣。信用期限是企业为客户规定的最长付款时间;折扣期限是为客户规定的可享受现金折扣的付款时间;现金折扣是在客户提前付款时给予的优惠。例如,账单中的"3/10,$n/30$",表示如果顾客在发票开出后 10 天内付款,可享受 3% 的现金折扣;超过 10 天就不能享受这一优惠,但这笔款项必须在 30 天内付清。

企业提供比较优惠的信用条件往往能增加销售量,但同时也会增加现金折扣成本、收账成本、应收账款的机会成本及管理成本。在进行信用条件决策时,就是要综合考虑上述因素,选择最大可能增加企业利润的信用条件。

【例 8-3】 西域公司预测的年度赊销收入净额为 3 000 万元,其信用条件是:$n/30$,变动成本率为 60%,有价证券的利息率(机会成本率)为 20%。假设企业收账政策不变,固定成本总额不变。该企业设有两个信用条件的备选方案:甲方案维持 $n/30$ 的信用条件;乙方案将信用条件放宽到 $n/60$。各方案有关数据如表 8-3 所示。

要求:选择信用条件方案。

表 8-3　信用条件备选方案表

项　　目	甲方案($n/30$)	乙方案($n/60$)
年赊销收入净额/万元	3 000	3 300
应收账款周转率/次	12	6
应收账款平均余额/万元	250	550
维持赊销业务占用资金	150	330
坏账损失占赊销额/%	2	4
坏账损失/万元	60	132
收账费用/万元	30	37

解：根据表 8-3 资料,分别计算甲、乙两个方案的有关指标,如表 8-4 所示。

表 8-4　信用条件决策分析评价表　　　　　　　　　　单位：万元

项　　目	甲方案($n/30$)	乙方案($n/60$)
年赊销收入净额	3 000	3 300
变动成本	1 800	1 980
发生信用成本前的收益	1 200	1 320
信用成本：		
应收账款机会成本	30	66
坏账损失	60	132
收账费用	30	37
小计	120	235
发生信用成本后的收益	1 080	1 085

根据表 8-4 中的计算结果,乙方案发生信用成本后的收益最大。因此,在其他条件不变的情况下,应优先选择乙方案。

【例 8-4】 沿用上例,如果企业选择了乙方案,但为了提高应收账款的回收速度,决定将信用条件改为 $(2/10,1/20,n/60)$(丙方案)。假设有 60% 的客户(按赊销额计算)利用 2% 的折扣,15% 的客户利用 1% 的折扣,其余客户放弃折扣并在信用期限届满时付款。坏账损失占赊销额的比例降为 2%,收账费用降为 30 万元。

要求：选择信用条件方案。

解：

(1) 根据上述资料计算有关指标如下。

$$应收账款周转天数 = 60\% \times 10 + 15\% \times 20 + 25\% \times 60 = 24(天)$$
$$应收账款周转率(次) = 360 \div 24 = 15(次)$$
$$应收账款平均余额 = 3\ 300 \div 15 = 220(万元)$$
$$维持赊销业务所占用资金 = 220 \times 60\% = 132(万元)$$
$$应收账款机会成本 = 132 \times 20\% = 26.4(万元)$$
$$坏账损失 = 3\ 300 \times 2\% = 66(万元)$$
$$收账费用 = 30\ 万元$$
$$现金折扣 = 3\ 300 \times (2\% \times 60\% + 1\% \times 15\%) = 44.55(万元)$$

(2) 根据以上资料,编制决策分析评价表,如表 8-5 所示。

表 8-5　决策分析评价表　　　　　　　　　　单位：万元

项　　目	乙方案($n/60$)	丙方案($2/10,1/20,n/60$)
年赊销收入净额	3 300	3 300
减：现金折扣	—	44.55
变动成本	1 980	1 980
信用成本前收益	1 320	1 275.45
减：应收账款机会成本	66	26.4
坏账损失	132	66
收账费用	37	30
信用成本后收益	1 085	1 153.05

计算结果表明,采用丙方案虽然增加了现金折扣,但由于应收账款的机会成本、坏账损失、收账费用均有较大降低,使企业的收益增加了 68.05 万元(1 153.05－1 085),因此,应选择丙方案。

3. 收账政策

收账政策是指企业向客户收取逾期未付款的策略与措施。企业的收账政策是通过一系列收账程序的组合来完成的。这些程序包括给客户打电话、发传真、寄信函以及拜访、起诉等。企业如果采用积极的收账政策，可能会减少机会成本，减少坏账损失，但会增加收账成本；如果采用消极的收账政策，则可能增加机会成本和坏账损失，但会减少收账费用。

在一定的范围内，收账费用与坏账损失成反向变动，收账费用增加，坏账损失会相应减少，但二者并非成线性关系。一般来说，初始期随着收账业务的开展，收账费用会增加，坏账损失也会明显减少；以后，费用增加的幅度将小于坏账损失减少的幅度。再往后，当收账费用达到某一限度点 F 时，继续增加收账费用对坏账损失减少的影响就很小了，这个限度点 F 称为饱和点，详见图 8-3。

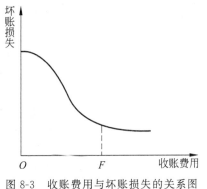

图 8-3　收账费用与坏账损失的关系图

【例 8-5】　西域公司现采用的收账政策和新的收账政策的有关数据资料，如表 8-6 所示。假设有价证券的利息率（机会成本率）为 20%。

要求：选择收账政策。

表 8-6　收账政策数据资料表

项　　目	现采用的收账政策	新的收账政策
年收账费用/万元	8	12
平均收账期/天	72	45
坏账损失占赊销额/%	3	2
赊销额/万元	560	560
变动成本率/%	60	60

解：根据表 8-6 中的资料，分别计算两种方案的收账总成本，并进行对比分析评价，具体如表 8-7 所示。

表 8-7　收账政策分析评价表

项　　目	现采用的收账政策	新的收账政策
赊销额/万元	560	560
应收账款周转率/次	5	8
应收账款平均余额/万元	112	70
维持赊销业务占用资金/万元	67.2	42
应收账款机会成本/万元	13.44	8.4
坏账损失/万元	16.8	11.2
收账费用/万元	8	12
收账总成本/万元	38.24	31.6

表 8-7 计算结果表明，新的收账政策发生的收账总成本，较现采用收账政策的收账总成本降低了6.64 万元（38.24－31.6），因此，应选择采用新的收账政策。

综上所述，企业的信用政策主要包括信用标准、信用条件和收账政策三部分内容。而影响企业信用标准、信用条件及收账政策的因素很多，这就使信用政策的确定更为复杂，它要求全面、综合地考虑诸如销售额、赊销期限、收账期限、现金折扣、坏账损失、过剩生产能力、机会成本、存货投资等因素及其可能发生的变化，适时确定相应的信用政策。

一般来说，当采取的信用政策能给企业带来最大收益时，这一信用政策就是理想的信用政策。

8.3.4 应收账款的控制

在激烈的市场竞争中,赊销有助于公司扩大销售、减少存货。但是,赊销也会增加公司的管理成本和坏账风险。企业应加强对应收账款的日常管理工作,采取有力措施进行分析、控制,及时发现问题,采取相应对策。所以,公司应该通过对应收账款的形成进行掌控以防范风险,确保公司的收益及时到账。

1. 应收账款形成的控制

应收账款形成的控制就是公司在产品赊销前的控制,主要是充分了解客户,在对客户的信用状况进行总体评估的基础上,确定赊销量。这样,对应收账款的形成就可做到心中有数。其具体方法如下。

(1) 调查客户的信用状况。通过直接调查,或者通过向客户的开户银行、与该客户有业务往来的其他企业,还可以通过税务、工商、消费者协会等部门调查了解其信用状况。

(2) 采用 5C 评估法对客户的信用进行评估。

通过信用调查,收集了客户的信用资料,就可以分类整理这些资料,对客户的信用状况进行评估。信用评估方法有很多,以下两种比较常用。

① 5C 评估法。5C 评估法,即通过 5C 指标来评估客户的信用状况,这里不再赘述。所谓 5C 评估法,是指重点分析影响信用的五个因素的一种方法。这五个因素是品德(character)、能力(capacity)、资本(capital)、抵押品(collateral)和条件(condition),其英文第一个字母均为 C,故称为 5C 评估法。

- 品德即客户履行偿债义务的态度,这是评价客户信用的首要因素,企业可通过调查客户过去的付款记录来了解客户的品德。在信用评估中,品德因素是最重要的。
- 能力即客户的偿还货款能力,企业可根据客户流动资产的数量、质量及其与流动负债的比例等来判断。
- 资本即客户所拥有的资金,一般指客户的财务实力,主要根据有关财务比率来判断。
- 抵押品即客户提供的在其拒付欠款或无力支付欠款时,可以被用来赔偿的资产。
- 条件即指可能影响客户付款能力的经济环境。社会经济环境发生变化,对客户的经营状况及偿债能力可能造成的影响。

② 信用评分法。信用评分法首先要选定纳入评分范围的指标,这些指标反映评估者对客户信用状况判断的偏好。其次,要为每一类或每一个评估指标确定合理的权数,然后进行加权平均,得出客户的综合信用分数。进行信用评分的基本公式为

$$Y = a_1 x_1 + a_2 x_2 + \cdots + a_n x_n = \sum_{i=1}^{n} a_i x_i \tag{8-6}$$

式中,Y 为某客户的信用评分;x_i 为第 i 种信用评分指标;a_i 为第 i 种信用评分指标的权数;$\sum_{i=1}^{n} a_i = 1$。

在采用信用评分法进行信用评估时,分数在 80 分以上者,说明该企业信用状况良好;分数在 60~80 分者,说明企业信用状况一般;分数在 60 分以下者,则说明企业信用状况较差。

【例 8-6】 根据良品牛仔布生产公司对客户思达制衣公司的调查,得到其信用评价如表 8-8 所示。

表 8-8 信用情况评分表

项 目	财务比率、选用品质 ①	分数(x_i;0~100) ②	预计权数(a_i) ③	加权平均数($a_i x_i$) ④=②×③
流动比率	1.8	90	0.15	13.5
资产负债率	45%	85	0.10	8.5
净资产收益率	20%	90	0.20	18
信用评估等级	AA	90	0.20	18
信用记录	好	85	0.20	17
未来发展预计	良好	70	0.10	7

项　　目	财务比率、选用品质 ①	分数(x_i；0~100) ②	预计权数(a_i) ③	加权平均数(a_ix_i) ④＝②×③
其他因素	好	80	0.05	4
合　　计	—	—	1.00	86

在表 8-8 中，评价客户思达制衣公司项目可参考有关企业信用评价内容确定；第①栏资料，根据调查得到客户思达制衣公司的情况进行计算、分析确定；第②栏资料，根据第①栏的资料确定；第③栏资料，根据客户思达制衣公司财务比率和信用品质的重要程度确定。

由表 8-8 可知，客户思达制衣公司信用情况评分为 86 分。

最后，确定合理的信用额度。信用额度又称信用限额。赊销企业可以通过信用额度控制客户的赊购规模，避免因客户过度赊购而导致过多的坏账损失。例 8-6 中，客户思达制衣公司信用情况评分为 86 分，根据这一评分，就可以确定信用政策进行赊销了。

2. 监控应收账款

企业在向客户提供赊销之后，应随时了解和掌握客户的信用状况的变化，以保持对应收账款的监控。监控应收账款，一般采用账龄分析法。

账龄分析法是通过编制账龄分析表（见表 8-9），显示应收账款存账时间（账龄）的长短，并按时间的长短进行排序。通过账龄分析可以发现企业有多少应收账款超过了信用期、超过了多长时间、有多少应收账款可能发生坏账损失、哪些客户需催债等。

通过上面账龄分析表可知，有价值 20 万元的应收账款已超过了信用期，占全部应收账款的 62.5%。其中：拖欠时间较短（20 天内）的有 8 万元，占全部应收账款的 25%，这部分欠款收回的可能性很大；拖欠时间较长（21~100 天）的有 11 万元，占全部应收账款的 34.4%，这部分欠款收回有一定的难度，需花费一定的人力和财力加紧催款；拖欠时间很长（100 天以上）的有 1 万元，占全部应收账款的 3.1%，这部分欠款有可能成为坏账。

表 8-9　账龄分析表

应收账款账龄/天	账户数量/户	金额/万元	所占比重/%
信用期内	200	12	37.52
1~20	150	8	25.00
21~40	60	4	12.50
41~60	50	3	9.40
61~80	40	2	6.25
81~100	20	2	6.25
100 天以上	10	1	3.10
合　　计		32	100

一般来说，企业应根据应收账款信用政策的执行情况及效果来确定：是继续执行既定的销售政策和信用政策，还是需对原政策做修改、补充。对于发生的各项坏账应查明原因，明确责任，总结经验和教训。

8.4　存货管理

8.4.1　存货的概念及作用

存货（inventory）是指企业在日常生产或提供劳务过程中耗用的材料、物料和以备出售的产成品或商品等。存货在企业生产经营过程中的作用主要有以下三点。

（1）可以保证企业的生产、销售正常进行。企业为了保证生产经营活动正常进行，必须适当地储备一些原材料、在产品和产成品。否则，就会影响企业的连续生产和销售。

（2）便于企业组织均衡生产、降低产品成本。有的企业生产的产品属于季节性产品，或者某种产品市场需求很不稳定。在这种情况下，如果根据市场需求时高时低地组织生产，就可能使部分生产能力在市场淡季得不到充分利用，从而提高生产成本。

（3）防止意外事件给企业造成损失。企业在采购、运输、生产和销售过程中，都可能发生意外事故。由于企业留有一定的存货，可使生产继续进行，不会造成停产的损失。

相关链接 8-1

库存管理经历的三次变革

1953 年，日本丰田公司的副总裁大野耐一创造了一种高质量、低库存的生产方式——及时生产（just in time, JIT）。JIT 技术是库存管理的第一次革命，其基本思想是"只在需要的时候，按需要的量，生产需要的产品"，也就是追求一种无库存或者库存量达到最小的生产系统。在日本，JIT 又称"看板"管理，在每一个运送零部件的集装箱里面有一个标牌，生产企业打开集装箱，就将标牌给供应商，供应商接到标牌后，就开始准备下一批零部件。理想的情况是，下一批零部件送到时，生产企业正好用完上一批零部件。

通过精确地协调生产和供应，日本的制造企业极大地降低了原材料的库存，提高了企业的运作效率，增加了企业利润。事实上，JIT 技术成为日本汽车工业竞争优势的一个重要的来源，而丰田公司也成为全球在 JIT 技术上最为领先的公司之一。

库存管理的第二次变革的动力来自数控和传感技术精密机床以及计算机技术在工厂里的广泛应用。这些技术使工厂的整备时间从早先的数小时缩短到几分钟。在计算机的帮助下，机器很快从一种预设的工模具状态切换到另一种工模具状态，无须走到遥远的工具室或经人工处理后再进行试车和调整。整备工作的加快使待机时间的结构性发生了重要变化，使传统工厂的在制品库存和间接成本也随之减少。仍然是丰田公司在 20 世纪 70 年代率先进行了这方面的开拓性研究。作为丰田的引擎制造商，洋马柴油机公司效仿丰田进行了作业程序的改革，在不到 5 年的时间里，差不多将机型增加了 4 倍，制品的存货减少了一半之多，产品制造的总体劳动生产率也提高了 100% 以上。

20 世纪 90 年代，信息技术和互联网技术兴起之后，存货管理发生了第三次革命。通过信息技术在企业中的应用（如 ERP、MRP 等），可以使企业的生产计划和销售信息充分共享，计划、采购、生产和销售等部门之间也可以更好地协同。而通过互联网技术可以使生产预测较以前更精准、可靠。戴尔公司是这次改革的成功实践者，它充分运用信息技术和互联网技术展开网上直销，根据顾客的要求定制产品。戴尔公司根据顾客的网上订单来组织生产，提供完全个性化的产品和服务。戴尔公司提出了"摒弃库存，聆听顾客意见，绝不进行间接销售"三条黄金定律。戴尔公司完全消灭了成品库存，其零件库存量是以小时计算的，但当它的销售额达到 123 亿美元时，库存额仅为 2.23 亿美元，现金周转期则为 8 天。

库存根据其生产作业的不同阶段可分为三类：一类是原材料库存，二类是在制品即半成品库存，三类是制成品库存。从存货管理的变革上看，首先削减的是原材料的库存，其次是在制品库存，最后是制成品库存。

就目前来说，中国企业的存货管理与国际上领先的企业还有一定的差距。例如，戴尔公司在中国虽然受到交通物流发展现状的制约，它在中国的库存时间也只有 6 天，而同是计算机企业的联想的库存却为 30 天。国内某大型家电企业在 1998 年因为销售预测的失误导致了大量的制成品库存，以致最后提出要用库存来向供应商支付货款的尴尬结局。如果没有政府的帮助，很可能该企业早已不存在了。

通过对存货的分析，我们不难理解为什么我国许多著名企业，如联想、海尔、长虹等要积极推行其互联网战略，并知道 ERP 对于企业来说是一次危险的手术却还要偏偏购买 ERP 软件，请人来推行 ERP。在 21 世纪，信息技术必将成为保证企业不被淘汰出局的必备品，目前在中国，如果你比别人更快地实现向信息化、网络化转型，更紧密地贴近市场，提高企业的运营效率，使生产更具柔性，那你才能取得竞争优势。

资料来源：http://wenku.baidu.com/view/36cba60a76c66137ee061938.html?re=view.

8.4.2 存货成本及经济批量

1. 存货成本

企业保持一定数量的存货，就必然会付出一定的代价，即存货成本。和存货有关的成本一般有以下几项。

（1）购置成本。购置成本是指存货自身的价值，由存货的买价和运杂费构成。购置成本一般与采购数量成正比例变化，它等于采购数量与单价的乘积。

（2）订货成本。订货成本是指为订购存货而发生的成本，如差旅费、邮资、办公费等。订货成本一般与订货数量无关，而与订货的次数有关。

（3）储存成本。储存成本是指存货在储存过程中发生的各种费用，如仓储费、搬运费、保险费、占用资金的利息费等。存货储存数量越多，储存成本越高。

（4）缺货成本。缺货成本是因存货不足而给企业造成的损失，包括由于材料供应中断造成的停工损失、成品供应中断导致延误发货的信誉损失及丧失销售机会的损失等。

2. 经济批量

经济批量（economic order quantity，EOQ）又称经济订货批量，是指一定时期内存货的储存成本与订货成本之和最低的采购批量。这里，把存货的储存成本与订货成本之和称为总成本，用 TC 表示，则有

$$TC = \frac{A}{Q} \cdot F + \frac{Q}{2} \cdot C \qquad (8\text{-}7)$$

式中，A 为全年需求量；Q 为每批订货量；F 为每批订货成本；C 为每件存货的年储存成本。

由式（8-7）可发现，订货成本与每批订货量成反比例关系，因为每批订货量越多，全年的订货次数越少，总的订货成本就会降低；相反，储存成本与每批订货量成正比例关系，因为每批订货量越多，全年的储存成本也越多。可见随着订购批量的变化，这两种成本此起彼落。可见，确定经济批量，就是寻找使储存成本与订货成本之和最低的订购批量，如图 8-4 所示。

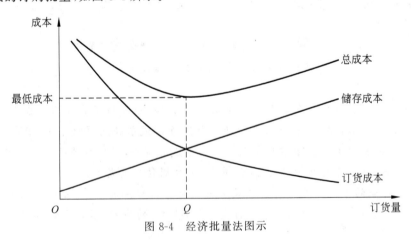

图 8-4　经济批量法图示

必须指出的是，式（8-7）的导出需基于以下假设。

（1）企业在一定时期内存货的总需求量可以准确地预测。

（2）存货的耗用及供应是均衡的。

（3）存货的价格稳定，不存在数量折扣。

（4）企业在有订货需求时能够立即购买到足够的存货，不会发生缺货成本。

（5）所订购的全部存货可一次到位，不用陆续入库。

在上述假设的基础上，就可以确定存货的经济批量了。

首先，根据式（8-7）对每批订购量 Q 求一阶导数，再令其为零。

经济订货批量公式：

$$Q = \sqrt{\frac{2AF}{C}} \tag{8-8}$$

订货次数公式：

$$N = \frac{A}{Q} \tag{8-9}$$

总成本公式：

$$TC = \sqrt{2AFC} \tag{8-10}$$

应该注意的是,式(8-10)的总成本中并不包括存货(原材料等)的买价等。

【例8-7】 宜康公司全年需要甲材料1 800千克,每次订货成本为60元,每千克材料的年平均储存成本为0.6元。试计算该材料的经济采购批量。

解:该材料的经济采购批量,可按式(8-8)～式(8-10)计算如下。

经济批量

$$Q = \sqrt{\frac{2 \times 1\ 800 \times 60}{0.6}} = 600(千克)$$

订货批数

$$N = \frac{1\ 800}{600} = 3(次)$$

总成本

$$TC = \sqrt{2 \times 1\ 800 \times 60 \times 0.6} = 360(元)$$

3. 有数量折扣的经济批量

在实际采购中,许多供应商在销售时都会提供数量折扣,即对大批量采购的客户在价格上给予一定的优惠。在这种情况下,除了要考虑存货的订货成本和储存成本外,还应考虑采购成本,即所购货物(存货)自身的买价等。

【例8-8】 沿用例8-7资料,假设甲材料每千克价格为10元,如果一次订购超过900千克,可给予3%的批量折扣,请确定采购者应以多大批量订货?

解:在有数量折扣的情况下,总成本应包括订货成本、储存成本和购置成本三种成本。

(1) 按经济批量采购的总成本计算。

$$\begin{aligned}
总成本 &= 订货成本 + 储存成本 + 购置成本 \\
&= \frac{1\ 800}{600} \times 60 + \frac{600}{2} \times 0.6 + 1\ 800 \times 10 \\
&= 18\ 360(元)
\end{aligned}$$

(2) 按取得数量折扣采购的总成本计算。

$$\begin{aligned}
总成本 &= 订货成本 + 储存成本 + 购置成本 \\
&= \frac{1\ 800}{900} \times 60 + \frac{900}{2} \times 0.6 + 1\ 800 \times 10 \times (1 - 3\%) \\
&= 17\ 850(元)
\end{aligned}$$

对以上两种情况分别计算的总成本做比较可知,按取得数量折扣采购计算的总成本比按经济批量采购计算的总成本低,故甲材料不应按经济批量采购,而应按每次900千克订购,以取得折扣优惠。

8.4.3 存货的ABC分类管理

对于有些公司来说,往往会有成千上万种存货品种,在这些存货中,有的价值昂贵,有的价值则较低廉;有的数量庞大,有的则寥寥无几。在日常的存货管理中,如果不分主次,都分别计算经济采购批量,进行周密计划、严格控制,工作量太大,既不符合成本—效益原则,也不符合重要性原则,ABC分类控制法正是针对这一类问题提出来的。

ABC 分类控制法是意大利经济学家巴雷特于 19 世纪发明的,以后经过不断地发展和完善,已广泛应用于存货管理、成本管理和生产管理等方面。所谓 ABC 分类管理,就是按照一定的标准,将企业的存货划分为 A、B、C 三类,分别实行分品种重点管理、分类别一般控制和按总额灵活掌握的存货管理方法。

ABC 分类控制法的基本原理概述如下。先将存货分为 A、B、C 三类,其分类的标准有两个:一是金额标准,二是品种数量标准。其中金额标准是最基本的,品种数量标准仅作为参考。A 类存货的特点是金额巨大,品种数量较少;B 类存货金额一般,品种数量相对较多;C 类存货品种数量繁多,但价值较低。三类存货的金额比重 A∶B∶C 大致为 7∶2∶1。

运用 ABC 分类控制法,一般按以下步骤实施。

第一步,根据每一种存货在一定期间内(如一年内)的耗用量和单价,计算出该种存货的资金耗用总额。

第二步,计算出每一种存货资金耗用总额占全部存货资金耗用总额的百分比,并按大小顺序排列,编成表格。

第三步,根据事先测定好的标准,把各项存货分为 A、B、C 三类,并用直角坐标图显示出来。

第四步,对 A 类存货实施重点控制,对 B 类存货实施次重点控制,对 C 类存货实施一般性的控制。

【例 8-9】 恒远公司共有 21 种材料,总金额为 1 200 000 元,按金额多少的顺序排列,并按上述步骤将其划分成 A、B、C 三类,如表 8-10 所示。

表 8-10 恒远公司的存货分类控制

材料名称	年耗用量/千克	单价/元	年耗用金额/元	各类存货金额/元、比重	分 类
♯1	12 000	40	480 000	840 000	
♯2	12 000	30	360 000	70%	A
♯3	5 000	18	90 000		
♯4	4 000	18	72 000	240 000	
♯5	4 000	12	48 000	20%	B
♯6	2 000	15	30 000		
♯7	2 000	9	18 000		
♯8	2 000	6.5	13 000		
♯9	2 000	6.2	12 400		
♯10	2 000	6.1	12 200		
♯11	2 000	6	12 000		
♯12	2 000	5.4	10 800		
♯13	2 000	4.05	8 100	120 000	
♯14	2 000	3.9	7 800	10%	C
♯15	3 000	2.1	6 300		
♯16	2 000	2.1	4 200		
♯17	2 000	1.8	3 600		
♯18	2 000	1.6	3 200		
♯19	2 000	1.65	3 300		
♯20	2 000	1.35	2 700		
♯21	2 000	1.2	2 400		
合 计	—	—	1 200 000	100%	—

各类存货金额百分比如图 8-5 所示。

A、B、C 三类存货的特点与控制要求如下。

(1) A 类存货的特点与控制要求。A 类存货品种数量少,但占用资金多。企业存货管理部门应进行周

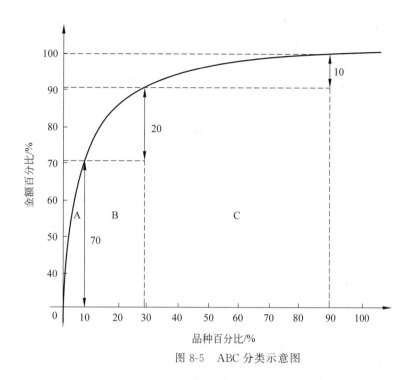

图 8-5 ABC 分类示意图

密的规划和严格的管理,重点控制。其控制措施有:一是计算确定其经济订货批量、最佳保险储备量和再订货点,严格控制存货数量;二是采用永续盘存制,对存货的收发、结存进行严密监视,当存货数量达到再订货点时,应及时通知采购部门进行采购。

(2) B 类存货的特点与控制要求。B 类存货品种、数量、占用资金均属中间状态,不必像 A 类存货控制那样严格,但也不能过于宽松。其控制要求是:确定每种存货的经济订货批量、最佳保险储备量和再订货点,并采用永续盘存制,对存货的收发结存情况进行反映和监控。

(3) C 类存货的特点和控制要求。C 类存货品种多、数量大,但资金占用量很小。企业对此类存货不必花费太多的精力,可以采用总金额控制法,根据历史资料分析后,按经验适当增大订货批量,减少订货次数。

阅读材料　存货管理——
　　　　　沃尔玛的命门

阅读材料　零库存管理模式
　　　　　的新发展

阅读材料　宾酷网络 IPO 存在应收
　　　　　账款规模较高风险

本 章 小 结

流动资产是指可以在一年或超过一年的一个营业周期内变现或运用的资产。流动资产是企业的一种短期资产。在企业生产经营活动中流动资产占用的资金,一般称为营运资金。

满足需要并非持有货币资金越多越好,理论上有一个最佳持有量问题。确定最佳现金持有量主要有成本分析模型和存货模型。成本分析模型是通过分析持有现金的相关成本,寻求持有成本最低的现金持有模型。

应收账款的管理成本是指企业对应收账款管理所产生的各项费用支出,包括机会成本、管理成本和坏账成本。应收账款政策又称信用政策,是指企业要求客户遵守或允许客户利用的信用筹资制度,是企业财务政策的一个重要组成部分,主要包括信用标准、信用条件和收账政策。

企业存货成本包括购置成本、订购成本和储存成本。经济批量又称经济订货批量，是指一定时期内存货的储存成本与订货成本之和最低的采购批量。

ABC 分类控制法就是按照一定的标准，将企业的存货划分为 A、B、C 三类，分别实行分品种重点管理、分类别一般控制和按总额灵活掌握的存货管理方法。

关 键 术 语

流动资产（liquid assets）

现金管理（cash management）

应收账款（accounts receivable）

存货管理（inventory management）

现金最佳持有量（the optimal money holding）

信用标准（credit standard）

信用条件（credit terms）

经济批量（economic order quantity）

ABC 分类管理（ABC classification management）

参 考 文 献

[1] 王化成,刘俊彦,荆新. 财务管理学[M]. 9 版. 北京：中国人民大学出版社,2021.

[2] ROSS A S, WESTERFIELD W R, JAFFE F J. Corporate Finance[M]. 11E. Peking：China Machine Press,2018.

[3] HORNGREN T C, SUNDEM L G, STRATTON O W, et al. Introduction to Management Accounting[M]. 16E. Peking：Tsinghua University Press,2019.

[4] 尤金·F. 布瑞翰,乔尔·F. 休斯敦. 财务管理基础[M]. 胡玉明,译. 精要 7 版. 大连：东北财经大学出版社,2016.

[5] 中国注册会计师协会. 财务成本管理[M]. 北京：中国财政经济出版社,2021.

[6] 财政部会计资格评价中心. 财务管理[M]. 北京：经济科学出版社,2021.

[7] 吴立扬,刘明进. 财务管理[M]. 武汉：武汉理工大学出版社,2009.

[8] 王化成. 公司财务管理[M]. 北京：高等教育出版社,2007.

[9] 刘淑莲. 财务管理理论与实务[M]. 4 版. 大连：东北财经大学出版社,2019.

[10] 唐现杰,孙长江. 财务管理[M]. 2 版. 北京：科学出版社,2013.

[11] 李延喜,秦学志,张悦玫. 财务管理[M]. 2 版. 北京：清华大学出版社,2014.

[12] 乔宏. 财务管理[M]. 2 版. 成都：西南财经大学出版社,2013.

[13] 闫华红. 中级财务管理[M]. 北京：北京科学技术出版社,2021.

思 考 题

8-1 什么是流动资产？与长期资产相比有何异同？

8-2 企业为什么要持有现金？怎样确定现金最佳持有量？

8-3 什么是信用标准？如何确定？

8-4 什么是信用条件？它包括哪些内容？

8-5 应收账款有哪些成本？

8-6 如何加强应收账款的控制？

8-7 什么是存货的经济批量？如何确定？

8-8 怎样对存货进行 ABC 分类管理？

练 习 题

○判断题

8-1 在利用成本分析模式和存货模式确定现金最佳持有量时,都可以不考虑现金管理成本的影响。

（ ）

8-2 由于现金的收益能力较差,企业不宜保留过多的现金。 （ ）

8-3 存货保利储存天数是指为达到目标利润的存货储存天数,它与目标利润正相关,即目标利润越大,存货保利储存天数越多;反之,目标利润越小,存货保利储存天数越少。 （ ）

8-4 应收账款的机会成本等于年赊销净额和资金成本率的乘积。 （ ）

8-5 企业所持有的现金余额应大于或等于各种动机所需现金余额之和。 （ ）

8-6 如果存货市场供应不充足,即使满足其他有关的基本假设条件,也不能利用经济订货量模型。

（ ）

8-7 现金折扣是企业为了鼓励客户提前还款而给予的价格优惠,是信用条件的组成因素。 （ ）

8-8 应收账款周转速度越快,一定量资金所能维持的赊销额就越大,或者一定赊销额所需要的资金就越少。 （ ）

8-9 能够使企业的进货成本、储存成本和缺货成本之和最低的进货批量,便是经济进货批量。 （ ）

8-10 在利用存货模式计算最佳现金持有量时,一般不考虑机会成本。 （ ）

8-11 信用标准是信用条件的一个重要组成部分。 （ ）

8-12 银行业务集中法能加速现金回收,但只有当分散收账收益净额为正时企业采用此法才有利,否则会得不偿失。 （ ）

8-13 确定最佳现金持有量的成本分析模式与存货模式相同,均只考虑现金的持有成本与短缺成本,而不考虑转换成本。 （ ）

8-14 如果客户拖欠或拒付货款,诉诸法律是最好的解决方法。 （ ）

8-15 企业持有现金所发生的管理费用是一种固定成本,与现金持有量之间无明显的比例关系。（ ）

○单项选择题

8-1 现金作为一种资产,它的（ ）。

A. 流动性强,盈利性也强
B. 流动性强,盈利性差
C. 流动性差,盈利性强
D. 流动性差,盈利性也差

8-2 某企业预测的年度赊销收入净额为 600 万元,应收账款收账期为 30 天,变动成本率为 60%,资金成本率为 10%,则应收账款的机会成本为（ ）万元。

A. 10
B. 6
C. 3
D. 2

8-3 下列有关现金的成本中,属于固定成本性质的是（ ）。

A. 现金管理成本
B. 机会成本
C. 转换成本中的委托手续费
D. 现金短缺成本

8-4 企业置存现金的原因,主要是为了满足（ ）。

A. 交易性、预防性、收益性需要
B. 交易性、投机性、收益性需要
C. 交易性、预防性、投机性需要
D. 预防性、收益性、投机性需要

8-5 下列项目中,属于存货储存成本的是（ ）。

A. 进货差旅费
B. 存货占有资金的应计利息
C. 采购人员工资
D. 由于材料供应中断所造成的停工损失

8-6 现金管理的首要目的是（ ）。

A. 保证日常生产经营业务的现金需要
B. 获得最大利益

C. 使机会成本与转换成本之和最低　　　　　　D. 使机会成本与短缺成本之和最低

8-7　某企业全年需用 A 材料 2 400 吨,每次的订货成本为 400 元,每吨材料年储备成本为 12 元,则每年最佳订货次数为(　　)次。

A. 12　　　　　　　　B. 6　　　　　　　　C. 3　　　　　　　　D. 4

8-8　在一定时期的现金需求总量一定时,与现金持有量成反方向变动的成本是(　　)。

A. 管理成本　　　　　B. 机会成本　　　　　C. 短缺成本　　　　　D. 委托买卖佣金

8-9　在确定最佳现金持有量时,成本分析模式和存货模式均需考虑的因素是(　　)。

A. 持有现金的机会成本　　　　　　　　　　B. 固定性转换成本

C. 现金短缺成本　　　　　　　　　　　　　D. 现金保管费用

8-10　为了满足未来现金流量的不确定性需要而持有现金的动机属于(　　)。

A. 交易动机　　　　　B. 投机动机　　　　　C. 预防动机　　　　　D. 投资动机

8-11　某企业全年必要现金支付总额 600 万元,其他稳定可靠的现金流入总额 200 万元,应收账款总计金额 1 000 万元,其应收账款收现保证率为(　　)。

A. 50%　　　　　　　B. 40%　　　　　　　C. 60%　　　　　　　D. 80%

8-12　企业为满足交易动机而持有现金,所需考虑的主要因素是(　　)。

A. 企业销售水平的高低　　　　　　　　　　B. 企业临时举债能力的大小

C. 企业对待风险的态度　　　　　　　　　　D. 金融市场投机机会的多少

8-13　通常情况下,企业持有现金的机会成本(　　)。

A. 与现金余额成反比　　　　　　　　　　　B. 与持有时间成反比

C. 是决策的无关成本　　　　　　　　　　　D. 与现金余额成正比

8-14　企业在进行现金管理时,可利用的现金浮游量是指(　　)。

A. 企业账户所记存款余额　　　　　　　　　B. 银行账户所记企业存款余额

C. 企业账户与银行账户所记存款余额之差　　D. 企业实际现金余额超过最佳现金持有量之差

8-15　在允许缺货的情况下,经济进货批量是使(　　)的进货批量。

A. 进货成本与储存成本之和最小

B. 进货费用等于储存成本

C. 进货费用、储存成本与短缺成本之和最小

D. 进货成本等于储存成本与短缺成本之和

8-16　由信用期限、折扣期限及现金折扣三要素构成的付款要求是(　　)。

A. 信用标准　　　　　B. 信用条件　　　　　C. 资信程度　　　　　D. 收账方针

8-17　采用成本分析模式确定现金最佳持有量时,考虑的成本因素是(　　)。

A. 机会成本和短缺成本　　　　　　　　　　B. 机会成本和转换成本

C. 机会成本、短缺成本和管理成本　　　　　D. 管理成本和转换成本

8-18　确定现金最佳持有量的成本分析模式和存货模式均不考虑的因素是(　　)。

A. 管理成本　　　　　B. 机会成本　　　　　C. 转换成本　　　　　D. 短缺成本

8-19　下列措施中,不能延缓现金支出时间的是(　　)。

A. 邮政信箱法　　　　　　　　　　　　　　B. 合理利用现金浮游量

C. 改进工资支付方式　　　　　　　　　　　D. 推迟应付款的支付

8-20　在对存货采用 ABC 分类控制法进行控制时,应当重点控制的是(　　)。

A. 数量较大的存货　　　　　　　　　　　　B. 占用资金较多的存货

C. 品种多的存货　　　　　　　　　　　　　D. 价格昂贵的存货

○多项选择题

8-1　提供比较优惠的信用条件,可增加销售量,但也会付出一定代价,主要有(　　)。

    A. 应收账款机会成本   B. 坏账损失

    C. 收账费用   D. 现金折扣成本

8-2 流动负债的特点有( )。

    A. 速度快   B. 弹性高   C. 成本低   D. 风险大

8-3 企业对客户进行资信评估应当考虑的因素主要包括( )。

    A. 信用品质   B. 偿付能力   C. 资本和抵押品   D. 经济状况

8-4 在其他情况不变的情况下,缩短应收账款周转天数,则有利于( )。

    A. 提高资产的流动性   B. 缩短现金周转期

    C. 企业减少资金占用   D. 企业扩大销售规模

8-5 在确定经济订货量时,下列表述中正确的有( )。

    A. 随每次进货批量的变动,进货费用和储存成本成反方向变化

    B. 储存成本的高低与每次进货批量成正比

    C. 订货成本的高低与每次进货批量成反比

    D. 年变动储存成本与年变动进货费用相等时的采购批量,即经济订货量

8-6 确定最佳现金持有量的模式包括( )。

    A. 存货模式   B. 现金周转期模式   C. 成本分析模式   D. 随机模式

8-7 假设某企业预测的年度赊销额为 3 000 000 元,应收账款平均收账天数为 60 天,变动成本率为 60%,资金成本率为 10%。下列说法中正确的有( )。

    A. 应收账款平均余额为 500 000 元   B. 维持赊销业务所需的资金为 300 000 元

    C. 维持赊销业务所需的资金为 30 000 元   D. 应收账款的机会成本为 30 000 元

8-8 企业持有现金总额通常小于交易、预防、投机三种动机各自所需现金持有量的简单相加和,其原因有( )。

    A. 现金可在各动机中调剂使用

    B. 企业存在可随时借入的信贷资金

    C. 满足各种动机所需现金的存在形态可以多样化

    D. 现金与有价证券可以互相转换

8-9 企业持有应收账款发生的费用包括( )。

    A. 坏账成本   B. 管理成本   C. 机会成本   D. 现金折扣

8-10 下列存货储存成本与决策相关的有( )。

    A. 存货资金的应计利息   B. 存货残损或变质损失

    C. 仓库折旧费   D. 存货的保险费

8-11 信用标准过高导致的结果有( )。

    A. 降低违约风险   B. 降低收账费用   C. 降低销售水平   D. 影响企业竞争能力

8-12 企业在确定信用条件时,应当考虑的因素主要有( )。

    A. 信用期限长短与预期销售量的关系   B. 现金折扣的成本

    C. 信用期限长短与预期坏账损失的关系   D. 现金折扣后的预期收益

8-13 下列对现金折扣的表述不正确的有( )。

    A. 折扣率越高,赊销企业付出的代价越低   B. 规定现金折扣能增加企业的销售额

    C. 现金折扣是销售量大而给予的价格优惠   D. 规定现金折扣的目的是加快应收账款的收回

8-14 调查客户资信程度应考虑的因素有( )。

    A. 客户履约或赖账的可能性   B. 客户资产的变现能力

    C. 客户资本的多少   D. 客户提供的作为抵押品的情况

8-15 制定现金折扣政策的目的有( )。

A. 吸引顾客为享受优惠而提前付款　　　B. 减少在应收账款上占用的资金

C. 缩短企业平均收账期　　　D. 扩大销售量

○计算分析题

8-1　四方公司有四种现金持有方案，各方案有关成本资料如表 8-11 所示。

表 8-11　各方案有关成本资料

项　目	方　案			
	甲	乙	丙	丁
现金持有量/元	15 000	25 000	35 000	45 000
机会成本率/%	10	10	10	10
短缺成本/元	8 500	4 000	3 500	2 200

要求：计算其最佳现金持有量。

8-2　已知河源公司现金收支平衡，预计全年（按 360 天计算）现金需要量为 250 000 元，现金与有价证券转换的交易成本为每次 500 元，有价证券年利率为 10%。

要求：

（1）计算最佳现金持有量。

（2）计算最佳现金持有量下的全年现金管理总成本、交易成本和机会成本。

（3）计算最佳现金持有量下的全年有价证券交易次数和有价证券交易间隔期。

8-3　云浮公司的年赊销收入为 720 万元，平均收账期为 60 天，坏账损失为赊销额的 10%，年收账费用为 5 万元。该公司认为通过增加收账人员等措施，可以使平均收账期降为 50 天，坏账损失降为赊销额的 7%。假设公司的资金成本率为 6%，变动成本率为 50%。

要求：为使上述变更经济上合理，计算新增收账费用的上限（每年按 360 天计算）。

8-4　大沙头公司是一家商业企业。由于目前的收账政策过于严厉，不利于扩大销售，且收账费用较高，该公司正在研究修改现行的收账政策。现有甲和乙两个放宽收账政策的备选方案，有关数据如表 8-12 所示。

表 8-12　甲、乙两个放宽收账政策的备选方案

项　目	现行收账政策	甲方案	乙方案
销售额/万元	2 400	2 600	2 700
收费费用/万元	40	20	10
所有账户的平均收账期/月	2	3	4
所有账户的坏账损失率/%	2	2.5	3

已知大沙头公司的销售毛利率为 20%，应收账款投资要求的最低报酬率为 15%。坏账损失率是指预计年度坏账损失和销售额的百分比。假设不考虑所得税的影响。

要求：

（1）通过计算分析，确定是否改变现行的收账政策。

（2）如果要改变，应选择哪一方案？

8-5　南沙公司预计的年度赊销收入为 6 000 万元，信用条件是"2/10,1/20,n/60"，其变动成本率为 65%，资金成本率为 8%，收费费用为 70 万元，坏账损失率为 4%。预计占赊销额 70% 的客户会利用 2% 的现金折扣，占赊销额 10% 的客户利用 1% 的现金折扣。一年按 360 天计算。

要求：

（1）计算年赊销净额。

（2）计算信用成本前收益。

（3）计算平均收账期。

（4）计算应收账款机会成本。

（5）计算信用成本后收益。

8-6　海心沙公司资金成本率为 10%。现采用 30 天按发票金额付款的信用政策,销售收入为 800 万元,边际贡献率为 20%,平均收现期为 45 天,收账费用和坏账损失均占销售收入的 1%。公司为了加速账款回收和扩大销售收入以充分利用剩余生产能力,准备将信用政策调整为"2/20,1/30,n/40"。预计调整后销售收入将增加 5%,收账费用和坏账损失分别占销售收入的 1%、1.2%,有 30% 的客户在 20 天内付款,有 40% 的客户在 30 天内付款。

要求：根据计算结果说明公司应否改变信用政策。

8-7　流花公司年度需耗用乙材料 36 000 千克,该材料采购成本为 200 元/千克,年度储存成本为 16 元/千克,平均每次进货费用为 20 元。

要求：

（1）计算本年度乙材料的经济进货批量。

（2）计算本年度乙材料经济进货批量下的相关总成本。

（3）计算本年度乙材料经济进货批量的平均资金占用额。

（4）计算本年度乙材料最佳进货批次。

8-8　越秀公司每月平均现金需要量为 10 万元,有价证券的月利率为 10‰,假定其现金管理相关总成本控制目标为 600 元。

要求：

（1）计算其有价证券的转换成本。

（2）计算其最佳现金余额。

（3）计算其最佳有价证券交易间隔期。

8-9　白云公司全年需要甲种材料 2 000 千克,每千克买价 20 元,每次订货费用 50 元,单位储存成本为单位平均存货金额的 25%。该材料的供货方提出,若该材料每次购买数量在 1 000 千克或 1 000 千克以上,将享受 5% 的数量折扣。

要求：通过计算,确定该公司应否接受供货方提出的数量折扣条件。

8-10　天河公司以单价 10 元每年购入某种产品 8 000 件。每次订货费用为 30 元,资金年利息率为 12%,单位维持库存费按单位库存货物价值的 18% 计算。每次订货的提前期为 2 周。

要求：计算经济生产批量、最低年总成本、年订购次数和订货点。

○ 案例分析题

家得宝公司的订货

家得宝（Home Depot）公司是世界上最大的家用产品零售商和全美十大零售商之一。在 1995 年年底,该公司经营着 400 多家完全服务的仓储式商店。每家商店储存 40 000～50 000 种不同的建筑材料、家用产品和园艺用品。顾客们可以自己动手选择商品,或许你和你的家人最近曾在它的某个商店里购买过物品。

家得宝公司正在考虑它的浴室设备部供应一种新型豪华马桶。它试图拓宽其产品线,以吸引家用产品的承包商,该产品最近在《建筑文摘》上做了特别的广告。这种马桶有特别之处：当有人坐下时,会喷出空气清新剂细雾和播放古典音乐的系统即被激活,消费者可以选择音乐。

据测试,这种新型马桶的促销很成功。家得宝公司估计年平均销售量是 1 000 个。每个存货成本是 100 美元,固定的再订货成本是 80 美元。家得宝公司购买价格是每个 500 美元。

分析与讨论：

（1）家得宝公司豪华马桶的经济订货量是多少？平均存货量是多少？保持豪华马桶存货的年总成本是多少？

（2）若销售量翻倍，增至每年 2 000 个，订货成本翻倍，增至 160 美元/每次；储存成本翻倍，每个每年 200 美元，那么，经济订货量怎样变化？

（3）如果家得宝公司每次订货 50 个或超过 50 个，这种豪华马桶的供应公司将向其提供 5% 的折扣。家得宝公司是否在每次购买时应订购 50 个？

资料来源：唐现杰,等.财务管理[M].3 版.北京：科学出版社,2018.

短期筹资管理

- 了解短期筹资的特点和种类;熟悉三种短期筹资政策。
- 掌握商业信用筹资的特征、形式及资本成本计算。
- 了解短期银行贷款的种类和优缺点;掌握短期银行贷款筹资的资本成本计算。
- 了解短期融资券的概念、特征;熟悉短期融资券筹资的优缺点。
- 了解债券回购的含义、种类;熟悉债券回购筹资的特点。

引导案例

深业集团发行短期融资券

2020年7月15日,据银行间市场清算所股份有限公司信息披露显示,深业集团有限公司拟发行2020年年度第三期超短期融资券。本期超短期融资券发行金额20亿元,期限270天,面值110元。该超短期融资券簿记管理人为宁波银行股份有限公司,发行日2020年7月16日,起息日2020年7月17日,债权债务登记日2020年7月17日,上市流通日2020年7月20日。

关于募集资金用途,深业集团方面表示,本期募集资金20亿元,用于偿还到期债券本息。截至本募集说明书签署之日,深业集团待偿还企业债余额19亿元,中期票据80亿元,超短期融资券40亿元。

资料来源:东方财富网,http://www.castmoney.com,2020-07-15.

9.1 短期筹资政策

9.1.1 短期筹资的特征

短期筹资(short-term financing)是指企业筹集在一年内或者超过一年的一个营业周期内到期的资金,通常是指企业的短期负债筹资。与长期筹资相比,短期筹资一般具有如下特征。

1. 筹资速度快

由于短期筹资的期限较短,债权人往往顾虑较少,不需要像长期筹资一样对债务人进行全面、复杂的财务调查,企业可以较容易获得资金。

2. 筹资灵活性强

短期筹资的相关限制性条款和约束条件相对较少,使筹资企业在资金的使用和配置上更加灵活、富有弹性。

3. 筹资成本低

短期债务的利率通常要低于长期负债,所以企业承担的筹资成本也相对较低。

4. 筹资风险大

短期筹资需要在短期内偿还,因此要求筹资企业在短期内准备好足够的资金来偿还债务,如果企业在债务到期时不能及时归还款项,就可能陷入财务危机。此外,短期负债利率一般波动较大,企业需要承担较高的利率变动风险。

9.1.2　短期筹资的分类

短期筹资总体上可分为两大类:无息短期负债和有息短期负债。

1. 无息短期负债

无息短期负债是指企业在商品交易往来过程中,不需要正式安排,而是自发形成的那部分短期负债,如应付账款、预收账款等商业信用、应交税费、应付职工薪酬等。由于这类短期负债是企业日常经营活动的伴生物,所以大多属于"免费"性质。在财务上,经常又将其称为"自发性筹资"或"自然性短期负债"。

2. 有息短期负债

有息短期负债是指为满足企业短期资金需求而从银行等金融机构借入的资金。此类短期负债是由企业安排的专门筹资活动所形成的,需要为使用资金而支付利息,财务上又称其为"临时性短期负债",常见的具体形式有短期银行贷款、短期融资券等。

9.1.3　短期筹资政策的类型

短期筹资政策主要是指企业如何利用短期筹资来安排短期资产的资金来源。资产按照其周转的时间长短,可以分为短期资产和长期资产;短期资产按照其用途,又可以分为临时性短期资产和永久性短期资产。企业利用短期筹资来满足不同的资产需求,通常有以下三种可选择的政策。

1. 配合型筹资政策

配合型筹资政策是指企业的负债结构与资产的周转相对应,具体内容是企业用临时性短期负债筹集临时性短期资产所需资金,用自然性短期负债和长期筹资筹集永久性短期资产及长期资产所需资金。例如,某企业在生产经营的正常期间,需要500万元的短期资产和1 000万元的长期资产;在生产经营的高峰期,要增加200万元的季节性存货需求。利用配合型筹资政策,这家企业的做法是1 500万元的长期占用资产(永久性短期资产和长期资产)要由自然性短期负债和长期筹资来满足,只有在生产经营的高峰期才借入200万元的短期借款来应对临时需要。

在这种政策下,公司将资产和资金来源在期限和金额上相匹配,能够降低不能偿还到期债务的风险,同时还可以使企业保持较低水平的资本成本。在实际应用中,要求企业制订严密的短期筹资计划,以实现资金流动与预期安排保持一致。

2. 激进型筹资政策

激进型筹资政策是指企业用临时性短期负债不但筹集临时性短期资产所需资金,还要满足一部分永久性短期资产的需要。沿用上例基本信息,如果企业使用激进型筹资政策,那么企业利用自然性短期负债和长期筹资的筹资额会低于1 500万元,假如为1 200万元,企业就会采用临时性短期负债来解决300万元长期占用资产的缺口和高峰期200万元的临时性需要,即临时性短期负债将达到500万元。

在这种政策下,企业临时性负债所占比重较其他政策要大,所以企业负担的资本成本是三种政策中最低的;但由于临时性短期负债要满足部分永久性短期资产的需要,必然会使企业的举债更为频繁,从而加大企业的筹资困难和风险。因此,该政策是一种风险和报酬均较高的短期筹资政策。

3. 稳健型筹资政策

稳健型筹资政策是指企业用临时性短期负债只筹集一部分临时性短期资产所需资金,其余部分和永久性短期资产、长期资产一样,由自然性短期负债和长期筹资来解决。继续沿用上例基本信息,如果企业使用稳健型筹资政策,那么企业利用自然性短期负债和长期筹资的筹资额会高于1 500万元,假如为1 600万元,企业只需利用临时性短期负债100万元就能实现经营高峰期200万元的临时性需要。

在这种政策下,企业临时性负债所占比重较其他政策要小,所以企业面临的筹资风险较低;但同时企业需要负担比其他政策较高的资本成本,从而会降低企业的收益。因此,该政策是一种风险和报酬均较低的短期筹资政策。

9.2 商 业 信 用

商业信用(trade credit)是指企业在商品交易中由于延期付款或延期交货所形成的借贷关系,是企业之间互相提供信用的直接融资方式,也是企业最为普遍和重要的短期筹资形式。商业信用是由企业商品交易中钱与货在时间上的分离而产生的,它不属于企业的一项独立融资活动,不同于银行信用。

9.2.1 商业信用的形式

1. 赊购商品

赊购商品是竞争市场中一种最典型、最常见的商业信用形式。在这种形式下,买卖双方进行商品交易,买方收到商品后不需立即支付货款,可延迟到一定时期以后付款。这相当于买方企业从卖方那里借入一笔资金来取得商品。在现实中,具体可以表现为企业的应付账款、应付票据。

2. 预收货款

预收货款是卖方市场中一种常有的商业信用形式。在这种形式下,卖方企业先向买方收取货款,延迟一定时期以后发货。这等于卖方企业向买方先借入一笔资金。

9.2.2 商业信用条件

信用条件是指卖方企业(销货人)对付款时间和现金折扣所做的具体规定。买方企业需要了解信用条件的内容来明确所取得的商业信用形式。总体来看,信用条件主要有以下三种形式。

1. 预付货款

预付货款是买方在卖方发出商品之前支付货款,一般用于以下两种情况:一种是卖方已知买方的信用欠佳;另一种是销售生产周期长且售价高的商品。在这种信用条件下,销售企业可以取得短期资金,而购货方不但不能获得资金来源,还要预先垫付一笔资金。

2. 延期付款,但不提供现金折扣

在这种信用条件下,卖方允许买方在商品交易发生后一定时期内支付货款,如"n/60",是指在60天内按交易金额付款。在这种没有现金折扣的延期付款信用条件下,买方因可以延期付款而取得资金来源。

3. 延期付款,但早付款有现金折扣

在此信用条件下,买方如果提前付款,卖方可给予一定的现金折扣,若买方不享受现金折扣,则必须在一定时期内付清账款,其目的主要是卖方加快账款的收现速度,如"2/10,n/60",是指在10天内付款,买方可享受2%的现金折扣,若在10~60天付款,则按交易金额付款。在这种信用条件下,买方若在折扣期内付款,可获得短期的资金来源,并能得到现金折扣利益;若放弃现金折扣,则可在稍长时间内占用卖方的资金。

9.2.3 商业信用的资本成本

通常,企业取得的商业信用不需承担资本成本。但在卖方提供现金折扣的信用条件下,买方企业若放弃现金折扣,选择在信用期到期前付款,则是有成本的,这一成本就是买方企业放弃现金折扣的机会成本。其计算公式为

$$\frac{\text{放弃现金折扣的}}{\text{资本成本率}} = \frac{\text{折扣率}}{1-\text{折扣率}} \times \frac{360}{\text{信用期}-\text{折扣期}} \times 100\% \qquad (9\text{-}1)$$

从公式中可见,放弃现金折扣的资本成本与折扣率、折扣期成正比,与信用期成反比。通常情况下,买

方企业放弃现金折扣的成本是较高的，所以应当尽量争取获得此折扣。

【例 9-1】 某企业按照"2/10, n/30"的条件购入价值 10 000 元的一批原材料。计算该企业放弃现金折扣的资本成本率。

$$\text{放弃现金折扣的资本成本率} = \frac{2\%}{1-2\%} \times \frac{360}{30-10} \times 100\% = 36.73\%$$

由例 9-1 可见，企业放弃现金折扣的资本成本是很高的，如果该企业不能在放弃现金折扣的期间内获得高于这一机会成本的报酬率，企业就应争取获得此现金折扣。如果企业当前短期资金确实非常紧缺，那么还应考虑能否以低于放弃现金折扣机会成本的利率借入资金。若可以借入，企业仍需争取折扣；若无法实现，则只能放弃折扣。

9.2.4 商业信用筹资的优缺点

1. 优点

（1）使用灵活、方便。由于商业信用是伴随企业的商品买卖自然形成的一种筹资方式，不用进行专门的筹资安排，而且不需办理筹资手续，一般也不附加条件，使用较灵活、方便。

（2）资本成本低。如果信用条件中没有现金折扣，或者企业不放弃现金折扣，那么企业利用商业信用筹资没有资本成本，可以免费使用资金。

2. 缺点

商业信用筹资也存在一定的不足，主要表现为利用商业信用的时间一般较短，不利于企业对资金的统筹运用；若出现拖欠情况，则会导致企业信用下降甚至丧失信用。此外，如果企业享受现金折扣，那么可利用的时间将更短；而如果放弃现金折扣，企业就会存在较高的机会成本。

9.3 短期银行贷款

短期银行贷款（short-term bank loan）是指企业为满足资金需求而向银行申请借入的期限在 1 年（含 1 年）以下的各种贷款。这是各类企业筹集短期资金的重要方式。不过，企业也可以通过连续还旧借新的过程，使短期银行贷款表现出长期筹资的特点。

9.3.1 短期银行贷款的种类

企业短期银行贷款一般包括信用贷款、担保贷款和票据贴现三类。

1. 信用贷款

信用贷款（unsecured loan）又称无担保贷款，是指不用保证人担保或没有财产作为抵押，借款人仅凭其信用从银行取得的短期贷款。按照惯例，银行发放信用贷款往往也会带有一些信用条件，常见的包括信贷额度和周转信贷协议等内容。

2. 担保贷款

担保贷款（secured loan）是指有一定的保证人提供担保或利用一定的财产作抵押或质押从银行取得的短期贷款。具体可进一步分为以下三种形式。

（1）保证贷款。保证贷款是指按照我国民法典担保制度规定的保证方式以第三人承诺在借款人不能偿还贷款时，按约定承担一般保证责任或连带责任而取得的贷款。

（2）抵押贷款。抵押贷款是指按照我国《民法典》担保制度规定的抵押方式以借款人或第三人的财产作为抵押物而取得的贷款。

（3）质押贷款。质押贷款是指按照我国《民法典》担保制度规定的质押方式以借款人或第三人的动产或权利作为质押物而取得的贷款。

3. 票据贴现

票据贴现(discounted note)是指商业票据的持有人把尚未到期的商业票据转让给银行,并贴付一定利息以取得银行资金的一种短期借贷行为。企业通过票据贴现筹集的资金要低于票面金额,其差额为银行收取的贴现息,即企业筹资的资本成本。有关计算公式可以表示为

$$贴现利息=票面金额×贴现率×贴现期限 \tag{9-2}$$

$$贴现金额=票面金额-贴现利息 \tag{9-3}$$

【例 9-2】 某企业赊销商品取得一张面额 50 000 元、期限半年的不带息商业汇票。后因企业经营急需周转资金,于该汇票签发 2 个月后向银行申请贴现,银行贴现率为 6%。计算该企业通过票据贴现取得的筹资额。

$$贴现利息=50\,000×6\%×\frac{4}{12}=1\,000(元)$$

$$贴现金额=50\,000-1\,000=49\,000(元)$$

通过票据贴现,银行取得商业票据并在到期日向票据付款人收款。若付款人不能按时付款,银行一般对贴现的商业票据带有追索权,即向票据贴现企业追索票面金额。

9.3.2 短期银行贷款的资本成本

短期银行贷款的资本成本一般用贷款利率来表示。通常,银行对信用可靠的企业收取的贷款利率较低,称为基准利率(prime rate);当企业的信用风险增加时会提高利率。此外,短期银行贷款的利息支付方式不同,也会造成企业实际负担的资本成本发生差异。

1. 单利付息

单利付息是银行常用的短期贷款计息方式,企业在贷款到期日一次还本付息。在此情况下,银行收取的名义利率就是企业负担的实际利率。

2. 复利付息

如果按照复利计算利息,企业实际负担的利率就要高于银行收取的名义利率。在此情况下,一般企业需要在贷款到期前定期付息,且付息次数越多,企业的资本成本就越高。

3. 贴现付息

贴现付息是指银行向企业发放贷款时,先从本金中扣除利息部分,而以贷款本金与利息的差额贷给企业,在贷款到期时企业需偿还全部本金。这种方式减少了企业实际可利用的贷款金额,使企业贷款的实际利率高于名义利率。

【例 9-3】 某企业以贴现付息方式借入 1 年期的银行贷款 100 000 元,名义利率为 10%。计算该企业实际取得的贷款金额和实际利率。

$$实际贷款金额=100\,000-100\,000×10\%=90\,000(元)$$

$$实际利率=(100\,000×10\%)÷90\,000=11\%$$

9.3.3 贷款银行的选择

目前,金融服务业发展空前,可向企业提供贷款的银行及其他金融机构不断增加,企业在选择银行贷款筹资时有了更多的选择。

企业选择银行时,主要根据所需的贷款种类、贷款资本成本和贷款条件进行确定。除此之外,还应考虑以下有关方面的因素。

1. 银行对信贷风险的政策

通常,银行对信贷风险有不同的政策,有的银行偏向较为保守信贷政策,而有的银行则愿意开展一些创新业务,敢于承担较大的信贷风险。

2. 银行对企业的态度

不同的银行对企业的态度也不一样。一些银行积极服务企业,帮助分析其经营或财务问题,并为其提供建议,在企业遇到困难时继续支持其渡过难关;而另一些银行较少为企业提供咨询服务,当企业遇到困难时,为确保贷款清偿还要向企业施压。

3. 银行贷款的专业化程度

一些银行设有不同的专业部门,可以分别处理不同类型、行业的专业化贷款。企业与这些拥有丰富经营业务经验的银行合作,不仅能获得资金,而且会更多地受益。

4. 其他因素

银行的规模大小、稳定性等方面都是企业在选择贷款银行时需要考虑的因素。

9.3.4 短期银行贷款筹资的优缺点

1. 优点

(1) 银行资金充足,能随时为企业提供较多的短期贷款。对于企业季节性和临时性的资金需求,采用这种筹资方式非常方便。

(2) 短期银行贷款具有较好的弹性,企业可根据资金紧缺或盈余的实际情况,借入或归还贷款。

2. 缺点

(1) 短期银行贷款的资本成本较高。与商业信用等其他短期筹资方式相比,采用短期银行贷款的成本比较高,尤其是在抵押借款等情况下,其资本成本更高。

(2) 限制较多。向银行贷款,银行需要掌握企业的经营和财务状况,甚至对企业的经济活动或财务指标提出相应要求,这些会构成对企业的限制。

9.4 商 业 票 据

商业票据(commercial paper)是指由大型工商企业签发或发行的无担保短期票据。商业票据的可靠程度取决于发行企业的信用程度。

9.4.1 商业票据的含义

传统意义上的商业票据,是企业依托于商品和劳务交易而签发的、用于款项结算的票据。按照承兑人的不同,商业票据可以分为商业承兑汇票和银行承兑汇票。商业票据是可流通的证券,一般可以进行背书转让。当持票人(企业)在票据到期前需要资金时,可以向银行进行贴现来获得资金,此时就是企业的短期银行贷款筹资。

【例 9-4】 在中国工商银行的官方网站(www.icbc.com.cn)上,可以看到该银行向企业提供的商业票据业务具体包括四种类型:商业汇票协议付息贴现业务、商业汇票赎回式贴现业务、商业汇票转贴现业务和商业汇票买入返售(回购)业务。

除了传统的商业票据以外,现在一些大型企业凭借自身的信誉,在脱离实际的商品和劳务交易的情况下,直接签发商业票据来筹集短期资金,此时的商业票据就演变为一种直接筹资工具。为了与传统的商业票据相区别,人们通常把这种专门用于筹资的票据称为短期融资券。下面主要介绍短期融资券。

9.4.2 短期融资券的特征

在我国,短期融资券(short-term financing bills)是指境内具有法人资格的非金融企业,依照中国人民银行发布的《短期融资券管理办法》(2005 年 5 月)规定的条件和程序,在银行间债券市场发行并约定在一定期限内还本付息的有价证券。短期融资券实际上是企业发行的一种短期债券,目前是一种新兴的短期筹资方式。

我国的短期融资券具有如下特征。

(1) 发行人：短期融资券的发行人为非金融企业。

(2) 发行对象：短期融资券不对社会公众发行，只对银行间债券市场的机构投资人发行，在银行间债券市场交易。

(3) 发行方式：企业发行短期融资券不能直接销售给投资者，而是需要由符合条件的金融机构承销，通过这些金融机构销售给投资者。这些金融机构主要包括银行、证券公司等。

(4) 发行价格：短期融资券的发行价格由发行企业和承销的金融机构协商确定。同时，短期融资券的信用评级也会影响发行价格。

(5) 发行期限：短期融资券作为一种短期债券，其期限最长不超过 365 天，发行企业可在最长期限内自主确定每期融资券的期限。

(6) 发行规模：企业发行的短期融资券实行余额管理，待偿还的融资券余额不得超过企业净资产的 40%。

9.4.3 短期融资券筹资的优缺点

1. 优点

(1) 筹资成本低。短期融资券的融资成本包括利息、承销机构的手续费和信用评级机构的服务费，它通常要低于银行同期贷款利率。这是因为短期融资券是一种直接筹资，筹资者与投资者直接往来，不需要通过银行作为中介，节约了一笔原本应付给银行的筹资费用。

(2) 筹资金额比较大。银行一般不会向企业发放巨额的短期贷款，因而对于需要大量资金的企业来说，采用短期融资券筹资可以达到目的。

(3) 提高企业信誉。由于能够发行短期融资券的企业都是著名的大企业，所以，短期融资券的发行成功，有利于提高企业在市场上的影响力与信誉度。

2. 缺点

(1) 筹资风险大。短期融资券到期必须归还，一般不会有延期的可能。因此，短期融资券到期时，企业资金负担较大。

(2) 筹资灵活性较小。只有当企业的资金需求达到一定规模时才能使用短期融资券筹资。如果金额较小，则不宜采用短期融资券方式。另外，短期融资券一般不能提前偿还。所以，即使企业资金比较充裕，也要到期才能还款。

(3) 发行条件严格。并不是任何企业都有资格发行短期融资券，必须是信誉好、实力强、效益高、风险低的企业才能使用短期融资券筹资。而一些小企业或信誉不佳的企业则无法利用短期融资券进行筹资。

9.5 债券回购

9.5.1 债券回购的含义

债券回购(bond repurchase)是指债券持有人在卖出一笔债券的同时，与买方约定一定期限后，以一定价格再行买回该笔债券的交易活动。实际上，债券回购是企业以一种债券作抵押的资金借贷行为。在债券回购交易中正回购方(资金需求方)以相应债券作抵押，获得一段时间内的资金使用权；逆回购方(资金供应方)则在此时间内暂时放弃资金使用权，获得相应期限的债券抵押权，并于债券回购到期日收回本金及利息。

债券回购，对于筹资方和投资方而言是各取所需：筹资方在短期内获得大笔资金的使用权，又没有失去其债券；而投资方，通过进行短期拆借获取较高的利息收益。

在我国，债券回购的交易对象是国债和大型企业发行的信用等级在 AAA 级以上的企业债券。债券回购的交易活动可以通过上海证券交易所和深圳证券交易所进行。其中,上海证券交易所规定参与债券回购交易委托买卖的交易单位为 100 手(1 000 元标准券为 1 手)或其整数倍,深圳证券交易所规定的交易单位为 10 张(100 元标准券为 1 张)或其整数倍。

9.5.2 债券回购的种类

1. 债券质押式回购

债券质押式回购是指正回购方在将债券出质给逆回购方筹集资金的同时,双方约定在将来某一指定日期,由正回购方按约定回购利率计算的资金额向逆回购方返还资金,逆回购方向正回购方返回原出质债券的融资行为。

这种债券回购在交易过程中债券的所有权不发生转移,只是由正回购方(债券持有人)将其债券抵押给逆回购方。

2. 债券买断式回购

债券买断式回购交易是指正回购方在将一笔债券卖给逆回购方的同时,交易双方约定在未来某一日期,再由正回购方以约定价格从逆回购方购回相等数量同种债券的交易行为。

此种债券回购,交易过程中债券的所有权发生两次转移。

9.5.3 债券回购筹资的优缺点

1. 优点

(1) 筹资成本低。债券回购筹资成本包括利息、交易机构收取的佣金和手续费,它一般要低于银行同期贷款利率。

(2) 筹资弹性较大。企业可以根据自身所拥有的债券,通过不同规模的债券回购来灵活筹措资金。

2. 缺点

(1) 筹资风险大。债券回购的正回购方必须在约定的时间向逆回购方回购债券、返还资金,因此,短期内企业资金负担较大。

(2) 筹资范围有限。并非所有种类的债券都能进行回购交易,如果企业持有一些风险高、信誉一般的企业债券,是无法利用债券回购方式进行短期筹资的。

阅读材料　证券公司短期融资券发行交易规程发布　　　　　阅读材料　万科发 20 亿超短期融资券

本 章 小 结

短期筹资的特征决定了所募集的资金主要用于满足短期资产的需要。实际上,企业的短期筹资政策有三种类型可供选择:配合型筹资政策、激进型筹资政策和稳健型筹资政策,分别体现了不同的筹资风险和报酬。

企业的短期筹资都是短期负债筹资,包括无息短期负债和有息短期负债。前者主要是企业在生产经营活动中自然形成的短期负债,主要有商业信用、应计费用,任何企业都能利用这类短期筹资方式;后者是企业安排的专门筹资活动而形成的短期负债,主要有短期银行贷款、短期融资券和债券回购,其中,短期银行贷款是多数企业可以采用的筹资方式。

关 键 术 语

短期筹资政策(short-term financing policy)

商业信用(trade credit)

票据贴现(discounted note)

短期融资券(short-term financing bills)

债券回购(bond repurchase)

参 考 文 献

[1] 杨淑娥.财务管理学[M]. 3 版.北京:高等教育出版社,2018.

[2] 王斌.财务管理[M]. 3 版.北京:中央广播电视大学出版社,2016.

[3] 王化成,刘俊彦,荆新.财务管理学[M].9 版.北京:中国人民大学出版社,2021.

[4] 上官敬芝,李延莉,陈玲娣.财务管理学[M]. 2 版.北京:高等教育出版社,2014.

[5] 王玉春.财务管理[M]. 5 版.南京:南京大学出版社,2016.

[6] 詹姆斯·C.范霍恩,小约翰·M.瓦霍维奇.财务管理基础[M].刘曙光,等译. 13 版.北京:清华大学出版社,2009.

思 考 题

9-1 短期筹资政策的特征有哪些?

9-2 说明短期筹资政策的主要类型和特点。

9-3 什么是自然性短期负债?试举例说明。

9-4 商业信用筹资是否存在资本成本?试解释。

9-5 简述短期银行贷款资本成本的不同表现形式。

9-6 比较商业票据和短期融资券。

9-7 解释短期融资券筹资的优缺点。

9-8 比较债券回购与短期融资券。

练 习 题

◯ 判断题

9-1 与长期筹资相比,短期筹资的期限短、成本低,筹资风险也相对较小。 ( )

9-2 稳健型短期筹资政策是一种使企业的风险高而报酬较高的筹资政策。 ( )

9-3 在没有现金折扣的条件下,采用商业信用这种筹资方式是没有资本成本的。 ( )

9-4 企业一般不应放弃现金折扣,除非在折扣期内能够获得高于这一机会成本的报酬率。 ( )

9-5 各种短期筹资方式只能满足企业的短期资金需求。 ( )

9-6 除了单利付息方式以外,其他付息方式都会使企业实际负担的短期银行贷款的资本成本高于名义利率。 ( )

9-7 短期银行借款的资本成本一般高于发行短期融资券。 ( )

9-8 实践中,我国企业发行短期融资券可以由金融机构代销,也可以自行直接销售。 ( )

9-9 发行短期融资券可以提高公司的信誉。 ( )

9-10 债券回购筹资只限于国债。 ( )

○ **单项选择题**

9-1 下列选项中不属于短期筹资特点的是（　　）。

  A. 筹资速度快 B. 筹资有弹性 C. 筹资成本低 D. 筹资风险低

9-2 下列各种筹资方式中一定属于短期筹资的是（　　）。

  A. 发行优先股 B. 租赁 C. 银行借款 D. 商业信用

9-3 采用贴现利息的方法取得的短期银行借款,其实际利率（　　）。

  A. 大于名义利率 B. 等于名义利率 C. 小于名义利率 D. 均有可能

9-4 下列属于商业信用的是（　　）。

  A. 短期银行贷款 B. 应交税金 C.　预收账款 D. 经营租赁

9-5 企业放弃现金折扣的机会成本的大小与（　　）。

  A. 折扣大小成反向变动   B. 折扣期的长短成同向变动

  C. 信用期的长短成同向变动   D. 以上都对

9-6 票据贴现属于（　　）。

  A. 商业信用   B. 自然性短期负债筹资

  C. 企业内部筹资   D. 银行信用

9-7 在短期筹资政策中,企业采用（　　）筹资政策所负担的资本成本最低但面临的筹资风险最大。

  A. 配合型 B. 激进型 C. 稳健型 D. 不确定

9-8 下列短期筹资方式中一定没有资本成本的是（　　）。

  A. 应付账款 B. 信用借款 C. 应付职工薪酬 D. 应付票据

9-9 下列短期银行贷款类型中,银行通常会附有一些信用条件的具体种类是（　　）。

  A. 无担保贷款 B. 担保贷款 C. 票据贴现 D. 质押贷款

9-10 在配合型短期筹资政策下,企业永久性短期资产所需资金不能用（　　）来筹集。

  A. 临时性短期负债 B. 自然性短期负债 C. 长期负债 D. 权益资本

9-11 对于上海证券交易所债券回购交易,在以券融资委托申报中委托数量必须为（　　）手或其整数倍。

  A. 10 000 B. 1 000 C. 100 D. 10

9-12 债券回购交易实际上是一种以债券作为抵押品的（　　）行为。

  A. 债券发行 B. 筹集资金 C. 投资 D. 债券偿还

○ **多项选择题**

9-1 企业在日常经营过程中,会自发形成的短期负债筹资有（　　）。

  A. 应交税金 B. 应付账款 C. 应付利息 D. 应付债券

9-2 下列项目中,短期筹资方式包括（　　）。

  A. 商业信用 B. 债券筹资 C. 融资租赁 D. 银行借款

9-3 下列情形中,企业应该享受现金折扣的是（　　）。

  A. 借入资金的资本成本低于放弃现金折扣的机会成本

  B. 借入资金的资本成本高于放弃现金折扣的机会成本

  C. 短期投资报酬率高于放弃现金折扣的机会成本

  D. 短期投资报酬率低于放弃现金折扣的机会成本

9-4 下列关于票据贴现的陈述中正确的有（　　）。

  A. 贴现的票据产生于商业信用,在贴现时又转化为银行信用

  B. 企业使用票据向银行贴现取得借款,实际上是将其票据转让给银行

  C. 票据贴现后,因已经转移给银行,所以企业无须承担票据的违约风险

  D. 当票据到期,其付款人无法付款时,贴现银行对贴现企业具有追索权

9-5　用于票据贴现筹资的有价证券不会是(　　)。

　　A. 短期融资券　　　　B. 商业票据　　　　C. 普通股　　　　D. 可转换债券

9-6　商业信用筹资的具体形式包括(　　)。

　　A. 应付账款　　　　B. 应付票据　　　　C. 预收账款　　　　D. 信用贷款

9-7　企业在选择贷款银行时,应考虑的因素有(　　)。

　　A. 贷款的专业化程度　　　　　　　　　B. 对企业的态度

　　C. 对信贷风险的政策　　　　　　　　　D. 规模的大小

9-8　担保借款的安全程度取决于(　　)。

　　A. 企业的经营风险　　B. 企业的筹资政策　　C. 担保品价值大小　　D. 担保品的变现能力

9-9　按发行方式,可将短期融资券分为(　　)。

　　A. 国内融资券　　　　B. 直接销售融资券　　C. 国际融资券　　　　D. 经纪人代销融资券

9-10　下列关于短期融资券筹资的表述中正确的有(　　)。

　　A. 发行对象为公众投资者　　　　　　　B. 发行条件比较宽松

　　C. 筹资成本比公司债券低　　　　　　　D. 一次性筹资数额比短期银行借款大

9-11　下列属于短期融资券筹资优点的是(　　)。

　　A. 筹资成本较低　　B. 筹资额较大　　　C. 筹资风险较低　　　D. 可以提高企业信誉

9-12　企业可以用来进行债券回购筹资的债券种类有(　　)。

　　A. 国债　　　　　　　　　　　　　　　B. 信用等级为 A 级以上的企业债券

　　C. 金融债券　　　　　　　　　　　　　D. 信用等级为 AAA 级以上的企业债券

○ 计算分析题

9-1　三元公司按"2/10,n/50"的信用条件购入价值 60 000 元的一批原材料。实际中,该公司在购货的第 35 天付款。

要求:计算该公司放弃现金折扣的机会成本。

9-2　花山公司拟采购一批零件,价款总额 100 000 元,供应商提出的信用条件为"2/10,n/30"。假设公司资金不足可向银行借入短期贷款,贷款利率为 10%。

要求:计算并分析公司实际付款时缺少资金,是否应向银行借款。若借款,选择公司向供应商付款的日期。

9-3　集益公司向银行借入短期借款 100 000 元,支付银行贷款利息的方式同银行协商后的结果如下。

方案 A:采用单利法付息,利率 13.5%。

方案 B:采用贴现法付息,利率 12%。

方案 C:利率 10%,但银行要求企业保持补偿性余额 20%。

要求:确定该公司应选择哪一种借款付息方式。

9-4　狮岭皮具公司赊销商品取得一张面额 70 000 元、期限 9 个月的不带息商业汇票。后因公司采购原材料急需周转资金,于该汇票签发 3 个月后向银行申请贴现,银行贴现率为 8%。

要求:计算该企业通过票据贴现取得的筹资额。

○ 案例分析题

中国东方航空

中国东方航空集团有限公司发行 2019 年年度第十三期超短期融资券,发行金额为 30 亿元人民币,本次超短期融资券面值 100 元人民币,按面值发行,期限为 270 天(2019 年 11 月 18 日起息,2020 年 8 月 14 日兑付)。主承销商为兴业银行股份有限公司,投资者须为境内合格机构投资者。

募集资金主要用于偿还金融机构借款。该公司待偿还债券余额共计 383 亿元人民币(其中公司债券 108 亿元,超短期融资券 205 亿元,中期票据 70 亿元)、5 亿新加坡元及 500 亿日元。

由于东航业务规模在近年来持续扩大,负债规模不断增长,资产负债率保持较高水平,整体债务负担较重。公司 2016 年年末、2017 年年末、2018 年年末和 2019 年第二季度末的资产负债率分别为 76.15%、75.15%、74.93% 和 78.72%。

分析与讨论：

（1）东航集团公司短期筹资方式有哪些？

（2）东航集团公司此次超短期融资有哪些作用？

第10章

股 利 分 配

学习目标

- 掌握公司利润分配的程序;熟悉股利发放程序。
- 熟悉影响公司股利政策的因素;掌握主要股利政策的内容及特点。
- 掌握两种主要股利形式的特征及其对公司和股东的影响。
- 了解股票分割与股票股利之间的区别;理解股票回购的动机与方式,以及和现金股利的比较。

引导案例

贵州茅台 2019 年年度利润分配

根据 Wind 统计,有 88 家企业在 2020 年 6 月 24 日进行了 2019 年年度的现金分红,有着"股王"之称的贵州茅台分红总额最高。根据贵州茅台历史公告,公司本次利润分配以方案实施前的公司总股本为基数,每股派发现金红利 17.025 元(含税),共计派发现金红利 213.87 亿元。相关日期:股权登记日,2020 年 6 月 23 日;除权除息日,2020 年 6 月 24 日。

2019 年,茅台向股东分红 182 亿元,也创下了当时历史最高纪录。自 2001 年上市以来的 19 年间,茅台累计分红总额已超 787 亿元,超过上市募集资金 20 亿元的 38 倍。

资料来源:新浪财经,https://finance.sina.com.cn,2020-06-23.

10.1 公司利润分配

10.1.1 利润分配的意义

利润分配(income distribution)是指公司对其实现的经营成果进行分派的活动。公司利润分配的前提和基础是缴纳所得税后的净利润。

利润分配是公司的一项重要财务活动,它既是对其所有者(股东)投资回报的一种形式,也是公司进行内部筹资的重要来源,同时还涉及债权人、经营者、公司员工等多方利益。因此,公司必须根据自身发展及优化资本结构等需要,合理分配利润。

10.1.2 公司利润分配的顺序

公司利润分配必须依据法定程序进行,按照我国《公司法》等有关法规的规定,公司当年实现的税后净利润应当按照下列顺序进行分配。

1. 弥补以前年度亏损

根据现行法规的规定,公司发生年度亏损,可以在下一年度开始的 5 年内用税前利润弥补,5 年内仍然未能弥补的亏损可用税后利润弥补。

2. 提取法定公积金

在弥补完以前年度亏损后,剩余的利润计提 10% 的法定公积金。当法定公积金累计提取的金额达到公司注册资本的 50% 时,可以不再提取。

3. 提取任意公积金

公司提取法定公积金后,经公司股东大会决议,还可以提取任意公积金。

法定公积金和任意公积金都是公司从税后利润中提取的积累资本,是公司内部资本的重要来源,在性质上属于权益资本。公积金可以用于弥补亏损、扩大生产经营或者转增公司股本,但转增股本后,所留存的法定公积金不得低于转增前公司注册资本的 25%。

4. 向股东分配股利

在完成上述程序之后,所余当年利润与以前年度未分配利润构成公司的可供股东分配利润,公司可根据股利政策向股东分配股利。

按照现行制度规定,股份有限公司依法回购后暂未转让或注销的股份,不得参与利润分配;公司弥补以前年度亏损和提取公积金后,当年没有可供分配的利润时,不得向股东分配股利。

10.1.3 股利发放程序

股份公司向股东分配股利,必须遵循法定的程序。在公司当年具有可供分配利润的情况下,先由公司董事会提出股利分配预案,然后将其提交股东大会决议,获得出席会议股东或股东代表所持有效表决权股份总数的 2/3 以上通过才能进行分配。股东大会决议通过股利分配预案之后,要向股东宣布发放股利的方案,并确定股权登记日、除息日和股利发放日,进行股利支付。

1. 股利宣告日

股利宣告日是指股东大会决议通过并由董事会对外公告宣布发放股利的日期。在股利分配公告中,公司要向股东宣布股利分配的年度、分配的范围、股利分配的形式、金额或数量等信息,同时公布股权登记日、除息日和股利发放日。

2. 股权登记日

股权登记日是指股份公司规定的有权领取本次股利的股东资格登记的最后日期。由于公司的股票是经常买卖的、流动的,所以规定此日期是为了确定哪些股东有资格领取本次股利。在股权登记日,公司股东名册上的股东有权领取本次股利,而该日之后买入股票的股东则无权获取此次股利。

3. 除息日

除息日也称除权日,是指从股票的股价中除去股利的日期。在除息日之前的股票价格包含本次股利,在除息日之后的股票价格中不再包含本次股利。除息日之后,股票价格一般会有所下降,下降的金额约等于股利金额。所以,股东必须在除息日之前购买股票才能取得本次股利,否则无权领取。在目前先进的计算机交易系统下,股票买卖交易的当天即可办理完毕交割过户手续,实际中的除息日一般为股权登记日的次日(工作日)。

4. 股利发放日

股利发放日也称股利支付日,是指公司将股利正式支付给股东的日期。在这一天,公司委托有关证券登记结算机构通过其资金清算系统向股权登记日登记在册的股东发放股利。

【例 10-1】 2021 年 6 月 30 日,广发证券股份有限公司(股票代码 000759)发布 2020 年年度分红派息实施公告。公告公布的公司 2020 年年度分红派息方案为:以公司 A 股股本 5 919 291 464 股为基数,以固定比例的方式向全体股东每 10 股分配现金红利 4.5 元(含税)。本次权益分派股权登记日为 2021 年 7 月 6 日,除权除息日为 2021 年 7 月 7 日,本次分派对象为截至 2021 年 7 月 6 日下午深圳证券交易所收市后,在中国证券登记结算有限责任公司深圳分公司登记在册的本公司全体 A 股股东。公司此次委托中国结算深圳分公司代派的 A 股股东现金红利将于 2021 年 7 月 7 日通过股东托管证券公司(或其他托管机构)直接划入其资金账户。

广发证券股份有限公司 2021 年年度股利分配的关键日期如表 10-1 所示。

表 10-1 广发证券股份有限公司 2021 年年度股利分配的关键日期

日 期	股利分配程序
2021 年 6 月 30 日(周三)	股利宣告日
2021 年 7 月 6 日(周二)	股权登记日
2021 年 7 月 7 日(周三)	除息日
2021 年 7 月 7 日(周三)	股利发放日

10.2 股利政策

10.2.1 股利政策的内容

股利政策(dividend policy)是确定股份公司税后净利润如何分配的方针和策略,是公司财务管理活动的一项重要政策。股份公司在一定时期取得的税后净利润属于全体股东的权益。净利润无论是分配给股东,还是保留在公司内部,其实都是股东的财富。但不同的净利润分配策略,对公司和股东造成的影响存在差异。如果公司分配给股东的净利润较多,股东可以利用这些净利润进行其他投资或消费;如果公司保留的净利润较多,公司内部筹集的资金充裕,可以用于今后的经营和发展。因此,股利政策对股份公司及其股东都具有现实意义。

在实践中,公司的股利政策主要包括四项内容。

(1) 股利分配的具体形式。

(2) 股利支付率的确定。

(3) 每股股利的确定。

(4) 股利分配的时间,即何时分配和多长时间分配一次。

其中,每股股利与股利支付率的确定是股利政策的核心内容。它决定了公司的税后净利润中有多少发放给股东,又有多少可以保留在公司内部形成股东对公司的再投资。

10.2.2 股利政策的影响因素

在实践中,公司的股利政策会受到各种因素的影响,公司需要综合考虑这些影响因素,以便制定出适合本公司的股利政策。通常,影响公司股利政策的主要因素有法律因素、债务契约因素、公司内部因素、股东因素和行业因素等方面。

1. 法律因素

各国法律一般并不要求公司发放股利,但对某些情形下公司不能发放股利却做了限制。这些限制主要如下。

(1) 资本保全的规定。要求公司只能用当期利润或保留利润来分配股利,不能用公司的资本发放股利,股利的支付不能侵蚀公司的资本。这样规定的目的是保证公司的股权资本,维护债权人的利益。

(2) 公司积累的规定。要求公司在发放股利之前,按照法定程序提取各种公积金。如我国法律规定,股份公司应按税后利润的 10% 的比例计提法定公积金,并鼓励公司在分配股利之前提取任意公积金。此类规定有利于提高公司的生产经营能力和抗风险能力,同时保护债权人的利益。

(3) 公司偿债能力的规定。要求公司在分配股利时,保持充分的偿债能力。如果公司因分配股利而影响偿债能力或正常的经营活动,股利分配就要受到限制。

2. 债务契约因素

公司进行债务筹资时，需要与债权人签订债务契约。债权人为了防止公司过多发放股利，影响其偿债能力、增加债务风险，通常会在债务契约中规定有关公司股利支付的限制条款。例如，规定公司每股股利的最高限额，规定公司的盈利达到一定水平时才能发放股利等。

3. 公司内部因素

公司内部因素主要包括现金流量、筹资能力、投资机会、资本成本、盈利状况、公司所处的生命周期阶段等，这些因素关系到公司在正常的经营活动中对资金的需求，从而影响公司股利政策的制定。

4. 股东因素

公司的股利分配方案必须经过股东大会决议通过才能实施，所以，股东对公司股利政策具有重要的左右能力。股东在所得税税负、追求稳定收益、股权稀释等方面的意愿，必然影响公司的股利政策。

5. 行业因素

调查研究显示，不同行业的股利支付存在系统性差异。成熟行业的股利支付率一般高于新兴行业；公用事业公司大多实行高股利支付率政策，而高科技行业公司股利支付率较低。

10.2.3 股利政策的主要类型

对于股份公司而言，制定合理的股利政策非常重要，这直接关系到公司当前的生产经营和今后的长远发展，以及股东的长短期利益。股份公司常用的股利政策主要有五种类型：剩余股利政策、固定股利政策、固定股利支付率政策、稳定增长股利政策和低正常股利加额外股利政策。

1. 剩余股利政策

剩余股利政策是指公司的税后利润首先要满足项目投资所需要的资金，如果有剩余，公司才能将剩余的利润作为股利向股东发放。它是一种未来投资优先的股利政策，采用该政策的前提条件是公司必须有良好的未来投资机会，且其预期报酬率达到或高于股东要求的必要报酬率。

【例 10-2】 某股份公司 2020 年可供向股东分配的税后利润为 1 700 万元。2014 年年初，公司董事会讨论决定 2020 年年度股利分配方案，公司预计 2021 年的投资项目需要资金 2 000 万元，公司预期的目标资本结构是权益资本占 60%，债务资本占 40%。若该公司采用剩余股利政策，试确定向股东发放的 2020 年年度股利分配额。

按照公司目标资本结构要求，投资项目所需的权益资本额为

$$权益资本需求额 = 2 000 \times 60\% = 1 200（万元）$$
$$2020 年股利分配额 = 1 700 - 1 200 = 500（万元）$$

采取剩余股利政策的公司，投资者一般会对公司未来发展有良好的预期，公司股票价格会上升，并且保留的税后利润可以使公司保持最佳的资本结构，有利于提高公司价值。但是，由于公司每年的盈利情况各异，这种股利政策的实施往往导致股东各期股利收入的高低起伏。因此，那些以每期获得稳定股利收入作为生活来源的股东不愿意接受该政策。

2. 固定股利政策

固定股利政策表现为公司在相当长的时期内每股支付固定金额的股利。这种政策的特征是，无论公司盈利发生怎样的变化，公司每期的每股股利支付额都保持稳定的水平，可以向投资者传递公司经营状况稳定的信息。

采取固定股利政策的公司，有利于股票价格的稳定，同时可以使投资者获得稳定的股利收入。所以，这种股利政策非常受那些希望每期有固定收入的投资者欢迎。然而，固定股利政策会给公司每期造成较大的财务压力，尤其是在公司税后利润下降或资金不足的情况下，容易导致财务状况恶化。因此，此类政策一般适合处在经营成熟期或经营较为稳定的公司采用。

3. 固定股利支付率政策

固定股利支付率政策是指公司每期都从税后利润中按固定的股利支付率向股东发放股利。相比固定股利政策保持稳定股利的特征,它是一种每期股利变动的股利政策。

【例 10-3】　佛山照明公司自上市以来,长期采取高分红的股利分配,2010 年至 2014 年,累计向股东分红 116 449.09 万元。长期以来,公司的股利分配跟其净利润、每股收益密切相关,公司的净利润、每股收益越大,派送的股利也越大。公司的这一股利分配政策源于董事长钟信才在 1993 年公司上市之初对中小股东的承诺:将公司每年净利润的 65% 用于分红。

采用固定股利支付率政策的公司,每期向股东发放的股利将随着经营业绩"潮涨潮落",不会给公司造成较大的财务负担。但是,在这种股利政策下,公司每期股利水平可能变化较大、忽高忽低,会向投资者传递公司经营不稳定的信息,不利于树立良好的公司形象。

4. 稳定增长股利政策

稳定增长股利政策主张在一定时期内公司每期支付的每股股利保持稳定增长的状态。采用这种股利政策的公司,可以向投资者传递公司经营业绩稳定增长的信息,有利于股价上涨,同时使股东获得规律的股利收入。不过,该政策存在与固定股利政策同样的不足,因此,它比较适合处于成长或成熟阶段的公司,或者经营稳定、竞争相对不激烈行业中的公司。

5. 低正常股利加额外股利政策

低正常股利加额外股利政策是一种介于固定股利政策与变动股利政策之间的折中型股利政策。它的特征表现为公司每期都支付稳定的、较低的正常股利额,在盈利较高的期间,公司再根据实际情况向股东发放额外股利。采用这种股利政策可以使公司具有较大的灵活性,在公司盈利较少或未来投资项目需要较多资金时,可以只支付较低的正常股利;在公司盈利较多且不需要较多投资资金时,可以向股东发放额外的股利。该政策的缺点是公司额外股利部分的发放波动较大,容易给投资者造成公司经营不稳定的感觉。

【例 10-4】　微软公司自 1986 年上市至 2002 年的 27 年间,从未向股东派发过股利。从 2003 年开始,公司向股东发放每股 0.08 美元的正常股利。在 2004 年 11 月,公司宣布向股东支付一笔金额合计高达 326 亿美元的现金股利,这也是微软历史上规模最大的一次现金支出。

公司此次每股股利为 3.08 美元,其中 3 美元为额外股利,0.08 美元为正常股利。

10.3　股利形式

股份公司分配股利的形式一般有现金股利、股票股利、财产股利和负债股利四种。其中,后两种形式实际应用较少。根据我国有关法律规定,股份公司只能采取现金股利和股票股利两种形式向股东分配股利。以下主要介绍这两种股利形式。

10.3.1　现金股利

现金股利(cash dividend)是股份公司以现金的形式从税后利润中分配给股东的投资报酬,也称"红利"或"股息"。现金股利是股份公司最常用的股利分配形式。向优先股股东发放的股利都是现金股利,通常每期的股息率是固定不变的;向普通股股东发放的现金股利,每期并不相同,这主要取决于公司的股利政策和实际经营业绩等因素。由于向股东支付现金股利会减少公司保留的利润,因此发放现金股利并不会增加股东的财富总额。现金股利的发放会对股票价格产生直接的影响,在除息日之后,一般情况下股票价格会下跌,其幅度基本等于每股发放的现金股利额。

10.3.2　股票股利

股票股利(stock dividend)是股份公司以股票的形式从税后利润中分配给股东的股利。这种股利形式只适用于普通股，实际发放时需经股东大会表决通过，公司按股权登记日的股东持股比例向各个股东分派股票，增加其持股数量。发放股票股利不会改变公司的股东权益总额，也不影响现有股东的持股比例，只是改变了公司股东权益的内部结构，即公司的未分配利润转为股本，公司的股本总额增加。

公司发放股票股利不会导致其现金的流出，同时还能让投资者获得当期的投资报酬。所以，当公司现金紧张或未来需要大量资金进行投资的情况下，采用发放股票股利的形式不失为一种较好的选择。通常，处于高速成长阶段的公司较多分配股票股利。

10.4　股票分割与股票回购

10.4.1　股票分割

股票分割（stock split）又称拆股，是指公司将较高面值的普通股股票分割为若干股较低面值普通股股票的行为。例如，原来每股面值 2 元的普通股分割为 2 股面值为 1 元的普通股。通过股票分割，可以降低公司股票的面值，同时使公司发行在外的股票总数增加，从而使股票的市场价格发生下降，这样能够吸引更多的投资者购买股票，起到提高股票流动性的效果。实际上，股票分割不会增加公司价值和股东财富总额。

【例 10-5】 某股份公司 2013 年年末股票分割前的简化资产负债表如表 10-2 所示。假设该公司现在按 1 股拆分为 2 股的比例进行股票分割，则分割后的资产负债表如表 10-3 所示。

表 10-2　股票分割前的简化资产负债表　　　　　　　　　　　　　单位：万元

资　产	5 000	负　债	2 000
		普通股股本（面值 1 元，共 1 000 万股）	1 000
		资本公积	600
		未分配利润	1 400
		股东权益合计	3 000
资产总计	5 000	负债及股东权益总计	5 000

表 10-3　股票分割后的简化资产负债表　　　　　　　　　　　　　单位：万元

资　产	5 000	负　债	2 000
		普通股股本（面值 0.5 元，共 2 000 万股）	1 000
		资本公积	600
		未分配利润	1 400
		股东权益合计	3 000
资产总计	5 000	负债及股东权益总计	5 000

1. 股票分割的目的

公司进行股票分割的主要目的如下。

（1）降低股票价格。这是股票分割最重要、最直接的目的。如果公司的股票价格过高，广大的中小投资者由于资金限制不能或不愿意购买，那么公司股票的流动性就会受到影响。将股票进行分割后，公司股票数量增加，股价降低，从而能吸引更多的投资者，使该股票在市场上的交易更加活跃。

（2）向投资者传递公司良好发展的信息。股票分割往往是正处于成长中公司的行为，借此可以向投资者传递公司未来经营良好发展的信息，有助于增强投资者对公司的信心。

（3）为新股发行做准备。通常，股票价格过高，会使许多潜在的投资者不敢轻易对公司进行投资。如果在公司新股发行前通过股票分割来降低股票价格，就有利于提高股票的流通性，促进市场交易，由此吸引投资者对股票进行投资，促进公司新股发行，实现公司权益资本的筹措。

2. 股票分割与股票股利

股票分割不是股利支付方式，但产生的效果与发放股票股利相似。二者都能实现公司的股本扩张，使公司发行在外的股票数量增加,股票价格降低,并且都不会增加公司价值和股东财富。然而,二者也有不同之处。

股票分割是公司将股本进行分拆,原来的股本总额不变,只是细分为更多的股份,所以能够使每股股票面值成比例下降,同时公司的其他股东权益项目保持不变。而股票股利是公司以股票的形式将实现的税后利润向股东无偿派送股利,公司的股本总额将增加,但每股面值不变,同时公司的未分配利润会减少。

在实践中,由于我国股份公司普通股的每股面值通常为 1 元,所以一般不存在进行股票分割的情况,而发放股票股利在很多公司却很常见。

10.4.2　股票回购

1. 股票回购的概念

股票回购(stock repurchase)是指股份公司出资回购部分本公司发行在外的股票,将其作为库存股或进行注销的行为。根据我国有关法规,上市公司回购股票只能是为了减少注册资本而进行注销,不允许作为库存股由公司持有。

【例 10-6】 2005 年 2 月 22 日,搜狐(2000 年 7 月在美国纳斯达克上市)宣布公司已在 2 月 10 日至 17 日,以平均每股 15.66 美元的价格回购了 885 605 股普通股股票,共计 13 873 000 美元。更早些时,公司分别在 2004 年 5 月和 11 月两次回购共 1 360 500 股普通股股票。

关于公司进行的股票回购,搜狐公司 CEO 兼董事会主席张朝阳解释说,在过去 10 个月的 3 次股票回购中,搜狐公司共回购了 2 246 105 股普通股股票,占总流通股的 6%。连续的回购股票表明了搜狐董事会和管理层对公司长远发展前景的信心,并且也向公司的股东传递了一个积极正面的信息。

搜狐连续的股票回购计划,源于管理层旨在把搜狐建设成为中国互联网"百年老店"的理念,并将进一步提升搜狐的技术,让搜狐成为中国最优秀的搜索引擎,搜狐将致力于建设世界最大的中文网络媒体平台。

公司通过股票回购减少了流通在外的普通股股数,可以使公司每股收益增加,股票价格也会随之上涨,从而为股东带来收益。所以,股票回购常被看作对股东的一种特殊回报方式,用于代替发放现金股利。

2. 股票回购的动机

(1)稳定或提高公司股价。公司的股价在一定时期可能被市场低估。如果公司的管理层认为其股价被严重低估,在影响投资者对公司的信心的情况下,可以通过股票回购来支撑股价,向市场传递信号来维护公司的形象。

(2)调整资本结构。如果公司认为目前的股权资本所占比例过大,导致资本成本过高,资本结构不合理,可以通过股票回购注销部分股本额,实现公司资本结构的合理化。并且,公司若通过举债来回购股票,这种效果会更加明显。

(3)反收购策略。股票回购常被用作公司的反收购策略。由于回购股票可以达到提高公司股价、减少流通在外股份的效果,所以公司可以采用这种方式来预防或抵制恶意收购,维护原有股东对公司的控制权。

(4)替代现金股利。公司进行股票回购后,股价通常会有所提高,那么现有股东就可以从股价上涨中获得资本利得收益,达到替代公司发放现金股利的目的。如果存在个人所得税高于资本利得所得税的情况,公司回购股票还可以为股东规避部分税负,为股东带来税收利益。

3. 股票回购的方式

股票回购通常采用以下三种方式之一进行。

(1)公开市场回购。公开市场回购是指上市公司在证券市场上像普通投资者一样按照股票当前市场价格回购自己的股票。公司回购股票时都会有一个最高限价,同时明确回购股票的数量。通过公开市场回购的方式回购股票,很容易导致股票价格上涨,使公司回购成本增加。

(2)要约回购。要约回购是指公司通过公开向股东发出回购股票的要约来实现股票回购计划。通常,要约回购方式下的回购股价要高于股票的市场价格。在公司公告要约回购之后的限定期限内,股东可自愿决定是否按要约价格将持有的股票出售给公司。如果公司计划回购股票的数量较大,可采用这种回购方式。

(3)协议回购。协议回购又称目标回购,是指公司与特定的股东私下签订购买协议回购其持有的股票。这种回购方式通常作为公开市场回购方式的补充。采用协议回购时,公司必须披露股票回购的目的、数量等信息,并保证回购价格公平,以避免公司向特定股东进行利益输送,从而侵害其他股东利益。该方式回购股票的价格一般会低于市场价格,有关费用也较低。

4. 股票回购与现金股利

股票回购往往可以给股东带来现金收益的增加,相当于公司向股东支付了现金股利,所以股票回购与现金股利经常被相提并论。在不考虑个人所得税和交易成本的情况下,股票回购与现金股利对股东财富的影响是一致的。

实际上,很多国家不同所得的税负是不同的,所以会导致股票回购与现金股利对股东造成不同的影响。例如,在我国,股票价格上涨产生的资本利得所得税税率(0)要低于获取股利所得税税率(10%),这样公司回购股票可以为股东降低税负。

但是,现金股利毕竟是公司对股东一种长期稳定的回报方式,而股票回购不能经常采用,只有在公司拥有大量闲置现金的情况下才能考虑。

阅读材料　阿里巴巴股票分割今日生效

本 章 小 结

利润分配是将公司实现的经营成果,即税后利润,按照法定程序在所有者(股东)与公司之间进行的分派。公司可以选择不同的股利政策来进行利润分配,常见的有剩余股利政策、固定股利政策、固定股利支付率政策、稳定增长股利政策和低正常股利加额外股利政策五种。公司需要综合考虑各种因素来选择适用的股利政策。

公司对股东进行利润分派时,向其支付的股利形式主要有现金股利和股票股利。这两种股利形式对公司和股东的影响与效果存在一定的差异,公司可据此进行选择。此外,股票分割不是一种支付股利形式,但会产生与股票股利近似的效果;同时,股票回购与现金股利对股东财富也会有相近的影响。

关 键 术 语

利润分配(income distribution)

股利政策(dividend policy)

现金股利(cash dividend)

股票股利(stock dividend)

股票分割(stock split)

股票回购(stock repurchase)

参 考 文 献

[1] 张涛. 财务管理学[M]. 4 版. 北京：经济科学出版社,2018.

[2] 王斌. 财务管理[M]. 3 版. 北京：中央广播电视大学出版社,2016.

[3] 王化成,刘俊彦,荆新. 财务管理学[M]. 9 版. 北京：中国人民大学出版社,2021.

[4] 郑小平,许凤群. 财务管理学[M]. 北京：北京理工大学出版社,2013.

[5] 王玉春. 财务管理[M]. 5 版. 南京：南京大学出版社,2016.

[6] 斯科特·贝斯利,尤金·F.布里格姆. 财务管理精要[M]. 刘爱娟,张燕,译. 12 版. 北京：机械工业出版社,2011.

[7] 斯蒂芬·A.罗斯,伦道夫·W.威斯特菲尔德,杰弗利·F.杰富. 公司理财[M]. 吴世农,沈艺峰,王志强,译. 11 版. 北京：机械工业出版社,2017.

思 考 题

10-1　说明公司利润分配的法定顺序。

10-2　简述公司股利发放的程序。

10-3　解释公司股利政策的内容,分析影响公司股利政策制定的因素。

10-4　分析公司采用剩余股利政策的理由。

10-5　说明低正常股利加额外股利政策的优缺点。

10-6　比较发放现金股利和股票股利对股东的意义。

10-7　简述公司进行股票分割的目的。

10-8　解释公司进行股票回购的动机。

练 习 题

○ 判断题

10-1　每股收益越高,表明股东可以从公司分得的股利越多。　　　　　　　　　　　（　　）

10-2　采用固定股利支付率政策分配公司利润,股利不受公司经营状况的影响,有利于稳定股票价格。
　　　　　　　　　　　　　　　　　　　　　　　　　　　　　　　　　　　　　（　　）

10-3　通常,一个公司的筹资能力越强,越有可能采取较为宽松的股利分配政策。　　（　　）

10-4　采用剩余股利政策的优点是有利于保持公司理想的资本结构,降低公司的综合资本成本。（　　）

10-5　处于成长期的公司多采取多分少留的股利政策,而经营稳定、投资机会不多的公司多采取少分多留的股利政策。　　　　　　　　　　　　　　　　　　　　　　　　　　　　（　　）

10-6　发放股票股利可以使股东分享公司的盈利,同时公司又扩张了其股本。　　　（　　）

10-7　股利政策的核心内容是确定股利支付的时间。　　　　　　　　　　　　　　（　　）

10-8　低正常股利加额外股利政策,可以让公司在利润分配中具有较大的灵活性。　（　　）

10-9　在其他条件不变的情况下,股票分割会使公司发行在外的股票总数增加,从而降低公司资产负债率。　　　　　　　　　　　　　　　　　　　　　　　　　　　　　　　　　（　　）

10-10　与发放现金股利相比,股票回购可以提高每股收益,使公司股价上升。　　（　　）

○ 单项选择题

10-1　按照我国法律的规定,法定公积金应按照税后利润的（　　）来提取。

　　A. 5%　　　　　　　　B. 10%　　　　　　　　C. 50%　　　　　　　　D. 25%

10-2　下列关于提取任意公积金的表述中不正确的是（　　）。

　　A. 应从税后利润中提取　　　　　　　　　B. 应经过股东大会决议

C. 为了满足公司经营管理的需要　　　　　D. 达到注册资本的 50％时不再提取

10-3　下列各项中,不属于公司利润分配项目的是(　　　)。

A. 法定公积金　　　　B. 股利　　　　　C. 任意公积金　　　　D. 资本公积

10-4　下列股利分配政策中最有利于股价稳定的是(　　　)。

A. 剩余股利政策　　　　　　　　　　B. 固定或持续增长的股利政策

C. 固定股利支付率政策　　　　　　　D. 低正常股利加额外股利政策

10-5　股份公司向优先股股东分配股利的基本形式是(　　　)。

A. 现金股利　　　B. 财产股利　　　C. 股票股利　　　D. 负债股利

10-6　某公司 2020 年年初有未分配利润 100 万元,当年的税后利润为 400 万元,2021 年年初公司股东大会讨论决定股利分配金额。公司目标资本结构为权益资本占 60％,债务资本占 40％,2021 年不准备继续保持目前的资本结构,也没有打算追加投资。按有关法律规定,该公司应至少提取 10％的法定公积金。该公司最多用于向股东发放现金股利的金额是(　　　)万元。

A. 500　　　　　　B. 450　　　　　　C. 400　　　　　　D. 460

10-7　公司发放现金股利,可能带来的结果是(　　　)。

A. 股东权益增加　　　B. 公司负债增加　　　C. 公司资产流出　　　D. 股东财富总价值增加

10-8　在下列股利政策中,能保持股利与利润之间一定的比例关系,并体现投资与收益对等关系的是(　　　)。

A. 剩余股利政策　　　　　　　　　　B. 固定股利政策

C. 固定股利支付率政策　　　　　　　D. 低正常股利加额外股利政策

10-9　主要依靠股利维持生活的股东最不赞成的股利政策是(　　　)。

A. 剩余股利政策　　　　　　　　　　B. 固定股利政策

C. 固定股利支付率政策　　　　　　　D. 低正常股利加额外股利政策

10-10　下列各项活动中能够增加普通股股票发行在外的股数,但不改变公司资本结构的行为是(　　　)。

A. 支付现金股利　　　B. 增发普通股　　　C. 股票分割　　　D. 股票回购

10-11　下列各项中计算结果等于股利支付率的是(　　　)。

A. 每股收益除以每股股利　　　　　　B. 每股股利除以每股收益

C. 每股股利除以每股市价　　　　　　D. 每股收益除以每股市价

10-12　在确定公司的股利政策时,应当考虑有关因素的影响,其中"公司积累约束"属于(　　　)。

A. 股东因素　　　B. 公司内部因素　　　C. 法律因素　　　D. 债务契约因素

○ **多项选择题**

10-1　法定公积金的用途有(　　　)。

A. 弥补公司亏损　　　　　　　　　　B. 扩大公司生产经营规模

C. 转为公司股本　　　　　　　　　　D. 缴纳所得税

10-2　公司发放股票股利可能导致的结果有(　　　)。

A. 公司股东权益内部结构发生变化　　　B. 公司股东权益总额发生变化

C. 公司每股收益下降　　　　　　　　D. 公司股份总数发生变化

10-3　下列表述正确的有(　　　)。

A. 在除息日之前,股利权从属于股票

B. 从除息日开始,新购入股票的股东不能分享本次已宣告发放的股利

C. 在股权登记日当天买入股票的股东没有资格领取本次股利

D. 自除息日起的股票价格中不包含本次分派的股利

10-4　剩余股利政策的优点包括(　　　)。

A. 能最大限度地满足投资方案对权益资本的需要

B. 有利于保持股价的稳定

C. 有利于公司保持理想的资本结构,使综合资金成本降至最低

D. 有利于体现"多盈多分、少盈少分、不盈不分"的原则

10-5 股利政策包含的内容有( )。

A. 股利支付的时间 B. 股利支付率的确定

C. 股利支付方式 D. 每股股利的确定

10-6 下列各项中属于影响公司股利政策的法律因素有( )。

A. 公司控制权 B. 资本保全 C. 公司积累 D. 偿债能力

10-7 按照资本保全规定,公司发放股利所需资金的来源有( )。

A. 当期利润 B. 保留的以前利润 C. 初始投资 D. 公司股本

10-8 下列情形中,会使公司减少股利分配的有( )。

A. 市场竞争加剧,公司收益的稳定性减弱

B. 市场销售不畅,公司库存量持续增加

C. 经济增长速度减慢,公司缺少良好的投资机会

D. 未来公司的发展需要扩大筹资规模

10-9 适用于经营较为稳定的公司采用的股利政策是( )。

A. 剩余股利政策 B. 固定股利政策

C. 固定股利支付率政策 D. 稳定增长股利政策

10-10 股票股利和股票分割均会使( )。

A. 股价下降 B. 股东权益总额减少

C. 普通股股数增加 D. 每股收益下降

10-11 公司进行股票回购的动机包括( )。

A. 防止敌意收购 B. 提高公司股价 C. 降低公司股价 D. 替代现金股利

10-12 股票回购与现金股利的相似之处有( )。

A. 公司都需具有大量现金 B. 都会使公司股价上升

C. 都减少发行在外的股数 D. 股东财富相同(不考虑所得税和交易成本)

○ 计算分析题

10-1 远达公司本年税后利润为 600 万元,分配现金股利 270 万元。过去 10 年间该公司一直按 45% 的比例从净利润中支付股利。预计公司明年税后利润的增长率为 5%,明年拟投资 500 万元。该公司的公积金已经提足。

要求:

(1) 如果公司采用固定股利支付率政策,计算明年发放的股利额。

(2) 如果采用低正常股利加额外股利政策,该公司决定在固定股利(每年 270 万元)的基础上,若税后利润增长率达到或超过 5%,新增利润的 3% 将作为固定股利的额外股利发放。计算此政策下明年发放的股利额。

10-2 威宝公司以往的股利支付率为 70%,今年的税后利润为 1 700 万元。明年该公司预计投资项目需要资金 900 万元,该公司的目标资本结构为权益资本占 60%,债务资本占 40%。该公司的公积金已经提足。

要求:

(1) 如果公司采用剩余股利政策,计算其本年应分配的现金股利。

(2) 如果公司采用固定股利支付率政策,计算其本年应分配的现金股利。

10-3 福乐公司今年宣告发放股票股利,每 10 股送 3 股,股权登记日为 6 月 1 日。股权登记日股票价格为每股 50 元,甲股东现拥有该公司股票 200 股。

要求：

(1) 计算股票股利发放后,甲股东一共拥有多少数量的股票。

(2) 若 6 月 2 日是除息日,计算当天每股除息后的股价。

10-4 武林公司 2021 年 12 月 31 日的股东权益总额为 10 900 万元,具体构成如下：股本 4 000 万元(每股面值 1 元,4 000 万股),资本公积 2 400 万元,盈余公积 1 800 万元,未分配利润 2 700 万元。目前,公司股价为 34 元/股。公司决定先按 1∶2 比例进行股票分割,然后分配 2021 年年度的股利,具体方案是：每 10 股分派 1 股的股票股利,并且每股分派现金股利为 0.15 元。

要求：

(1) 计算股票分割后和股票股利分配后股东权益的各项金额。

(2) 如果在 2021 年 12 月 31 日甲股东持有该公司普通股 10 000 股,那么股票分割和股利分配之后,甲股东持有公司的股票数量是多少?

○ **案例分析题**

Norway 公司股利分配方案选择

Norway 公司的矿产资源只能使用 5 年,股东已经决定不再投资,准备 5 年后结束公司。已知公司所得税税率为 22%,但购买其他公司优先股而获取的股息收入可免税 85%;个人所得税税率 40%,但资本所得税税率只有 20%;股东期望收益率为 10%。公司在 5 年内收入(美元)情况如下。

税前现金净收入	25 000
减：折旧费	5 000
税前利润	20 000
减：所得税(22%)	4 400
税后净利润	15 600

现在,Norway 公司面临以下三个方案,需挑选出对股东权益最有用的一种。

方案 A：每年把全部现金净收入以股息的形式分配给股东。

方案 B：用每年现金净收入购买其他公司债券(利息率为 5.13%),5 年后,将购入的公司债券本利和一次性发给股东。

方案 C：用每年现金净收入购买其他公司优先股(股息率为 8.27%),5 年后,将购入的优先股本息和一次性发给股东。

分析与讨论：

为 Norway 公司确定最佳股利分配方案。

第11章

企 业 并 购

学习目标

- 了解企业并购的产生与发展。
- 掌握企业并购的基本概念、并购的动机与效应。
- 了解企业并购的一般程序、并购的形式与类型。
- 掌握目标企业价值评估的方法。
- 掌握企业并购后各方面的整合管理方法。
- 了解各种反并购策略。

引导案例

海信拟收购西门子智能交通系统业务

2021年11月17日,相关信息显示,海信拟出资近10亿美元收购西门子交通信号灯和其他道路交通控制系统业务。

西门子的交通业务板块有100多年的历史,能够针对世界所有重要区域标准提供智能交通解决方案。西门子智能交通系统(ITS)业务部门主要提供用于监控和引导交通的硬件与软件,包括交通灯技术、摄像头、雷达、收费系统、停车和路灯控制系统,年营业收超过6亿欧元,且保持稳定增长。ITS业务部门隶属于西门子交通技术子公司Siemens Mobility,后者专注于铁路技术,并生产制造ICE城际特快列车。此前多家媒体报道,西门子计划在2021财年剥离并于2021年夏季正式出售智能交通板块的业务,预计将涉及40多个国家和地区。

来自中国的潜在收购者海信集团,其旗下的智能交通板块在中国智能交通行业处于领先地位。海信自1998年涉足智能交通领域以来,至今已有23年。2011—2020年,国内城市智能交通最终用户订单合计规模,海信居首位。目前,海信智能交通产品和技术解决方案已应用于中国169个城市。

在深耕国内市场的同时,海信智能交通业务也加速"出海"。海信网络科技公司总裁张四海近日接受媒体采访时透露,海信正在积极参与全球市场的智能交通项目招标,并已经中标了一些国家的智能交通项目。

此次并购的背后是国产交通设备产业的崛起。2005年,海信在北京数字奥运工程智能交通项目的招标里中标,从此以海信为代表的国产交通信号机开始在国内市场逐渐替代国外品牌,结束了西门子、泰科等国外企业长期垄断中国智能交通信号机的历史。

另一个背景是海信的国际化提速。海信近年先后收购日本东芝映像、欧洲厨电企业古洛尼、汽车空调企业日本"三电"。如果本次并购西门子智能交通板块成功,有助于加速其智能交通业务的全球化进程。

海信集团总裁贾少谦2021年10月20日在海信开放日的演讲中曾表示,预计海信集团的海外收入最快三年内将反超国内。2021年前三季,海信集团实现营业收入共1 252.4亿元,其中海外收入526亿元,同比增长38%。

资料来源:https://finance.eastmoney.com/a2/2021111172184012117.html.

11.1　企业并购概述

11.1.1　企业并购的内涵

并购（merger & acquisition）是兼并与收购的简称，泛指在市场机制作用下企业为了获得其他企业的控制权而进行的产权交易活动。一般把并购的一方称为"买方"或并购企业，被并购一方称为"卖方"或目标企业。

1. 企业兼并

企业兼并（merger）一般指两家或两家以上公司合并组成一个新的企业，原来公司的权利与义务由新的公司承担。按照新公司是否新设，兼并通常有两种形式：吸收兼并和新设兼并。

2. 企业收购

企业收购（acquisition）是指一家企业购买另一家企业的资产、股票等，从而占据对方公司控制地位的交易行为。按照收购标的不同，企业收购可以分为股份收购和资产收购。前者是指购买一家企业的股份，收购方将成为被收购方的股东，拥有股东权利；后者仅是一般的资产买卖行为。

3. 兼并与收购的异同

(1) 兼并与收购的相同点。企业兼并与收购的相似之处主要体现在以下两点。

① 二者发生的基本动因相似。要么是为扩大企业市场占有率；要么是为扩大经营规模，实现规模经营；要么是为拓宽企业经营范围，实现分散经营或综合化经营。总之，都是增强企业实力外部扩张的策略或途径。

② 二者都是一种有偿交换，而非无偿调拨的产权交易活动，这种产权交易活动既可以通过购买资产的方式，也可以通过购买股票的方式进行交易，支付的手段既可以是现金，也可以是股票、债券或其他形式的回报。

(2) 兼并与收购的区别。兼并与收购的区别主要体现在以下三点。

① 在兼并中，被合并企业作为法人实体不复存在；而在收购中，被收购企业可仍以法人实体存在，其产权可以是部分转让。

② 兼并后，兼并企业成为被兼并企业新的所有者和债权债务的承担者，是资产、债权、债务的一同转换；而在收购中，收购企业是被收购企业的新股东，以收购出资的股本为限承担被收购企业的风险。

③ 兼并多发生在被兼并企业财务状况不佳、生产经营停滞或半停滞之时，兼并后一般需调整其生产经营方式、重新组合其资产；而收购一般发生在企业正常生产经营状态，产权流动比较平和。

11.1.2　企业并购的动机

从根本上来讲，激烈的市场竞争和企业追求价值最大化的目标，是导致企业并购的基本前提。然而，企业实际的并购过程往往受多种因素的影响。

1. 经营协同效应

企业并购会产生经营协同效应（cooperating synergy），从而增强企业生产经营活动的效率，并且提高其效益，导致合并后企业的整体价值比合并前两家公司的价值之和要大，因此产生 $1+1>2$ 的效果。这主要表现在以下几方面。

(1) 生产成本降低。通过并购，可实现对企业的资产进行补充和调整，达到优化经济规模的要求，使企业保持尽可能低的生产成本。

(2) 实现专业化生产。并购还能够使企业在保持整体产品结构的情况下，实现在各个成员企业中产品的单一化生产，避免由于产品品种的转换带来的生产资源浪费；集中在一个成员企业中大量进行单一品种生产，可达到专业化生产的要求。企业通过并购，特别是纵向并购，还可以有效地解决由于专业化引起的各生产流程的分离,将它们纳入同一成员企业中,可以减少生产过程中的环节间隔,降低操作成本、运输成本、充分利用生产能力。

(3)节约管理费用。企业并购后,由于中、高层管理费用将在更多数量的产品中分摊,单位产品的管理费用可以大幅减少。

(4)销售便利。多数企业可以对不同顾客或市场进行专门化生产的服务,更好地满足其各自的不同需要。而这些不同的产品和服务可以利用同一销售渠道来推销,利用相同技术扩散来生产,达到节约营销费用的效果。

(5)推陈出新。并购后的企业,可以集中足够的经费用于研究、发展、设计和生产工艺改进等方面,采用新技术,迅速推出新产品。例如,日本汽车业战胜美国汽车业的一个重要原因就是日本的汽车制造企业广泛采用机器人进行生产,这样不但降低了成本,而且提高了质量。

(6)融资便利。并购后的企业,规模的相对扩大使企业的直接筹资和借贷都比较容易,有充足的财务能力采用各种新发明、新设备、新技术,适应环境和宏观经济的变化。

2. 管理协同效应

并购后的企业,一般会产生管理协同效应(managing synergy),如果 A 公司的管理层比 B 公司更有效率,在 A 公司并购了 B 公司之后,B 公司的效率便可以提高到 A 公司的水平。因此,并购不仅能给参与者(并购双方)带来利益,而且会因整个经济效率水平的提高而带来社会效益。并购的管理协同效应体现在,它将被并购公司非管理型组织资本(一般的含义是指生产工人在生产过程中借助经验积累起来的协作能力)与收购公司过剩的管理资本结合在一起。

管理的协同效应理论表明,从事相似经济活动的企业最有可能成为潜在的收购者,因为其更了解那些低于行业平均水平或未充分发挥经营潜力的公司的背景,并且懂得如何改善被收购公司的经营业绩。这一理论假设收购企业的管理层作为一个整体受规模经济的制约,并且假设受行业需求状况和竞争的影响,收购企业在其自身的基础上进行扩张通常是不可行的,但可以通过并购相关行业内的另一家企业,在不改变行业产品总供给的情况下提高竞争能力。给定这些条件,那些低管理效率或业绩不佳的企业最有可能成为被收购者。

3. 财务协同效应

财务协同效应(financial synergy)主要指并购给企业在财务方面带来的种种效益,具体表现为并购可以减少交易成本、产生税收效应、产生预期效应。

(1)并购可以减少交易成本。企业与企业之间进行生产要素的购置和产品的销售,都会发生大量的交易成本。合并后,可以减少交易环节、节约生产要素的购置和产品销售的费用,同时企业还可运用自身的行政力量来重新配置资源。交易费用的节约,实际上就是企业价值的增大。同时,通过购买成熟的目标企业,可以省去公司自己组建类似部门所花费的时间,目标企业一般拥有成熟的生产经验和健全的生产组织形式,经过短期的磨合,目标企业就能为并购企业产生生产协同作用。

(2)并购可以产生税收效应。税收对个人和企业的财务决策有重大影响,不同类型的资产所征收的税率是不同的,股息收入和利息收入、营业收益和资本收益的税率是有区别的。这种区别合并产生一些节税的作用。

当公司有过多的账面盈余时,通过合并另一家公司,在有关法规允许合并支出减免税收的情况下,可以少交所得税。当一家公司并购另一家公司时,如果不是用现金购买公司的股票,而是按一定的股权比例转换,且政府相关部门未规定征税,企业可实现资产的流转和转移,资产所有者则能实现追加投资和资产多样化的目的。

如果并购公司不是将被并购公司的股票直接转换为本公司的股票,而是转换为可转换债券,一段时间后再将它们转换为普通股票,这种并购方式由于企业付给这些债券的利息可以进入成本,从而冲减应税利润,可以少交所得税。企业可以利用有些国家税法中亏损递延条款,来达到合理避税的目的。一个亏损企业往往有可观的累积税收损失,如果这个企业被另一家企业所并购,则并购方可以节省一大笔税负。

（3）并购可以产生预期效应。预期效应是指由于并购使股票市场对企业股票评价发生改变而对股票价格产生的影响。证券市场把市盈率作为对企业未来的估价指标，它综合地反映了市场对企业的评价。企业在某一时刻的股票价格，等于它在该时刻的每股收益与市盈率的乘积。

一般情况下，一个企业在短时间内市盈率不会有太大的变化，只有当企业的盈利率或盈利增长率有很大提高时，市盈率才会有所变化，因此股票价格在短时间内一般不会有很大波动。当甲企业并购乙企业时，由于并购企业规模往往较大，证券流动性较高，甲企业的市盈率通常被用作并购企业的市盈率。并购后，企业平均了乙企业的每股收益，引起市盈率的上升，造成企业的股票价格上涨，加速了股东财富最大化。

11.1.3　企业并购的类型

并购按不同的划分标准可以划分为许多不同的类型。

1. 按并购双方的业务性质分类

纵向并购（vertical merger），即处于同类产品且不同产销阶段的两个或多个企业所进行的并购。这种并购可以是向前并购，也可以是向后并购。向前并购是指向其最终客户的并购；而向后并购是指向其供应商的并购。纵向并购可以加强企业对销售和采购的控制，以稳定生产经营活动和节约交易成本。

横向并购（horizontal merger），即处于同一行业的两个或多个企业所进行的并购。例如，两家航运公司的并购。横向并购可以消除重复设施，提供系列产品，有效地实现规模效应。

混合并购（conglomerate merger），即互不相关的企业所进行的并购。例如，酿酒企业与煤矿企业之间的并购。混合并购可以通过多元化投资，降低企业的经营风险。

2. 按并购双方是否友好协商分类

善意并购，即并购企业与被并购企业双方通过友好协商来确定相关事宜的并购。这种并购有利于降低并购风险和额外支出，但有时为换取被并购方的合作不得不牺牲并购企业的部分利益。

敌意并购，即在友好协商遭到拒绝时，并购企业不顾被并购企业的意愿而采取非协商性并购手段，强行并购被并购企业。并购往往并不能在友好协商的前提下完成，被并购方在得知并购企图之后如果不愿接受其认为苛刻的并购条件，通常会作出拒不接受并购的反应，并可能采取一系列反并购的措施。例如，发行新股以分散股权或收购已发行的股票等。

3. 按是否利用被并购企业本身的资产来支付并购资金分类

杠杆并购，即并购企业利用被并购企业资产的经营收入，来支付并购价款或作为此种支付的担保。

非杠杆并购，即并购企业不用被并购企业自有资金及营运所得来支付或担保支付并购价格的并购方式。但是，采用这种并购方式并不意味着并购企业不用举债即可承担并购价格，实践中几乎所有的并购都是利用贷款来完成的，只是借款数额的多少、贷款抵押的对象不同而已。

4. 按并购的具体运作方式分类

承担债务式并购是指并购方出资购买被并购方的资产，以承担被并购方全部债务为条件取得被并购方的资产所有权和经营权，从而达到并购目的。

购买式并购是指并购方出资购买被并购方的资产，该方式一般以支付现金为购买条件，将目标企业的整体产权买断，并购后被并购企业的法人主体地位消失。

吸收股份式并购是指被并购企业的所有者将其净资产评估作价后以股权的形式投入并购企业，成为并购企业的股东。

控股式并购是指一个企业通过购买其他企业的股权，达到控股的目标，实现并购。被并购企业作为经济实体仍然存在，具有法人资格，但要被改造成股份制企业，并购企业作为被并购企业的新股东，对被并购企业的原有债务不负有连带责任，其风险责任仅以控股出资的股权为限，这种并购不是以现金或是债务的转移作为交易的必要条件，而是以提高所占股份份额达到控股目标为目的。

破产式并购是指为减轻优势企业收购债务沉重企业的经济负担，保证优势企业的继续发展，先对被并购企业实施法定的破产清理,解除包袱,再由优势企业整体收购其资产的并购。

管理层收购(management buy-out,MBO)是指管理层通过融资购买目标公司的股权,改变公司所有者结构,并实际控制该公司。管理层收购的实施,有助于促进法人治理结构的完善,提高企业的经营效率。

5. 按涉及被并购企业的范围分类

整体并购,即将被并购企业的资产和产权整体转让的并购。整体并购的本质主要是通过资本迅速集中,增强企业实力,扩大生产规模,提高市场竞争能力。通过这种并购方式,有利于加快资源集中的速度,迅速扩大规模,实现规模效益。

部分并购,即将被并购企业的资产和产权分割成若干部分进行交易而实现的并购,具体包括三种形式:一是对被并购企业的部分实物资产进行并购;二是将被并购企业的产权划分为若干部分进行并购;三是将被并购企业的经营权分为若干部分进行并购。采用部分并购,有利于扩大企业的并购范围,弥补大规模整体并购的巨额资金流出;有利于企业设备更新换代,被并购企业将不需要的厂房设备转让给并购者,也更容易调整和盘活存量资产。

11.1.4　西方企业并购的历史回顾

企业并购是市场经济条件下的一种正常的、普遍的企业行为和市场行为。市场经济先行国家的经济发展史,从一定意义上说就是一部企业并购史。并购作为迅速实现资本集中和企业规模扩张的有力杠杆,对于促进市场经济的发展具有举足轻重的作用。

在世界性的并购浪潮中,最有代表性的就是美国。美国是一个产权交易极为活跃的国家,企业并购频率之高、规模之大,堪称世界之最。并购是美国建立工业帝国的典型手段。一位学者这样写道:"在美国,企业家之所好是收购对手的股票;把对方的厂房资产全部接管起来,把各种截然不同的企业融合在一个新的、令人惊异的复合组织中。"迄今为止,美国历史上已出现五次并购浪潮。

1. 第一次并购浪潮(1895—1904 年)

19 世纪末 20 世纪初,美国掀起了第一次企业并购浪潮,它使美国工业迅速成长为巨人。从 1895 年到 1904 年,约有 3 000 家企业在横向并购中消失;其中包含 5 家以上企业的合并占 75%,包含 10 家以上企业的合并占 26%。由此而促成了在某些部门控制本部门生产至少不低于 50% 的近 200 家托拉斯的建立。

美国钢铁公司、国际收割机公司、美国橡胶公司、杜邦公司等著名大公司都在这次浪潮中崛起,这些大垄断组织对后来美国经济结构的变化产生了深远的影响。这次企业并购浪潮的主要形式是同行业企业之间的并购,即横向并购。其目的主要是取得市场上的垄断地位。

2. 第二次并购浪潮(1922—1929 年)

第二次并购浪潮发生于 20 世纪 20 年代。这一时期在工业中共有 4 029 次并购,其中 1929 年一年即发生 1 245 起,为历年之最。这次并购浪潮的主要形式是纵向并购,即产品生产过程中处于两个相邻生产阶段上的企业的并购,如在制铜工业中,铜冶炼企业与铜加工企业之间的并购。投资银行家在这次并购浪潮中发挥了重要作用。投资银行一方面通过融资向收购方提供足够资金,另一方面又雇用了一些受委托人员,专事寻找可能进行并购的对象。当时人们一致认为在并购活动中十次有九次都是投资银行家起了核心作用。

在这一阶段,许多并购活动不是出于垄断动机,而是企业家通过收购或转让产(股)权,进入或退出某一行业的一种经营活动。此后,企业产权的买卖日渐成为企业家们日常经营业务的一部分,资本运营理念日益盛行。

3. 第三次并购浪潮(20 世纪五六十年代)

第三次企业并购浪潮,发生于 20 世纪五六十年代,持续时间长,规模空前。据统计,1960—1970 年,并购数目达 25 598 起。特别是在 20 世纪 60 年代末达到了高潮,仅从 1967—1969 年,被并购的企业就达 10 858 家。这次浪潮的主要方式是不同行业企业之间的并购,即混合并购。1966—1968 年,横向并购仅占

7.7%，而混合并购占81.6%。这种方式上的巨大变化，并不仅是执行反托拉斯法的结果，更重要的是企业为降低经营风险，实行多元化经营的结果。同时，在这次浪潮中为了规模经济或追逐垄断而进行产权买卖的动机，已退居次要位置，更多的是将"经营产权"作为一种企业经营的方式。

4. 第四次并购浪潮（20世纪70年代中期至80年代）

第四次并购浪潮发生于20世纪70年代中期至80年代，规模之大令人瞠目。1980—1987年企业产权交易总数已突破2万起，1989年平均每起并购的交易额达4797.4万美元，1985年10亿美元以上的并购达37起。超级规模的并购在石油、化工等行业屡见不鲜，最有代表性的有：1984年3月，谢夫隆石油公司以133亿美元购进美国第五大石油公司海湾石油公司；1986年年初，壳牌石油公司以365亿美元购进美国贝里奇石油公司的全部资产；1985年年底，通用电气公司以60亿美元买下美国无线电公司；1986年4月，纽约3家广告公司通过并购创立了资产达50亿美元的世界最大广告公司。在这次浪潮中，战略驱动型的交易取代了混合并购而成为主要形式。多样化战略是这次战略驱动型交易的具体形式。而且这次多样化战略集中于相关产品之上，不再像第三次浪潮那样进行单纯的无关并购。

金融工具的创新在这次浪潮中起了巨大作用。为了满足大规模企业并购对巨额资金的需要，金融界大量发行一种资信低、风险大、利率高的债券，这种债券被称为"垃圾债券"。垃圾债券的出现，可以使小公司用杠杆融资方式筹措巨资，进行收购活动。例如，亨利·克莱维斯为了收购雷诺烟草公司，由米尔肯为其发行垃圾债券筹资，结果以250亿美元的高价买下了雷诺烟草公司，其中靠发行垃圾债券筹得的资金占99.04%。

5. 第五次并购浪潮（20世纪90年代开始）

第四次并购浪潮到1990年已渐近尾声。但随着美国经济景气回升，1992年企业并购风云再起；1993年企业并购出现了历史上第三个高纪录；1994年并购总金额达3360亿美元，比1993年增长40%；1995年企业并购9170起，金额达7591亿美元；1997年企业并购交易额达到创纪录的9190亿美元。例如，美国第一联合银行和第一忠诚银行以交换股票方式，成为美国金融史上最大的银行并购案，并购总资产达1237亿美元。

汽车工业的并购活动最为引人注目。1998年5月7日，世界汽车工业两大巨头德国奔驰集团与美国克莱斯勒公司宣布，合并为"戴姆勒—克莱斯勒汽车公司"，成为最具轰动性的新闻。这一合并行动所涉及的市场金额高达920亿美元，堪称是有史以来规模最大的工业合并。按1997年的销售额计算，两公司合并后年销售额可达1330亿美元，是仅次于美国通用和福特之后的世界第三大汽车制造公司。两公司合并后一只脚踏在欧洲，另一只脚踏在美国，各有各的市场，互相利用双方多年经营起来的销售网络，同时又集中了科研和财政力量，双方都受益匪浅。

与历次并购浪潮相比，此次并购浪潮是一种带有全球战略和长期目标的投资行为，反映了当代企业经营的新趋势，具有以下特点。

并购的资产规模巨大，并购额在百亿美元以上的并购案已出现数十起；跨国并购比例显著提高，且规模巨大，如日本索尼公司对美国哥伦比亚影业公司的收购；第三产业成为并购重点，其中，金融、电信、交通运输业成为大公司竞相角逐的领域；混合并购比例提高，进一步打破了行业界限，突出了"增强企业实力、分散经营风险、提高竞争能力"的战略思想。

此次规模空前的企业并购浪潮，有其深刻动因：企业并购是生产和资本进一步集中的必然要求，是经济全球化、企业无国界化的必然产物；世界经济的复苏，为企业并购创造了客观条件；反映了降低高额交易费用的迫切要求；企业为谋求长期发展而采取策略联盟计划，力图控制和垄断市场；政府管制的放松，起了重要推动作用。

但是，经济规模并不等于规模经济，企业并购必然会造成垄断，从而不利于市场竞争，尤其是跨国垄断组织的日益扩张，势必导致国际不公平竞争，发展中国家面临着发达国家行业巨头的严峻挑战。

11.2 我国企业并购的程序

11.2.1 企业并购的一般程序

一般情况下,企业的并购行为需要经历以下阶段。

1. 前期准备阶段

企业根据自身发展战略的要求制定并购策略,初步拟定出对并购目标企业的预期标准,如所属的行业、规模大小、市场占有率等。据此在产权交易市场搜寻捕捉并购对象,或通过产权交易市场发布并购意向,征集目标企业,进行初步比较、筛选,并进一步就目标企业的资产、财务和人员等关键信息深入调查。

2. 并购策划阶段

基于准备阶段的调查信息,对目标企业的并购模式和相应的估价、融资等方面的事务进行筹划。

3. 谈判签约阶段

确定并购方案之后,初拟并购意向书,然后就并购价格和方式等核心内容展开谈判,最后签订并购合同。

4. 交割和整合阶段

双方签约后,进行产权交割,并在业务、人员、技术等方面对企业进行整合,整合时要充分考虑目标企业的具体情况和适应性。整合是决定并购能否成功的关键环节。

目前,我国企业的并购有上市公司的并购和非上市公司的并购。两种并购方式所依据的法规有很大不同,其中上市公司并购受到《证券法》《上市公司收购管理办法》的严格限制,其并购程序也较为复杂。

11.2.2 上市公司收购的程序

上市公司的收购可以分为协议收购和要约收购。

协议收购是指收购公司不向目标公司各位股东发出单方面的要约,而是直接与目标公司董事会进行商讨。协议收购主要针对非流通股(国有股、法人股)。由于协议收购建立在双方相互信任、相互合作的谈判基础上,一般不会对股市和国家金融秩序造成不良影响,因此国家也很少通过法律的形式对其进行规范。协议收购一般不必严格遵循法定的收购程序,按双方谈判所达成的收购程序执行即可。

要约收购又称招标收购,是指收购方绕过目标公司董事会,以高于市场的价格直接向股东招标的行为。虽然收购公司一般需公开向目标公司全体股东发出要约,承诺以某一特定价格购买一定比例或数量的目标公司的股份,但由于在收购公司作出收购决议之前并未征得目标公司的同意或与目标公司达成协议,因此,收购公司恶意收购目标公司的意图还是较为明显的。

要约收购的具体程序如下。

(1)聘请顾问,帮助挑选目标企业。由于关系到收购公司对于目标公司的选择,对于最后的成功与否具有至关重要的影响,因此,通常需要保密。

(2)进行试探性收购。首先收购少量的股票,看看股民的反应。这样试探可以防止股市的波动。

(3)进一步收购。根据《证券法》的规定,当持有一家上市公司已发行股份的5%时,就必须在持有之日起3日内,向证券监督管理机构和证券交易所出具书面报告,通知该上市公司,并在报纸上予以公告。

(4)报送收购报告(在发出收购要约之前进行)给证券监督管理机构、证券交易所和上市公司。

(5)发出收购要约。根据《证券法》的规定,当持有者持有股票已达到上市公司发行股票的30%时,才可发出要约。同时必须通知所有股东,除非经国务院、证监会同意。

(6)收购的确认。持有者持有上市公司已发行股份的75%时,收购就成功。如果持有股份已达到90%,为了保护持有10%股份的中小股东的利益,必须无条件接受剩余10%的股份。

(7)在收购完成15日内,向证监会报告。

11.3　企业并购的价值评估

11.3.1　目标上市公司的价值评估

1. 市盈率法

企业的真实价值就是市场对企业收益资本化后所得到的价值，股价就是其最直接的反映。股价与每股收益（利润）有一个倍数关系，这个倍数称为市盈率（price-earnings ratio）。一般来说，高的市盈率说明股票的收益很可能是迅速增长的，投资者对股票的前景抱乐观态度，愿意为每股收益多投入资金；低的市盈率说明股票未来的预期收益是不景气的，投资者会怀有悲观观望心理。

换言之，一个具有增长前景的公司，其股票的市盈率一定较高；反之，一个前途黯淡的公司，其股票的市盈率必定较低。

可用市盈率法对目标企业的价值进行评估，计算公式为

$$V = \frac{P}{E} \cdot \text{EBIT} \tag{11-1}$$

式中，V 为目标企业的价值；$\frac{P}{E}$ 为市盈率；P 为每股市价；E 为每股利润。

EBIT 为目标企业的息税前收益，它反映的是公司不考虑融资结构的盈利能力。NPAT 为税后纯利，它考虑了包括融资结构在内的所有流动因素。

由式（11-1）可以看出，运用市盈率法需要做两项基础工作，即市盈率和目标企业收益的确定。市盈率可选择并购时目标企业的市盈率，与目标企业具有可比性企业的市盈率或目标企业所处行业的平均市盈率。市盈率的高低主要取决于企业的预期增长率，一个成长性企业的估值要比一个未来仅有一般水平收益的企业高得多，它将使用一个较高的市盈率；而对于一个风险较大的企业来说，由于投资者要求收益也大，所以市盈率比较低。

【例 11-1】　A 公司拟横向并购同行业的 B 公司，假设双方公司的长期负债利率均为 10%，所得税税率均为 25%。按照 A 公司现行会计政策对 B 公司的财务数据进行调整后，双方的基本情况如表 11-1 和表 11-2 所示。

表 11-1　A、B 两公司 2020 年 12 月 31 日简化资产负债表　　　　单位：万元

资　产	A公司	B公司	负债与股东权益	A公司	B公司
流动资产	4 000	2 000	流动负债	1 000	500
			长期负债	1 000	500
长期资产	3 000	1 000	股东权益		
			股本	3 000	1 200
			留存收益	2 000	800
			股东权益合计	5 000	2 000
资产合计	7 000	3 000	负债与股东权益合计	7 000	3 000

表 11-2　A、B 两公司 2020 年年度的经营业绩及其他指标　　　　单位：万元

项目指标	A公司	B公司
2020 年度经营业绩：		
息税前利润	1 200	250
减：利息	100	50
税前利润	1 100	200
减：所得税	275	50

项　目　指　标	A 公司	B 公司
税后收益	825	150
其他指标		
资本收益率＝息税前利润÷（长期负债＋股东权益）	20％	10％
利润增长率	20％	14％
近 3 年的平均利润：		
税前	490	176
税后	343	123.2
市盈率	18	12

分析：由于并购双方处于同一行业，从并购企业的角度出发，预期目标企业未来可达到同样的市盈率是合理的，所以 A 公司可以选择其自身的市盈率为标准市盈率。在其基础上，若选用不同的股价收益指标，分别运用公式计算目标企业的价值如下。

（1）选用目标企业最近 1 年的税后利润作为估价收益指标。

B 公司最近 1 年税后利润＝150 万元

同类上市公司（A 公司）的市盈率＝18

B 公司的价值＝150×18＝2 700（万元）

（2）选用目标企业近 3 年税后利润的平均值作为估价收益指标。

同类上市公式（A 公司）的市盈率＝18

B 公司的价值＝123.2×18＝2 217.6（万元）

（3）假设目标企业被收购后能够获得与并购企业同样的资本收益率，以此计算出的目标企业被并购后税后利润作为估价收益率指标。

B 公司的资本额＝长期负债＋股东权益＝500＋2 000＝2 500（万元）

并购后 B 公司：　　　资本收益＝2 500×20％＝500（万元）

减：　　　　　　　利息＝500×10％＝50（万元）

税前利润＝500－50＝450（万元）

减：　　　　　　　所得税＝450×25％＝112.5（万元）

B 公司最近 1 年税后利润＝337.5 万元

同类上市公司（A 公司）的市盈率＝18

B 公司的价值＝337.5×18＝6 075（万元）

市盈率法的优点是科学完整，结论有一定的可靠性，简单易懂，因其着眼于未来收益，所以也被广泛应用。但该方法的收益指标和市盈率的确定有很大的主观性，因此较适合于股票市场较完善的市场经济环境中经营比较稳健的企业。但在我国，由于目前股市尚不完善，市盈率不真实，因此风险很大，使用此法应该慎重。

2. 收益现值法

收益现值法（present value of earning method）是指在目标企业持续经营的前提下，通过对目标企业合理的获利能力的预测和适当的贴现率的选择，计算出企业的现值，并以此收益现值作为目标企业的价值参考。

收益现值法的计算公式为

$$V = \sum_{t=1}^{n} CF_t \frac{1}{(1+R_t)^t} + \frac{FV}{(1+R_t)^n} - D \tag{11-2}$$

式中，V 为目标企业价值；CF_t 为目标企业第 t 年的自由现金流量；R_t 为第 t 年的贴现率；FV 为目标企业的终值；n 为预测时间；D 为企业目前的全部债务。

收益现值法中最具有代表性的模型，是由美国西北大学经济系教授阿尔弗雷德·拉巴波特创立的贴现现金流量模型。

采用贴现现金流量模型评估目标企业价值的基本思路是：通过对目标企业财务状况、经营成果及企业未来经营外部环境和内部潜力的分析，预测企业的未来现金流量，将企业的未来预计净现金流量按适当的贴现率换算成现值，以确定企业的价值。

贴现现金流量模型的计算公式为

$$V = \sum_{t=1}^{n} CF_t \frac{1}{(1+\text{WACC})^t} + \frac{FV_n}{(1+\text{WACC})^n} \tag{11-3}$$

式中，V 为目标企业价值；CF_t 为在 t 时期内目标企业净现金流量；FV_n 为 n 时刻目标企业的终值；WACC 为贴现率，即加权平均资金成本。

如果该现值大于投资额，即净现值大于或等于 0，可认为这一定价对并购方是可以接受的或有利的；如果净现值小于 0，对并购方来说，则被认为是不可接受的。当选择的贴现率恰好使净现值等于 0，这个贴现率就是内部收益率（IRR）。

内部收益率与计算净现值的贴现率两者的经济含义不同：内部收益率反映的是并购方未来能得到的最高的收益水平，如果并购方对这一收益水平满意，该项并购在经济上就是可行的，否则就是不可行的；而贴现率有一定的随意性，贴现率定得高，折现值较小，贴现率定得低，折现值较大。在运用这个方法时，先要确定未来的现金流量包括什么内容；再估算出未来的现金流量，这可以通过估算未来的收益增长率得到；然后再考虑应选用多高的贴现率才符合目标企业未来的增长情况。

【例 11-2】 假定甲公司拟在 2013 年年初收购目标企业乙公司。经测算收购后有 6 年的自由现金流量。2012 年，乙公司的销售额为 150 万元，收购后前 5 年的销售额每年增长 8%，第 6 年的销售额保持第 5 年的水平。销售利润率（含税）为 4%，所得税税率为 33%，固定资本增长率和营运资本增长率分别为 17% 和 4%，加权资本成本为 11%，求目标企业的价值。

解： 依据上述资料的计算，其结果如表 11-3 所示。

表 11-3　甲公司收购乙公司后的现金流量分析　　　　　　　　　　单位：万元

年　　份	2013	2014	2015	2016	2017	2018
销售额	324.00	349.92	377.92	408.14	440.80	440.80
销售利润	12.96	14.00	15.02	16.32	17.64	17.64
所得税	4.28	4.62	4.98	5.38	5.82	5.82
增加固定资本	4.08	4.40	4.76	5.04	5.56	0
增加营运资本	0.96	1.04	1.12	1.20	1.30	0
自由现金流量	3.64	3.94	4.26	4.60	4.96	11.82

$$V = \frac{3.64}{(1+11\%)^1} + \frac{3.94}{(1+11\%)^2} + \frac{4.26}{(1+11\%)^3} + \frac{4.60}{(1+11\%)^4} + \frac{4.96}{(1+11\%)^5} + \frac{11.82}{(1+11\%)^6}$$
$$= 21.886（万元）$$

因此甲公司能够以不高于 21.886 万元的价格购买乙公司，那么这一并购活动从价格上讲是合理的。换言之，这是并购方能接受的最高价格。

假设目标公司的未来风险与并购企业总的风险相同，则可以把目标公司现金流量的贴现率作为并购企业的资金成本。但是当并购导致并购企业总风险发生变动时，则需要对各种各样的长期资本要素进行估计，包括普通股、优先股和债务等。股票市盈率、股票获利率不能全面反映对股东的股本成本的预测，通常可用资本资产定价模型估计目标企业的历史股本成本。

$$K_s = R_f + \beta R_r = R_f + \beta(R_m - R_f) \tag{11-4}$$

式中，K_s 为预测股本的成本率；R_f 为市场无风险报酬率；R_r 为市场风险报酬率；R_m 为市场预期报酬率，或目标企业期望报酬率；β 为目标企业的风险程度。

对目标企业并购前预期的股本收益的估计，需要根据并购后目标企业 β 值的可能变化加以调整。估计债务成本更加困难,因为债务通常不进行交易,可将各种借贷中税后实际利息支付作为债务成本的近似值。类似问题也出现在优先股的情况中。估计了各单个元素的资本成本后,即可根据并购企业期待的并购后资本结构计算加权平均资本成本。

$$WACC = \sum_{i=1}^{n} K_i \cdot b_i \tag{11-5}$$

式中,WACC 为加权平均资本成本;K_i 为各单项资本成本;b_i 为各单项资本所占的比重。

【例 11-3】 A 公司正考虑并购 B 公司。B 公司目前的 β 值为 1.4,负债比率按市值计算为 25%。假如并购成功,A 公司将把 B 公司作为独立的子公司来经营,并使 B 公司的负债率达到 45%,这将使 β 值增加到 1.655。估计并购后给 A 公司的股东带来的自由现金流量如表 11-4 所示。

表 11-4 A 公司并购 B 公司后的自由现金流量 单位:万元

年 份	1	2	3	4	5
自由现金流量	120	140	150	180	第 5 年及以后,每年以 4% 的增长率增长

这些现金流量包括所有的并购效应。市场平均风险报酬率为 12%,无风险收益率为 8%,负债利率为 11%,公司所得税税率为 20%,试求 B 公司的并购价值。

解: A 公司股本的资本成本率为

$$8\% + 1.655 \times (12\% - 8\%) = 14.62\%$$
$$WACC = 14.62\% \times 55\% + 11\% \times (1 - 20\%) \times 45\% = 12\%$$

B 公司价值为

$$120 \times 0.892\,9 + 140 \times 0.797\,2 + 150 \times 0.711\,8 + 180 \times 0.635\,5 + \frac{180 \times (1 + 4\%)}{12\% - 4\%} \times 0.635\,5$$

$$= 192\,6.99(万元)$$

贴现现金流量方法的主要问题是贴现率的估值的不确定性。由于必须对许多有关市场、产品、定价、竞争、管理、经济状况、利率等情况作假定,所得出的数值有一个可信度的问题。运用这种方法可能会得到精确的数值,但这表面的精确可能隐藏着极大的危险。因为贴现现金流量分析的结果可能是精确的(即可重复验算),也可能与客观现实不符,所以在实际使用这种方法时,合理预测未来现金流量并选择恰当的贴现率就显得十分重要。

运用这一方法,还涉及对目标企业预期寿命的评估。预期寿命是指从评估基准日到企业丧失获利能力的年限。企业都有寿命周期,在用此法评估企业价值时,必须首先判断企业的经济寿命。如果估计经济寿命过长就会高估企业价值,反之就会低估企业价值。

贴现现金流量方法在理论上是完善的,但是模型中的现金流量、终值和贴现率较难取得,因此有很大的随意性和主观性,而这些参量的取值直接关系到对目标企业价值确定的准确性,从而有可能导致作出错误的选择。这一方法通常用于资产与经营收益之间存在稳定的比率关系,并且未来收益可以预测的情况。

3. 账面价值法

账面价值法(book value of earning method)是根据企业的账面价值确定并购价格的方法。企业的账面价值是指资产负债表上总资产减去全部负债的剩余部分,即股东权益、净值或净资产。

账面价值是以会计核算为基础的,并不能充分反映企业未来的获利能力。由于会计准则允许各企业选择不同的折旧方法或存货的计价方法,这就使企业账面价值不能反映这些资产的真实价值。而且,有些无形资产,如专利权、商誉等在资产负债表上无法反映出来,但它们却能为评价企业盈利能力提供许多信息。因此,账面价值法是一种静态的方法,一般情况下不适用于作为最终评估结果。

4. 市场价格方法

对上市公司来说,股票市场每天都在对其价值进行评估。上市公司当前的市值——股票价格乘以所发行的股票数量,可以成为并购定价的核心因素,在此基础上以适当的升水(一般为 20%~100% 或更高)来确定并购价格。一般来说，这种市场价格方法（market price method）对收购流动性较强的上市公司来说是必不可少的。

股票定价基于有效市场理论，这一理论认为：市场对每家公司的所有信息都在不断地进行评估，并将其结论用公司股票最新的现金开价和还价表示出来。当然，仅有市场价格还是不够的，因为股票市场投资者并不是在购买整个公司，而是购买小的、流动性高的、少量的股权。这些投资者希望通过市场力量而不是个人管理上的影响来获得利益，并能够随时抛售其多余的股份；而购买整个公司的并购者虽然不能享受这种流动性和灵活性，但可以通过管理上的控制来决定公司未来的经营。这些不同的情况需要不同的模型来分析。获得公司控制权的结果通常会带来巨额的溢价，但溢价既可能比公司真正的价值高，也可能比它低。所以，有必要将市场价格方法与其他分析技术结合在一起使用。

11.3.2 目标非上市公司价值评估

对目标非上市公司的价值评估，主要有重置成本模式和市价模式两种评估模式。

1. 重置成本模式

重置成本模式根据资产在全新情况下的重置成本，减去按重置成本计算的已使用年限的折旧，考虑资产功能变化、成新率等因素，评定重估价值；或者根据资产使用年限，考虑资产功能变化等因素重新确定成新率，评定重估价值。影响成新率和功能变化的主要因素有：实体性贬值，它是指由于使用磨损和自然损耗造成的贬值；功能性贬值，它是指由于技术相对落后造成的贬值；经济性贬值，它是指由于外部经济环境变化引起的贬值。这种方法更多地用于单项资产的评估，也可以在单项评估的基础上加总得出全部资产的价值，但这种做法忽视无形资产的价值，所以在并购的评估中，必须对无形资产的价值重新估价。

在进行单项资产的评估中，对于流动资产中原材料、在产品、库存商品、低值易耗品等进行评估时，应根据资产的现行市价、计划价格，考虑购置费用、产品完工程度、损耗等因素，评定重估价值；对有价证券的评估，应参照市场价格评定重估价值，在没有市场价格时，应考虑票面价值、预期收益等因素，评定重估价值；对无形资产中外购的，应根据购入成本加资产的活力能力评定，自创或者自身拥有的无形资产，应根据其形成时所需实际成本及该资产具有的活力能力评定，对于自创或者自身拥有而未单独计价的无形资产，应根据资产的获利能力评定其价值。运用重置成本计算得出的总资产价值表现为目标企业的总价值，在此基础上，还应对所有的债务进行彻底的清查，从目标企业的总价值中间去除债务的价值，才是目标非上市公司的权益价值，或者成为并购的底价。

2. 市价模式

市价模式，即通过市场调查，选择一个或几个与并购属性相同或者类似的资产或交易作为比较对象，分析比较对象的成交价格和交易条件，进行对比调整，估算出目标企业价值的方法。我国非上市公司的并购价值确定方法主要有类比法和案例法。

（1）类比法。类比法的基本原理是，处于同一行业的某些公司应该拥有共同的或类似的财务特征，所以某些上市公司的公开财务数据，可以用于推断同行业内财务信息未被公开的非上市公司的价值。其一般步骤如下。

① 确定一组"参考公司"，即与被并购企业相类似的公开招股公司。

② 确定估价参数。可供选择的参数一般有盈利额、账面价值、毛收入等。

③ 将各参照公司的股票市价与所选参数进行对比，得出其各自的估价比率。根据所选参数的不同，估价比率可能是：股票市价与利润之比，简称 P/E 值；股票市价与账面价值之比，简称 P/B 值；股票市价与收入之比，简称 P/S 值。

④ 将各参照公司的估价比率加以平均，并根据被估价企业的具体情况作适当调整，得出被估价企业的估价比率。确定合理的估价比率是运用类比法的关键。一般来说，影响估价比率的因素从 P/E 值来说主要是：企业预期盈利的增长率和自身的风险程度；从 P/B 值来说，主要有权益资本报酬率、预期盈利增长率和风险程度；从 P/S 值来说，主要有销售净利率、预期盈利增长率和风险。综合来说，企业的经营风险、

财务风险、获利能力以及盈利的增长能力是确定估价比率的关键因素,在以参照公司的估价比率为基础确定目标公司的估价比率时,应注重对这些因素的研究,寻找差异,以便确定合理的估价比率。

⑤ 按下列公式确定被估企业的"市场价值"(用 V 表示)。

$$V=被评估企业的 P/E 值×被评估企业的利润$$
$$V=被评估企业的 P/B 值×被评估企业的账面价值$$
$$V=被评估企业的 P/S 值×被评估企业的销售额$$

⑥ 按下列公式计算被评估企业的"并购价值"。

$$并购价值=被评估企业的市场价值+适当的市场溢价-适当的流动性折价$$

在第⑤步的计算中,没有考虑并购可能产生的增量价值,以及由于取得目标公司控制权而可能产生的控制权溢价(通称市场溢价)问题。根据西方学者的研究,在并购过程中确实应该在被评估企业的市场价值基础上考虑市场溢价因素。但对于市场溢价,其具体量化极为复杂,通常根据已经发生的并购案例的市场溢价来确定。

此外,在第⑤步的计算中,没有考虑参照公司和目标公司权益资本在流动性方面的差异,也就是说,上市公司的股票具有自由、活跃的交易市场,其流动性和股票变现一般不成问题,而非上市公司(即目标公司)的股权则不存在自由买卖的市场,因而会存在流动性的问题。而缺乏流动性,其风险必然要大于上市公司,以上市公司的估价比率为基础所确定的估价比率,会存在价值高估的问题。因此,为了客观反映目标公司的价值,应在"市场价值"的基础上酌情打一个折扣。

由此可见,在类比法下,目标非上市公司的估价不仅存在流动性折价问题,而且存在市场溢价问题。由于流动性折价和市场溢价的实现量化都存在极大的主观随意性,所以也有人主张对两者都不予考虑,即假定两者正好相互抵消。这样,目标企业的并购价值就是其"市场价值"。

(2) 案例法。类比法参考的是各参照公司的股票在二级市场上的交易价格。而案例法所要参考的是,类似企业在并购市场交易中的买卖价格。其一般步骤如下。

① 选择一组已经实际发生的"交易",即并购案例,这些"交易"中的被购与被并企业应该与被估企业有着类似的经营活动、财务结构、风险特征和盈利前景,称这一组交易为"可比交易"。

② 将各"可比交易"的实际成交价,与该交易中被购与被并企业的特定参数(如盈利额、账面价值、毛收入)相对比,求得一个"并购价值倍数",如盈利倍数(成交价格/盈利额)、账面价值倍数(成交价格/账面价值)、收入倍数(成交价格/毛收入)等。

③ 将各"可比交易"中特定的"并购价值倍数"进行平均,并根据被估企业的具体情况作适当调整,得出被估企业的并购价值倍数。

④ 目标企业并购价值的确定。

$$并购价值=目标企业的并购价值倍数×相应的估价参数$$

运用案例法的一个明显缺陷,是很难找到可比的交易,或者即使可以找到,但由于任何并购都有其特殊的动机、背景和交易条件,而且更多地体现为"讨价还价"的结果,因此,来自并购市场的价格可能与目标公司的实际价值相去甚远,在评估中,要考虑自身的并购动机、交易条件、目标公司与案例中的被并公司的差异、自身与案例中并购公司的综合差异等。

11.4　企业并购的财务决策

11.4.1　现金支付方式的财务决策

1. 现金支付的影响因素

并购企业采用现金支付时,需要考虑其影响因素。

(1) 并购企业的短期流动性。现金支付要求并购企业在确定的日期支付一定数量的货币,立即付现可能会导致现金紧张,因此有无足够的即时付现能力是并购企业首先要考虑的因素。

（2）并购企业中、长期的流动性。有些企业可能在很长时间内都难以从大量的现金流出中恢复过来，因此并购企业必须认真考虑现金回收率以及回收年限。

（3）货币的流动性。在跨国并购中，并购企业还必须考虑自己拥有的现金，是否为可以直接支付的货币或可自由兑换的货币，以及目标企业收回的是否为可自由兑换的货币等问题。

（4）目标企业所在地的股票销售收益的所得税。对资本收益的税负水平，各国的规定并不相同。目标企业所在地的资本收益税的水平，将影响并购企业的现金支付。

（5）目标企业的平均股本成本。因为只有超出的部分才应支付资本收益税，如果目标企业股东得到的价格并不高于平均股本成本（每股净资产值），则即使是现金支付，也不会影响税收负担。如果并购企业确认现金支付会导致目标企业承担资本利得税，则必须考虑减轻这种税收负担。否则，目标企业也只能以自己实际得到的净收益为标准，决定是否接受出价。通常情况下，一个不会增加税收负担的中等水平的出价，要比一个可能导致税收负担的高出价更具有吸引力。

2. 现金支付的筹资决策

现金收购往往会给并购企业带来沉重的现金负担。如果并购方有较高比例的流动资产，那么它首先可以考虑将自己的流动资产（变现后）支付给目标企业。在采用现金支付方式时，所需资金的数额一般较大，通常都要向外筹集必要的资金。常见的有增资扩股、贷款、发行公司债券或权益与负债综合筹资等方式。

并购方在选择通过增资扩股来获取现金时，应充分考虑增资扩股对股权结构的影响。在多数情况下，股东不愿选择扩股筹资。

贷款是并购企业比较普遍采用的筹资方法。在向银行提出贷款申请时，首先要考虑的是将来用什么资金来偿还。一般情况下，至少有一部分贷款的偿还源于目标企业未来的现金流入，即目标企业未来产生的收益和部分资产的变卖所得。

发行公司债券是并购企业筹集现金的另一方式。大多数杠杆收购都通过发行债券为并购筹资提供了可能，当然也有一定限制。

11.4.2 股票支付方式的财务决策

1. 影响股票支付的因素

在决定是否采用股票支付方式时，需要考虑其影响因素。

（1）并购企业的股权结构。并购公司发行新股以换取目标公司股票的行为，显然会对自身原有的股权结构产生影响。随着在外流通股票数量的增加，势必会造成每股收益、每股净资产的摊薄，进而引起股价的下跌。如果并购公司不能对本公司原有股东给予一定补偿，那么股东对于股权的稀释、控制权的丧失以及股价下跌的忍受程度在很大意义上决定着股票支付方式的可行性。

（2）并购方管理层的需求。并购公司的管理层通常希望并购活动能使其控制的公司规模得到进一步的扩大，并在未来能获得更大的发展空间。当采取股票支付方式时，股东人数会随之增加，对管理层的监督与约束也会相应增加。管理层为了维护其控制权，就有可能舍弃股票支付方式。

（3）每股收益率的变化。增发新股会对每股收益产生不利影响，如目标企业的盈利状况较差，或者是支付的价格较高，则会导致每股收益的减少。虽然在许多情况下，每股收益的减少只是短期的，长期来看还是有利的，但无论如何，每股收益的减少仍可能导致股价下跌。在采用股票支付方式前，并购企业要确定，若股价下跌，在多大幅度内才是可以接受的。

（4）每股净资产的变动。每股净资产反映的是股东权益。新股的发行可能会减少每股净资产的含量，这也会对股价造成不利影响；如果采用股票支付方式会导致每股净资产的下降，需要确定原有股东是否认同。

（5）财务杠杆比率。发行新股可能会影响企业的财务杠杆比率。并购企业应准确进行评估，确定资产负债的合理水平。

（6）当前公司的股价水平。当前公司的股价水平是影响并购企业是否采用股票支付的重要因素。一般来说,在股票市场处于上升过程中时,股票的相对价格较高,以股票作为支付方式可能更有利于并购企业,增发的新股对目标企业也会有较强的吸引力;否则,目标企业可能不愿持有新股,便会导致股价进一步下跌。

(7) 当前股息收益率。新股发行往往与并购企业原有的股息政策有着一定的联系。一般而言,股东都希望得到较高的股息收益率。在股息收益率较高的情况下,发行固定利率较低的债权证券可能更为有利。因此,并购企业要在比较股息收益率和借贷利率的高低的条件下,决定是否采用股票支付。

2. 换股比例

用换股方式进行并购时,财务决策主要是确定换股比例。换股比例的决策主要有以下两种方式。

(1) 股票总价值决策法。股票总价值决策法的并购分析原则是,当并购后双方企业的股东所拥有的股票价值大于并购前的价值时,双方才能达成并购协议。这一条件下的换股比例,并购双方均得利。

【例 11-4】 假设 A 公司和 B 公司均为股份有限公司,并购前,A、B 两公司的有关情况如表 11-5 所示。

表 11-5 并购前后股票总价值变化情况 单位:元

项 目	并购前 A 公司	并购前 B 公司	并购后 A 公司
(1) 每年盈利	160 000	100 000	400 000
(2) 股票数量	80 000	100 000	
(3) 每股股利	2	0.6	
(4) 每股市价	20	12	
(5) 市盈率	10	12	10
(6) 企业价值	1 600 000	1 200 000	4 000 000

如果并购后每年盈利增加到 40 万元,且假定 A 公司在并购前后的市盈率保持不变,这样 A 公司并购 B 公司后的价值为 400 万元。由于并购后 B 公司的股东将成为 A 公司的股东,共同分享并购收益,从而会稀释 A 公司原有股东的所有权。

设原 B 公司股东持有并购后新公司的股票数,占新公司股票总数的百分比为 X,则并购成本为

$$C = (X \cdot PV_{AB} - PV_B) - C_1 \tag{11-6}$$

式中,$X \cdot PV_{AB}$ 为 A 公司为收购 B 公司而付出的股票的价值,X 的价值可以按下式计算:

$$X = \frac{yN_B}{yN_B + N_A} \tag{11-7}$$

式中,N_A 为并购前 A 公司的普通股总数;N_B 为并购前 B 公司的普通股总数;y 为换股比例($N_{新股}/N_B$)。

根据并购财务分析的一般原理,并购成本的最小值为 C_1,否则 B 公司不会同意被收购;并购成本的最大值为并购的收益总额,否则 A 公司不会并购 B 公司,则有

$$C \leqslant \frac{yN_B \cdot PV_B}{yN_B + N_A} - PV_B + C_1 \leqslant PV_{AB} - (PV_A + PV_B) \tag{11-8}$$

解该不等式,得

$$y \in \left[\frac{N_A PV_B}{N_B (PV_{AB} - PV_B)}, \frac{N_A (PV_{AB} - PV_A - C_1)}{N_B (PV_A + C_1)} \right] \tag{11-9}$$

将例题的各数代入,得换股比例为

$$y_1 = \frac{80\,000 \times 1\,200\,000}{100\,000 \times (4\,000\,000 - 1\,200\,000)} = 34.29\%$$

$$y_2 = \frac{80\,000 \times (4\,000\,000 - 1\,600\,000 - 50\,000)}{100\,000 \times (1\,600\,000 + 50\,000)} = 113.94\%$$

所以,换股比例为 34.29%～113.94% 都是可行的;但具体为多少,则取决于市场竞争状况、双方在并购中所处的地位及谈判能力等。

(2) 每股收益决策法。并购会对股东财富总值产生影响,但并购过程中双方股票持有者往往很分散,

这就需要考虑通过并购满足股东对每股收益增加的要求。

【例 11-5】 并购双方基本条件仍然沿用例 11-4。假设并购前 A 公司和 B 公司的财务状况如表 11-6 所示。

表 11-6 并购前 A 公司和 B 公司的财务状况

项　目	A 公司	B 公司
（1）普通股股东可得盈利/万元	300	30
（2）发行在外的普通股股数/万股	50	10
（3）每股股利（1）/（2）	6	3
（4）每股市价（元）	60	24
（5）市盈率（4）/（3）	10	8

解：

① 并购对并购初期每股收益的影响。并购初期，两家企业一般按各自原来状况经营，盈利额不会有太大变化。则并购初期，普通股股东可得收益为 330 万元。假定市盈率保持 A 公司的市盈率，交易费用为 20 万元，则按换股比例的区间计算方法可知，换股比例的区间为

$$y_1 = \frac{50 \times 24 \times 10}{10 \times (330 \times 10 - 24 \times 10)} = 39.21\%$$

$$y_2 = \frac{50 \times (330 \times 10 - 60 \times 50 - 20)}{10 \times (60 \times 50 + 20)} = 46.37\%$$

则不同的换股比例条件下，初期每股收益的变化如表 11-7 所示。

表 11-7 换股比率与每股盈余　　　　　金额单位：元

换 股 比 例		0.392 1	0.400	0.420	0.440	0.460	0.480	0.496 7	0.500	0.520
每股盈余	A 公司	6.12	6.11	6.08	6.06	6.04	6.02	6.00	6.00	5.98
	B 公司	2.40	2.44	2.56	2.67	2.78	2.89	2.98	3.00	3.11

在某一特定的换股比例下，A 公司的股东每股收益为 $\dfrac{330}{50\,万 + 10\,万 \times 换股比例}$；B 公司股东的每股收益，按 A 公司股东换股后的每股盈利乘以换股比率求得。

从表 11-7 可以看出，随着换股比例的增大，A 公司原有股东的每股盈利下降，当达到不含交易费用得换股比率上限时（本例为 0.50），每股盈利与并购前一致；B 公司的股东随换股比例的增加，每股盈利也跟着增加，当换股比例达到不含交易费用的换股比率上限（0.50）时，每股盈利与并购前一致。

在换股比例的区间内，A 公司股东的每股收益较并购前减小了，而 B 公司股东的每股收益较并购前增加了。导致这种结果的原因是由于 A 公司的市盈率与支付给 B 公司的市盈率（支付给 B 公司的市盈率计算公式：换股比率×A 公司股票市价/B 公司每股盈利）的差别造成的。如果支付给 B 公司的市盈率超过了 A 公司的市盈率，则并购后期初每股盈利会下降，而 B 公司股东的每股盈利会增加，反之亦然。

此外，并购后初期每股盈利的变化还取决于盈利额的差别。A 公司和 B 公司的盈利额之比越大，并购后每股盈利的变动率越大。

② 并购对长期每股收益的影响。企业在决定是否并购另一企业时，如果只考虑并购对近期每股盈利的影响，那么只要出现每股收益下降的情况，就会做出放弃的决策。但这没有把并购后引起收益增加的可能性考虑在内。沿用前例，假定换股比率为 0.52∶1，即 A 公司以相当于每股 13 元的价格交换 B 公司的股票，则并购前后每股盈余变化如表 11-8 所示。

表 11-8　并购前后每股盈余变化　　　　　　　　　　　　单位：元

股　　东	并购前每股盈余	并购后每股盈余
A 公司	6.00	5.98
B 公司	3.00	3.11

A 公司不并购 B 公司，每年盈利假定以 5% 增长，而并购了 B 公司后，总盈利将以 10% 的速度增长，则并购后 5 年内 A 公司股东的每股盈余变化如表 11-9 所示。

表 11-9　并购后 5 年内 A 公司股东的每股盈余变化　　　　　　　　　　　　单位：元

年　　份	不　并　购		并　　购	
	总盈利	每股盈利	总盈利	每股盈利
1	3 000 000	6.00	3 300 000	5.98
2	3 150 000	6.30	3 630 000	6.58
3	3 307 500	6.62	3 993 000	7.23
4	3 472 875	6.95	4 392 300	7.96
5	3 646 519	7.29	4 831 530	8.75
股票数量	500 000		552 000	

可见，尽管并购初期 A 公司股东的每股盈余略有下降，且换股比率超过了按市场总价考虑的理论上限，但并购后不到一年，就能恢复到并购前的水平，以后逐年上升。

因此，这说明按 0.52：1 的换股比例并购 B 公司是可行的。其依据是，即使在并购初期每股收益下降，并购后的企业较快的增长率也将使并购后的企业盈利能力得到很快提高，因此是可行的。所以，从长期利益来讲，并购过程中承担高的换股比例有时也是可取的。

11.5　企业并购后的整合管理

11.5.1　经营业务整合

经营业务整合就是要追求经营上的协同效应。这一过程，就是并购企业从战略角度对被并购企业进行资产、管理一体化的重新组合。

经营业务整合追求的目标就是合理利用资源，把资源配置到利用效率最高的位置。因此，经营业务整合的原则就是使新的企业有一个稳定的现金流，能够在经营中使企业稳步过渡、健康发展。

企业并购后，在生产经营、行政管理、调查研究、原料采购和产品推销等方面的活动都可以统一协调，减少重复的固定成本，节约物料消耗，这明显是有利的。另外，分工和专业化，又能从深层次上节约生产费用。

总之，并购后在经营业务上的整合，要根据并购动机，按照并购企业的战略规划，把并购双方资产的潜在优势充分发挥出来，就可以提高资源的利用效率，促进并购企业取得成功。

11.5.2　文化整合

为了使新公司能协调地、有效地运行，并购后的一项重要工作是企业文化方面的整合。企业的文化包含在其价值、信仰与行为规范之中，是激励人们产生效率和效果的源泉。企业文化的整合要有耐心，一般应遵循以下原则。

(1) 互相尊重原则。新的企业文化应该建立在相互尊重、相互信任的基础上。只有这样才能创造团结和谐的工作环境，提高凝聚力，促使新制度更有效地运行。

(2) 稳定原则。新的企业文化的形成和确立过程中，必然会出现种种矛盾。因此，并购双方应以稳定为原则，协调好各种关系，服务于企业目标。

(3)激励原则。利用新的企业文化对并购双方的激励和促进作用,调动各方面的积极因素,更有效地达到企业的目标。

11.5.3　人员整合

人员整合是企业并购整合的首要问题。

人员整合的方式,根据并购后形成的关系来确定,如果在并购后形成母子公司关系,或控股关系,那么人员的调配不是很突出的问题,原目标公司的人员和组织框架可以基本保持不变,只需安排若干高级管理人员即可。

在友好并购的情况下,并购就是为了追求管理、经营、财务等方面的协同效应,因此,一些重复的部门和岗位需要整合。这样,就需要对被并购企业重新审定劳动定额,设置工作岗位,在此基础上进行定员定编,对编外人员应按照内部吸收为主的原则,先进行职业培训,然后进行岗位考核,对于不合格者可以考虑另行安排其他非技术性工作。对一些冗员或已退休的人员,目前大体有以下几种方法。

(1)给退职职工发一定数额的补偿费,退休职工由社会保险机构发放退休金。

(2)通过向社会保险机构交纳一次性保障金,由社会保障机构对有关职工负责保障,进行彻底剥离,以减轻并购企业以后经营的负担。

(3)并购企业负责职工的接收、安排,所花费用根据职工的数量从并购企业应上交的土地使用费用或其他应上交的费用中予以核减、冲销。

在人员整合中,高级管理人员的安排无疑是最重要的,一般通过友好协商,采取不偏不倚的做法。例如,A公司和B公司并购,总经理由A公司出任,副总经理由B公司出任;董事长由B公司出任,副董事长由A公司出任;中层管理人员可视情况而定,一般由原公司出任正职,另一方出任副职;基层管理人员则可基本保持不变,如有必要可进行适当调整。总之,在管理人员的调整方面要尽量做到公平合理、不偏不倚、任人唯贤、有利全局,以减少不必要的矛盾。

相关链接 11-1

并购整合十大法则

1.明确交易主题

每项兼并收购都要有一个深思熟虑的交易主题,即明确如何通过一笔交易来提升企业的核心战略。通过明确的交易主题,可以发现并购的利润来源和潜在风险,并引导企业采取相应的措施走向成功。在确定交易主题后,企业就要根据其中的关键价值来源组建整合工作团队,同时把交易主题落实到除财务以外的目标上。整合团队应充分了解自己的职责,并从一开始就对创造的预期价值进行自下而上的预估。这样可以令团队在整合过程中不断调整交易主题,直到整合结束后将工作移交给一线管理者来执行。

2.根据交易性质制定整合方案

任何进行并购的企业都必须明确该交易最终是为了扩大业务规模(在相同或高度重叠的业务领域进行扩张)还是扩大业务范围(拓展新市场、产品或渠道),当然还有一些交易两者兼具。因为"规模还是范围"这个问题影响许多后续的决策,包括企业选择整合哪些部分、保持哪些部分的独立性、怎样安排组织结构,以及如何管理企业文化的整合流程等。

扩大规模的交易通常旨在节约成本,并且获得经济回报的速度相对较快。而扩大范围的交易则通常是为了创造额外收益,但是可能需要更长时间来实现回报,因为依靠交叉销售等途径增加收入通常比降低成本更具挑战且耗时更长。无论进行哪种交易都应具备充分的依据,并且要根据交易的性质来设计整合方案,反向操作是行不通的。

3.迅速解决权职与人员问题

新的组织架构应该与交易主题及合并后公司的新愿景相契合。在组建高层管理团队时,不妨设定一个比较紧迫的时间期限并坚持完成。时间拖得越久,只会给原本就困难重重的人事任免雪上加霜。此外,在宣布人事任命以前往往是公司最脆弱的时期,竞争对手会积极拉拢你的客户和员工。越早选定新任领导层,就能越快组建下属团队、越快阻止人才和客户的流失、越快启动整合。拖延只会导致关于人事任免的无止境争辩,以及花时间对付猎头公司的电话。在实际的并购活动中,拖延关键人事决策而导致严重后果的现象比比皆是。

4. 在宣布交易的同时启动整合

最理想的整合流程始于收购方宣布交易之前。交易一旦公开,有几个优先事项必须立即予以处理:确认需要在交易结束前完成的每一件事;尽可能多地做出重要决策,确保在交易结束后迅速开展工作;尽快让高层管理团队和员工就位,但也不要以牺牲客观性或省略必要的流程为代价。在这一环节,成立一支独立的"清理"团队是比较有效的方法。可以通过保密协议和其他法律条款使该团队有权查阅机密数据,否则其将无法获悉这些信息。团队的工作能确保整合在交易结束时顺利而迅速地展开。

5. 以"鼓点决策"管理整合

为管理整合,公司可以不断地设计出各种模板和流程。最有效的方法是成立一个决策管理办公室,同时组建整合工作领导小组。其主要职责是保证决策指导小组和各具体工作团队集中精力处理创造价值的关键决策。决策管理办公室和整合工作领导小组共同编制决策路线图,并以"鼓点决策"的方法管理组织,确保每项决策都是在恰当的时间由合适的人员在充分利用现有信息的基础上制定的。在初始阶段,整合工作组的领导可以梳理一遍他们所负责的财务和非财务方面的绩效目标及其完成期限,这有助于确认为达成目标而必须做出的关键决策,以及决策的时间点和先后顺序。

6. 精选整合团队的领导小组

决策管理办公室要由一个强大的领导者来管理。他需要具备足够的权威将决策归类、协调工作组并掌控进度。被选中的人必须擅长战略、内容及流程。理想的情况是这个人和其他工作组的领导将花费90%的时间用于整合。考虑到在整合过程中保证基础业务业绩的重要性,企业可以任命本土或某职能部门的负责人来负责整合团队。在此期间,其原有职责可由第一负责人来接管。

7. 致力于一种文化

每个组织都有自己的文化,即一系列管理员工日常行为和交流的准则、价值观与预期。如何处理企业文化,几乎是每项兼并收购都无法回避的巨大挑战之一。一般而言,收购方希望保留自己的文化。只有在少数情况下,收购方会希望将目标公司的文化融入本公司。不过,无论是哪种情况,都要致力于一种希望在整合中凸显的文化,与大家讨论并付诸实践。不管你最终选择哪种企业文化,自CEO以下的所有管理层都要积极参与管理这种文化。可以设计津贴和福利制度来奖励需要倡导的行为,组织架构和决策原则的建立也需与期望中的文化相一致。公司领导者还应当抓住每个机会身体力行,树立榜样。同时,还要在决定留下哪些员工时仔细考虑其是否与新文化相符、是否会支持并遵从这一新的企业文化。

8. 赢得人心

兼并收购令交易双方的员工人心惶惶,他们并不知道交易到底意味着什么。这时,他们最想知道自己是否能够及如何适应新的组织。所以,必须在公司内部"宣传"这笔交易,而不仅仅只针对股东和客户。

此外,保证信息的一致性也非常重要。如果收购的是一家较小的公司,而且这笔交易的主要目的在于降低成本,那么不要在第一次员工大会上过分强调"并购是两家公司的最佳选择"。比较明智的做法是把重点放在这笔交易会为员工创造怎样的前景,而不是将给公司带来多大的协同效益。因为"协同效益"往往意味着薪金缩水及其他诸多影响,而员工们都能意识到这一点。

9. 保持基础业务的发展

员工很容易受两家公司并购的影响而分散精力,因为公司的发展前景,包括工作岗位与员工的职业生涯,似乎都操控在整合工作团队的手中。如果此时管理层任凭自己和整个公司分散精力,两家企业的基础业务都会蒙受损失。虽然整合是当下的主要任务,但是一心不可二用。如果每个人都想要在兼顾基础业务的同时参与整合,那么他们可能做不好任何一项工作。CEO必须在此刻就定下基调,其大部分时间应该分配给基础业务并时刻保持对现有客户的关注。CEO以下至少90%的员工都应该侧重于基础业务,通过明确目标与制定激励措施来保持业务的运转。

在委派第二责任人掌管整合的同时，CEO 应该确保基础业务维持现有的发展势头。特别要注意的是，必须把客户的需要放在首位，并积极与客户和股东进行沟通。尤其在组织体系发生改变导致客户对沟通对象有所混淆时，这一点就显得更加重要。同时，还要设定一个紧凑的整合时间表，为最后时刻的来临倒计时。到那一天，整合的主要目标要全部完成，两家公司开始真正合二为一。此外，企业还要密切监控销售漏斗、员工流失率及呼叫中心电话量等主要指标，这样能够有效把握基础业务在整个整合流程中的发展势头，从而确保整合工作的顺利开展。

10. 建立一个可重复使用的整合模式

整合成功完成后，可以花些时间仔细回顾一下整个流程，评估这套模式的运行状况是否良好，找出仍有待改进的地方。把整合的运行模式和整合专家的名字记下来，这些有助于你在下次整合中表现得更出色，并从交易中实现更多价值。针对并购成功因素所作的分析研究发现，频繁收购者的业绩远胜于不常进行收购的企业和尚未涉足并购的企业。实践证明：如果正确处理整合流程并把它塑造成一项核心竞争力，那么并购交易的成功率就会大幅上升。

资料来源：东方财富网，2021-01-06.

11.6 反并购策略

并购可能会引起目标企业管理层的两种不同反应，即同意或不同意。若目标企业同意被并购，则称为善意并购，这时，反并购就不是一个重要的问题。但如果目标企业管理层反对被收购，而买方不顾目标企业的意愿，无意放弃收购企图，那么这种收购被称为恶意并购。

恶意并购主要有以下几种方法。

（1）狗熊式拥抱（bear hug）是指投书给目标公司的董事会，通知高价收购该公司股票，要求董事会以股东利益为重接受报价。董事会一般要把信件公布给全体股东，而分散的股东往往受优惠价格的诱惑迫使董事会接受报价。

（2）狙击式公开购买。先在市场上购买目标公司的股票，通常为 5%，然后再视目标公司反应进行下一步行动，如增持股份；若收购不成，还可以高价售出股票获利。除了收购股票外，还可以收购目标公司的中小股东的投票委托书。

目标公司管理层采取的种种抗拒手段，则被称为反并购策略。对于反并购，理论上见仁见智。有学者认为，并购是买卖双方之间一种自愿的交易，目标公司股东作为受要约人，有权决定是否接受，目标公司董事会无权干涉买方与目标公司股东之间的交易，而应保持一种独立的地位。

另外一种意见认为，董事会对公司负有忠诚和谨慎义务，必须以其合理地认为是符合公司最佳利益的方式行事，以最大限度地保护和实现公司利益作为衡量自己履行董事职务的标准，以此作为其决策的最基本出发点。与买方相比，目标公司的股东在并购交易中是弱者，需要董事会的帮助，即由董事会充当拍卖者，以促成一个竞争性报价，保证股东将股票出售给出价最高的人。另外，还有学者认为，公司的董事会不仅要考虑股东的利益，也要考虑其他利益相关者（员工、社区、客户、供应商）的利益。但是，大多数的意见倾向认为，目标企业管理层可以采用合法的反并购策略。

目标企业不同意并购的原因可能是多方面的，反收购对策也多种多样。每一种对策对目标企业的价值、收购难度都有不同的影响。

11.6.1 建立合理的持股结构

并购成功的关键是购买到"足量"的股权。公司若要避免被收购，就应设法使公司股权难以"足量"地转让给买方，即建立所谓的合理持股结构，它是以反并购效果为参照标准的，主要有以下做法。

1. 自我控股

自我控股，即公司的发起人或其大股东为了避免公司被他人收购，取得对公司的控股地位，采取自我控股的方式。自我控股有两种情况：一种是在开始设置公司股权时，就控制足量的股权；另一种是通过增持股份来达到控股地位。另外，还有控股程度的差别。一个股东控制的持股比例越大，该上市公司被收购的风险越小。若持股比例太小，则难以收到反收购效果；若持股比例太大，则会过量花费资金。合适的持股比例点位应是这两方面的平衡点。

2. 交叉持股或相互持股

交叉持股或相互持股，即关联公司或关系友好公司之间互相持有对方股权，在其中一方受到收购威胁时，另一方伸以援手。交叉持股除了能起到反收购效果外，也有助于双方公司形成稳定、友好的交易关系。通过交叉或相互持股，双方既是反并购斗争中的战友，又是商业合作上的伙伴。在日本，公司之间相互持股现象相当普遍，致使日本资本市场上的恶意收购很难成功。在运用交叉持股策略时，需要注意以下几点。

（1）有的国家法律规定，当一家公司持有另一家公司一定量股份时，后者不能持有前者的股份，即不能相互出资交叉持股。

（2）交叉持股实质上是相互出资，一方面占用双方公司大量资金，另一方面又势必违背公司通过发行股份募集资金的初衷。

（3）在市场不景气的情况下，互相持股的公司反而可能互相拖累。

（4）交叉持股有可能让收购者的收购袭击达到一箭双雕的结果。如果 A、B 相互持股 20%，虽然这极大地增加了收购 A、B 的难度，但一旦收购了其中一家，实际上也就间接收购了另一家。这种一箭双雕的结果，往往引发收购者对交叉持股公司发动收购袭击。

3. 把股份放在朋友的手上

把股份放在朋友的手上，与上述交叉持股类似，即一方面将公司部分股份锁定在朋友股东手上，增加收购者进一步提高持股比例的难度和成本；另一方面在有关表态和投票表决中，朋友股东可以支持公司管理层的决定。实现朋友持股的做法有多种，最常见的是邀请朋友一起投资成为公司的股东。但各种做法在各个不同国家可能会受到不同的法律限制。例如，英国法律禁止目标公司在出价期间向友好公司发行股票。

4. 员工持股计划

20 世纪 80 年代，员工持股计划（employee stock ownership plans，ESOP）在美国曾被用于反收购行动。ESOP 规定，受雇主经济资助的远东津贴信托基金，可收购大量的雇主股票或证券，随后分配给员工。公司可将 ESOP 视作公司股票积累在相对友好的人手中。发生第一收购时，ESOP 可能成为关键的防护武器。

5. 发行不同表决权的股票

并非所有的国家都遵循一股一投票权的原则。无投票权股票的发行很普遍。在法国，持股一定时期的股东，可能获得双倍的投票权。在德国、法国、荷兰等国家，管理层可以限制股票的投票权，幅度为 5%～15%。这种做法的本意是使小股东免受大股东的侵害。荷兰公司可发行优先股，赋予持有者对发行公司很大程度的控制权。通常这些股票向发行公司的管理机构和监事机构的董事及监事发行。变更公司的章程时优先股股东进行投票，可有效地委任公司董事，于是，普通股股东就被剥夺了委任董事的权利。

11.6.2 在章程中设置反并购条款

出于反收购目的，公司可以在章程中设置一些条款，以作为收购的障碍，通常有以下条款。

1. 分期分级董事会制度

分期分级董事会制度是指在公司章程中规定，每年只能更换三分之一（或四分之一）的董事，这意味着即使并购者拥有公司绝对多数的股权，也难以获得目标公司董事会的控制权。由于这种反并购方法阻止了并购者在一段时间内获得公司的控制权，从而使并购者不可能马上改组目标公司。比如，A 公司有 12 位董事，B 公司收购到 A 公司足量股权后召开股东大会改选 3 位董事。这样在一年内，B 公司只能派 3 位董事进入 A 公司董事会，原来的董事依然还有 9 位在董事会中，这意味着 B 公司依然不能控制 A 公司。这种分期轮选董事会制度，使收购者不得不三思而后行。

有统计表明,标准普尔指数的 500 家公司中,有一半以上采用这种政策。与之配套,目标公司还可以在章程中限制董事的任职资格和提名方式等,即在公司章程中规定公司董事的任职条件,不具备某些特定条件者不得担任公司董事,具备某些特定条件者也不得进入公司董事会,给买方增加选送合格人选出任公司董事的难度,以增加买方改选董事会的难度。

2006 年,美的董事会在修改公司章程时就制定了一系列的反收购策略,包括设置分级分期董事制度,给潜在的收购方制造了障碍,提高了进入门槛。收购方即使获得了美的的控股权,也很难往董事会派驻在数量上足以控制公司重要决策权的董事。

2. 多数条款

多数条款,即由公司规定涉及重大事项的决议,需经过绝大多数表决权同意通过。这就增加了收购者接管、改组目标公司的难度和成本。比如,章程可以规定:须经全体股东 2/3 或 3/4 以上同意,才允许公司与其他公司合并。这意味着收购者为了实现对目标公司的合并,须购买 2/3 或 3/4 以上的股权或须争取到更多的(2/3 或 3/4 以上)股东投票赞成其意见。

3. 限制大股东表决权条款

股东的最高决策权实际上体现为投票权,其中至关重要的是投票选举董事会的表决权。为了限制收购者拥有过多权利,可以在公司章程中加入限制股东表决权的条款。

限制表决权的办法通常有两种。

(1) 直接限制大股东的表决权,在章程中规定一旦某一股东的持股数超出一定数量时,就限制其表决权不得超过一定比例。

(2) 采取累计投票法(cumulative voting),它不同于普通投票法。普通投票法是一股一票,而且每一票只能投一个候选人。而采取累计投票法,投票人可以投等于候选人人数的票,并可能将票全部投给一人。一般普通投票法有利于大股东,买方只要控制了多数股权,就可按自己的意愿彻底改组董事会。但如果采取累计投票法或在章程中对大股东投票权进行限制,就可能会对收购构成一系列约束。它可以拥有超过半数的股份,但不一定拥有超过半数的表决权。若再配合以股东会分期轮选制度,那么买方就很难达到控制公司的目的。

11.6.3 反收购策略性重组

作为一种反收购策略,重组可分为正向重组和负向重组。

正向重组是使公司变得更好的调整,重组内容主要有:理顺管理架构,精简机构,裁减冗员,加强管理,提高效率;压缩非生产性开支,削减过大的长期投资,改善财务结构,出让相对次要的子公司或分公司;售卖效益欠佳及前景黯淡的资产、业务和部门,购入效益佳、前景好的企业、资产和业务;调整经营方针,采用先进技术,聘用优秀人才,改进现有产品,开发新产品,千方百计拓展市场业务。

负向重组是正向重组的对称,指对公司的资产、业务和财务进行调整与再组合,以使公司原有价值和吸引力不复存在。焦土术是负向重组的典型代表。焦土术的常用做法主要有售卖冠珠和虚胖战术两种。

1. 售卖冠珠

在并购行当里,人们习惯性地把一个公司里富有吸引力和具有收购价值的"部分"称为冠珠(crown jewels)。它可能是某个子公司、分公司或某个部门,可能是某项资产,可能是一种营业许可或业务,可能是一种技术秘密、专利权或关键人才,也可能是这些项目的组合。

冠珠富有吸引力,诱发收购行动,是收购者收购该公司的真正用意所在,将冠珠售卖或抵押出去,可以消除收购的诱因,粉碎收购者的初衷。1982 年 1 月,威梯克公司提出收购波罗斯威克公司 49% 的股份。面对收购威胁,波罗斯威克公司将其"冠珠"——舍伍德医药工业公司卖给美国家庭用品公司,售价为 4.25 亿英镑,威梯克公司遂于 1982 年 3 月打消了收购企图。

2. 虚胖战术

一个公司,如果财务状况好,资产质量高,业务结构又合理,那么就具有相当的吸引力诱发收购行动。

在这种情况下,一旦遭到收购袭击,它往往采用虚胖战术作为反收购的策略。其做法有多种,可以是购置大量资产,该种资产多半与经营无关或盈利能力差,令公司包袱沉重,资产质量下降;或者是大量增加公司负债,恶化财务状况,加大经营风险;或者是做一些长时间才能见效的投资,使公司在短时间内资产收益率大减。

所有这些使公司从精干变得臃肿,收购之后,买方将不堪重负。这如同苗条迷人的姑娘陡然虚胖起来,原有的魅力消失了,追求者只好望而却步。

11.6.4　毒丸计划

毒丸计划(poison pill)又称股权摊薄反并购策略,是一种提高并购成本同时造成目标企业吸引力急速降低的反收购措施。毒丸计划在平时不会生效,只有当企业面临被并购威胁时才启动。实践中主要有三种毒丸措施:负债毒丸计划、优先股权毒丸计划和人员毒丸计划。

(1)负债毒丸计划是指目标企业在并购威胁下大量增加自身负债,降低企业被并购的吸引力。负债毒丸计划主要通过企业在发行债券或借贷时订立的"毒药条款"来实现。一旦企业遭到并购,债权人有权要求提前赎回债券、清偿借贷或将债券转换成股票。负债毒丸计划的反并购作用主要表现在两方面:一方面,权证持有人以优惠条件购买目标企业股票或合并后的新企业股票,以及债权人依"毒药条款"将债券换成股票,稀释并购者的持股比例;另一方面,权证持有人向企业售卖手中持股来换取现金,或者债权人依"毒药条款"立即要求兑付债券或偿还贷款,耗竭企业现金,恶化企业的财务结构,使并购者在接收目标企业后面临着巨额的现金支出。

(2)优先股权毒丸计划是一种购股权计划,这种购股权通常发行给老股东,并且只有在某种事件发生时才能行使。优先股权毒丸计划一般分为"弹出"计划和"弹入"计划。"弹出"计划通常指履行购股权,购买优先股。譬如,以100元购买的优先股,该优先股持有者可以转换成目标公司200元的股票。"弹入"计划是目标公司以很高的溢价,购回其发行的购股权,通常溢价高达100%,即100元的优先股以200元的价格被购回,但敌意并购者或者触发这一事件的大股东,不在回购之列。这就稀释了并购者在目标公司的权益。

(3)人员毒丸计划是指企业的绝大部分高级管理人员共同签署协议,在企业以不公平价格被并购后,只要有一人被降职或解聘,全部管理人员将集体辞职。企业的管理层阵容越强大、越精干,实施这一策略的效果就越明显。

毒丸计划对于敌意收购来说是一项有力的反收购策略,同时也是一种比较"毒辣"的反收购策略。虽然它能在很大程度上阻止收购,但同时也会伤害目标公司的元气,恶化经营现状,毁坏企业发展前景,损害股东利益,因而常常会遭到股东们的反对,引起法律争讼。

11.6.5　降落伞战术

公司收购往往导致目标公司的管理人员被解职,普通员工也可能被解雇。在美国,曾经许多公司被收购以后,其高管人员在很短时间内被"踢"出公司,辛苦奋斗换来如此结果,不免让人顿生恻隐之心。于是一种旨在保护目标公司高管人员的规定,即"金色降落伞"(golden parachutes)应运而生。为了解除管理人员及员工的这种后顾之忧,美国许多公司采用"金色降落伞",同时又衍生出"灰色降落伞"(pension parachutes)和"锡降落伞"(tin parachutes)的做法。

"金色降落伞"也称黄金降落伞、金降落伞,是指目标公司董事会通过决议,由公司董事及高层管理者与目标公司签订合同规定:当目标公司被并购接管,其董事及高层管理者被解职的时候,可一次性领到巨额的退休金(解职费)、股票选择权收入或额外津贴。

2006年股改后,华润股份公司通过增持流通A股,使对万科A持股比例上升至13.35%,成为第一大股东。万科A在其首期限制性股票激励计划(草案修订稿)中,对管理层进行了类似"金色降落伞计划"式的利益保护。

"灰色降落伞"主要是向下面几级的管理人员,提供较为逊色的同类保证,根据工龄长短领取数周至数月的工资。

"锡降落伞"是指目标公司的员工若在公司被收购后两年内被解雇，则可领取员工遣散费。显然，"灰色降落伞"和"锡降落伞"的得名，其原理与"金降落伞"的得名如出一辙。

从反收购效果的角度来说，"金色降落伞""灰色降落伞"和"锡降落伞"策略，能够加大收购成本或增加目标公司现金支出从而阻碍并购。"金色降落伞"法有助于防止管理者从自己的后顾之忧出发，阻碍有利于公司和股东的合理并购，故"金色降落伞"引起了许多争论和疑问。

11.6.6　帕克曼防御术

作为反收购策略，帕克曼防御术（Pac-man defense）是指目标企业威胁收购方进行反收购，并开始购买收购者的普通股，以达到保卫自己的目的的策略。帕克曼防御术的特点是以攻为守，使攻守双方角色颠倒，致对方于被动局面。目标公司还可以出让本企业的部分利益，策动与目标企业关系密切的友好企业出面收购并购方股份，来达到围魏救赵的效果。从反收购效果来看，帕克曼防御术往往能使反收购方进退自如，可攻可守。进，可收购袭击者；守，可使袭击者为了自卫放弃原先的袭击企图；退，可因本公司拥有袭击者的股权，即便收购袭击成功，同样也能分享收购成功所带来的好处。

帕克曼防御术的运用，一般需要具备一些条件。首先，袭击者本身应是一家公众公司，否则就谈不上反收购袭击公司的股份；其次，袭击者本身要存在被收购的可能性；最后，目标企业需要有较强的资金实力和外部融资能力，否则风险很大。

11.6.7　"白衣骑士"

寻找"白衣骑士"是指目标公司在遭到敌意收购袭击时，主动寻找第三方（即所谓的"白衣骑士"）来与袭击者争购，造成第三方与袭击者竞价收购目标公司股份的局面。显然，"白衣骑士"的出价应该高于袭击者的初始出价。在这种情况下，袭击者要么提高收购价格，要么放弃收购。往往会出现"白衣骑士"与袭击者轮番竞价的情况，造成收购价格上涨，直至逼迫袭击者放弃收购。如果袭击者志在必得，也将付出高昂代价，甚至使该宗收购变得不经济。

为了吸引"白衣骑士"，目标公司常常通过"锁定选择权"或"财产锁定"等方式，给予一些优惠条件，以便于充当"白衣骑士"的公司购买目标公司的资产或股份。

股份锁定就是同意"白衣骑士"购买目标公司的库存股票或已经授权但尚未发行的股份，或者给予上述购买的选择。

财产锁定就是授予"白马骑士"购买目标公司重要资产的选择权，或签订一份当敌意收购发生时即由后者将重要资产售予"白衣骑士"的合同。

能否邀请到合适的"白衣骑士"是该种策略的成功运用的关键，一般应需要考虑以下因素。

（1）袭击者初始出价的高低。如果袭击者的初始出价偏低，那么"白衣骑士"在经济上合理的范围内抬价竞买的空间就大。这意味着目标公司更容易找到"白衣骑士"。如果袭击者的初始出价偏高，那么"白衣骑士"抬价竞买的空间就小，"白衣骑士""救驾"的成本就会相对较高，目标公司被救的可能性也就相对降低。

（2）尽管由于锁定选择权的运用"白衣骑士"在竞买过程中有了一定的优势，但竞买终归是实力的较量，所以充当"白衣骑士"的公司必须具备相当的实力。

（3）收购者一旦出价，仅有一定期限的开放期，所以"白衣骑士"往往需要闪电决策，快速行动。为此很难有充裕的时间对目标公司做深入全面的调查。这就增加了"白衣骑士"自身的收购风险，往往导致"白衣骑士"临战怯场，这在经济衰退年份尤其表现明显。

11.6.8　股票回购

特定目标的股票回购是当公司从单个股东或一组股东手中购回其持有的相当数量的公司普通股票时才会采用的，这样的股票回购经常是溢价成交，而且回购并不适用于其他股东。特定目标的股票回购可以作为反并购的一种手段,它可以促使并购者把股票出售给目标公司并赚取一定的利润,从而放弃进一步并购的计划。

通过向并购者支付高价赎金的办法来阻止并购是一件颇受争议的事情,因为赎金最终要由股东承担,但是首先从中受益的却是管理层。这种反并购策略是否能使股东受益,仍需进一步研究。

11.6.9 提起法律诉讼

最普通的反并购策略就是与并购者打官司,即提起法律诉讼。诉讼可能针对并购者的某些欺骗行为,违反反垄断或者证券法规等行为。

法律诉讼有两个目的:第一,可以拖延并购,从而鼓励其他竞争者参与并购。研究表明,在有法律诉讼的情况下,产生新的竞争出价者的可能性有62%,没有诉讼则只有11%。第二,可以通过法律诉讼迫使并购者提高其并购价格,或迫使并购公司为了避免法律诉讼而放弃并购。

阅读材料 优酷、土豆合并协同效应分析
管理财务模式凸显

阅读材料 解开华为收购美国三叶公司失利迷局

本 章 小 结

并购是兼并与收购的简称,泛指在市场机制作用下企业为了获得其他企业或资产的控制权而进行的产权交易活动。企业兼并一般指两家或两家以上公司合并组成一个新的企业。企业收购是指一家企业购买另一家企业的资产、股票等,从而占据对方公司控制地位的交易行为。在兼并中,被合并企业作为法人实体不复存在;而在收购中,被收购企业可仍以法人实体存在,其产权可以是部分转让。

企业并购的一般程序包括前期准备阶段、并购策划阶段、谈判签约阶段以及交割和整合阶段等。

目标上市公司的价值评估方法包括市盈率法、收益现值法、账面价值法和市场价格法等。目标非上市公司的价值评估方法包括重置成本模式和市价模式等。

企业并购的财务决策包括现金支付方式的财务决策和股利支付方式的财务决策。

企业并购后的整合包括经营业务的整合、文化整合和人员整合等。

反并购策略是目标公司管理层针对并购所采取的种种抗拒手段。反并购策略主要有建立合理的持股结构、在章程中设置反并购条款以及反收购策略性重组等。

关 键 术 语

并购(merger & acquisition)

企业兼并(enterprise merger)

企业收购(enterprise acquisition)

经营协同效应(operating synergy)

管理协同效应(managing synergy)

财务协同效应(financial synergy)

杠杆并购(leveraged buy-out,LBO)

管理层收购(management buy-outs,MBO)

市盈率法(price-earnings ratio method)

收益现值法(present value of earning method)

账面价值法(book value method)

市场价格方法(market price method)

股份回购(stock repurchase)

参考文献

[1] 斯蒂芬·A. 罗斯,伦道夫·W. 威斯特菲尔德,杰费利·F. 杰富. 公司理财[M]. 吴世农,沈艺峰,王志强,译. 11 版. 北京:机械工业出版社,2017.

[2] BERK J, MARZO D P, HARFORD J. Fundamentals of Corporate Finance[M]. 4E. London:Pearson Education Limited,2019.

[3] 詹姆斯·C. 范霍恩,小约翰·M. 瓦霍维奇. 财务管理基础[M]. 刘曙光,译. 13 版. 北京:清华大学出版社,2009.

[4] 中国注册会计师协会. 财务成本管理[M]. 北京:中国财政经济出版社,2021.

[5] 王化成. 高级财务管理[M]. 4 版. 北京:中国人民大学出版社,2017.

[6] 王化成,刘俊彦,荆新. 财务管理学[M]. 9 版. 北京:中国人民大学出版社,2021.

[7] 吴立扬,刘明进. 财务管理[M]. 武汉:武汉理工大学出版社,2009.

[8] 上海市国有资产监督管理委员会. 并购与重组[M]. 上海:上海财经大学出版社,2006.

[9] 马忠. 公司财务管理[M]. 2 版. 北京:机械工业出版社,2015.

思 考 题

11-1 什么是并购?

11-2 说明目标企业的估价方法。

11-3 什么是杠杆收购?

11-4 说明企业并购的支付方式和筹资来源。

11-5 对目标公司进行价值评估时,采用市盈率法的优缺点分别是什么?

11-6 企业并购后的整合应从哪些方面展开?

11-7 反并购策略有哪些?

练 习 题

○ 判断题

11-1 公司通过横向并购可以消除竞争,扩大市场份额。 ( )

11-2 公司兼并收购的本质,都是公司产权的有偿转让。 ( )

11-3 管理协同效应可以很好地解释混合并购的动因。 ( )

11-4 混合并购可以降低企业的经营风险。 ( )

11-5 经营协同效应只能发生在横向并购中,而不会发生在纵向并购中。 ( )

11-6 根据代理理论,公司并购是解决公司中代理问题的一种重要途径,可以降低代理成本。 ( )

11-7 公司并购采用现金支付方式会改变并购公司的股权结构。 ( )

11-8 公司并购采用股票支付方式时,目标公司的股东会丧失其股权。 ( )

11-9 采用股票支付方式进行公司并购,会使并购公司原有股东的控制权被稀释。 ( )

11-10 清算价值是以公平竞争的市场环境下的资产交易为假设前提评估出来的。 ( )

○ 单项选择题

11-1 A 公司与 B 公司合并,合并后 A、B 两家公司解散,成立一家新的公司 C,这种合并是( )。

A. 吸收合并　　　　　　B. 新设合并　　　　　　C. 横向并购　　　　　　D. 混合并购

11-2　一家整车生产企业并购一家汽车配件生产企业,这种并购属于(　　　)。

A. 横向并购　　　　　　B. 纵向并购　　　　　　C. 新设并购　　　　　　D. 混合并购

11-3　收购公司仅出少量的自由资本,主要以被收购公司的资产和将来的收益作抵押筹集大量资本用于收购,这种收购属于(　　　)。

A. 混合并购　　　　　　B. 善意并购　　　　　　C. 敌意并购　　　　　　D. 杠杆并购

11-4　财务协同效应理论对(　　　)提供了较现实的解释。

A. 横向并购　　　　　　B. 纵向并购　　　　　　C. 混合并购　　　　　　D. 杠杆并购

11-5　(　　　)考虑了资产实际价值。

A. 市场价值法　　　　　B. 清算价值法　　　　　C. 账面价值法　　　　　D. 市场比较法

11-6　由并购方直接发行某种形式的票据完成并购,从支付方式角度来看,这种并购支付方式属于(　　　)。

A. 换股支付　　　　　　B. 现金支付　　　　　　C. 综合证券　　　　　　D. 杠杆收购

11-7　一家公司直接向目标公司股东提出,购买他们手中持有的该公司股份的要约,以达到控制该公司的目的,这种并购行为属于(　　　)。

A. 强制并购　　　　　　B. 混合并购　　　　　　C. 要约收购　　　　　　D. 协议收购

11-8　并购谋求财务协同效应,可以提高并购公司的(　　　)。

A. 负债能力　　　　　　B. 经营能力　　　　　　C. 经济实力　　　　　　D. 合作能力

11-9　被并购企业丧失法人资格的并购是(　　　)。

A. 合并　　　　　　　　B. 敌意并购　　　　　　C. 收购　　　　　　　　D. 兼并

11-10　并购完成后进行的资产、人员等企业要素的整体系统性安排,从而使并购后的企业,按照一定的并购目标、方针和战略组织营运,这是(　　　)。

A. 并购整合　　　　　　B. 管理整合　　　　　　C. 控制整合　　　　　　D. 组织整合

○**多项选择题**

11-1　选择并购目标公司要经历的阶段是(　　　)。

A. 调查　　　　　　　　B. 审查　　　　　　　　C. 发现　　　　　　　　D. 评价

11-2　下列风险中是并购风险的有(　　　)。

A. 自身风险　　　　　　B. 市场风险　　　　　　C. 目标公司风险　　　　D. 投资风险

11-3　确定无风险利率时,可参考的利率有(　　　)。

A. 市场利率　　　　　　B. 银行利率　　　　　　C. 国债利率　　　　　　D. 公司债券利率

11-4　利用成本法估价目标企业的价值,常用的计价标准有(　　　)。

A. 清算价值　　　　　　B. 总资产价值　　　　　C. 净资产价值　　　　　D. 拍卖价值

11-5　预测并购资金需要量时应考虑(　　　)。

A. 整合运营成本　　　　B. 负债额度　　　　　　C. 不可估计费用　　　　D. 并购交易费用

11-6　并购上市公司的方式有(　　　)。

A. 杠杆收购　　　　　　B. 协议收购　　　　　　C. 要约收购　　　　　　D. 溢价收购

11-7　采用现金支付时,主并企业应考虑(　　　)。

A. 短期流动性　　　　　B. 融资额度　　　　　　C. 货币流动性　　　　　D. 中长期流动性

11-8　采用股票支付时,主并企业应考虑(　　　)。

A. 承受股权稀释能力　　　　　　　　　　B. 股权结构

C. 当前股价水平　　　　　　　　　　　　D. 财务杠杆比率

11-9　采用现金支付时,主并企业的筹资方式有(　　　)。

A. 增资扩股　　　　　　B. 内部融资　　　　　　C. 贷款　　　　　　　　D. 发行企业债券

11-10　管理层收购的程序有(　　　)。

A. 前期准备　　　　B. 认真审查　　　　C. 实施收购　　　　D. 后续整合

○计算分析题

11-1 甲公司经营发展需要并购乙公司，甲公司资本总额 500 万元，负债与权益之比为 2∶3，资本收益率（税前）为 20%，股票市盈率为 25；乙公司资本总额 200 万元，负债与权益之比为 1∶1，股票市盈率为 15，所得税税率为 40%。两公司的负债均为长期银行借款，银行借款年利率为 10%，预计并购后乙公司能获得与甲公司相同水平的资本收益率和市盈率。

要求：采用市盈率法计算目标企业乙公司的并购价值。

11-2 A 公司拟采用并购方式取得对 B 公司的控制权。B 公司生产经营特点决定其未来创造现金流量的能力较强，鉴于此，A 公司的最高决策层决定对 B 公司的估价，采用贴现现金流量法。

有关 B 公司的预测数据如下：

2020 年 B 公司实现现金净流量 100 万元，估计今后 5 年现金净流量每年以 25% 的幅度递增；B 公司资本结构为：负债占 40%，股权资金占 60%；证券市场无风险报酬率为 8%，平均风险股票必要报酬率为 13%，B 公司股票的 β 系数为 1.2；负债利息率为 10%（税后）。

要求：若 A 公司只有现金 600 万元，能否实现对 B 公司的并购？

11-3 甲企业计划通过发行股票收购乙企业，并购时甲、乙两企业有关财务信息如表 11-10 所示。

表 11-10　并购时甲、乙两企业有关财务信息

指　　标	甲企业	乙企业
净利润/万元	500	100
普通股数量/万股	200	100
每股市价/元	20	12

若并购后甲、乙两企业盈利能力不变。

要求：

（1）甲企业以每股 15 元的价格收购乙企业股票后，甲企业的每股收益与并购前相比变化多少？原乙企业的股东每股收益与并购前变化多少？

（2）确保甲企业股东每股收益维持并购前水平的股票交换率是多少？

11-4 甲公司拟收购乙公司，甲公司目前的市场价值为 8 000 万元，乙公司目前的市场价值为 2 000 万元，估计合并后新公司的市场价值将达到 15 000 万元。乙公司股东要求以 2 500 万元成交，并购的交易费用为 500 万元。

要求：

（1）并购的收益为多少？

（2）并购的溢价为多少？

（3）并购的净收益为多少？

○案例分析题

中集集团的并购扩张之路

中国国际海运集装箱（集团）股份有限公司（以下简称"中集集团"），成立于 1980 年 1 月，最初由中国香港招商局集团和丹麦宝隆洋行共同出资 300 万美元合资组建。1987 年，交通部中国远洋运输总公司（以下简称"中远公司"）对中集集团进行投资，使中集集团的总投资额达到 400 万美元，其中招商局集团和中远公司各占 45% 的股份，宝隆洋行占 10% 的股份。1992 年，中集集团开始实行公众股份制改造。1993 年 12 月，定向募集职工股 576 万股。1994 年 2 月，分别向境内社会公众和境外投资者发行了 1 200 万 A 股和 1 300 万 B 股，发行价为 8.50 元人民币，扣除发行费用后净筹集资金 19 830 万元人民币。其 B 股和 A 股分别于 1994 年 3 月 23 日和 1994 年 4 月 8 日在深圳证券交易所上市。

进入 20 世纪 90 年代以来，中国经济持续增长，进出口贸易日渐繁荣，尤其是出口的势头相当好。而中

国出口的产品大部分依然是价低量大的产品,其运输的主要方式是海运,这就使国内对集装箱的需求稳步增长。集装箱制造业经历了一个从美国到日本、韩国,再到中国的过程,这有两个方面的原因:一是成本优势,二是有需求。中国刚好同时具备这两个条件。由于制造的成本和运输成本低廉,国内的集装箱供应比较具有优势,给集装箱制造企业提供了一个较大的市场空间,如何进行规模扩张、降低成本,是在竞争中立于不败之地的关键。

集装箱制造业是一个资金、技术密集型的行业。由于20世纪90年代初期的市场的增长使早期进入该行业的厂家取得了较好的回报,1990年的行业利润率高达30%,马上吸引了大批的厂家挤入集装箱制造业。中国先后有二十多家企业上线集装箱项目,东南亚国家的一些企业也进行了大力的发展。尽管对集装箱的需求增长,但生产能力的增长由于这种低水平的重复建设而迅速膨胀,导致低水平的激烈竞争。在供求矛盾最严重的时候,全球的市场恶性竞争的结果使一些技术力量、管理水平低的企业陷入困境,一些厂家的订单很少,甚至根本拿不到订单。面对这种行业内重复建设严重、大量的资金沉淀、资源浪费严重,国家明确规定控制新的项目上马。正是由于这种政策的出台,给中集集团带来了低成本扩张的机会。由于实施了新项目的控制,使市场供需的矛盾不会进一步恶化,要扩张规模的渠道只能是进行并购,而那些苦于得不到订单的企业正急于从中退出来,这就给中集集团一个很好的并购时机。

中集集团作为一个股份公司,在管理水平、市场开拓、融资环境、公司商誉等方面都具备了一定的优势,这些优势加上其在集装箱制造方面形成的专属能力,构成了在集装箱行业通过横向兼并进行扩张的核心竞争力,使一系列生产要素实行有效的转移和重组成为可能。

中集集团在对市场进行了全面的分析后,进行了周密的策划,做出利用自身的核心优势,走通过并购进行低成本扩展的策略。在决策过程中考虑了区域因素:第一,区域经济环境。当时国家实行沿海开放政策,整个沿海地区的投资环境、法制环境、人的思想观念以及经济的发达程度都比内地强。因此,中集集团的收购对象基本限定在沿海地区。第二,对客户要求的反应速度。客户都希望集装箱一生产出来,就能在最近的地方装货出口,这样成本是最低的。华南地区生产的箱子调到华北去装货然后出口,显然要比在华北生产、当地交货从时间上、成本上说都要有优势。

通过系统设计、整体策划,在选择收购对象时充分考虑了未来的战略部署。基于集装箱生产在中国已形成了华北、华东华南三大区域的特点,确立了在每个区域建立生产基地的并购策略,以求实现最佳地区布局,获取有利的战略优势。

到1993年,中集集团各方面都准备就绪,在周密策划之后首度出击,收购了大连集装箱公司51%的股权,揭开了收购的序幕,进而进行了一连串的并购行为。

在单个收购对象的选择上,中集集团重视对其生产经营状况的分析。根据行业生产过剩、很多企业经营不善的特点,在前期的并购对手上,中集集团选择了收购劣势企业、低成本扩张的策略。这些劣势企业基本上是没有价值可言,在谈判的过程里,被收购方基本没有筹码可以谈,价格上基本是中集集团一锤定音。而中集集团通过对这些企业的资产进行重组,对其管理进行提升,可以以最小的成本,迅速获得效益。而在中集集团后期的收购中,收购策略主要是强强合作。1999年,中集集团出资2 800万元收购了韩国现代集团在青岛两个厂的有形资产。这些实力很强的企业这时候在集装箱制造业已经失去了以前的优势,退居第二、第三。中集集团通过对它们的收购,一方面是逼它们快点退出去,让出它们仍然占有的市场份额;另一方面是避免了直接竞争和重复建设对市场价格的破坏,维护了一个有盈利的市场价格。

为使收购完成后能迅速建立起相应的管理体系,中集集团在并购完成后立即派驻人员对企业进行重新改造。被收购企业的员工愿意留下来的都可以留下来,但领导班子成员则全部换掉,由总部派驻,原来的领导班子降级使用。对于管理基础特别差的企业,包括部门经理,乃至主要岗位的班长都由总部派任。中集集团曾派驻最多的企业,一次派去了29人。大换血的强硬措施与集团公司的构成是分不开的。在中集集团,资产是维系集团公司与其下属企业关系的唯一纽带。中集集团在投资、并购企业时,一个重要的原则是力争控股,以保证新设立企业的总经理、财务经理基本由中集集团委派。

通过外派干部的运作,中集集团将集团公司的目标管理体制移植到被收购企业。中集集团的目标管理

244

不同于一般意义上的经营承包责任制，考核结果不仅与企业经营或经营班子挂钩，而且与企业全体员工的经济利益挂钩，使企业、经营者和员工真正成为利益共同体。指标考核体现了重奖轻罚的原则。下属企业建立相应的一套激励与约束并存的指标考核体系，将集团下达的考核指标层层分解，落实到具体责任人，从管理机制上保证了集团整体目标的顺利实现。考核指标的制定以统计数据为基础，根据各下属公司在集团战略发展中的地位、所扮演的角色以及管理基础各有侧重，确保其合理性和可执行性。

造就一些有共同价值观和共同理念的员工干部，是企业文化成败的关键，在被收购企业的管理中尤其重要。塑造企业文化的方式、方法可以是多种多样的，但目标必须是所有员工一致认同的。在现有的经济环境下，人们都希望能有一个环境让他们成才。但中集集团的员工都有一个共同的认识，即他们的成功是建立在中集集团发展的基础之上的。中集集团力图为每个人都提供一个舞台，以结果为导向，提倡全体员工"尽心、尽力、尽善"。通过外派干部对被收购企业进行改造，把中集集团的文化移植过去，实现双方的融合，体现规模优势。

集装箱的生产材料消耗主要是钢材、油漆、木地板。这三项的成本大约占材料总成本的70％。对于这些大宗原材料的采购，中集集团充分地利用规模扩大之后集团采购量大、需求稳定的优势，坚持三级谈判、三级压价制度，从而确保了材料的质优价廉，实现了直接控制、统一计划、统一分配、统一核算并且集中管理的方式，有效地降低了生产成本。

集装箱空箱运输成本很高，如在青岛生产当地交货，单箱运输费用需20多美元。但如果在大连生产青岛交货，单箱运输成本则要多出100多美元。通过并购扩张后，中集集团充分利用其在中国三大区域都有的生产基地、布局均衡的优势，统一下达生产任务，降低空箱运输成本，效果十分显著。

中集集团从1994年开始以集团架构进行运作。从1993年并购扩张开始，并购战略使中集集团的规模迅速扩大。经过7年的发展，集团资产总额从1993年5.76亿元人民币增长到现在的将近80亿元人民币。净资产从1993年的1.37亿元人民币增长到现在的17.54亿元人民币。并购战略的实施取得了预期的效果，具体说来，取得了良好的并购效应。

分析与讨论：

(1) 中集集团并购的动因有哪些？其与一般企业的并购动因是否相同？为什么？

(2) 中集集团是如何确定并购目标的？

(3) 中集集团是怎样进行并购整合管理的？

第12章

破产与重整

学习目标

- 理解破产、重整和清算等基本概念。
- 了解破产财务管理的相关内容。
- 了解重整财务管理的相关内容,包括非正式财务重整和正式财务重整的方式、程序和优缺点,以及相关财务问题。
- 了解清算财务管理的相关内容,包括清算的原因、类型、程序和破产清算的相关财务问题。

引导案例

中国物流集团成立

2021年12月6日,经国务院批准,中国物流集团有限公司(以下简称"中国物流集团")正式成立。这是我国以综合物流作为第一主业的新央企,在我国物流行业发展史上具有里程碑意义,开启了打造世界一流综合物流集团的全新篇章。

新组建的中国物流集团由原中国铁路物资集团有限公司与中国诚通控股集团有限公司物流板块的中国物资储运集团有限公司、华贸国际物流股份有限公司、中国物流股份有限公司、中国包装有限责任公司4家企业为基础整合而成,同步引入中国东方航空集团有限公司、中国远洋海运集团有限公司、招商局集团有限公司作为战略投资者,形成紧密战略协同。中国物流集团的股权结构:国务院国资委和中国诚通控股集团有限公司均持有38.9%;3家战略投资者持股比例分别为10%、7.3%、4.9%。中国物流集团是国务院国资委直接监管的又一家股权多元化中央企业。

目前,新组建的中国物流集团经营网点遍布国内30个省(市、区)及海外五大洲,拥有土地面积2 426万平方米、库房495万平方米、料场356万平方米;拥有铁路专用线120条、期货交割仓库42座;整合社会公路货运车辆近300万辆;国际班列纵横亚欧大陆,在国际物流市场具有较强竞争优势。

资料来源:上海证券报·中国证券网,https://stock.cnstock.com,2021-12-06.

12.1 企业破产

12.1.1 企业破产的概念

从经济学和法学的不同角度来看,"破产"的含义有所不同。从经济学角度看,破产是企业由于经营不善、管理无能、不明智扩张、激烈竞争等原因,造成的企业经营状况恶化,效益低下,竞争能力下降,在市场竞争中被淘汰。从法学角度看,破产是指债务人不能清偿到期债务时,由法院强制执行其全部财产,公平清偿全体债权人;或在法院监督下,由债务人与债权人会议达成和解协议,整顿、复苏企业,清偿债务,避免倒闭清算的法律制度。

广义的企业破产是指企业由于经营管理不善等原因,造成的企业不能清偿到期债务时,按照一定程序,采取一定方式,使其债务得以解脱的经济事件。企业破产可以分为技术性无力偿付(technical insolvency)、破产性无力偿付(insolvency in bankruptcy)和法律性破产(legal bankruptcy)。

狭义的企业破产是指法律性破产,即债务人企业不能清偿到期债务,经破产申请人申请,由法院依法强制执行其全部财产,公平清偿所欠全体债权人债务的经济事件。

我国1989—2007年的破产企业立案统计如图12-1所示。

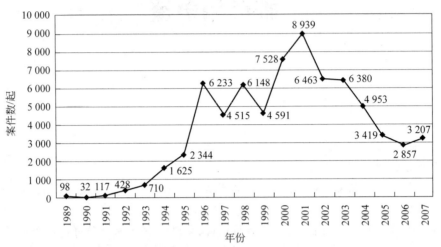

图 12-1　我国 1989—2007 年的破产企业立案统计

从图12-1的统计可以看出,我国破产立案数自1991年起,连续6年以每年超过此前历年总和的速度上升;1997—1999年有3年摇摆;2001年达到历史最高点的8 939件;而后从2002年开始,连续5年下跌,2006年跌至2857件;2007年则是6年来破产案件首次上升之年。

据调查,我国5年内中小企业的淘汰率为70%,只有大约30%具有成长潜力。

相关链接 12-1

2007—2020年全国法院共审结破产案件逾4.8万件

企业破产法是市场经济的一项基础性法律制度。我国企业破产法实施以来取得积极成效,2007—2020年,全国法院共受理破产案件59 604件,审结破产案件48 045件。

2021年8月18日,全国人大常委会执法检查组关于检查企业破产法实施情况的报告提请十三届全国人大常委会第三十次会议审议。

报告显示,企业破产法实施后的一段时间,我国每年破产案件数量在3 000件左右。党的十八大以来,随着供给侧结构性改革持续深化,加快建立和完善市场主体挽救和退出机制,破产案件数量快速上升,2017—2020年受理和审结的破产案件分别占法律实施以来案件总量的54%和41%。

报告称,企业破产法逐步被市场主体接受和社会认可,困境企业运用破产制度的能力增强,债务人主动申请破产案件的比例上升;各级政府和法院加强统筹协调,破产工作机制不断完善,在世界银行营商环境测评中,我国办理破产的评价名次从2013年的82位提升到2020年的51位。

报告还介绍,人民法院加强专业建设,破产司法保障能力不断提升:全国已设立14个破产法庭、近100个清算与破产审判庭以及专门的合议庭集中办理破产案件;共有从事破产审判工作的员额法官417名;28家高级人民法院和284家中级人民法院编制了管理人名册,共纳入机构管理人5 060家、个人管理人703人。

资料来源:https://finance.eastmoney.com/a/202108182054511189.html.

12.1.2　企业的破产界限

1. 破产界限

破产界限(bankmptcy limit)又称破产原因,是指法院用于裁定债务人破产的法律标准。世界上多数国家在破产立法中采用的是"不能偿债、资不抵债"的概念来确认企业破产。

在破产立法上,破产界限的规定方式主要包括概括式和列举式。概括式一般是对破产界限作抽象性的规定,其着眼于破产发生的一般性原因,而不是具体行为。其通常有三种情况:不能清偿或无力支付;资不抵债;停止支付。列举式一般是在法律中规定若干种表明债务人丧失清偿能力的具体行为,凡实施其中行为之一者便认定达到破产界限。如美国和澳大利亚采用概括式,英国和德国则采用列举式,也有国家将两种立法方式结合使用。

2. 我国的破产界限规定

我国采用概括式来规定企业的破产界限。2007年6月1日起施行的新《中华人民共和国企业破产法》(以下简称"新《破产法》")第一章第二条规定:"企业法人不能清偿到期债务,并且资产不足以清偿全部债务或者明显缺乏清偿能力的,依照本法规定清理债务。""企业法人有前款规定情形,或者有明显丧失清偿能力可能的,可以依照本法规定进行重整。"

与1986年的《破产法》相比,新《破产法》放宽了企业的破产界限,降低了企业破产申请的门槛。根据1986年的《破产法》规定,国有企业申请破产,还必须经过国有资产管理部门的批准。非国有企业破产按照最高法院司法解释的规定,也要经过开办人和股东会的同意,这些形式要件的限制,使一大批已倒闭、不复生存的企业徘徊在破产的门外。新《破产法》则取消了这些限制。

近几年,国有企业关闭破产工作取得了重要进展,一批长期亏损、资不抵债、扭亏无望的国有大中型企业和资源枯竭的矿山,基本平稳有序地退出了市场。国资委的统计数据显示,1994—2004年年底,全国共实施政策性关闭破产项目3 484户,核销金融机构债权2 370亿元人民币,安置关闭破产企业职工667万人。

12.1.3 企业破产财务管理

1. 企业破产阶段资金运动的特点

企业正常经营的财务管理是建立在企业持续经营假设基础上的,其主要内容是在正常经营条件下,对企业资金的筹集、运用和分配等。然而,在激烈的市场竞争中,企业存在破产倒闭的可能性,一旦被依法宣告企业破产,企业正常的资金运动立即停止。随着破产清算工作的进行,破产企业的资金开始改变原来正常的运动形式而出现新的特点。

(1)资金运动形式的差异。破产企业的资金运动,在空间上没有明显的依次性,在时间上也没有继起性。在企业正常经营的资金运动中,资金在供、产、销三个阶段是并存的,在时间上是继起的,且从一种形态转化为另一种形态,形成资金的循环和周转运动,实现资金的增值。

当企业进入破产程序时,意味着企业已经无法以既定的形式和目标持续经营下去,资金从短暂的冻结状态开始运动,在空间上没有明显的依次性,在时间上也没有继起性。同时,这一会计期间具有不确定性,它取决于破产宣告的时日、破产清算程序实施期间的长短以及清算组对破产企业的清算进度。

(2)资金运动形态的差异。破产企业的资金运动经过接管、变卖、清偿、分配过程,从储备资金、成品资金及其他财产资金形态转化为货币资金,接着从货币资金转化为清算资金,以清算资金偿付债务、分配财产后,资金运动终止。

企业破产清算期间的资金运动不能形成资金周转,而是具有单纯的、一次性、终极化的特点。

2. 企业破产财务管理的内容

企业在破产阶段资金运动的特点,决定了企业破产财务管理必须采用特定的方法。企业破产财务管理,就是根据新《破产法》的有关规定和其他政策法规,以及企业在破产清算阶段资金运动的规律,对企业破产财务活动进行组织、监督和调节的工作,以便于正确处理企业与各方面的经济关系。

企业破产财务管理的内容主要包括破产财产的清查与估价;破产债务的界定;破产财产的变现;破产所需费用的确认;债务清偿和剩余财产分配等。

12.2 企业重整

12.2.1 企业重整的概念和意义

1. 企业重整的概念

企业重整（corporate reorganization）也称企业重组、企业整顿，是指对陷入财务危机但仍有转机和重建价值的企业，按照一定程序进行重新整顿，使企业得以维持和复兴的做法。重整是对已经达到破产界限的企业进行的抢救措施。通过重整，可以使部分濒临破产的企业重新运作，摆脱破产厄运，走上继续发展之路。

企业重整包括和解与整顿两个方面：和解是债务人与债权人会议（或债权人委员会）就延期清偿债务期限、减少部分债务、企业整顿计划等，达成相互谅解；整顿是指债务人与债权人会议（或债权人委员会）达成的和解协议生效后，在债务人自己或上级主管部门主持下，所进行的经营方针、经营策略、产品结构、组织管理、人员调配等方面的调整和重组。

2. 企业重整的意义

企业重整对债权人、濒临破产企业和整个社会经济都具有十分重要的意义。

（1）减少待业人员的数量。企业重整能够减少因企业破产而增加的待业人员的数量。濒临破产的企业，一般都存在经营管理上的问题，假若任其发展下去，会浪费社会的财富和资源。倘若直接宣告其破产，需要花费较大的代价，不仅其原有的资产要廉价出售，破产企业的职工也面临失业的困境，并给社会带来压力。而通过企业重整，则可以挽救企业，避免或减少这种情况的发生。

（2）挽救濒临破产的企业。企业重整可以给达到破产界限的企业争取生存的最后机会，使濒临破产的企业复苏。一方面，企业可以通过与债权人达成的和解协议，获得延长债务偿还的期限或减免部分债务的优惠条件，为企业提供了一种相对宽松的外部环境；另一方面，企业又承受着濒临破产的压力，在相对宽松的外部环境下，这种压力会转化成强大的动力，激发企业的内在活力，促使其自救和发展。

（3）减少企业债权人和股东的损失。企业重整使濒临破产的企业复苏，减少了债权人和股东的损失。濒临破产的企业如果宣告破产，资产变现时一般会大幅贬值，破产债权往往只有很少的一部分能够得以收回。根据破产程序，未能清偿的大部分债务将会被一笔勾销，企业债权人将会遭受较大的损失，而企业股东的清偿顺序排在债权人之后，其损失更为严重。而如果达到破产界限的企业通过和解与整顿，恢复生机，在一定的延长期限内积极自救和发展，恢复正常经营，则债权人有可能减少损失，企业所有者也会从中受益。

相关链接 12-2

"筑巢引凤"盘活破产企业

杭州凌动逸行科技有限公司（以下简称"凌动公司"）成立于 2017 年，是一家发展方向为网约车客运业务的企业。2018 年年初获得一笔增资后，该公司开始盲目扩大人员规模，对外购买技术，但由于自有资金不足，资金链断裂，不到一年时间，凌动公司开始出现严重亏损。加之从成立以来便无任何盈利，公司开始遣散职工并结束运营。

2019 年起，陆续有职工因劳动争议对凌动公司提起诉讼，多起案件进入执行程序。

执行法官发现，该公司名下没有可供执行的财产，便转换思路运用执转破程序，试图通过法治化、市场化途径寻求化解公司困境的方案。2019 年 12 月 30 日，下城法院裁定受理凌动公司破产清算一案。

经查实，凌动公司在发展之初曾花费巨大财力、物力创建起一个网约车运行平台，并取得网约车经营许可证，有效期至 2022 年 10 月 29 日。该案破产法官介绍，虽然经营许可证属于禁止流通物，其本身并不具备资产价值，不得计入公司资产总额，但从目前网约车运营环境来看，这张经营许可证具备不小的商业价值。

于是，法院将经营许可证作为一项吸引投资的"利器"，让凌动公司从破产清算转入重整程序，并随即启动"预重整"模式,指导管理人在有影响的网站、公众号等公共媒体上发布招募投资人公告。

经过多方竞价及多轮谈判,最终确定了重整投资人,由浙江某公司出价收购凌动公司,成为其全资控股股东,对其继续经营。

2020年6月10日,法院以"线上+线下"方式召开凌动公司破产案第一次债权人会议,之后又启动了凌动公司重整计划的表决。将出资人权益调整为零,其股权全部转让给重整投资人,对已确认的职工债权按比例分阶段清偿。该重整方案确定职工债权平均清偿率达47.28%,普通债权清偿率达12.41%。

资料来源:https://finance.eastmoney.com/a/202101181779111863.html.

12.2.2 企业重整财务管理

按是否通过法律程序,企业重整可以分为非正式财务重整和正式财务重整。

1. 非正式财务重整

非正式财务重整(informal reorganization)是指企业在只是面临暂时性的财务危机,而且能恢复正常经营和偿还债务的前景比较乐观的情形下,债权人通常更愿意直接同企业联系,私下和解,帮助企业恢复和重新建立相对坚实的财务基础,而不通过法律程序来处理的一种财务重整方式。因此非正式财务重整也称自愿和解与整顿。

(1)非正式财务重整的方式。企业非正式财务重整包括债务展期、部分减免和准改组三种主要方式。

① 债务展期。债务展期即推迟企业到期债务的偿还期限,以使陷入财务困境的企业有机会生存下去,并在未来偿还其全部债务。债务展期对于技术上无偿债能力的企业来说,可以缓解其资金周转上的困难,企业通过债务展期就有可能摆脱财务困境,并偿还其全部债务。

② 部分减免。部分减免是债权人自愿同意减少债务人的债务,包括债务减免、债券置换、债转股,或将这几种方式混合使用。

债务减免是债权人以收回部分现金的形式与债务人解除契约,即所有未还债务按一定的百分比,由债务人用现金支付给所有债权人,便视同全部结清。债务减免又包括同意减少债务人偿还的本金数额,或同意降低利息率等。

【例12-1】 A企业于2018年年初向B银行以9%的利率借款100万元,期限为3年,现已经到期。由于某种原因,A企业陷入缺乏偿付能力的财务困境。B银行愿意与A企业私下和解,并同意将应偿还的本金数额减少为70万元,贷款利率降为7%。此时,A企业只需支付91万元(70+100×7%×3)现金即可结清此项贷款。当然,在实际中,债务减免的具体方式和比例由债务双方协商确定。

债券置换是指需要重整的企业,由于没有足够的现金来购回其到期的未偿债券,而用新债券来交换这些未偿债券。这样既可以相对延长债务的偿还期限,同时还可能因市场利率的变动使企业获得低利率的好处。

【例12-2】 某企业于2018年年初以9%的利率发行债券900万元,期限为3年,现已经到期。由于目前陷入财务困境,为降低利息负担,摆脱财务困境,该企业于2021年年初发行新的债券600万元进行债券置换。即用2021年新发行的债券替换2018年年初的旧债券,将2021年年初到期的部分债券偿还期推后至2023年以后,减轻当前的偿债负担。

同时,企业预见到市场利率(债券收益率)在2021年以后将会降至7%~8%。可见,企业进行债券置换后,既延长了债务偿还期限,同时也获得低利率的好处。

债转股是债务人将债务转换为资本,同时其债权人将债权转换为股权的债务重整方式。常见的有企业用普通股股票、优先股股票来置换未偿债券,以及将债券形式外的其他债务直接转为资本。但是需要注意的是,企业的可转换债券转换为资本的,属于正常情况下的债务转资本,不能看作此处的债转股。

【例12-3】 2021年11月29日晚间,海南航空控股股份有限公司(*ST海航,600221.SH)发布关于重整计划资本公积金转增股本事项实施的公告。

据资本公积金转增股本方案显示,本次重整以海航控股现有A股股票约164.37亿股为基数,按照每

10股转增10股实施资本公积金转增,转增股票约164.37亿股。转增后,海航控股总股本将增至332.43亿股。前述转增股票不向原股东分配,全部按照重整计划进行分配和处置。

其中:不少于44亿股股票以一定的价格引入战略投资者,股票转让价款优先用于支付重整费用和清偿部分债务,剩余部分用于补充流动资金以提高公司的经营能力;剩余约120.37亿股股票以一定的价格抵偿给海航控股及子公司部分债权人,用于清偿相对应的债务以化解海航控股及子公司债务风险、保全经营性资产、降低资产负债率。

公告显示,本次资本公积金转增股本股权登记日为2021年12月3日,除权除息日为2021年12月6日,转增股本上市日为2021年12月7日。本次转增股票均为无限售条件流通股。

一般来说,如果企业债权人同意债务展期或部分减免,表明债权人对债务人很有信心,相信债务人能够摆脱困境并有利于债权人。但是,在债务展期或部分减免后等待还款的一段时间里,由于企业经营的不确定性,随时可能发生新的问题导致债权人利益受到损害。为了对债务人实施控制,保护债权人利益,债权人通常在债务展期或部分减免后,采取以下措施:第一,坚持实行某种资产的转让或由第三方代管;第二,要求债务企业股东转让其股票到第三方代管账户,直至根据展期协议还清欠款为止;第三,债务企业的所有支票应由债权人委员会会签,以便于回流现金还清欠款。

债务展期与部分减免的目的都是使企业继续经营并避免昂贵的费用。虽然由于对企业的债务展期与部分减免会使债权人暂时无法收取账款而发生一些损失,但是,一旦企业从困境中恢复过来,债权人不仅能如数收回账款,而且还能给企业带来长远利益。

③ 准改组(quasi-reorganization)。准改组又称会计改组,指不必经过法院宣告解散而正式进行改组,仅由企业内部自己调整资产与资本的会计基础,企业对外的权利义务关系不受影响的重整方式。其主要目的在于弥补企业的经营亏损。准改组不产生新的法律主体,也不受法院的干预。

当一家企业长期发生严重亏损,留存利润出现巨额赤字,且有些资产的账面价值严重不符合实际时,从会计的角度来看,必须尽快进行准改组。事实上,准改组可以说只是一种会计上的改组,对某些资产、法定资本及留存利润账户的"重新开始"记载,所以准改组又称假改组。

例如,企业可以出售多余的固定资产,对一些固定资产或其他长期资产进行重估价,并以较低的公允价值反映,以减少计入将来会计期的折旧费用和摊销费用。准改组后,企业的留存利润必须抵消为零;若尚有亏损,则可用资本公积弥补,资本公积不足弥补的,再用减少股本的办法。准改组的结果是企业的资产、负债和所有者权益有了新的计价基础。

(2) 非正式财务重整的程序。非正式财务重整虽然不经过正规的法律程序,但也必须遵循一定的程序。第一,债务人或企业的债权人提出自愿和解;第二,召开债权人会议;第三,企业债权人和债务人通过会谈,确定企业重整方案;第四,会谈双方签署重整协议;第五,实施重整协议。

(3) 非正式财务重整的相关财务问题。

① 尽量减少债权人对其经营管理的限制。企业通过与债权人的谈判,应尽量延长债务的期限,减少债权人对企业经营管理的限制。债权人之所以愿意进行债务展期,是因为他们期望在以后能收回更多的债权。展期时间越长,对债务人越有利,企业应尽量争取延长债务的期限。为取得债权人的同意,企业的所有者通常同意在债务展期期间,债权人有权对企业的经营管理进行一定程度的干预,在与债权人谈判的过程中,应尽量减少债权人的干预程度,使生产经营得以顺利进行。

② 争取最大数额的债务减免。企业在与债权人谈判时,应争取最大数额的债务减免。在债权减免的谈判过程时,一般情况下,企业须同债权人进行多次商谈,才能确定债务减免的数额。债权人之所以同意减免债权,是因为债权减免后,可以避免正式破产所带来的成本,如管理成本、法律费用等。对债权人来说,其愿意减免债权,但是又不愿意减免太多,因此,企业应在谈判时尽最大努力,力求减免最大数额的债务。

③ 按展期和债权减免的规定来清偿债务。企业的债务经过展期和债权减免以后,偿还期限有所延长,债务数额有所减少,但是企业必须按时偿还经过展期和债权减免以后的债务。

(4) 非正式财务重整的优缺点。非正式财务重整的优点主要表现在:第一,重整所需的费用较少。因为非正式财务重整避免了履行正式手续所需要的大量费用,其重整过程中所需的人员费用,如律师、会计师费用,也比履行正式手续要少很多。第二,重整所需的时间较短。因为不需要履行正式手续,所以,非正式财务重整所需的时间较短。同时,其也避免了因履行正式程序,使企业长期不能转入正常经营而造成的企业资产闲置和资金回收推迟等浪费现象。第三,重整的灵活性更强。因为不需正式的程序,所以,非正式重整使谈判具有更大的灵活性,有时更容易达成协议。

当然,非正式财务重整也存在一定的缺点和不足,主要表现为:第一,重整有时难以达成一致。例如,当企业债权人人数很多或债务结构十分复杂时,可能无法兼顾所有债权人的利益,难以达成一致意见。第二,重整缺乏法律保障。由于没有法院的正式参与,非正式财务重整协议的执行缺乏必要的法律保障。第三,有可能损害债权人合法权益。在非正式财务重整过程中,如果债务人缺乏较好的道德水准,再加上缺乏法律保障,债务人有可能会侵蚀企业资产,损害债权人的合法权益。

2. 正式财务重整

正式财务重整(formal reorganization)也称正式和解与整顿,是在法院受理债权人申请破产案件的一定时期内,经债务人及其委托人申请,与债权人达成和解协议,以利于企业进行整顿、重组的一种制度。在正式财务重整过程中,法院起着重要的作用,尤其是要对财务重整计划的公正性和可行性作出判断。

(1)正式财务重整的程序。正式财务重整需要按照一定的程序来进行,履行一定的手续。一般来说,正式财务重整的程序为:第一,企业向法院提出重整申请。企业在向法院申请重整时,必须阐明对企业重整的必要性,以及不采用非正式财务重整的原因。第二,法院任命债权人委员会。法院接受企业的重整申请后,需要为企业任命债权人委员会。由债权人委员会对企业的财务、债务状况进行调查了解,并参与制订重整计划。第三,制订并通过重整计划。重整计划由债权人委员会制定并通过。只有当债权人会议通过重整计划后,企业才能进行重整。如果重整计划未被债权人会议通过,法院就要宣布债务人破产,并予以清算。第四,执行重整计划。企业应根据重整计划的措施,逐步实施,并将整顿情况通告给债权人委员会。第五,经法院认定宣告终止重整。有下列情形之一者,经法院裁定终止重整:①企业经过重整后,能按协议及时偿还债务,法院宣告终止重整;②重整期满,不能按协议清偿债务,法院宣告破产清算而终止重整;③重整期间,不履行重整计划,欺骗债权人,致使财务状况继续恶化,法院终止企业重整,宣告其破产清算。

相关链接 12-3

广东企业破产重整第一案。风华集团是于1996年12月28日经肇庆市工商行政管理局依法核准成立的国有独资有限公司。作为一家从事投资经营的集团公司,风华集团本部没有直接生产经营,收益渠道主要是通过对下属企业参股、控股而获得分红。它是上市公司广东风华高新科技股份有限公司的最大股东。

但是,由于前几年电子元器件行业不景气,产品盈利能力下降,仅靠投资分红的收入已无法承载风华集团负债总额巨大、利息支出的沉重负担,多年的亏损造成企业严重资不抵债,明显缺乏清偿能力,已经无法清偿到期债务。截至2007年6月30日,风华集团债权人的债权总额为26.62亿元,企业净资产为-18.63亿元。身负巨额债务,风华该怎么办?

由于风华集团是肇庆市举足轻重的企业,生产规模庞大,拥有9 000多名员工,每年税收过亿元,如果破产清算,将对地方经济的发展产生强烈的负面影响。基于这样的考虑,风华集团在2007年7月6日提出重整申请及重整预案,肇庆市中级人民法院经全面审查和慎重考虑后,于2007年7月11日裁定准许债务人风华集团重整,并发布公告,风华集团进入重整程序。

按风华集团2007年6月30日的清算评估价值计算,普通债权人只能获得部分清偿,而且时间延续较长。同时在此期间,种种不确定性因素也可能对其下属子公司,特别是对其上市公司的持续健康发展带来严重影响。最后,在各方努力协调下,风华集团计划筹集资金8.77亿元,全部用于清偿给各债权人,实现了4个100%:自法院批准重整计划草案之日起半年内,对有财产担保的债权,按质押物的评估价值,获得100%一次性现金清偿;对所欠职工债权,获得100%一次性现金清偿;对所欠税款,获得100%一次性现金清偿,不实行减债;对普通债权,获得21.95%的一次性现金清偿,其余78.05%的债务予以免除。9 000多名职工100%不用下岗。

（2）正式财务重整的相关财务问题。在正式财务重整的过程中，应着重关注重整计划中相关的财务问题。重整计划是对企业现有债权、股权的清理和变更作出安排，重整企业资本结构，提出未来的经营方案与实施方法。在重整计划的制订过程中，最关键的是对企业资本结构的重构，即对公司现有债权、股权的清理和变更作出安排，重整企业资本结构。其主要包括以下步骤。

① 重整企业价值的估算。常采用的方法是收益贴现法，即通过预测企业未来的现金流量，并确定用于未来现金流量贴现的贴现率，根据此贴现率对未来的现金流量进行贴现，以估算出企业的价值。

② 重整企业资本结构的调整。主要是利用债务展期，将某些债务转换为优先股、普通股等权益证券，构建新的资本结构。其目的是削减企业的债务负担和利息支出，为企业的继续经营创造一个合理的财务状况。

③ 重整企业资本结构的转换。重整企业确定新的资本结构后，即可用新的证券替换旧的证券，实现企业资本结构的转换。因此，需要将公司各类债权人和权益所有者，按照清偿权的优先级别分类统计，同一级别的债权人或权益所有者，在进行资本结构调整时享有相同的待遇。一般来讲，优先级别在前的债权人或权益所有者应优先得到安置。

【例 12-4】 A 企业准备重组，重组前企业的价值为 600 万元，资本结构如表 12-1 所示。

预计重组后企业未来的年度现金净流量为 32 万元，同行业平均资本报酬率为 8%。则重整企业的价值为 400 万元（32÷8%）。为了降低利息负担，资本结构调整为：流动负债的 80% 转换为优先股；信用公司债券和抵押公司债券的 40% 转换为收益债券，剩余的 60% 转换为普通股。则重整后企业的价值为 400 万元，新的资本结构如表 12-2 所示。

表 12-1　A 企业重组前的资本结构表

单位：万元

科　　目	金　　额
流动负债	50
信用公司债券	150
抵押公司债券	200
优先股	80
普通股	120
重整前价值合计	600

表 12-2　A 企业重组后的资本结构表

单位：万元

科　　目	金　　额
流动负债	10
收益债券	140
优先股	40
普通股	210
重整后价值合计	400

这里需要注意的是，由于企业重整后价值仅为 400 万元（50＋150＋200），仅能保证各类债权人的求偿，原优先股和普通股权益无法得到保证。

假设流动负债的利率是 8%，信用公司债券利率为 12%，抵押公司债券利率为 9%，收益债券利率为 11.5%，则重组前企业利息负担为

$$50×8\%＋150×12\%＋200×9\%＝40（万元）$$

而重组后企业利息负担为

$$10×8\%＋140×11.5\%＝16.9（万元）$$

由此可见，重组后大幅降低了企业的债务和利息负担，有利于企业继续经营，帮助其走出财务困境。

（3）正式财务重整的优缺点。正式财务重整的优点主要表现在：第一，重整具有法律保障。正式财务重整须经过一定的法律程序，有法院的参与，和解协议的实施更加合法，对债务人的行为也更加有约束力。第二，重整可为企业提供宽松的外部环境。对债务人而言，一方面，和解与整顿的裁定会给企业带来强大的压力，这可以激发企业努力争取成功；另一方面，重整计划中所规定的债务减免和展期，又为企业的整顿提供了较为宽松的外部环境。第三，重整可以使债权人收回更多的债权。和解与整顿可以使债权人收回较多的债权，一旦企业重整成功，债权人就能收回比破产清算更多的债权。

当然,正式财务重整也有一定的缺点,其主要表现为:第一,重整所需的时间长,费用高。与非正式财务重整相比,正式财务重整需要履行正式的手续和程序,时间较长,并会发生大量的手续费用。第二,重整有可能损害债权人利益。如果整顿不成功,债务人企业继续亏损,将会使债权人的利益受到更大的损害。

【例 12-5】 正在改组的 B 公司原有资本结构如表 12-3 所示。在重整过程中,主要步骤如下。

第一,B 公司使用预期收益资本化率方法测定公司总价值。

B 公司预期收益为 2 000 万元,而拥有相似风险和经营特点的同行业公司的资本化率平均水平为 10%,则重整公司 B 的总价值为 20 000 万元。

第二,为了缩减固定费用,提高偿付比率,规定了 B 公司较为合适的资本结构。

第三,分配新证券。将原 9 000 万元信用债券,规划为 3 000 万元新的信用债券和 6 000 万元收益债券,可以压缩利息支出;将原应收账款 3 000 万元转为 3 000 万元优先股票;将原 6 000 万元优先股股票转为普通股股票;同时普通股持有人在公司重整后,只能获得 2 000 万元新普通股,仅占新普通股发行总额的 25%。

B 公司改组后的资本结构如表 12-4 所示。

表 12-3 B 公司改组前的资本结构表

单位:万元

科 目	金 额
信用债券	9 000
应付账款	3 000
优先股股票	6 000
普通股股票	10 000
总 计	28 000

表 12-4 B 公司改组后的资本结构表

单位:万元

科 目	金 额
信用债券	3 000
收益债券	6 000
优先股股票	3 000
普通股股票	8 000
总 计	20 000

12.3 企 业 清 算

12.3.1 企业清算的概念和类型

1. 企业清算的概念

企业清算(liquidation)是在企业终止过程中,为保护债权人、所有者等利益相关者的合法权益,依法对企业财产、债权债务进行全面清查,处理企业未了事宜,收回债权、变卖财产、偿还债务、分配剩余财产、终止其经营活动等一系列工作的总称。

2. 清算的原因

企业进行清算的原因很多,大致可分为以下几类。

(1)破产企业清算。市场经济是建立在公平竞争、优胜劣汰的基础上的。因此,企业之间生存竞争,迫使严重亏损的企业破产,可以使有限的经济资源得到更为优化的配置。企业破产以后,对其财产进行处置,这就是破产清算。

(2)经营期限届满清算。根据有关法规规定,有些企业在经营期限届满时,需要解散、清算。如外商投资企业必须有明确的经营期限,有限责任企业也可以在企业章程中规定经营期限。这些企业经营期限届满宣告解散时,要进行解散、清算。这就是完全解散、清算。

(3)产权转让清算。有限责任企业和私营企业的投资者,可以根据需要,按企业章程和有关法律规定,对其在企业中的投资转让于他人,这种产权转让,就要求对产权出让人所有的财产进行清算,这就是产权转让清算。

(4)其他原因解散清算。其他原因解散清算是指企业因出现特殊原因,而被迫在期限届满之前宣告提前解散的情形。

3. 清算的类型

(1)按清算原因分类。企业清算按其原因可分为破产清算和解散清算。

破产清算是由于企业经营管理不善,造成严重亏损,不能偿还到期债务而进行的清算。清算组在清理企业财产、编制资产负债表和财产清单后,发现企业财产不足清偿债务的,应当依法向人民法院申请宣告破产。解散清算则包括上述经营期限届满清算、产权转让清算和其他原因解散清算。

(2)按清算的法律程序不同分类。企业清算按清算的法律程序不同,可以分为普通清算和特别清算。

普通清算是指企业自行组织的清算,其清算事务主要由企业自行确定,清算人按法律规定的一般程序进行,法院和债权人不直接干预。特别清算是指企业依法院的命令开始,并且自始至终都在法院的严格监督之下进行的清算。

在普通清算中,法院之所以不出面干预,是因为清算工作本身并不是因企业破产所致,清算财产足够偿付债务,债权人的利益有保障,企业能按法律和章程的规定组织清算工作,不至于产生股东权益的纠纷。

特别清算是当企业不能清偿到期债务,企业有资产不足清偿到期债务的嫌疑,企业无力自行组织清算工作,企业董事会对清算事务达不成一致意见,或者由债权人、股东、董事会中的任何一方申请等情况发生,应采用特别清算程序。此时,如果没有法院出面,就无法将债权人与股东、债权人与债权人、股东与股东之间的经济利益公平合理地加以处理。因此,法院要直接出面干预。

(3)按企业是否自愿分类。企业清算按企业是否自愿,分为自愿清算和非自愿清算。

自愿清算是债权人和债务人之间通过协商私下进行的清算。在某些情况下,债权人通过对负债企业的全面调查和分析后发现,该企业已无继续存在的必要,清算是唯一可供选择的出路,为避免冗长耗时的法律程序和昂贵的费用,自愿清算可能更为有效,且可以使债权人更多地收回自己的资金。由于自愿清算必须得到所有债权人的同意,因此,它通常仅适用于债权人人数较少,且债券不是公开发行的企业。非自愿清算是通过正规的法律程序进行的清算。

相关链接 12-4

2021年2月22日,腾邦国际商业服务集团股份有限公司(以下简称"腾邦国际")宣布,拟同意控股子公司腾邦旅游集团有限公司(以下简称"腾邦旅游集团")被债权人申请破产清算。

资料显示,腾邦旅游集团成立于2008年,由腾邦国际持股70%,近三年由腾邦国际实控人史进任总经理,负责腾邦旅游集团全面经营管理。1月25日,腾邦旅游集团收到法院《听证通知书》,因不能清偿到期债务,并且资产不足以清偿全部债务或者明显缺乏清偿能力,腾邦旅游集团被申请破产清算。

在本次公告中,腾邦国际方面称,腾邦旅游集团的主要业务为出境游,受疫情影响,业绩出现亏损。同时,腾邦旅游集团多项债务逾期。截至2020年9月30日,腾邦旅游集团总资产为4.68亿元,负债总额为7.94亿元,累计诉讼金额达7.09亿元,已经严重资不抵债、不能清偿到期债务,预计短期内出境游业务不会有太好的转机,明显缺乏偿债能力,故拟同意腾邦旅游集团被债权人申请破产清算。

据了解,腾邦国际对腾邦旅游集团长期股权投资账面余额4.2亿元,截至2020年9月30日,腾邦旅游集团累计未分配利润为-8.87亿元,其中归属于上市公司未分配利润为-6.21亿元。腾邦旅游集团破产清算预计会对腾邦国际造成3.45亿元损失。

资料来源:新京报,2021-02-23.

12.3.2 企业清算的程序

1. 解散清算的程序

企业解散清算时,资产总额一般都大于负债总额,债务能够全部还清。解散清算的关键是偿还债务以后所有者之间利益关系的处理。其程序如下。

(1)宣告解散。当企业解散时,企业应刊登公告或直接通知债权人前来办理债权登记或结算债权债务手续,并从解散清算日起,停止一切正常生产经营业务,转入解散清算阶段。

（2）成立清算组织。企业解散清算组由主管部门有关人员组成。根据公司法的有关规定,企业应在公布解散的15日内成立清算组。中外合资企业解散清算委员会人选由董事会提出,报经合营企业主管部门审核监督;有限责任公司清算组由股东组成,股份有限公司清算组人选由股东大会确定。企业预期不成立清算组进行清算的,债权人可以申请法院指定有关人员进行清算。

清算组在清算期间的职权包括:①清理公司财产,分别编制资产负债表和财产清单;②通知、公告债权人;③处理与清算有关的公司未了结的业务;④清缴所欠税款以及清算过程中产生的税款;⑤清理债权、债务;⑥处理公司清偿债务后的剩余财产;⑦代表公司参与民事诉讼活动。

（3）债权人进行债权登记。债权人应当在法律规定的时间内进行债权登记。债权人申报时,应在规定的期限内,对其债权的数额及其有无财产担保进行申请,并提供证明材料,以便清算组或受托人进行债权登记。

（4）清理财产。清算组负责清理公司财产,编制资产负债表和财产清单;提出财产评估作价和计价依据;清缴所欠税款,清理债权债务,处理企业清偿债务后的剩余财产。如果发现清算企业的资产不足以偿付全部债务时,应立即向法院申请破产。

（5）制订清算方案。清算组在对企业资产进行估价的基础上,制订清算方案。清算方案主要包括:①清算的程序和步骤;②财产定价方法和估价结果;③债权收回和财产变卖的具体方案;④债务的清偿顺序;⑤剩余财产的分配,以及对公司遗留问题的处理等。清算方案应报经股东大会或有关主管机关审核。

（6）执行清算方案。执行清算方案包括以下内容。

① 清算财产的范围及估价。清算财产包括宣告清算时企业的全部财产以及清算期间取得的资产。清算财产的估价一般以账面净值为依据,也可以以重估价值或变现收入等为依据。

② 确定清算损益。企业清算终了时,清算收益扣除清算损失、清算费用后的差额为清算所得。清算所得应依法交纳企业所得税。

③ 剩余财产分配。企业应按规定顺序,清偿欠款及分配剩余财产,清偿顺序依次为:支付清算费用;支付公司所欠职工工资和劳动保险费用;支付公司所欠税款;清偿公司债务;向优先股股东分配剩余财产;向普通股股东分配剩余财产。

（7）办理清算的法律手续。企业清算工作结束后,清算组应当编制清算报告,并编制清算期内会计报表和各种账务清册,报有关方面确认,并报送企业登记机关,申请注销企业登记,宣告企业终止。

2. 破产清算的程序

（1）破产宣告。破产宣告是法院对具备破产条件的债务人做出宣告其破产的司法行为。法院一旦做出破产宣告的裁定,破产程序就进入实质性阶段,债务人正式成为破产人,债权人则依清算、分配程序受偿。

（2）成立破产清算组。破产清算组又称破产管理人,是指负责破产财产的管理、清算、估价、变卖和分配的专门机构。根据公司法的规定,法院应当自宣告进入企业破产程序之日起15日内,组织股东、有关机关与有关专业人员成立清算组。

清算组成立后,一般在法院的指导下设立若干个小组,负责企业职工的思想工作、财产保管工作、债权债务清理工作、破产财产处置工作以及职工的安置工作等。清算组对法院负责并报告工作,接受法院的监督。

（3）破产财产分配。破产财产是指属于破产企业的,可供分配给债权人的全部财产。破产财产的构成包括:①宣告破产时,破产企业经营管理的全部财产;②宣告破产后至破产程序终结前,破产企业所取得的财产,如清算期间收回的财产、债务人偿还的财产等;③尚未到期的破产企业债权;④在法院受理的破产案件前6个月至破产宣告日期间,企业隐匿、私分、无偿转让、非法出售的财产,经清算组追回后,并入破产财产。但是,已作为担保的财产相当于所担保债务数额的部分、为他人代保管的财产等不得作为破产财产。

一般来说,破产财产的分配顺序为:①支付破产财产的管理、变卖和分配所需要的费用;②支付破产案件的诉讼费用;③支付为债权人的共同利益,而在破产程序中花费的其他费用;④支付破产企业所欠职工工资和劳动保险费用;⑤支付破产企业所欠税款;⑥支付破产企业的债权。

（4）破产程序终结。破产财产分配完毕后,由清算组提请法院终结破产程序。法院在收到清算组的报告和终结破产程序申请后,认为符合破产程序终结规定的,应当在7日内裁定终结破产程序。

（5）注销登记。破产程序终结后，由清算组向原审批机关办理破产企业注销登记和其他登记手续。破产企业的账册等材料由清算组移交破产企业上级主管机关保存；无上级主管机关的，由破产企业的开办人或者股东保存。

【例 12-6】 2021 年，A 公司因经营管理不善，严重亏损，形成恶性循环，不能偿还到期债务，债权人申请破产，步骤如下。

首先，法院受理，通知债权人申报债权，并登记。

其次，法院宣告 A 公司进行破产清算，成立清算小组，接管该破产企业，经清理后确定的 A 公司破产财产及被追偿权如表 12-5 所示。

表 12-5　A 公司破产财产及被追偿权表　　　　　　　　单位：万元

资　产	金　额	追偿权	金　额
现金	200	应付账款	1 500
应收账款	3 000	应付票据	1 000
存货	2 000	应付工资	120
土地	200	应付税金	180
厂房设备（净值）	4 600	抵押贷款 *	3 000
		其他应付款	2 500
		普通股	1 700
总　　计	10 000	总　　计	10 000

注：* 为抵押贷款，是指将 A 公司土地、厂房、设备作为担保的贷款。

最后，清算小组将 A 公司资产进行清理、估价、变现，编制分配方案，提交债权人讨论通过后上交法院裁定。A 公司资产经清理、估价、变现后的可分配价值如表 12-6 所示。

表 12-6　A 公司资产变现后的可分配价值表　　　　　　　　单位：万元

科　目	原价值	清理后的价值
现金	200	200
应收账款	3 000	2 400
存货	2 000	1 400
土地	200	200
厂房设备	4 600	2 000
总　　计	10 000	6 200

按法律规定的清偿顺序，清算价值应首先支付以下债权人：清算费用 800 万元，应付工资 120 万元，应付税金 180 万元，应付抵押贷款 2 200 万元，则剩余资产 2 900 万元（6 200－800－120－180－2 200）。剩余资产在一般债权人中按比例清偿，如表 12-7 所示。

表 12-7　B 公司剩余资产清偿表　　　　　　　　单位：万元

科　目	应清偿额	清偿实际付款
应付账款	1 500	750
应付票据	1 000	500
抵押贷款	800	400
其他应付款	2 500	1 250
总　　计	5 800	2 900

注：清偿实际付款比例为 50%＝2 900÷5 800。

破产财产清算完毕后，提请法院终结破产，解散清算小组，并向工商行政管理机关办理注销登记，至此，破产清算全部结束。

12.3.3 企业清算财务管理

企业清算的工作程序需要由法律规范。同时,清算资产的清查、变现,债权的收回,债务的偿还,剩余财产的分配等,则涉及的主要是企业的财务问题。因此,企业的清算工作,除了要遵守国家的法律、行政法规和企业的章程以外,还要遵守国家有关财务工作的基本规定,符合财务管理工作的一般规律。

1. 清算财产的界定和估价

(1)清算财产的界定。清算财产包括企业在清算程序终结前所拥有的全部财产以及由企业行使的其他财产权利。应注意的是,已经作为担保物的财产相当于担保债务的部分,不属于清算财产;而担保物的价款超过所担保债务数额的部分,属于清算财产。

(2)清算财产的估价。清算工作结束后,应对清算财产估价,以确定财产的清算价值,清算财产的估价一般以账面净值为依据,也可以重估价值或者变现收入等为依据。

① 账面净值。清算财产的账面价值,与实际价值背离不大的,可直接以账面净值为依据来计价。

② 重估价值。清算财产的账面价值,与实际价值背离较大的,应以重估价值为依据来计价,如企业合同或章程规定或投资各方协商决定,企业解散时应对现存财产物资、债权债务需要进行重估价值的,清算机构应以重估价计价。重估增值与重估减值抵消后如有增值的净额,应作为清算收益。

当然,不同类型的财产估价具有不同的特点,其估价方法也应有所区别,如表 12-8 所示。

表 12-8 估价方法表

财 产 类 别	估 价 方 法
担保财产	现行市价估价法、协商估价法
取回财产	账面价值估价法
抵消财产	账面价值估价法
其他物资	现行市价估价法、协商估价法、以质论价估价法、招标估价法
其他应收款	调查分析估价法
无形资产	协商估价法

表 12-8 中所列的各种方法的适用范围并不是绝对的,在实际中进行财产估价时,应考虑综合因素,交叉使用各种估价方法,才能取得较好的效果。

③ 变现收入。对清算企业的财产物资出卖和处理时,一般按成交价格,即变现收入作为财产的计价依据。企业财产变现收入高于账面价值的净额,作为清算收益。在变现时,应遵循一定的原则:第一,提高财产的变现价值,保护财产的整体使用价值,能整体变现的不分散变现;第二,增强财产变现的公正性和时效性,能拍卖的不零售。

相关链接 12-5

熊猫互娱破产拍卖 3 100 万元

上海熊猫互娱文化有限公司(以下简称"熊猫互娱")破产清算一案中,近 9 000 件库存货品通过网拍以 3 100 万元成交,溢价率高达 991%;"童年回忆杀"女装品牌上海艾格服饰有限公司(以下简称"艾格")破产清算一案中,处置人尝试开设财产处置淘宝店,2 600 余件滞销库存衣服被卖空。

而此前,熊猫互娱、艾格分别于 2020 年 1 月、2020 年 3 月进入实际破产清算程序。天眼查信息显示,截至目前,有关熊猫互娱、艾格失信被执行人信息分别多达 7 条、47 条,且履行状态均显示全部未履行,两家公司法定代表人龙飞、吕益逊则关联多条限制消费令。消息称,两家公司尚存在拖欠员工工资等情形。

资料显示,2015 年 7 月,王思聪以 2 000 万元注册资金成为熊猫直播创始人,出任熊猫 TV 的 CEO。2018 年,熊猫互娱逐渐陷入资金短缺、融资困难的境地。2019 年 3 月 30 日,熊猫直播宣布正式关闭服务器,遣散员工。此后,由于与熊猫互娱投资人的纠纷,王思聪被法院多次列为被执行人。直至 2019 年 12 月底才陆续取消限制消费令。

作为首批进入中国市场的海外服装品牌,1994年艾格在上海开出了第一家零售实体店。到2014年6月,艾格有3 083家店都在中国。2015年后,艾格就一路额势。现在,已经退回到原本的内衣领域。

针对上述两起破产清算案件,上海破产法庭方面称,推行网询网拍有利于实现财产处置价值最大化。网络拍卖有公开透明、便捷高效、成本低廉、广泛参与等优势,可以提升破产变现成功率和溢价率,又减少了拍卖费用。2020年全年,上海破产法庭采取网拍成交全额30亿余元,最大化地提高了债权清偿率,熊猫互娱即为其中一例。

资料来源:https://finance.eastmoney.com//a/202101291794596329.html.

2. 清偿债务

清算财产的价值确定后,企业应将清算财产估价并变现,以支付清算工作中发生的各项清算费用,并用于清偿企业所欠的各种债务。

(1) 支付清算费用。清算费用是企业在清算过程中,为进行清算工作而发生的各项清算费用。清算费用的大小,取决于清算期的长短和清算工作的复杂程度。一般来说,清算费用是随时发生、随时支付,如果清算财产不足以支付清算费用,清算程序相应终结,未清偿的债务不再清偿。

(2) 债务的清偿。企业清算的财产在支付了清算费用后,必须按规定偿付各项债务,以保障债权人的求偿损益。

① 债务清偿最高额度的界定。我国企业一般采取有限责任公司的组织形式,有限责任公司清偿债务的最高还款能力为其注册资本额。如果企业实际资本额等于注册资本,企业实收资本就是最高清偿责任;如果实收资本额没有达到注册资本,现有资本又不足以偿付债务,有限责任公司的投资各方要补足各自认缴额,使实收资本达到注册资本以清偿债务。

② 债务清偿顺序。破产清算时,债务清偿的顺序依次为:清偿所欠职工工资、劳动保险;清偿应缴未缴国家的税金;清偿其他尚未偿付的债务。应该注意的是,当清算财产不足以清偿同一顺序的清偿要求时,应按照同一比例向债权人清偿。

3. 清算损益

企业在清偿债务后,还必须计算清算损益。清算损益是企业清算期间所发生的清算收益和清算损失的总称。企业清算终了,清算收益大于清算费用、清算损失的部分,即清算净收益,应当依法缴纳所得税。

4. 剩余财产的分配

企业的各种财产在支付清算费用、清偿各种债务,并缴纳了与清算收益相关的税收以后的剩余部分,即是可供企业投资者进行分配的剩余财产。企业剩余财产的分配一般应该按照合同、章程的有关条款处理,充分体现公平、对等原则,均衡各方利益。清算后各项剩余财产的净值,不论实物或现金,均应按照投资各方的出资比例或合同、章程的有关条款分配。

【例12-7】 2021年,A企业因经营管理不善,无力偿还到期债务,依法被法院宣告破产清算。清算小组对该企业资产、负债等相关财务情况整理后,其财产可变现价值如表12-9所示。

表 12-9 A企业财产可变现价值表 单位:万元

科 目	金 额
货币资产	9 650
应收账款	8 340
存货	12 990
固定资产	60 900
其中:房屋	55 750
设备	5 150

续表

科　目	金　额
破产财产合计	91 880
破产债权总额	79 950

其中,房产担保财产合计 15 750 万元;同时,需支付清算组破产费用 42 万元,所欠职工工资 6 200 万元,所欠税款 3 500 万元。

根据以上情况,可以得到以下信息。

(1) 企业破产财产合计为 91 880 万元(9 650+8 340+12 990+60 900),扣除房产担保财产 15 750 万元,企业破产财产实际金额(可供清偿的财产金额)为 76 130 万元(91 880-15 750)。

(2) 破产财产分配顺序:①支付清算组破产费用 42 万元;②清偿所欠职工工资 6 200 万元;③清偿所欠税款 3 500 万元。

此时,可供企业清偿破产债权实际金额为 66 388 万元(76 130-42-6 200-3 500),不足以支付全部破产债权 79 950 万元,其应按同一比例向各债权人清偿。其债权清偿率为 83.04%(66 388÷79 950)。

12.4　企业财务危机预警

12.4.1　企业财务危机

1. 财务危机

企业财务出现困难情况,如股利减少、股票价格下跌、亏损、解雇员工,乃至工厂关闭,就是企业财务危机征兆。

企业财务危机(financial distress)也称财务困境,一般是指企业丧失支付能力,无力支付到期债务或费用,以及出现资不抵债的状况。如 2014 年 3 月 4 日,中国债券市场史上出现首宗违约事件。深陷困境的太阳能设备公司超日太阳于当日晚承认债务违约,无法全额支付即将到期的第二期利息 8 980 万元。

2. 企业财务危机征兆

不同企业的财务危机有不同的表现特征;同一企业在危机发展的不同阶段,也会有不同的表现特征。例如,销售规模明显下降;成本剧增、失控;应收账款大幅增加;流动资金严重匮乏;资产质量低下,盈利水平差;盲目扩张、投资失控。

3. 企业财务危机的形成

企业财务危机的形成一般有以下四个阶段。

(1) 财务危机潜伏阶段。通常,盲目扩张是导致财务危机的主要原因,如韩国大宇汽车集团公司破产。另外,营销不善,企业制度得不到有效执行,缺乏风险预警机制,无视市场环境、金融环境重大变化等,都是导致企业财务危机的诱因。

(2) 财务危机发展阶段。负债比例持续上升是企业财务危机发展阶段的主要标志。往往在这一阶段没有足够的盈利保障负债本息的偿还,并且流动资金严重不足,过分依赖外部贷款,财务风险加剧。另外,由于收款不力开始拖欠银行、客户的各类款项,就会对企业的经营和信誉带来负面影响,致使逐步走向财务困境。

(3) 财务危机恶化阶段。如果企业现金失控,资金周转明显缓慢,各类需资金支付的项目,如经营及管理费用,难以为继,就是财务危机恶化。此时,财务状况一天不如一天,产品的市场占有率大幅下降,资金难以回笼,加之筹资十分困难,企业也无心经营,信誉江河日下,企业自然而然地进入财务危机恶化阶段。

(4) 财务危机最终阶段。财务危机最终阶段是前三个阶段发展的必然结果。此时资不抵债,货币资金严重短缺,完全丧失偿债能力,如果不能重整,那就只能宣布破产。

以上四个阶段是企业财务危机发展的大致过程,它是长期发展的结果,一般应在早期采取预防措施。

12.4.2 企业财务危机预警

1. 财务危机预警

预警是指事先预知并发出警示,以避免或尽可能降低损失。企业财务危机预警是指对企业的财务危机状态进行监测,并发出警情信号,及早采取措施加以防范。

企业财务危机预警的基本程序如下。

(1) 寻找警源,即寻找造成企业财务危机的根源。

(2) 分析警兆,即分析警情——财务危机爆发前的先兆。

(3) 预测警度,即财务危机警情的程度,如轻、中、重、巨等级别。

(4) 防范危机,即防范与转化财务危机,使企业回复正常的生产经营运行状态。

2. 财务危机预警的方法

(1) 定性分析法。定性分析法是通过对企业的经济环境、经营状况和财务状况的判断与分析,预测企业发生财务危机的可能性。

前面对企业进行的"四阶段症状"分析法,就是定性分析法。这种定性判断,还要结合企业的具体情况,做出详细的调查分析与认定,才能有效地进行财务危机预警。

实践中,还有多重定性分析方法。

(2) 多变量判定模型 Z 计分模型。学者们一直都在研究不同的定量分析模型,其中美国学者爱德华·奥特曼(Edwards Altman)提出的 Z 计分(Z-score)模型较为流行,用公式可表示为

$$Z = 0.012X_1 + 0.014X_2 + 0.033X_3 + 0.006X_4 + 0.999X_5 \tag{12-1}$$

式中,$X_1 = \dfrac{营运资金}{资产总额}$;$X_2 = \dfrac{留存收益}{资产总额}$;$X_3 = \dfrac{息税前利润}{资产总额}$;$X_4 = \dfrac{权益市价}{负债总额}$;$X_5 = \dfrac{销售额}{资产总额}$。

Altman 的 Z 记分模型中,Z 值越低,企业就越有可能破产。一般的

$$1.81 \leqslant Z \leqslant 2.675$$

即表示企业财务状况极不稳定。若 Z 值大于 2.675,为非破产企业;Z 值小于 1.81,为破产企业。

【例 12-8】 三茂公司 2020 年相关财务数据资料如表 12-10 所示。

表 12-10　三茂公司 2020 年相关财务数据资料表　　　　　单位:万元

科　目	金　额	科　目	金　额
营业收入	2 820	总资产	5 928
息税前利润	86	营运资金	−642
负债总额	3 910	留存收益	120
股东权益	2 018		

要求:运用 Z 模型评估三茂公司 2020 年财务危机状况。

解:根据式(12-1),运用表 12-10 中的数据,有

$$Z = 0.012X_1 + 0.014X_2 + 0.033X_3 + 0.006X_4 + 0.999X_5$$

$$= 0.012 \times \frac{-624}{5\ 928} + 0.014 \times \frac{120}{5\ 928} + 0.033 \times \frac{86}{5\ 928} + 0.006 \times \frac{2\ 018}{3\ 910} + 0.999 \times \frac{2\ 820}{5\ 928}$$

$$= 0.477\ 8$$

根据 Z 模型判别标准,Z 值为 0.447 8,小于 1.81,所以三茂公司 2020 年处于破产状态。

(3) F 分数模型。我国学者周首华等研究企业财务预警问题,在 1996 年提出了 F 分数模型,公式如下:

$$F = -0.177\ 4 + 1.109\ 1X_1 + 0.107\ 4X_2 + 1.927\ 1X_3 + 0.030\ 2X_4 + 0.496\ 1X_5 \tag{12-2}$$

式中,$X_1 = \dfrac{期末流动资产 - 期末流动负债}{期末总资产}$;$X_2 = \dfrac{期末留存收益}{期末总资产}$;$X_3 = \dfrac{税后利润 + 折旧}{平均总资产}$;

$$X_4 = \frac{\text{期末股东权益的市场价值}}{\text{期末总负债}} \;;\; X_5 = \frac{\text{税后净利}+\text{利息}+\text{折旧}}{\text{平均总资产}} 。$$

式(12-2)的五个变量中 X_1 反映企业资产的流动性;X_2 反映企业的积累能力和全部资产中来自留存收益的比重;X_3 反映企业现金流量的偿债能力;X_4 反映企业的财务结构;X_5 反映企业总资产创造现金流量的能力。

F 分数模型用于企业财务预警,评定标准如下:判别临界点为 0.027 4。若某一公司的 F 分数低于判别临界点 0.027 4 时,则将其预测为破产公司;而当某一公司的 F 分数高于判别临界点 0.027 4 时,则将其预测为继续生存公司。

F 分数模型有以下几方面特点。

① F 分数模型考虑了公司现金流量这一自变量。

② F 分数模型考虑了公司财务状况的发展及其有关标准的更新,如财务比率标准的变化等。

③ F 分数模型从会计资料数据库中,选择 1990 年以来的 4 160 家公司进行了数据检验,具有很高的可信度。

阅读材料　美国通用汽车
破产之路

阅读材料　美国联合航空公司
破产重整案

阅读材料　ST 长动欲靠重整
绝地保壳

本 章 小 结

企业破产是企业消亡的一种重要方式。破产是指法律性破产,即债务人企业不能清偿到期债务,经破产申请人申请,由法院依法强制执行其全部财产,公平清偿所欠全体债权人债务的经济事件。

企业破产、企业重整、企业清算是三个不同的概念,但是三者互有联系。一个已达破产界限的企业能否继续存在,取决于企业的重整价值是否大于清算价值。重整与清算是广义破产的两个完全相反的极端。企业重整也称企业重组、企业整顿,是指对陷入财务危机,但仍有转机和重建价值的企业,根据一定程序进行重新整顿,使企业得以维持和复兴的做法。企业重整包括和解与整顿两个方面。重整可以产生一项计划来重新架构债务人的经营并使其财务恢复健全。

清算则是一种更为极端的解决财务危机的方式。企业清算是指在企业终止过程中,为保护债权人、所有者等利益相关者的合法权益,依法对企业财产、债权债务进行全面清查,处理企业未了事宜,收取债权,变卖财产,偿还债务,分配剩余财产,终止其经营活动等一系列工作的总称。在清算的情况下,债务人停止营业,其资产被出售,所得收入用来偿还债权人。

企业重整分为非正式财务重整和正式财务重整。二者都具有一定的使用条件、程序和对应的优缺点。非正式财务重整的方式包括债务展期和部分减免,这些方法对正式财务重整也是适用的。在非正式财务重整过程中,应尽量减少债权人对企业经营管理的限制,争取最大数额的债务减免,并按展期和债权减免的规定来清偿债务。在正式财务重整中,尤其应注意重整计划的制订和重整企业资本结构的重构。

企业清算有多种原因,也有多种分类方法。解散清算和破产清算都具有一定的程序。在清算过程中应注意清算财产的界定和计价、清偿债务、清算损益、剩余财产的分配等财务问题。

关 键 术 语

破产(bankruptcy)

破产界限(bankruptcy limit)

重整（reorganization）

和解（concession）

整顿（straighten out）

清算（liquidation）

财务危机（financial distress）

财务危机预警（warning of financial distress）

参 考 文 献

[1] 尤金·F. 布瑞翰，乔尔·F. 休斯敦. 财务管理基础[M]. 胡玉明，译. 精要7版. 大连：东北财经大学出版社，2016.

[2] 斯蒂芬·A. 罗斯，伦道夫·W. 威斯特菲尔德，杰费利·F. 杰富. 公司理财[M]. 吴世农，沈艺峰，王志强，译. 11版. 北京：机械工业出版社，2017.

[3] BERK J，MARZO D P，HARFORD J. Fundamentals of Corporate Finance[M]. 4E. London：Pearson Education Limited，2019.

[4] 王化成，刘俊彦，荆新. 财务管理学[M]. 9版. 北京：中国人民大学出版社，2021.

[5] 王化成. 高级财务管理[M]. 4版. 北京：中国人民大学出版社，2017.

[6] 中国注册会计师协会. 财务成本管理[M]. 北京：中国财政经济出版社，2021.

[7] 张兆国. 高级财务管理[M]. 武汉：武汉大学出版社，2002.

[8] 吴立扬，刘明进. 财务管理[M]. 武汉：武汉理工大学出版社，2009.

[9] 张鸣，张艳，程涛. 企业财务预警前沿[M]. 北京：中国财政经济出版社，2004.

[10] 周首华，杨济华，王平. 论财务危机的预警分析——F分数模型[J]. 会计研究，1996(8).

思 考 题

12-1 企业破产、重整和清算的含义是什么？这三者之间的关系如何？

12-2 企业破产财务管理的内容是什么？

12-3 企业非正式财务重整的主要方式是什么？

12-4 企业正式财务重整过程中应注意哪些财务问题？

12-5 企业清算时，剩余财产分配顺序是什么？

12-6 财务危机的形成，具体有哪几个阶段？

12-7 企业财务危机预警模型有哪些？

12-8 企业财务危机预警主要解决什么问题？

练 习 题

○判断题

12-1 企业资不抵债就是破产。　　　　　　　　　　　　　　　　　　　　　　　　　（　　）

12-2 企业法人不能清偿到期债务，并且资产不足以清偿全部债务或者明显缺乏清偿能力的，依照《破产法》规定清理债务。　　　　　　　　　　　　　　　　　　　　　　　　　　　（　　）

12-3 未到期的债权，在破产申请受理时视为到期。　　　　　　　　　　　　　　　　　（　　）

12-4 附利息的债权，不受破产申请受理的影响，继续计息。　　　　　　　　　　　　　（　　）

12-5 在重整期间，经债务人申请，人民法院批准，债务人可以在管理人的监督下自行管理财产和营业事务。　　　　　　　　　　　　　　　　　　　　　　　　　　　　　　　　　　　　　（　　）

12-6 在重整期间，债务人的出资人不得请求投资收益分配。　　　　　　　　　　　　　（　　）

12-7 非正式财务重整不属于自愿和解与整顿。 （ ）

12-8 破产清算组是负责破产财产的管理、清算、估价、变卖和分配的专门机构。 （ ）

12-9 清算价值就是重估价值。 （ ）

12-10 破产企业与其他单位联营时所投入的财产和应得收益不属于破产财产。 （ ）

○**单项选择题**

12-1 一个已达破产界限的企业能否继续存在,将取决于（ ）。

　　A. 重整价值是否大于清算价值　　　　B. 重整价值是否等于清算价值

　　C. 重整价值是否存在　　　　　　　　D. 重整价值是否等于预期价值

12-2 财务危机最主要的特征是（ ）。

　　A. 停产　　　　　　B. 破产　　　　　　C. 清算　　　　　D. 资不抵债

12-3 破产企业的财务管理是（ ）。

　　A. 清算管理　　　　B. 终结管理　　　　C. 危机管理　　　D. 留守管理

12-4 大多数情况下,企业破产危机表现为（ ）。

　　A. 经营危机　　　　B. 财务危机　　　　C. 财务风险　　　D. 经营风险

12-5 债务人申请和解时,应同时提交（ ）。

　　A. 和解申请书　　　B. 和解委托书　　　C. 和解协议副本　D. 和解协议草案

12-6 下列不属于企业财务失败的是（ ）。

　　A. 破产　　　　　　　　　　　　　　　B. 无力偿还到期债务

　　C. 经营发生亏损　　　　　　　　　　　D. 债券违约

12-7 根据我国破产法律的规定,企业破产的界限是（ ）。

　　A. 企业资不抵债　　　　　　　　　　　B. 不能清偿到期债务

　　C. 经营亏损　　　　　　　　　　　　　D. 陷入财务危机

12-8 不能担任破产管理人的是（ ）。

　　A. 债权人委员会　　B. 清算组　　　　　C. 律师事务所　　D. 会计师事务所

12-9 负责处置破产企业的财务的是（ ）。

　　A. 企业经理　　　　B. 企业股东　　　　C. 管理人　　　　D. 债权人委员会

12-10 破产清算时,债务清偿首先清偿的是（ ）。

　　A. 应缴未缴的税金　B. 劳动保险费　　　C. 其他未偿债务　D. 所欠员工工资

○**多项选择题**

12-1 企业重整与清算财务管理的特点,是财务管理（ ）。

　　A. 方法的复杂性　　B. 对象的终极性　　C. 主体的多样性　D. 目标的多样性

12-2 企业重整与清算财务管理的原则有（ ）。

　　A. 收益性原则　　　B. 公正性原则　　　C. 可行性原则　　D. 合法性原则

12-3 自愿和解的办法有（ ）。

　　A. 负债融资　　　　B. 债券置换　　　　C. 可转债　　　　D. 债转股

12-4 财务危机的表现特征为（ ）。

　　A. 销售规模明显下降　　　　　　　　　B. 成本剧增、失控

　　C. 盈利水平差　　　　　　　　　　　　D. 流动资金严重匮乏

12-5 财务危机的发展过程为（ ）。

　　A. 潜伏阶段　　　　B. 发展阶段　　　　C. 成熟阶段　　　D. 恶化阶段

12-6 财务预警的基本程序为（ ）。

　　A. 预警计划　　　　B. 寻找警源　　　　C. 分析警兆　　　D. 预测警度

12-7 以下属于非正式财务重整程序的有（ ）。

A. 提出自愿和解　　　　B. 召开债权人会议　　　　C. 签署重整协议　　　　D. 协议公证

12-8　以下属于正式财务重整程序的有(　　　)。

A. 企业提出重整申请　　　　　　　　　　B. 法院任命债权人委员会

C. 制订并通过重整计划　　　　　　　　　D. 执行重整计划

12-9　现代破产制度主要包括的基本程序有(　　　)。

A. 重整程序　　　　　B. 出售程序　　　　　C. 破产清算程序　　　　　D. 和解程序

12-10　破产费用主要包括(　　　)。

A. 清算组聘请的工作人员费用　　　　　　B. 破产案件的诉讼费

C. 破产企业职工的工资　　　　　　　　　D. 破产财产的管理费用

○计算分析题

A、B两公司2020年相关财务数据资料如表12-11所示。

表12-11　A、B两公司2020年相关财务数据资料表　　　　　　　　　　　单位:万元

科　　目	A　公　司	B　公　司
营业收入	25 000	18 000
息税前利润	2 100	700
资产总额	44 000	62 000
营运资金	20 000	12 000
负债总额	17 000	22 000
留存收益	1 500	1 000
股票市价总额	26 000	17 000

要求:运用 Z 模型评估 A、B 两公司是否处于破产状态。

○案例分析题

12-1　洛阳春都曾以"会跳舞的火腿肠"红遍大半个中国,市场占有率最高时达70%以上,资产达29亿元。可是,历经几年短暂的辉煌后,这家明星企业便倏然跌入低谷——全线亏损,并且欠下巨额负债。

究竟是什么让昔日风光无限的春都走向不归路?

20世纪90年代初,春都已从一个"落寞"的肉联厂成长为收入超10亿元、利润过亿元的国内著名大型肉制品生产加工企业。

但成功也冲昏了经营者们的头脑,他们在较短的时间内投巨资增加了医药、房地产、茶饮料等多个经营项目,并跨地区、跨行业收购兼并了平顶山肉联厂、重庆万州食品公司、洛阳市旋宫大厦等17家扭亏无望的企业,使其经营范围涉及生猪屠宰加工、熟肉制品、茶饮料、医药、旅游酒店、房地产、木材加工、商业等多种产业,走上了一条多元化的道路。1993年8月,春都在进行股份制改造,组建春都集团股份有限公司时,用向社会432家股东募集的近2亿元资金再次盲目搞多元化经营。这些神速的扩张不但没有为春都带来收益,反而使其背上了沉重的包袱,以至于举步维艰,并最终败走麦城。

分析与讨论:

(1) 究竟是什么让昔日风光无限的春都走向不归路的?

(2) 你认为多元化投资成功的关键是什么?

12-2　韩国多家银行和金融机构组成的债权集团2000年11月8日宣布,大宇(Daewoo)汽车公司"最终破产"。导致这一结果的原因是该公司无力偿还到期445亿韩元的期票(1 100韩元合1美元),而更主要的原因是大宇汽车公司已经处于资不抵债的败落局面。11月10日,大宇汽车公司向仁川法院正式提出申请法庭管理。

1978年,大宇集团在收购产业银行在韩汽车公司的股份后,于1982年掌握了大宇汽车公司的经营权。当前,大宇汽车公司的生产能力为106万辆,1999年的实际生产量为93万辆,在韩国是仅次于现代

(Hyundai)汽车公司的第二大汽车生产厂家。大宇汽车公司不仅在国内有富平、昌原、群州3处汽车生产厂,在国外还有13家生产厂和33家销售法人。据大宇汽车公司向金融监督委员会提交的营业报告,2000年上半年该公司的营业亏损为3193亿韩元,加上金融费用等经常损失,纯亏损9282亿韩元,比1999年增加了97.21%,截至2000年6月底,大宇公司的资产为17.78亿韩元,比1999年减少了13.91%,负债额为18.22亿韩元,比1999年增加了17.5%,公司已经处于资不抵债的境地。

大宇汽车公司是原大宇集团的主力企业,1999年8月,随着大宇集团因无力偿还巨额债务而被迫解体后,大宇汽车公司同其他几家大宇集团下属的企业一起被列入"整顿企业"名单,在此期间,大宇汽车公司曾就出售问题与美国福特公司进行协商,但没有成功。2000年9月,美国福特公司宣布放弃收购大宇汽车公司的计划,使一度有望依赖国外跨国公司的扶植起死回生的大宇汽车公司重陷困境。当时,大宇汽车公司正与美国通用汽车公司协商出售问题。韩国债权整顿团宣布大宇汽车公司最终破产,使这一协商又打上了一个大大的问号。

有媒体认为,大宇汽车公司破产的最主要原因在于该公司过度贷款经营。截至2000年6月底,金融机构向大宇汽车公司提供的贷款已达到11.6亿韩元,其中2.5亿韩元是1999年大宇集团解体,大宇汽车公司被列入"整顿企业"名单后新提供的。这表明,这家公司的运营完全靠金融机构的输血来维持。其主要债权银行——产业银行的行长严洛榕说:"大宇公司每个月的亏损额达到100亿韩元,银行已经无法向它提供更多的贷款。"大宇汽车公司不仅亏损严重,而且从2000年8月起,连职工的工资和奖金也发放不出来,拖欠工资和奖金已达1000多亿韩元,引起了职工的极大不满。

没有及时地进行结构调整也是大宇汽车公司破产的一个主要因素。在被列入"整顿企业"名单后大宇汽车公司没有提出像样的"自救计划"。1999年,大宇汽车公司的职工人数为17987名,但截至2000年9月,公司只减少了1486名员工,而且,2000年8月,公司方面还与劳动组合(工会)签订了今后5年内保证雇用的协定。而债权团则认为,大宇汽车公司结构调整的首要任务是裁减冗员,但裁减冗员必须得到劳动组合的同意,以避免今后产生劳资纠纷。10月31日,大宇汽车公司提出了裁减3500名员工的结构调整方案。债权团方面坚持要公司方面与劳动组合进行协商,以获得劳动组合赞成裁员的同意书,否则将不再提供新的资金支持,并将宣布公司破产。公司方面与劳动组合进行了两天的艰苦谈判而未达成协议。债权团在政府的支持下,随即宣布大宇汽车公司破产。

大宇汽车公司的经营不善也是促使其破产的一个因素。自2000年来,大宇汽车公司的国内部分开工率不断下降。一些骨干职工不断外流,内销量也很不稳定,总体呈下降趋势。为了扩大销售,大宇公司从7月起对销售代理企业实行销售手续费制度,这种销售手续费高达车价的17%至18%。专家们指出,这种销售手续费已经超出了适当的限度,成为促使公司破产的一个原因。此外,大宇汽车公司不注重开发新车型,而发动机等核心零部件都依赖进口,不顾市场实际情况而不断扩大设备投资,以及在1997年发生金融危机之时顶风而上,冒险收购双龙汽车公司等,也是导致亏损日益严重的因素。

每到月初和月末,大宇汽车公司都为财务结算而处于超紧张状态,东挪西凑,勉强度日,破产实际只是时间早晚而已。作为一个国际知名的大企业,韩国政府和债权团深知大宇汽车公司在经济中的分量,对四面楚歌的大宇汽车公司尽可能采取挽救态度。2000年11月6日,当大宇汽车公司无法兑现到期的期票时,债权银行曾给了两次宽限期,希望大宇汽车公司尽快与劳动组合就结构调整计划达成协议。然而,这一努力最终还是失败了。

大宇汽车公司目前在韩国有402家直接合作的企业,如果加上间接合作企业,其合作企业达到近万家,涉及职工50多万人。大宇汽车公司的破产计划将直接和间接地影响这些企业,很可能促使企业的连锁倒闭。

分析与讨论:

(1)根据案例,归纳大宇汽车公司破产的主要原因。

(2)进一步分析大宇汽车公司破产的深层次原因。

(3)从该破产案例中总结值得借鉴的东西。